细读五代十国七十年

朱淑君 著

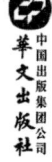
中国出版集团公司
华文出版社

图书在版编目（CIP）数据

细读五代十国七十年 / 朱淑君著. -- 北京：华文出版社, 2021.3

ISBN 978-7-5075-5433-5

Ⅰ.①细… Ⅱ.①朱… Ⅲ.①中国历史—研究—五代十国时期 Ⅳ.①K243.07

中国版本图书馆CIP数据核字(2021)第039768号

细读五代十国七十年
XIDU WUDAI SHIGUO QISHI NIAN

著　　者：	朱淑君
出版策划：	品　雅
责任编辑：	张　轶
出版发行：	华文出版社
社　　址：	北京市西城区广安门外大街305号8区2号楼
邮政编码：	100055
网　　址：	http://www.hwcbs.com.cn
电　　话：	总 编 室 010-58336239　　发 行 部 010-58336267　58336230
	责任编辑 010-58336195
经　　销：	新华书店
印　　刷：	北京柯蓝博泰印务有限公司
开　　本：	710×960　1/16
印　　张：	21
字　　数：	341千字
版　　次：	2021年3月第1版
印　　次：	2021年3月第1次印刷
书　　号：	ISBN 978-7-5075-5433-5
定　　价：	52.80元

版权所有　侵权必究

前言

读懂乱世变局

天宝十四载（755）的"安史之乱"一直被认为是李唐王朝由盛而衰的转捩点，大乱平定之后，大一统的中央帝国权力格局渐趋解体，藩镇势力迅速崛起。但是，唐祚并未就此终结，反而形成了一种皇权与藩镇共治的微妙局面，李唐王朝的统治模式在大危机之后实现了某种意义的转型。

然而，爆发于咸通九年（868）的庞勋兵变和乾符五年（878）的黄巢之乱却敲响了帝国的丧钟，席卷全国的战乱不仅冲击了李唐皇权，更是涤荡了藩镇的权力版图。在战乱和平叛的拉锯之中，新兴的军政集团渐趋形成，有旧藩镇势力，有被招抚的叛军首领，甚或还有归化的异族军事集团。

在激烈的权力格局重构过程中，李唐皇室由式微而衰颓，又由衰颓而出局。天祐四年（907）四月，出身于黄巢集团的藩帅权臣朱温胁迫傀儡唐昭宣帝禅位，曾经辉煌的大唐王朝走到了尽头。

朱梁取代了李唐，但是帝国大一统的政治格局早已不复存在，定都于汴京的梁朝不过只是一个北方政权，江南、西南、华南的割据政权或明奉朱梁正朔而事实独立，或径自称王独霸一方。

即便是在北方，雄踞河东的沙陀李氏集团一直视朱氏为寇仇，占据关中的李茂贞岐秦王国则在奉唐朝正朔的名义下抗拒着朱温的兼并，独霸幽州的刘仁恭亦以河北天子自居。朱温虽然夺得帝位，但依然要面对混乱不堪的乱局，晚唐以来藩镇混战的局面并未结束。

自朱温篡唐之后，北方中国的皇权便进入了一个武力更替的特殊历史时期，短短五十余年（907—960）时间内，中原经历了后梁、后唐、后晋、后汉、后周五个朝代的更迭。鼎祚转移之激烈、社会之动荡，在中国历史上实属罕见，故而被目为乱世，欧阳修曾言："五代，干戈贼乱之世也，礼乐崩坏，三纲五常之道绝，而先王之制度文章扫地而尽于是矣！"（《新五代史》卷一十七）

当然，所谓"乱世"同样也是一个英雄、枭雄辈出的时代，从英雄天子李存勖到至死抱憾的"明君"柴荣，又或是充满才情的亡国之君李煜，这些极富魅力的历史人物值得我们去细细品读。

那个乱世也是中国历史上唐宋转型的重要过渡时期，混乱中孕育着变革，是新时代来临的前夜，并不应该被忽略或遗忘。无论是军政制度，还是社会经济，又或是文化艺术，五代时期都是唐宋转型的过渡期。毫不夸张地说，倘若没有五代，也便没有日后的宋元制度和文化。

与"五代"相应的是"十国"，二者共同构成了历史文本话语中的"五代十国"概念。五代时期，除了立国中原的五个朝廷之外，中国境内还有很多割据政权。纂修于北宋初年的薛居正《旧五代史》对于这些政权的处理分成了两类，"僭大号者，立《僭伪传》；其不僭号而自传子孙者，立《世袭传》。"（《廿二史札记校正》卷二）即将称帝建号的割据政权归入《僭伪列传》，名义上向中原五代王朝称臣的割据政权归入《世袭列传》。

按照是否建国称帝为判断标准，其实就是看具体的割据政权对于中原五代王朝的臣服态度。《旧五代史》卷一百三十四至卷一百三十六，记载了当时割据势力中称帝的吴、南唐、闽、（桀）燕、南汉、北汉、前蜀、后蜀之事。

《旧五代史》卷一百三十二至卷一百三十三，记载了当时名义上臣属五代中原王朝的凤翔李茂贞割据政权、鄜延高氏割据政权、灵州韩氏割据政权、夏州李仁福割据政权、南平高氏割据政权、楚国马氏割据政权、武平军刘氏割据政权、武安军周氏割据政权和两浙钱氏割据政权的事迹。

所谓"十国"概念的发明者则是欧阳修，他在《新五代史》中将吴、南唐、前蜀、后蜀、南汉、楚、吴越、闽、南平、东汉（北汉）十个割据政权列为"十国世家"。但是，对于"十国"以外实力也不容小觑的几个割据势力诸如李茂贞、刘守光、李仁福等,则统统归为"杂传"。

欧阳修并未说明"十国"遴选的标准,事实上,唐末五代的割据政权中,凤翔李茂贞的岐秦政权和幽州刘仁恭、刘守光父子的桀燕都是跨州连郡、实力强大的区域政权。但是,这些实力不容小觑的割据政权并未进入"十国"范畴。相反,仅辖三州之地的高氏南平却被纳入"十国"序列,其地位实在无法担当。欧阳修肇端的"十国"概念流布于后世,又被清人吴任臣的《十国春秋》所固化,故而"五代十国"成为一般性的大众常识。

如果回到那个纷繁混乱的历史现场,如若泥守于"五代十国"概念,可能会丧失对历史细节和本相的体悟,忽略掉很多本应被高度重视的历史人物和事件;但是如果完全抛开"五代十国"的框架体系,又会陷入一种毫无头绪的无力之中。在最大限度利用史料的基础上,借助传统叙事范式,可能是走近历史本相的一种可行办法。

笔者试图以《新五代史》《旧五代史》《新唐书》《旧唐书》《资治通鉴》《五代会要》等基础性史料为本,兼择马令《南唐书》、陆游《南唐书》、钱俨《吴越备史》、张唐英《蜀梼杌》、路振《九国志》以及清人吴任臣《十国春秋》等史书,在传统的"五代十国"叙事框架之下,还原从朱温篡唐到北宋一统之间七十余年的历史,最大程度地将被遮蔽的历史细节呈现于读者面前。

细读这段乱世历史,体悟大变局时代的世道人心!

目录

第一章　岐梁晋的三国杀

朱温本砀山一民也　　　　　　　　　　002
沙陀李氏发迹史　　　　　　　　　　　007
上源驿杀局　　　　　　　　　　　　　012
神策军将领宋文通的意外崛起　　　　　014
李茂贞始萌问鼎之志　　　　　　　　　018
挟天子而不能令诸侯　　　　　　　　　024
朱温才是皇帝争夺大战的最后赢家　　　028

第二章　朱温、李克用和刘仁恭的河北争夺

反复无常的刘仁恭独霸幽州　　　　　　034
河北诸镇皆臣服于朱温　　　　　　　　037
魏博牙军被朱温杀得婴孺无遗　　　　　041

第三章　梁亡唐兴二十年

弑君夺国，公然为之而无所掩饰　　　　046
生子当如李亚子　　　　　　　　　　　052
河北天子刘守光的末路　　　　　　　　057
在朱温和李克用之间骑墙的契丹人　　　063

朱家父子的权力互戮	067
庄宗之克梁也，以魏州牙兵之力	071
卿可尽我命，无令落仇人之手！	077

第四章　无法复制大唐的后唐王朝

谋议佐命功居第一	084
专务蓄财的刘皇后	089
郭崇韬盛极而衰	093
重臣之死导致后唐陷入无休止的内乱	098
李存勖任用伶官并非昏庸	101
士卒皇甫晖作乱	107
英雄天子之死	110
粗为小康的李嗣源时代	115
后唐江山再次易主	118

第五章　从石敬瑭到刘知远的武夫游戏

石敬瑭投靠契丹不过是慷他人之慨	128
割地称臣的历史真相并不简单	132
孙有十万横磨剑	136
乘虚而取神器的刘知远	142

第六章　功败垂成的后周王朝

除君侧之恶，共安天下	148
有心终结乱世的明君	150
养子柴荣成为继承人	153
高平一战树立帝王之威	157
三征南唐，尽夺江北十四州	164
幽燕未复身先死	170

一统海内，其在此乎？　　　　　　　　　173

第七章　为他人作嫁衣裳的杨吴王国

高骈末年惑于神仙之说　　　　　　　　180
此天以淮南授明公也　　　　　　　　　185
杨渥"非保家之主"　　　　　　　　　　189
徐温之远略已见于此矣　　　　　　　　192
徐知诰人望已归　　　　　　　　　　　195

第八章　雄踞江淮终如东流水的南唐帝国

李昪有古贤主之风　　　　　　　　　　202
李璟慨然有定中原复旧都之意　　　　　204
李煜一旦归为臣虏　　　　　　　　　　208

第九章　傲视中原的前蜀帝国

屠牛盗驴、贩私盐出身的王建　　　　　216
尽得三川之地　　　　　　　　　　　　219
蜀人请建行刘备故事　　　　　　　　　224
父子相残之后的灭国悲剧　　　　　　　227

第十章　福泽蜀地数十年的孟氏后蜀

趁乱割据的孟知祥　　　　　　　　　　234
并不昏聩的亡国后主孟昶　　　　　　　238

第十一章　雄踞岭南五十余年的南汉帝国

刘谦、刘隐父子的岭南创业　　　　　　248
飞龙在天的刘䶮　　　　　　　　　　　253

自是不复通中国	257
刘晟残同气而渎天伦	260
亡国之君只愿延旦夕之命	264

第十二章　外来政权马楚王国的湖南霸业

从"蔡贼"到楚王	270
从兄弟相继到兄弟相攻	274

第十三章　奄有两浙十三州的吴越王国

起于盐枭而成一方之王	280
历经三世而终纳土归宋	284

第十四章　十世纪中国南方的海洋王国

王审知宁可做开门节度使，不做闭门天子	292
嗜杀而昏聩的王延钧	295
父子相残的闽国内斗	299
兄弟互攻而致闽国灭亡	302

第十五章　卑事诸国而图存的荆南政权

戏中原于股掌之上的高季兴	310
不若早以疆土归朝廷	313

第十六章　分久必合

局促于河东而卵翼于契丹的北汉	318
天下归宋	321

第一章 岐梁晋的三国杀

朱温本砀山一民也

《资治通鉴·卷二百六十六》记载了一件很有戏剧性的事情，说是后梁开平元年（907）四月，朱温刚刚当上后梁皇帝不久，在内廷举行了一次家宴。酒酣耳热之际，这位大梁太祖皇帝的哥哥朱全昱突然对皇帝弟弟说："朱三，汝本砀山一民也，从黄巢为盗，天子用汝为四镇节度使，富贵极矣！奈何一旦灭唐家三百年社稷，自称帝王！"

大哥朱全昱指责朱温篡位灭唐是大逆不道，一场家宴就这样不欢而散。《资治通鉴》的这段记述其实来自北宋王禹偁的《五代史阙文》中"广王全昱"条：

因为博戏，全昱酒酣，忽起取骰子击盆迸散，大呼梁祖曰："朱三，汝砀山一民，因天下饥荒，入黄巢作贼，天子用汝为四镇节度使，富贵足矣，何故灭他李家三百年社稷，称王称朕，我不忍见汝血吾族矣，安用博为！"梁祖不悦而罢。

故事的真实性值得怀疑，但文中朱全昱的话倒是很精练地概括了朱温在唐末三十年的身份演变路径：民—盗—藩镇节度使—帝王。

根据《旧五代史·卷一·梁太祖纪第一》记载，朱温生于唐宣宗大中六年（852）十月二十一日夜，宋州砀山县午沟里人。朱温的家庭是当时乡村社会的赤贫阶层，尚未成年之时，其父朱诚就已经去世，母亲王氏带着朱温和两个哥哥"寄于萧县人刘崇之家"，为人佣工。

朱温少年时代成长之地萧县，即今天的皖北萧县，与汉高祖刘邦家乡的沛丰之地不足百里。史书上说刘邦"常有大度，不事家人生产作业"，朱温同样是"不事生业，以雄勇自负，里人多厌之"。不甘为人佣工的朱温很难得到东家善待，"以其慵惰，每加谴杖"。

素怀大志的朱温等待着能够实现阶层跃进的机会，没有受过良好教育的他，显然不可能以科举进身。于他而言，唯有社会大动荡才是良机。唐末的王仙芝、黄巢之乱拉开了李唐帝国崩溃的序幕，也引发了激烈的阶层裂变。

唐僖宗乾符四年（877），朱温与二哥朱存一起离开了服务多年的刘崇家，投奔黄巢军。从加入黄巢军到跟随黄巢部队于广明元年（880）攻陷长安，其间不过三年。关于这三年，史书记载甚为寥寥，仅见于《旧五代史·梁太祖本纪》中"以力战屡捷，得补为队长"这一句。进入长安之后，黄巢即位为"大齐皇帝"，任命朱温与张言、彭攒、季逸为"诸卫大将军、四面游奕使"。

中和元年（881）二月，朱温以黄巢集团东南面行营先锋使的身份南攻南阳。七月，从南阳回师不久，又去兴平抵御邠州、岐州、鄜州、夏州而来的唐军。中和二年二月，朱温率军自丹州南进，攻克同州，出任大齐政权的同州防御使，与唐军河中节度使王重荣隔黄河相拒。

王重荣实力雄厚，朱温与其数次交战，始终寡不敌众，向大齐朝廷上了十道表章，求派援军，竟然皆被黄巢近臣孟楷压下了，援军自然没有得到。朱温手下的谋士谢瞳游说朱温降唐：

今将军勇冠三军，力战于外，而孟楷专务壅蔽，奏章不达，下为庸才所制，无独断之明，破亡之兆必矣。况土德未厌，外兵四集，漕运波注，日以收复为名，惟将军察之。

权衡再三，中和二年八月，朱温决意以同州之军投降王重荣。王重荣大喜，认为朱温是"武锐可用"，飞章上奏流亡在成都的唐僖宗。诸道行营都统王铎奉旨任命朱温为"华州刺史、潼关防御、镇国军等使"。九月，唐廷下诏，任命朱温为左金吾大将军、河中行营招讨副使，赐名全忠。

中和三年三月，唐僖宗授朱温为宣武军节度使。七月初三日，宣武节军度使朱温率所部数百人至汴州，即今日开封。当时去汴州交通便利，"水陆要冲，山河形胜……是四通八达之郊"。

朝廷任命朱温为宣武军节度使，用意颇深。首先，朱温起初在唐军中的职务是"左金吾卫大将军、河中行营招讨副使，兼华州刺史、潼关防御、镇国军等使"，镇守潼关，阻断了黄巢队伍东去的出口。朱温扼潼关，黄巢只能"夜奔，众犹十五万，声趋徐州，出蓝田，入商山"。朝廷任命"宣武军节度使"激励朱温，就是要堵住黄巢东奔之路。

黄巢在西线受挫之后，派其"骁将孟楷将万人为前锋，击蔡州，节度使秦宗权逆战而败；贼进攻其城，宗权遂称臣于巢，与之连兵"。黄巢与秦宗权联手之后，合兵围困陈州，并且"营于州北，立宫室百司，为持久之计"，"纵兵四掠，自河南、许、汝、唐、邓、孟、郑、汴、曹、濮、徐、兖等数十州，咸被其毒"。秦宗权和黄巢侵袭的这些州府与汴州都相去不远，朝廷将朱温任命为宣武军节度使，有借助他来剪灭黄、秦势力的意图。

秦宗权可能是当时最为凶悍的军阀，其残忍程度超过常人想象。广明元年（880）九月，许州大将周岌率领忠武军数千士兵赴溵水，备战黄巢。但是，周岌突然率军返回许州，将节度使薛能驱逐，"自据其城"，自称留后。同时，徐州将领时溥也带着麾下数千人马杀回徐州，逐节度使支详，据城自立。

唐僖宗在溵水一带的防线全部溃败，"溵水诸军皆散"。当年十月，黄巢"乃悉众渡淮"，率军北上。许州兵乱，唐廷河南部署大乱，黄巢得以两月陷长安，与此不无关系。

许州兵变还导致了一个影响深远的事件，本为许州牙将的秦宗权趁机带领部分忠武军人脱离忠武军，割据蔡州。根据《资治通鉴·卷二百五十四》"广明元年"条记载：

初，薛能遣牙将上蔡秦宗权调发至蔡州，闻许州乱，托云赴难，选募蔡兵，遂逐刺史，据其城。及周岌为节度使，即以宗权为蔡州刺史。

秦宗权原本是奉节度使薛能之命去蔡州筹划防务，许州发生兵变后，秦宗权以定乱为名，在蔡州招募军队，驱逐刺史。而后，周岌在许州的地位得到朝廷承认之后，秦宗权也成为蔡州刺史。

中和元年（881）八月，在僖宗、昭宗朝局中占有重要地位的宦官、监军杨复光奏请朝廷，将蔡州升格为奉国军，升秦宗权为防御使。蔡州成为藩镇治所所在，将在唐末政局中起到极为重要的作用。

秦宗权占据蔡州之后，四处招募各种势力，一边是派军攻打黄巢军，一边开始向外扩张。秦宗权首先拿下的是临近的光州。中和三年二月，秦宗权进攻光州，刺史李罕之"弃州奔项城"。

中和三年四月，黄巢在各路唐军的进攻之下，只得率军退出长安。是年五月，黄巢麾下骁将孟楷率领一万余人的前锋部队进攻蔡州。没想到，仅仅这一万余人，就击败了扼守蔡州的秦宗权。

秦宗权受挫于黄巢军之后，立即认怂服软，"称臣于巢，与之连兵"。秦宗权向黄巢称臣，并不说明蔡州集团就加入了黄巢阵营。秦宗权不过借归附之名，行保存个人力量之实，更想利用黄巢之兵威，扩展势力。蔡州军人并非因为秦宗权"称臣于巢"就成为黄巢军的一部分，仍然是一个独立军政集团。

中和三年六月，秦宗权表面上参加了黄巢军队对陈州的围攻，但是在这场长达三百多天的围攻战中，其主力却在别处攻城略地，扩张地盘。《新唐书》中用"连和"一词界定秦、黄二人关系，实在是非常精准。正因如此，黄巢围攻陈州失败后，秦宗权并未随黄巢向山东撤退，而是继续盘踞在淮西地区。

中和四年六月，黄巢败死于泰山狼牙谷（今山东济南莱芜区）。黄巢虽然败亡，但唐王朝要面对一个被各方藩镇势力分割占领的天下，分崩离析已成定局。《旧唐书·僖宗纪》中有一段话，勾画了当时的天下离析之景象："时李昌符据凤翔，王重荣据蒲、陕，诸葛爽据河阳、洛阳，孟方立据邢、洺，李克用据太原、上党，朱全忠据汴、滑，秦宗权据许、蔡……皆自擅兵赋，迭相吞噬，朝廷不能制。……国命所能制者，河西、山南、剑南、岭南四道数十州。大约郡将自擅，常赋殆绝，藩侯废置，不自朝廷，王业于是荡然。"

大厦将倾之际，各方诸侯都心怀鬼胎，欲问唐鼎之轻重。大规模的割据混战在所难免，而率先挑起唐末割据大混战的正是秦宗权！

"黄巢虽平，秦宗权复炽"，黄巢败亡之后，秦宗权更是"啸通逋残，有吞噬四海意"。黄巢死后，秦宗权率先在中原发起争霸战争，"攻邻道二十余州，陷之"，开启了大混战的序幕。

光启元年（885）二月，唐僖宗朝廷经历数年播迁，终于回到长安。与此同时，秦宗权也在蔡州"称帝，置百官"，国号仍然袭用黄巢的"大齐"。

秦宗权四出攻掠，成为中原名副其实的霸主，"关东郡邑，多被攻陷。唯赵犨兄弟守陈州，朱温保汴州，城门之外，为贼疆场"。秦宗权在鼎盛时期几乎占据了包括河南、荆南、淮南西道等在内的关东河南大部分地区及江淮的部分地区。

秦宗权远比一般军阀要凶悍，甚至是没有人性的。《资治通鉴》记载，秦宗权的军队"其残暴又甚于巢"，行军不备军粮，"车载盐尸以从"，就是腌制战场尸体充作军粮。秦军所过之处，"北至卫、滑，西及关辅，东尽青、齐，南出江、淮,州镇存者仅保一城,极目千里,无复烟火"。

朱温出镇宣武军,首先要面对的敌人就是秦宗权。唐廷如此安排,显然有借刀杀人、坐看两虎相争的意思。朱温的势力虽然也不断扩充,但秦宗权"兵力十倍于朱全忠",强弱判然,朱温只能退缩汴州,"仅自完而已"。

秦宗权势力太强是优势,也是致命缺陷,正因兵锋太盛,所以四面出击,自以为可以荡平天下。相反,势力稍逊的朱温却懂得纵横捭阖,收买、拉拢中原各弱小藩镇势力共抗秦宗权,然后伺机逐个击破,逐一兼并。

中和四年六月,"为秦宗权所攻,势甚窘"的朱温卑辞厚礼,求救于天平军节度使朱瑄,并与朱瑄及其堂弟朱瑾约为兄弟。除此之外,朱温还拉拢陈州刺史赵犨。赵犨家族世代都是忠武军牙将,占据陈州之后,兵力虽不雄厚,但始终能保全陈州。朱温抓住机会,出兵援助赵犨,与之结成亲家。

为避免后顾之忧,朱温还派人北上魏博,重赂以求北方强藩不出兵南下干预。为了补充兵源,朱温又派部将朱珍两次去山东募兵,充实军力。除了这些之外,朱温还与刚刚崛起于江淮地区的杨行密结成秘密同盟。

朱温苦心构建了一个战略联盟,目标就是彻底灭掉秦宗权。秦宗权当然也明白,欲霸天下必先除朱温。光启三年,秦宗权孤注一掷,聚集全军猛攻汴梁。朱温得朱瑄、朱瑾兄弟援助,大败秦宗权,斩首二万余级。秦宗权元气大伤,放弃陕、洛、怀、许、汝诸州,向南撤退,缩回蔡州。

文德元年(888),唐廷任命朱温为蔡州四面行营都统,节制诸镇,进讨秦宗权。文德元年十二月,秦宗权麾下大将申丛反水,将其禁锢,砍掉双足,向朱温投降。作为交换条件,申丛得到了"蔡州留后"的头衔。螳螂捕蝉,黄雀在后,第二年正月,秦宗权之前的另一部将郭璠又杀了申丛,将秦宗权送至汴梁。

秦宗权被朱温献给唐廷,斩于长安。一代枭雄人头落地,其霸业也灰飞烟灭。

沙陀李氏发迹史

很多人都知道晚唐五代的枭雄李克用是沙陀人，但何谓沙陀，多数人则不甚清楚。据《新五代史·庄宗本纪》记载："西突厥有铁勒、延陀、阿史那之类为最大；其别部有同罗、仆骨、拔野古等以十数，盖其小者也；又有处月、处密诸部，又其小者也。朱邪者，处月别部之号耳。"《新唐书·沙陀传》中说："沙陀，西突厥别部处月种也。"

沙陀是西突厥属下的处月部的分支，沙陀原是地名而非族名，只是由于处月居于"金娑山之阳，蒲类（今新疆巴里坤湖附近）之东"，此处"有大碛，名沙陀"的缘故，而将这一支部族命名为"沙陀"。

唐贞观十二年（638），西突厥酋长乙毗咄陆可汗建立"北庭"，其下包括处月、处密、射脾及西域许多部落。此时，处月的活动范围主要在今新疆阿尔泰山东南，巴里坤以东地区，这里也是处月最早的活动地区。

贞观十六年，处月部跟随西突厥乙毗咄陆可汗攻打伊州（今新疆哈密）、天山（今新疆托克逊北），被安西都护郭孝恪击败。西突厥叶护贺鲁与处月部的首领朱邪阙俟斤阿厥率众投降唐军。

永徽三年（652），西突厥叶护阿史那贺鲁"招集离散，庐帐渐盛"，渐有叛唐之心，处月部也追随其反叛唐廷。处月酋长朱邪孤注率处月部军队据守牢山，但被弓月道总管梁建方、契苾何力打败，九千余处月部人被俘。

为了安置处月部降人，唐朝在今日新疆木垒哈萨克自治县境内设都督府，以其首领拔野为都督。唐德宗贞元中，沙陀历史上重要的领袖朱邪尽忠出任都督。这一时期，吐蕃正急攻唐朝的北庭都护府，"沙陀六千余帐与北庭相依"。贞元五年（789）冬，吐蕃军队以葛逻禄、白服突厥作为向导，联合大举进攻北庭。贞元六年六月，北庭沦陷，"沙陀酋长朱邪尽忠皆降于吐蕃"。

吐蕃将归降的沙陀部举族七千帐安置于甘州。在对唐战争中，吐蕃常常以彪悍能战的沙陀人为先锋，但又不真正信任他们，甚至打算"徙沙陀于河"。

另一方面，唐朝也开始了对沙陀的争取。在唐振武节度使范希朝策动下，元和三年（808），朱邪尽忠及其长子朱邪执宜率沙陀人众部落三万循乌德鞬山东行,开始了艰难的逃亡征途。

投唐之行的代价很大,酋长朱邪尽忠战死,朱邪执宜身负重伤,仅余骑兵两千余人、战马七百骑、杂畜千余头,辗转来到了灵州(今宁夏灵武西)。唐朝政府将归顺的沙陀人安置于盐州(今陕西定边及内蒙古盐池县境内),并设羁縻性质的阴山府,以朱邪执宜为阴山府兵马使,其弟葛勒阿波为左武卫大将军兼阴山府都督。

沙陀降众与范希朝之间有一定的个人依附关系,其迁徙往往与范氏官职迁转有关。元和四年,范希朝从振武节度使专任河东节度使,坐镇太原,沙陀部族随之东迁。迁徙至河东的沙陀人一部分被安置于神武川的黄花堆(今山西应县西北),一部分被安置在定襄川(今山西定襄)。

河东是唐王朝的龙兴之地,西接长安,南临汴州,北捍蛮夷,地理位置重要。范希朝将沙陀人整编成军,"料其劲骑千二百,号沙陀军",建立了一支骁勇彪悍的沙陀骑兵。

元和五年,继任河东节度使的王锷远忧虑"朱邪族孳炽,散居北川,恐启野心",建议朝廷"析其族隶诸州"。唐廷纳其言,"建十府以处沙陀"。但唐朝的分而治之并不彻底,没有将其部族打乱,沙陀人仍是聚族而居。沙陀人非但没有被削弱,反而越来越壮大。太和四年(830),河东节度使柳公绰因"沙陀素骁勇,为九姓、六州胡所畏伏",奏以沙陀酋长朱邪执宜为阴山府都督、代北行营招抚使,镇守北部边疆。

沙陀酋长朱邪执宜大约死于唐文宗开成年间(836—840),他的儿子朱邪赤心嗣位,继续为大唐帝国东征西讨,曾率部参加了武宗会昌年间讨伐回鹘和昭义镇的战争。会昌四年(844),朱邪赤心因功升为朔州刺史、代北军使。

宣宗大中元年(847),吐蕃联合党项及回鹘袭扰河西地区。朱邪赤心又奉命率部随河东节度使王宰出征。大中三年,河西战事平定,朱邪赤心因功被任命为蔚州刺史、云州守捉使。咸通九年(868),桂州(今广西桂林)戍卒拥粮料判官庞勋为主,发动叛乱,从桂州一直打到徐淮地区,攻陷彭城(今江苏徐州)。朱邪赤心又率部随义成军节度使、徐泗行营都招讨使康承训前往镇压庞勋之乱,因功被唐授予大同军防御使,后又迁为鄘坊、振武节度使的职务,还被赐姓李氏,朱邪赤心因此得了个荣耀的汉名李国昌,并"预郑王属籍"。

庞勋之乱改变了沙陀受制于人的局面，朱邪赤心变成了李国昌，还被编入皇室宗籍，出任大同防御使，进而又出任鄜坊、振武节度使。这对沙陀集团的发展具有不可低估的重要意义。

沙陀历史上的重要人物李克用是李国昌的第三子，是将沙陀李氏带入辉煌的关键领袖。李克用生于大中元年九月，根据《旧五代史·唐武皇纪上》记载："献祖之讨庞勋也，武皇年十五，从征，摧锋陷阵，出诸将之右，军中目为'飞虎子'。"

15岁的少年英雄李克用以自己的勇猛和战功在军中建立了威信，平定庞勋之乱后，李国昌被擢为振武节度使，"飞虎子"李克用则为云中牙将。成年的李克用又当上云中守捉使，其上司是云中防御使支谟。

在军中崭露头角的李克用渐露桀骜，发生于乾符五年（878）的斗鸡台事变就充分暴露了其枭雄的野心。支谟之后的云中防御使段文楚是名臣段秀实的孙子，李克用时任沙陀三部落副兵马使，戍守蔚州。当时代北连年荒旱，百姓饥寒，军粮供应紧张。漕运不济，粮食运输成本比以前增加数倍，承运重役又常使供差者破产毙命。

段文楚怜悯百姓，下令缩减军士粮饷，但"用法稍峻"，引起"军士怨怒"。李克用的叔叔云州沙陀兵马使李尽忠乘机密遣部将康君立至蔚州，怂恿李克用发动兵变，取代段文楚。

李克用起初还很犹豫，对康君立说："吾父在振武，俟我禀之。"康君立说："今机事已泄，缓则生变，何暇千里禀命乎？"如此这般鼓励，李克用决定放手一搏。李尽忠连夜率部攻入云州，抓了段文楚和节度判官柳汉璋，掌控云中军政大权。李克用得知叔父得手之后，立即率军万余驰抵云州，军驻斗鸡台（今山西大同城郊）。

李尽忠计划奉李克用为云中防御留后，再胁迫朝廷认可。李克用要上位，段文楚就不能活，数日之后，李尽忠将段文楚一家五口送到李克用驻军的斗鸡台下。李克用杀死段文楚一家五口人的手段实在残忍至极，《资治通鉴》上的记载是"克用令军士剐而食之，以骑践其骸"，实在惨绝人寰！

李克用残杀段文楚一家后，堂而皇之"入府舍视事"，以防御使自居。事发之后，唐廷的态度是留有余地的，降下诏书称："若克用暂勿主兵务，束手待朝廷除人，则事出权宜，不足猜虑。若便图军柄，欲奄大同，则患系久长，故难依允。"

朝廷意思是说，李克用如果能交出兵权，乖乖听从朝廷进一步人事安排，那就算不得大事。但若想进一步占据大同，那就要动武解决了。

李国昌似乎对这场兵变真的不知情，事发之后，立即上书朝廷表忠心："乞朝廷速除大同防御使；若克用违命，臣请帅本道兵讨之，终不爱一子以负国家。"李国昌的态度让唐廷觉得事态并不严重，还有政治解决的可能性。唐廷下旨，任命大司农卿支详为大同军宣慰使，又令李国昌去劝诫招抚李克用，同时又任命太仆卿卢简方为大同防御使。四月，唐廷又进行了人事调整，"以前大同军防御使卢简方为振武节度使，以振武节度使李国昌为大同节度使，以为克用必无以拒也"。

李国昌似乎仍然忠于唐廷，但到了五月，形势急转直下，李国昌竟与李克用合流。正如李尽忠的分析，"今天下大乱，朝廷号令不复行于四方，此乃英雄立功名富贵之秋也。……李振武（即李国昌）功大官高，名闻天下，其子勇冠诸军，若辅以举事，代北不足平也"。

五月之后，"李国昌欲父子并据两镇，得大同制书，毁之，杀监军，不受代"，李国昌父子想要的是整个代北，事情到了这个地步，事变的主谋究竟是谁，已经不言自明。

代北沙陀自进入河东以来，长期经营代北（雁门关以北）地区，形成了比较强大稳定的军事政治力量，但在唐廷的刻意分割削弱下，始终未能真正完全掌控代北。李克用等人发动斗鸡台事变，占据云州之后，朔州和蔚州也很快被沙陀李氏集团控制。

占据代北的沙陀李氏集团很快就主动南下侵扰唐朝州县。五月，李国昌就与李克用合兵，攻陷遮虏军，并进击宁武、岢岚军。六月，"沙陀焚唐林、崞县，入忻州境"。在代北完全失陷的情况下，唐军只能依靠雁门关及太原作为支撑点进行防御，但是"太原屡隙警急，雁门不足提防"，形势愈发危急。

当李国昌父子拒命后，唐朝发动河东、幽州、昭义诸镇及吐谷浑赫连铎进讨。在多路大军的严厉打击之下，广明元年（880）六月，沙陀酋长、李国昌的族弟李友金及萨葛都督米海万、安庆都督史敬存等率沙陀三部落降唐。七月，李克用、李国昌父子先后连连大败，部众溃散，李氏父子、宗族及康君立等向北逃入鞑靼部落。

在取得对沙陀李氏军事胜利之后，唐廷任命吐谷浑酋长赫连铎为大同军防御使，白义诚为蔚州刺史，米海万为朔州刺史，契苾璋为振武军节度使。李克用非但未能"旬日而定代北之地"，其父祖两代苦心经营数十年的地盘又丧失殆尽，沙陀李氏集团遭遇了一次几乎毁灭性的打击。

如果没有后来的黄巢之乱，沙陀李氏可能永无翻身机会。广明元年十二月，黄巢大军攻占长安。中和元年（881）二月，李友金奉命率沙陀、萨葛、安庆三部落及吐谷浑诸部5000人救援京师。

李友金的兵马到了绛州，绛州刺史沙陀人瞿稹对监军陈景思说："贼势方盛，未可轻进，不若且还代北募兵。"于是，李友金返回代北。半月间，募兵三万，"皆北边五部之众"。代北之众是李氏集团的老班底，是李国昌、李克用父子的基本盘。

李友金当时投降唐朝，原本就是迫于无奈，更有人认为他是奉李国昌之命假投降，借以保存实力，李国昌是"遣李友金伪背己以降而为之内谋"。不论此事真假，李友金确实就以自己驾驭不了代北军士为由，怂恿监军陈景思上奏朝廷，请赦免李国昌父子，让他们带兵平叛。中和元年三月，唐廷下诏赦免了李国昌和李克用父子，李友金奉诏去鞑靼部落迎接。

在平叛的旗号下，沙陀李氏迎来了复兴机会。中和三年三月，唐军收复长安，李克用的沙陀铁骑功居第一，因功被唐廷授为检校司空、同中书门下平章事、河东节度使，李国昌为雁门以北行营节度使。

不久之后，李国昌病死，李克用继任为沙陀李氏的主要领袖，沙陀李氏的辉煌刚刚开始。

上源驿杀局

唐僖宗中和四年正月,黄巢从长安退出,其大军仍可以横扫中原。中原诸藩镇如周岌、时溥、朱温等人难以抵抗,"共求救于河东节度使李克用"。

李克用麾下的沙陀铁骑是当时少数能够抵挡黄巢兵锋的精锐军队,诸藩向河东求救也是情理之中。但是,李克用的势力进入中原,必然会改变中原势力版图。是年二月,李克用率麾下"蕃、汉兵五万出天井关",向中原进发。但是,河阳节度使诸葛爽以"河桥不完"为理由,屯兵于万善,意在阻挡李克用。

不得已之下,李克用只好"还兵自陕、河中渡河而东"。当时中原诸藩,陈州最为危急。黄巢大军围困陈州将近三百天,陈州刺史赵犨兄弟与黄巢进行了数百次大小战斗,已是"兵食将尽"。李克用大军一到,立即会同朱温、时溥的许、汴、徐、兖诸州之军大败黄巢大将尚让大军于太康。

当时,黄巢的侄子黄思业屯军于西华,李克用与诸藩大军继攻西华,黄思业败走。黄巢连续遭受两场大败,只好退军故阳里,陈州之围遂解。但是,黄巢从陈州撤军的路线则危及了朱温的利益,逼近朱温的大本营汴州。

五月,战事发展开始对朱温不利,"朱全忠闻黄巢将至,引军还大梁"。黄巢的猛攻对朱温造成极大威胁,迫使其"复告急于李克用"。五月丙寅日,李克用从许州出发,两天后"追及黄巢于中牟北王满渡"。李克用趁黄巢军渡河之际发起攻击,斩杀万余人,黄巢手下将领或死或降,黄巢本人渡汴河向北逃窜。

两日之后,李克用穷追黄巢不舍至封丘,大败起义军。第二天,黄巢带领千余人狼狈"东奔兖州",逃入山东境内。一天以后,李克用追击黄巢至冤句,已经人困马乏,粮食不济,并且高强度的行军作战对李克用手下的士兵提出了严峻挑战,跟上队伍的仅数百人而已,"昼夜行二百余里,人马疲乏",而且军粮已经全部告罄。李克用无奈只得回军汴州,补充给养再作追击。

李克用虽然没有擒住黄巢,但是"获巢幼子及乘舆器服符印,得所掠男女万人"。最后,黄巢败亡于泰山野狼谷,正是因为李克用的穷追猛打所致。可以说,李唐王朝后来还能续命二十余年,李克用功不可没。

五月甲戌日,李克用大军至汴州补充给养,扎营于城外。李克用没有进入汴州城，足见对朱温有几分戒备。但朱温非常热情，"固请入城"，李克用最终还是进了汴州城，"馆于上源驿"。朱温"置酒、声乐，馔具皆精丰，礼貌甚恭"，盛情招待李克用。酒过三巡，菜过五味，李克用开始"乘酒使气"，说话之间对朱温有些不尊重，"语颇侵之"，估计大概的意思就是嘲笑朱温无能，被黄巢打得那么惨之类。

朱温被人这么羞辱，自然不能心平气和。酒席散去之后，包括李克用在内的河东诸将都是酩酊大醉。宣武镇将领杨彦洪与朱温密谋，准备趁机干掉李克用，"连车树栅以塞衢路，发兵围驿而攻之"。

李克用酣醉不醒，其帐下亲兵薛志勤、史敬思等十余人拼死抵抗，侍者郭景铢将寝间的灯烛灭掉，扶着李克用躲在床底下，并用冷水将主公泼醒。如此这般折腾，李克用才起身拿弓应战。

众寡悬殊，李克用虽最终"登尉氏门，缒城得出"，但他带进汴州城的河东军人，自监军陈景思以下三百余人皆被汴军所杀。李克用逃出之时，身边只剩下李嗣源和薛志勤两人。

李克用夫人刘氏此时正在城外军营，从城中逃出的零星败兵逃回军营，向她报告上源驿之变，李克用生死不明。刘氏果然是枭雄的女人，当机立断，将回来的败兵全部杀掉，然后密召麾下大将，商议对策。

天亮之后，李克用安全归来，正准备整顿兵马，进攻汴州，刘氏又出来劝谏，说："公比为国讨贼，救东诸侯之急，今汴人不道，乃谋害公，自当诉之朝廷。若擅举兵相攻，则天下孰能辨其曲直！且彼得以有辞矣。"

当时事情的真相并不为外界所知，如果李克用贸然动兵，就说不清楚了。更为重要的是，李克用的兵马当时已经是疲劳之师，五万大军急需粮草，若在并不熟悉的汴州地盘上打起来，周围诸藩极有可能与朱温联手，那样对李克用是极为不利的。

于是，李克用听了夫人劝告，"引兵去，但移书责全忠"，写了一封信去责问朱温。朱温立即回书一封，将责任推到部将杨彦洪和朝廷使者身上，说"夕之变，仆不之知，朝廷自遣使者与杨彦洪为谋，彦洪既伏其辜，惟公谅察"。

这场阴谋的主谋杨彦洪也被朱温灭口。原来当李克用"缒城得出"的时候，杨彦洪在后面对朱温说："胡人急则乘马，见乘马者则射之。"哪承想，李克用没有中箭,杨彦洪自己却中箭而亡。射死他的不是别人,正是主公朱温。

杨彦洪死无对证,当然李克用也绝不会信这样的鬼话。李克用回到太原之后,立马向朝廷上表告状。黄巢还没彻底解决,两大藩镇又要兵戎相见,"朝廷大恐"。唐廷知道是朱温的问题,但又不敢真问罪汴州,只是下诏册封李克用为陇西郡王,以示安抚。

李克用差点儿就丢了脑袋,哪能就这样算了,先后八次上表,要求朝廷征讨朱温。虽未得唐廷允准,但从此之后,双方结为世仇,互相攻伐二十余年。

朱温为什么要制造上源驿杀局呢?各种史书上的原因分析似乎都太过于表面。《旧五代史》载:"武皇酒酣,戏诸侍妓,与汴帅(朱温)握手,叙破贼事以为乐。汴帅素忌武皇,乃与其将杨彦洪密谋窃发。"《资治通鉴》则记载:"克用乘酒使气,语颇侵之,全忠不平……宣武将杨彦洪与全忠谋……发兵围驿而攻之。"《旧五代史》在朱温的本纪中记载了朱温的心理活动,"克用乘醉任气,帝不平之。是夜,命甲士围而攻之"。

司马光在《资治通鉴考异》中也说朱温此举只是"出于一时之忿耳",其实也是失之于表象。对于朱温这样一个有志于称霸天下,甚至问鼎轻重的人而言,李克用绝对是未来霸业的强劲对手,送上门的机会并不总有,机不可失,上源驿是一次除掉潜在劲敌的绝佳机会。

神策军将领宗文通的意外崛起

光启元年(885)正月,在外播迁三年的唐僖宗朝廷从成都出发,返回长安,西川节度使陈敬瑄送至汉州(今四川广汉)。二月十日,车驾至凤翔(今陕西凤翔)。三月十二日,至京师。十四日,赦天下,改元,以中和五年为光启元年。长安荆棘满城,狐兔纵横,朝廷号令所行,仅河西、山南、剑南、岭南数十州而已。

跟着僖宗一起回京的不仅有南衙北司共计一万余名官员,还有权宦田令孜所招募的新军五十四都，每都千人。回京的军政集团，需要财力供养，而唐廷所能获得的收入仅仅只有京畿、同州、华州、凤翔等几州的租税，根本不足以支撑。

掌握唐廷实际权力的田令孜为了缓解财政压力，提出自兼安邑、解县两池榷盐使。安邑、解县两地盐池，都在河中府境内，司马光的《涑水记闻》中说："晋盐之利，唐氏可以半天下之赋。"

安邑、解县盐池地处河中，河中节度使王重荣长期独占其利。为了达到夺取盐利的目的，田令孜以朝廷名义，令王重荣移镇兖州，又把坐镇兖州的泰宁军节度使齐克让调任义武军节度使，再调驻军定州的义武军节度使王处存为河中节度使。如此大费周章的一番乾坤大挪移，目的就是夺取河中盐利。

对于这一职务调整，王重荣明确抗命。田令孜酝酿动武，遂与邠宁节度使朱玫、凤翔节度使李昌符结盟对抗王重荣，王重荣则求救于河东节度使李克用。李克用此时已与朱温交恶，于是便以朱玫、李昌符与朱温勾结为理由，出兵与王重荣联手讨伐邠宁、凤翔两镇。

十一月，李克用、王重荣与邠宁、凤翔二镇战于沙苑，朱玫、李昌符大败，李克用逼近京城，田令孜又带着僖宗逃至凤翔。李克用与王重荣上表奏请僖宗回宫，并请诛杀田令孜。

田令孜一看不妙，又打算带着皇帝南逃兴元。朱玫、李昌符知道不是王重荣、李克用的对手，于是认怂服软，与王、李合兵。朱玫又率军去追唐僖宗，想把皇帝抢回来，但没有成功，于是抢来了唐肃宗的玄孙、襄王李熅。

朱玫把襄王李熅带回了凤翔，以为奇货可居，光启二年四月，朱玫、李昌符二人奉襄王李熅监国，朱玫自封为大丞相，兼左右神策十军使。五月，在朱玫等人操控下，襄王即皇帝位，改元建贞，尊僖宗为太上皇。

朱玫控制下的襄王朝廷派出使臣前往藩镇宣谕，"令户部侍郎柳涉往江淮宣谕，户部侍郎夏侯潭河北宣谕，诸藩节将多受其伪署，惟定州、太原、宣武、河中拒而不受"。《旧五代史》上的记载是，"嗣襄王熅僭即帝位于长安，遣使赍伪诏至汴，帝命焚之于庭"。朱温将襄王诏书当场就烧了，以示支持唐僖宗的合法政权。

光启二年十二月，朱玫的部将王行瑜倒戈杀朱玫，又纵兵大掠，时值寒冬，冻死的百姓横尸遍野。襄王李熅逃亡河中，河中节度使王重荣假装迎奉，将襄王李煴抓住杀死，并将其首级函送兴元行在。

朱温在这场襄王僭位的政治风波中站对了立场，襄王被杀之后，僖宗朝廷加朱温检校太傅，改封吴兴郡王。回顾这场骤变，起因就在于田令孜企图与河中王重荣争利，"一为谬计，几丧丕图，虽如线之仅存，固梦丝之莫救"。

朱玫之乱平定后，田令孜自知如果继续留在宫廷，恐怕会凶多吉少，于是自贬为西川监军，并荐飞龙使杨复恭代掌枢政。流亡在外已有半载的唐僖宗决定由兴元起驾返回长安。

光启三年三月，天子返京一行到达凤翔，凤翔节度使李昌符以"宫室未完"为由，"请驻跸，以俟毕工"。李昌符为何想留下僖宗，《资治通鉴》上说的是"恐车驾还京虽不治前过，恩赏必疏"。但更为重要的恐怕是他也想"挟天子以令诸侯"，毕竟唐朝皇帝的招牌依然有用。

李昌符并没有处理好与羁留于凤翔的唐廷之间的关系，最后酿成唐廷与凤翔之间的战争。六月，禁军与李昌符军发生冲突，李昌符进攻僖宗行宫，却被神策军击败，出逃陇州。僖宗命扈驾都将李茂贞追击，李昌符逃至凤翔支郡陇州（今陕西陇县）。

是年六月，唐僖宗任命李茂贞为"陇州招讨使"，出兵征讨李昌符。李茂贞当然知道这意味着什么，他这次仍旧不负所望，率领神策军穷追猛打，很快将陇州团团包围。

八月，在李茂贞咄咄逼人的攻势下，山穷水尽的李昌符很快也步了朱玫的后尘，其部下陇州刺史薛知筹倒戈献城，降于李茂贞。李茂贞入城不仅处死了李昌符，"传首献于行在"，还把他一家满门抄斩。

这位猛将李茂贞本名叫宋文通，深州博野（今河北博野）人氏，生于唐宣宗大中十年（856），出身行伍，最初效力于奉命宿守京师的博野军，在军中担任市巡之类职低权微的小官。《册府元龟》称其"少去乡里，客奉天为市吏，数为镇将所辱"。

宋文通在军中"征伐立战功，籍是军中知名，渐为裨校"。倘若不是激变之乱世，宋文通不可能成为李茂贞。广明元年（880）十二月，黄巢大军攻占长安。唐僖宗朝廷由骆谷道出奔兴元，再逃至成都，宋文通所在的博野军也撤至凤翔（今陕西凤翔）。

中和元年（881）二月，流亡至西川的僖宗朝廷着手收复长安，任命凤翔节度使郑畋为京城四面诸军行营都统，负责全面统筹对占据长安的黄巢军作战。郑畋受命后，联络泾原节度使程宗楚、秦州经略史仇公遇、鄜延节度使李孝恭、夏州节度使拓跋思恭等关中藩镇，同盟起兵，并传檄天下，共同讨伐黄巢军，博野军也被郑畋招致麾下。"勤于军旅"的宋文通得到了郑畋的赏识，被"委以游逻之任"。

中和元年三月，黄巢派大将尚让、王播率军五万进击凤翔，追歼唐军。黄巢军拿下长安，志得意满，此番西进颇为轻敌。但是，郑畋早已在通往凤翔必经之地龙尾坡（今陕西岐山东龙尾坡）设下伏兵，只以散兵树了一些旗帜，疏疏拉拉地在沟边高岗之上列阵。

毫无意外，轻敌的尚让中了埋伏。唐军只有数千人，但居高临下，黄巢军被打得惨败，"斩首二万余级，伏尸数十里"。宋文通此战中立下大功，光启元年（885）三月，僖宗朝廷返回长安之后，宋文通被擢升为天子禁军——神策军指挥使，并加检校太保衔，开始崭露头角。

神策军是天子亲军，当时的实际控制权在宦官田令孜之手。黄巢之乱平定之后，宋文通升为右神策统军，平步青云是好事，但也招致了同僚的嫉妒，甚至身为左右神策十军使的田令孜本人也被下属军官游说，对其动了杀机。

《新唐书·田令孜传》记载："始，右神策统军宋文通为诸军所疾，令孜因事召见，欲杀之。"极有戏剧性的反转发生了，田令孜见到宋文通，竟然十分欣赏，"既见乃欣然，更养为子，名彦宾"，非但没杀，还收为养子，成为田氏心腹。

在朱玫拥立襄王篡位而引发的混战中，宋文通再建功勋。《旧五代史》本传中对这段历史的记载较为详细："朱玫之乱，唐僖宗再幸兴元，文通扈跸山南，论功第一，迁检校太保、同平章事、洋蓬壁等州节度使，赐姓，名茂贞，僖宗亲为制字曰正臣。"

李茂贞，字正臣，无论是本名，还是表字，都体现了唐僖宗对这位亲军猛将的期待。

光启三年七月丙子，朝廷"制以武定军节度使、检校尚书左仆射，兼洋州刺史、御史大夫、上柱国、陇西郡公，食邑一千五百户李茂贞检校司空、同平章事，兼凤翔尹、凤翔陇右节度等使"。

除却荣宠的爵位不提，李茂贞从武定军节度使到凤翔节度使，便有了割据的资本。凤翔地处关中，也算是天下雄镇，对于唐廷而言，又是"国之藩篱"，地位和实力非同小可。凤翔镇西依六盘山，南靠终南山，兼有秦岭之险、渭水之利，进可攻，退可守。当时李克用居于河东一隅，朱温又专心经营汴州，凤翔四周并无强邻，正是李茂贞奄有关中的大好时机。

李茂贞始萌问鼎之志

文德元年（888），饱经忧患的唐僖宗驾崩了，他的弟弟、唐懿宗第七子李晔即位，是为唐昭宗，唐廷更在风雨飘摇中。

唐昭宗初年，朝廷权力被掌握兵权的大宦官杨复恭操控。杨复恭自领六军十二卫观军容使、左神策军中尉，一方面统带禁军，弄权于朝，党同伐异；另一方面又大肆收揽武人为"假子"，就是认干儿子，这些干儿子或典禁军，或为方镇，以为外援。

在杨复恭假子中，杨守立为天威军使，杨守信为玉山军使，杨守贞为龙剑节度使，杨守忠为武定军节度使，杨守厚为绵州刺史，"其余假子为州刺史者甚众"。由此，杨复恭从中央到地方拥有一张庞大的势力网。

唐昭宗虽为傀儡，但并不甘心将权力拱手让与杨氏，二者之间矛盾遂渐激化。大顺二年（891）十月，有人举报杨复恭与其假子玉山军使杨守信谋反。这对昭宗而言是个机会，他并没有等谋反实锤敲定，立即命天威都将李顺节、神策军使李守节带兵进攻杨复恭府第。

没有想到的是，杨复恭部将张绾率领杨家家丁对抗神策军，杨守信又引玉山军之兵前来助战，李顺节等率领的禁军竟然"不能克"，足见杨复恭实力之雄厚和朝廷的孱弱。

既然已经撕破脸皮，杨复恭也无法在长安立足，于是逃往杨守亮等人控制的山南地区。随后，杨复恭与杨守亮"同举兵拒朝廷，以讨李顺节为名"，干脆真造起了反。

杨复恭造反和出逃山南，对于割据凤翔的李茂贞而言，绝对是一次扩张的绝佳机会。凤翔地接山南，距离较近；南出散关即至山南。若能兼并山南，不但可占据汉中之险，巩固凤翔根据地的南部边界；更可以趁势占有山南西道所辖之文、利、集、阆等州，打开通向蜀中的大门，虎视东川。

若能得山南，李茂贞就有机会争衡天下！景福元年（892）正月，李茂贞纠集关中附近一些小藩镇诸侯上书昭宗，说"杨守亮容匿叛臣杨复恭，请出军讨之，乞加茂贞山南西道招讨使"，甚至还愿意"自备供军粮料，不取给于度支"。

唐廷当然也能洞察李茂贞的意图，"朝议以茂贞得山南，不可复制，下诏和解之"。朝廷"下诏和解之"，并没有什么作用。景福元年二月，李茂贞与静难节度使王行瑜联手，自行发兵攻兴元，这意味着李茂贞开始走上了跋扈扩张之路。

未能遂愿的李茂贞上书宰相杜让能和当时掌握神策军的权宦西门君遂，说了不少"陵蔑朝廷"的过头话。李茂贞的跋扈令昭宗严重不适，他召集宰相、谏官商讨应对之策。

朝臣们不敢得罪李茂贞，更何况宫中宦官不少都是凤翔的耳目，甚至出现了"宰相相顾不敢一言"的场面。给事中牛徽说出了一个既能顾全朝廷脸面又不得罪李茂贞的办法：

> 先朝多难，茂贞诚有翼卫之功。诸杨阻兵，亟出攻讨，其志亦在疾恶，但不当不俟诏命耳。比闻兵过山南，杀伤至多，陛下傥不以招讨使授之，使用国法约束，则山南之民尽矣！

对于这个务实的意见，昭宗还是明智地接受了，最后以李茂贞为山南西道招讨使，承认其"奉诏讨逆"的合法性。

在讨伐山南的战事中，凤翔部队进军异常顺利。这一年七月，李茂贞攻克凤州，感义军节度使满存逃奔兴元。之后，李茂贞大军又连下兴州、洋州二州，武定军节度使杨守忠败逃。

李茂贞新掠两镇之地"皆表其子弟镇之"，也就是用了他家的人控制了占领区。八月，李茂贞进逼兴元。几日之内，凤翔大军攻克山南西道治所兴元府。山南西道节度使杨守亮、判官李巨川与杨复恭、杨守信、杨守忠、杨守贞、满存等突围而遁，逃奔阆州（今四川阆中）。

拿下兴元之后，李茂贞就向朝廷举荐自己的干儿子李继密权知兴元府事。乾宁元年（894）七月，李茂贞大军又攻陷阆州，至此占有山南西道全境。杨复恭、杨守亮、杨守信等人逃离阆州，自商州（今陕西商洛）奔河东，仓皇不择其路时被华州兵俘获。八月，华州刺史韩建将杨复恭等人献给朝廷，皆被处斩，诸杨之乱至此平定。

平定杨复恭之乱，最大的赢家还是李茂贞。通过这场战争，李茂贞先后吞并了感义军、武定军、山南西道、龙剑等四镇之地，他甚至还派遣假子李继臻一度占据了山南东道的金州，势力版图得到极大扩张。李茂贞争霸天下的野心也随之滋长，甚至"恃勋恣横，擅兵窥伺，颇干朝政，始萌问鼎之志矣"。

李茂贞在这场讨伐杨复恭的战争中获得完胜，事实吞并了山南西道等四镇之地，势力获得极大扩张。李茂贞上表唐廷，请以其假子李继密权知兴元府事。唐中期藩镇坐大以来，节度使同时兼任治所州府的刺史或府尹也算是一种惯例。李茂贞此举用意正是想让朝廷授予李继密山南西道的节钺，将山南西道一镇堂而皇之地变为自己卵翼下的属镇。

正当李茂贞自认为山南西道已是自己的囊中之物时，没想到却又起波折。唐昭宗是一个并不甘心坐视皇室衰微的皇帝，不希望"卧榻之侧"的李茂贞势力继续坐大，甚至企图重新恢复对山南地区的控制。唐廷迟迟不下诏命，野心昭然的李茂贞岂能坐等，他又于景福二年（893）正月上表"自请镇兴元"。

雄心与实力严重不成正比的唐昭宗想出了一个很不现实的对策，下诏任命李茂贞为山南西道兼武定军节度使，以中书侍郎、同平章事徐彦若以使相身份充任凤翔节度使，同时又割果、阆二州隶属武定军。

唐昭宗异想天开，以为这样的调动和补偿可以让李茂贞拱手让出凤翔镇，从而达到抑制李茂贞势力并重新控制凤翔镇的双重目的。凤翔是李茂贞拼命打下来的，岂能拱手还给朝廷？

李茂贞的态度是"不奉诏"，既不让出凤翔，还继续占领山南西道。非但如此，景福二年七月，李茂贞甚至还上表羞辱昭宗，直接讽刺皇帝无能："陛下贵为万乘,不能庇元舅之一身;尊极九州,不能戮复恭之一竖。"

所谓"不能庇元舅之一身",说的是当年杨复恭擅权的时候,昭宗任命自己的舅舅王瓌出任黔南节度使。杨复恭表面答应,背后却派人将王瓌所乘的船弄沉,王瓌一家及仆人全部淹死。昭宗知道是杨复恭所为,但是又不能有所行动。唐昭宗虽然贵为天子,却保护不了自己的舅舅,也除不掉跋扈擅政的大宦官杨复恭。最终干掉杨复恭的,还是人家李茂贞!

李茂贞这话说得虽然难听,但也都是实情,皇帝的脸面掉一地。李茂贞更是放出狠话,直接用武力威胁,说:"军情易变,戎马难羁,唯虑甸服生灵,因兹受祸。未审乘舆播越,自此何之?"

是可忍,孰不可忍!年轻的天子被彻底激怒了,他决定与李茂贞兵戎相见。景福二年八月,唐昭宗任命嗣覃王李嗣周为京西招讨使,神策大将军李鐬为副帅。九月,李嗣周率领神策军五十四都名义上送凤翔节度使徐彦若赴镇,实际用意则是征讨李茂贞,进军兴平(今陕西兴平)。

李茂贞立即做出强硬回应,纠集盟友邠宁节度使王行瑜,凤翔、邠宁联军近六万,驻军盩厔(今陕西周至)待战。在兵力对比上,李茂贞和王行瑜联军有六万,而李嗣周的神策军仅有三万,李茂贞人数占优。从战斗力上分析,朝廷禁军多是最新招募的市井少年,而李茂贞的部队都是百战之余,强悍勇猛。

强弱分明,结果自然可以想见。九月壬午日,李茂贞进军兴平,神策军不战自溃,望风而逃。李茂贞乘胜进军京西的三桥,京师大震,士民逃散。昭宗的武力试探,落得一个惨败结局。

打败了朝廷,李茂贞更加嚣张,陈兵阙下,上表诛首议用兵者,就是要朝廷交出责任人。其实,这次动兵是昭宗自己的想法,难道要杀了皇帝不成?当然不能,不过有分量的替死鬼还是需要的。

无奈之下,唐昭宗只好下诏,贬宰相杜让能为梧州刺史,又流放亲信宦官观军容使西门君遂于儋州,内枢密使李周潼于崖州,段诩于驩州。没有杀人,李茂贞依然不撤军。

数日后,昭宗只好忍痛下诏,斩西门君遂、李周潼、段诩,再贬杜让能为雷州司户。一下杀了三个亲信重臣,还是想保全杜让能。李茂贞依旧不依不饶,甚至还进逼长安以西的临皋驿,大有攻长安的架势。十月,昭宗无奈只得将杜让能及其弟户部侍郎杜弘徽赐死。

李茂贞跋扈如此，无以复加。随后，唐廷更是屈辱下诏，任命李茂贞为凤翔节度使兼山南西道节度使，守中书令，进封秦王，承认了李茂贞对山南的事实占领。至此，李茂贞尽有凤翔镇、山南西道、感义军、武定军、天雄军等地，关中的邠宁王行瑜、华州韩建等诸镇也依附于他，势力空前强大。

乾宁二年（895）八月，昭宗自石门返回长安之后，立即着手于神策军之外，另置了安圣、捧宸、保宁、宣化等军，命宗室诸王统领，号"殿后四军"。这支部队约有"万余人"，昭宗打算以此作为兴复皇室的基本武力。

昭宗的"殿后四军"，也叫天子亲军，某种程度是在模仿藩镇的牙军、亲军模式。"殿后四军"的规模并不小，在万人以上，但其兵员主要是长安市井少年，军纪混乱而战斗力极差。统领这支力量的将领是宗室诸王，他们又久居深宫，没有多少军事经验。

不用交手，就已经知道强弱了。虽然昭宗的整军经武没有太大的实质意义，却引起了李茂贞的警惕。李茂贞见朝廷大肆招募筹建新军，"以为欲讨己，语多怨望，嫌隙日构"，并"勒兵扬言欲诣阙讼冤"。

李茂贞动武的威胁引发了长安城的恐慌和不安，百姓们纷纷逃匿山谷以躲避战祸。昭宗急命通王李滋及覃王李嗣周分别统领京城各军守卫近畿，延王李戒丕则率新军主力进屯三桥，以备李茂贞。

面对朝廷的备战，李茂贞更有了口实，借此上表声称"延王无故称兵讨臣，臣今勒兵入朝请罪"。六月丙寅日，李茂贞趁机引兵进逼京城，覃王李嗣周率领天子亲军与李茂贞在娄馆（今陕西兴平西）发生激战。不出意外，天子亲军战败。李茂贞的百战之余自然很轻松地击溃朝廷的中央军，进抵京郊。

惶惶不安的唐昭宗急忙派人向河东李克用求救，怎奈李克用当时自顾不暇，远水解不了近渴。此时，延王李戒丕上言："今关中藩镇无可依者，不若自鄜州济河，幸太原。"

皇帝逃亡，李茂贞率大军进了长安，大肆抢掠烧杀，"自中和以来所葺宫室、市肆，焚烧俱尽"，李茂贞也因这次火烧京城得号"火龙子"。

乾宁三年（896）七月，被李茂贞击败的唐昭宗及其宫廷在逃往河东的途中，经过渭北。镇国节度使韩建派其子韩从允往迎，请昭宗驻跸华州（今陕西华县）。

所谓"驻跸"，不过是为了挟持天子。控制昭宗之后，韩建受封为中书令，充京畿安抚制置等使兼京兆尹。韩建对昭宗承诺："臣为陛下修营大内，结信诸侯，一二年间，必期兴复。"韩建说要为昭宗兴复社稷，不过是忽悠。他控制了唐廷，做得比李茂贞还过分，他不仅趁机截留四方贡奉，大发横财，还跋扈干政，屠戮宗室，诛李氏诸王十一人！

李茂贞逼宫反而形成了由韩建这样的小藩镇"挟天子令诸侯"的政治格局，这难道是李茂贞失策吗？或许这恰恰是他的高明之处，假韩建之手诛戮唐宗室诸王，最终彻底消灭了昭宗的贴己力量，而他李茂贞自己的手上又不用沾血。

此时，正与河东夹河鏖战的另一强藩朱温对昭宗仍念念不忘，"请以兵赴难，天子优诏止之。又请迁都洛阳，不许。"其实并非昭宗"不许"，而是实际控制唐廷的韩建不许。当时的大唐天子仍奇货可居，虽已名不副实，但只要谁控制了昭宗，就可以假借天子之意发号施令，赢得仗顺讨逆的舆论优势和战略主动。

身陷华州的昭宗对李茂贞自然还是恨之入骨。是年八月，唐昭宗下诏以王建为凤翔西面行营招讨使，打算以此任命诱使急于扩大地盘的王建讨伐李茂贞，以报逼宫之恨。王建趁机再次起兵，与李茂贞展开东川、山南之争。

昭宗又于九月削夺李茂贞的一切官爵封赏，复其姓名为宋文通，十月以宰相孙偓为凤翔四面行营都统，前定难节度使李思谏为静难（邠宁）节度使兼副都统，保大（鄜坊）留后李思敬为节度使，联兵进讨李茂贞。

虽然李茂贞占据绝对优势，但最终还是服软了，通过韩建上书妥协，表示愿意修复长安宫室，迎奉昭宗还京。

李茂贞怕的不是唐昭宗，他真正担心的是河东李克用可能再度南下干涉。其实，李克用当时根本没有精力顾及关中，他正与朱温陷入混战，自顾不暇。就坡下驴，唐廷再度与李茂贞达成和解。十月，"李茂贞上表请罪，愿得自新，仍献助修宫室钱"，韩建又从中相助。如此，乾宁四年正月，唐廷大军还未出师，只得诏赦李茂贞，恢复其所赐姓名和官爵，罢凤翔四面行营。

乾宁四年六月，在李茂贞的要求下，唐昭宗贬西川节度使王建为南州刺史。这一人事变更算是遂了李茂贞的心意，但同时昭宗又宣布调命，任李茂贞为剑南西川节度使,以覃王李嗣周为凤翔节度使,并以禁军护送覃王赴凤翔就任。

昭宗这一招实在是昏聩,以为这样可以调虎离山,李茂贞怎会拱手将凤翔基业让给朝廷呢?李茂贞自然不肯奉诏,他领兵轻而易举地将覃王所率禁军击溃,并将他们一行围困于奉天。最终,在韩建的斡旋下,李茂贞解奉天之围,覃王狼狈逃归华州。

九月,不甘失败的昭宗再次兴兵,以彰义节度使张琏为凤翔西北行营招讨使,静难军节度使李思谏为凤翔四面行营副都统,进讨李茂贞。同时,朝廷再度任命王建为西川节度使、同平章事,削夺新命西川节度使李茂贞官爵,复姓名宋文通。

唐昭宗这一次兴兵比前一次更加软弱无力,基本武力都没有了,李思谏、王建也不可能为了朝廷去征讨关中的李茂贞。第二年,即光化元年(898)正月,唐廷再次自己打脸,下诏恢复李茂贞的官爵及所赐姓名,罢凤翔行营。二月,唐廷又下诏李茂贞复为凤翔节度使,这意味着唐廷对李茂贞割据事实的承认。

挟天子而不能令诸侯

光化三年十一月,早已动荡飘摇的唐廷却发生了一场萧墙之乱,神策军中尉宦官刘季述、王仲先等人竟然发动了宫廷政变,将昭宗囚禁于少阳院,拥立太子李裕即位。

在这场政变中,刘季述和王仲先的背后有强藩朱温的支持。宰相崔胤在这场政变中,起初似乎隐忍不发,但暗中联络神策军都将孙德昭、董彦弼、周承诲等人,在天复元年(901)正月初一日,又搞出一场兵变,杀掉了刘季述、王仲先,迎昭宗复位,降李裕为德王。

政变虽然平息,却令坐镇凤翔的李茂贞嗅到了机会。局势稍定之后,身兼凤翔、彰义两镇节度使的李茂贞就率军入朝,名义是戡乱维稳,真正的目的是寻找挟持唐廷和天子的机会,曹孟德"挟天子以令诸侯"的成功是李茂贞想要复制的。

宋人笔记《北梦琐言》中有一段对于李茂贞这次进长安的嚣张跋扈情状的描绘："茂贞肩舆，衣驼褐，入金銮门，易服赴宴。咸以为前代跋扈，未有此也。"历经劫难、恍若重生的唐昭宗，不知是过于恐惧，还是出于笼络，竟然破例加李茂贞为守尚书令，兼侍中，晋爵岐王。

尚书令这个官职在唐朝有着非同一般的意义，唐太宗李世民就是以尚书令进而成为天子的，自此以后，这个官职不再授予臣子。李茂贞加官尚书令，只能表明"唐法荡然，于此极矣"，代表了唐室对李茂贞的彻底妥协。

李茂贞不仅位极人臣，有着其他藩帅所不能及的独特优势，而且还能主导中枢要职的任命，枢密使韩全诲、凤翔监军使张彦弘被任命为左、右神策中尉，这两人都是李茂贞的盟友。

宰相崔胤病急乱投医，"以宦官典兵终为肘腋之患，以外兵制之"，而他想要援引的外兵就是李茂贞的凤翔之军。一心想借助凤翔军人抗衡宦官的崔胤，利令智昏地主动要求李茂贞留兵在京师宿卫，欲以外兵防内患。

正中下怀的李茂贞命亲侄李继筠统领岐军三千精锐宿卫长安，并密令其相机而动，劫持天子到凤翔。已经掌握神策军的韩全诲、张彦弘等人都曾任职于凤翔，与李茂贞早有勾结。

李茂贞率军返回凤翔之后，在长安的李继筠被封为神策军都指挥使，并遥领岭南西道节度使。李茂贞在布置妥当之后，进一步从军事和财政权力两个方面强化了对唐廷的控制。在军事上，李茂贞吸取以前的教训，拉拢了昭宗复辟的两位功臣、禁军重要将领李彦弼、李继海，这样一来，李茂贞就从神策中尉到神策将领，从上到下地直接掌握了神策军。

唐廷之所以在强藩环伺的情况下还能屡屡硬扛，其中一个重要原因就是唐廷手中还有财政大权。在李茂贞与韩全诲的勾结之下，昭宗被迫将盐铁、户部、度支三司改隶于神策军，朝廷财政大权就这样被李茂贞和宦官集团强夺了。

引狼入室的宰相崔胤这才醒悟过来，觉察到宦官与岐军的一系列诡秘举动，原来要求李茂贞留兵宿卫不仅不能制约"宦官典兵"，而且是引狼入室。于是，崔胤又把希望寄托在朱温身上，"时朱全忠、李茂贞各有挟天子令诸侯之意，全忠欲上幸东都，茂贞欲上幸凤翔"，崔胤"阴厚朱全忠益甚，与茂贞为仇敌矣"。

崔胤首先采取的措施是密谏昭宗,要求诛杀宦官而绝后患,以切断李茂贞的内应。不料,唐昭宗在此时却优柔寡断起来。皇帝迟疑了,宰相却没有停手,崔胤立即致书朱温,请他火速率军入京,诛杀宦官。

对于汴帅朱温而言,这是实现"挟天子令诸侯"战略目标的大好机会。有了崔胤作为内应,天复元年十月,朱温便迫不及待地起兵,亲率汴梁大军进至河中,同时上表要求昭宗迁都洛阳,制造声势和舆论压力。

朱温的突然起兵,很显然出乎北衙宦官韩全诲这些人的意料。突然的变故促使韩全诲和李继筠决定先发制人,将昭宗劫持到凤翔。十一月己酉,李继筠、李彦弼率领岐军及神策军封锁宫门,禁人出入。两天之后,韩全诲等人率兵直抵殿前,对皇帝说:"(朱)全忠以大兵逼京师,欲劫天子幸洛阳,求传禅;臣等请奉陛下幸凤翔,收兵拒之。"

对于昭宗而言,无论是"幸洛阳",还是"幸凤翔",都是去当傀儡,但他此时已经没有权力选择。前有韩全诲持兵威逼,后有李彦弼纵火焚烧御院,外有李继筠的岐军包围,昭宗不得已只好委曲求全"幸凤翔"。

李茂贞早就期盼着这个日子,于是同时起兵"迎车驾"。经过一番曲折,数日之后,天子一行终于到达凤翔,李茂贞挟持天子的时代来临了。

虽然李茂贞这次挟天子多少是因为迫于朱温大军的威胁,他自身也没有"令诸侯"的实力,但这一切都不妨碍他在凤翔大展权臣威风,肆意凌虐唐昭宗和他的宫廷。

昭宗已经被挟持到李茂贞的凤翔老巢,寄人篱下,不得不任人摆布。占据主场制控权,李茂贞彻底赢得了对昭宗的心理优势。在如此心理作祟的情况下,再怎么过分的事情,李茂贞都能做得出来。

一次宴会上,李茂贞酒至酣时,竟然"以巨杯劝帝酒",但是皇帝根本不想喝。臣子用大酒杯给皇帝劝酒,本身就涉嫌犯上,皇帝不喝,李茂贞不但不罢手,竟"举杯叩帝颐额",居然把杯子叩到了皇帝脸上。如此跋扈,较之董卓、曹操也不遑多让啊!

言谈举止无复君臣之仪,可见李茂贞根本就没有把已是掌中傀儡的昭宗当回事。不仅如此,依附李茂贞的朝官也有样学样,根本不把天子放在眼里,李茂贞为昭宗配备的宰相韦贻范"屡以大杯献上","上不即持,贻范举杯直及上颐"。

除了这些形式上的跋扈,李茂贞更是完完全全地把持了唐廷的用人行政各项大权。晚唐藩镇跋扈,干预朝廷人事权力早已不是什么新鲜事了。譬如,景福二年(893),李茂贞逼杀宰相杜让能。乾宁二年(895),在李茂贞和王行瑜的压力下,昭宗不得已将宰相李谿罢为太子少师。在藩镇干政的大环境下,昭宗早已失去了进退大臣的权力,何况如今已沦为"阶下囚"的傀儡皇帝呢?

昭宗被挟持到凤翔之后,李茂贞开始肆无忌惮地左右宰相等朝官的任命。天复二年,李茂贞甚至为昭宗配备了新的政府班子,而这些朝官又都是李茂贞的人。这一年正月,李茂贞以唐廷的名义擢升给事中韦贻范为工部侍郎、同平章事,位列宰相之列。五月,韦贻范因为母亲过世,按照礼制必须回家丁忧,李茂贞就联合宦官韩全诲等人,推荐翰林学士姚洎为相,但被昭宗拒绝了。六月,在李茂贞的运作下,中书舍人苏检又被擢为工部侍郎、同平章事,勉强得到昭宗的让步。

尽管经过一番曲折,李茂贞终究还是掌握了唐廷中枢的人事大权。由于李茂贞控制了人事权,朝官和宦官力量都开始依附于他,昭宗因此更加孤立,成了真正意义上的孤家寡人,无以所依,不得不为刀俎上的鱼肉,任人宰割。

虽然李茂贞占据凤翔,挟持唐帝,"发号施令动以制诏为名",但是他无法复制曹操的成功。宋人唐庚将李茂贞与汉末董卓相提并论,认为他们"无尺寸之功以取信于天下,而有劫主之名,以负谤于诸侯,则天下诸侯群起而攻之",既无平定天下的实力,又不占据道义优势,最后的失败似乎也是早有预兆。对于李茂贞而言,迫在眉睫的威胁就是咄咄逼人的朱温,还有准备火中取栗的王建。

李茂贞在凤翔暂时挟持了唐昭宗及其宫廷,但是他根本无法搞定周围那些强悍的藩镇,挟天子而不能令诸侯。

朱温才是皇帝争夺大战的最后赢家

天复元年（901）十月戊戌，朱温兵发大梁，进军关中。十月戊申，朱温到达自己势力范围的前哨——河中，一面上表请求昭宗迁都洛阳，制造舆论压力；一面自故市（今陕西渭南东北）南渡渭水，进兵关中。迫于朱温强大的武力威慑，在长安的李继筠和韩全诲才仓促挟持唐昭宗去凤翔。

在朱温进军关中的过程中，兵不血刃地拿下了镇国、匡国节度使韩建的地盘。先是同州守将司马邺投降，盘踞华州的韩建自知不敌，也遣使请降，并献银三万以求保全其地。然朱温以"韩建，茂贞之党"和韩建曾"表劝天子幸凤翔"为由，进占华州，逼韩建移任忠武节度使。

韩建经营多年的老巢华州就这样被朱温一举拿下，多年积累大约九百万缗的巨额财富也被朱温夺走。朱温未费吹灰之力尽得同华之地，将自己的势力由关东扩展到关中。

李茂贞在凤翔迎来唐昭宗的同一天，朱温大军也进入了长安，宰相崔胤率百官相迎，南衙群僚视朱温为救命稻草。朱温入据长安，下一步的目标必然就是凤翔，岐梁之间已免不了一场恶战。

相比之下，李茂贞就多少显得有点儿野心有余而实力不足。在汴军异常坚定的态度和稳扎稳打的战略面前，李茂贞似乎还没有做好应对的准备，仅派手下大将李继远领兵一万在武功屯兵设防。武功在长安西北一百五十里，是长安至凤翔的必经之地，但武功地势平坦，无险可守，而且没有建立纵深防御和侧翼支援，作为守御之地着实危险。

朱温对这次西征非常重视，亲率"宣武、宣义、天平、护国兵七万"，动用的是自己的嫡系部队。这支部队不仅是朱温的贴身精锐，而且在朱温统一中原的战争中久历战阵，乃百战之余，骁勇善战。

未战之前，强弱已分。朱温以康怀英为前锋，在武功大败李继远所率的凤翔军。康怀英"领众先登，一鼓而大破之，携甲士六千余人，夺马二千匹"。李茂贞首战既输，不仅损失惨重，而且极大挫伤了岐军士气。

几日之后，朱温亲率大军挺进凤翔，在城东安营扎寨。战阵失利的李茂贞很快就示弱服软了，亲自登上城墙，对朱温说："天子避灾，非臣下无礼，谗人误公至此。"

朱温对李茂贞这番说辞的回答是："韩全诲劫迁天子，今来问罪，迎扈还宫。岐王苟不预谋，何烦陈谕！"朱温的意思很简单，如果你李茂贞没有参与韩全诲那帮人劫持天子，就不要在这儿啰唆了！

李茂贞手中有皇帝，占据了对手没有的政治优势，他以昭宗的名义，发布了一堆要求朱温撤兵归镇的诏书。自然，朱温是不会理睬这些废话的。朱温大军与李茂贞的岐军在凤翔附近僵持着，其实这样的情势拖下去，对朱温是绝对不利的。朱温是带兵来攻，供给线长，士兵疲惫，利在速战。

深谋远虑的朱温决定果断出手，先打掉李茂贞周边属镇势力，进而对凤翔形成战略包围，逼迫李茂贞与自己决战。朱温选择的突破口是凤翔东北的邠州，邠州与凤翔成掎角之势，可谓邠失则岐孤。镇守邠州的静难节度使李继徽是李茂贞的假子，也是李茂贞倚重的心腹将领。是年十一月，朱温敏锐地把握住战局，迅速集中优势兵力猛攻邠州。

李继徽不是朱温的对手，没过几日就投降了。李继徽降了朱温，邠州、宁州、清州等地尽归汴州集团。朱温很会用人，命李继徽继续镇守邠州，复其姓名为杨崇本。十二月，朱温从邠州回师，进驻三原，一面继续围困凤翔，一面清除凤翔周边的李茂贞势力。朱温先是派侄子朱友宁攻打鏊屋，但是遭遇守军顽抗，竟然没有拿下来。朱温震怒，亲自督战，拿下了鏊屋，下令屠城，进而又攻克蓝田。

天复二年正月，朱温移军武功，进逼凤翔。朱温从容不迫地一个个扫清了凤翔以东李茂贞势力的大部分据点，大军已经对困守凤翔的李茂贞形成绝对优势。

李茂贞手里有唐昭宗，还掌握了一点点政治上的优势，于是他便假皇帝名义，发布矫诏，命诸道出兵勤王，也就是救援凤翔。天下诸藩自然知道这是李茂贞自己在求援，更知道朱温的强大实力，对于诏令不予理会。拥兵西蜀的王建非但没有出手救援，反而趁火打劫，出兵攻打山南诸州，让李茂贞两面受敌。

唯一出手的是与朱温有宿怨的河东李克用。为了对抗朱温，李克用派大将李嗣昭、周德威率军逼近朱温占据的河中地区，相继攻克慈州（今山西吉县）、隰州（今山西隰县），进逼晋州、绛州。李克用的目的是骚扰朱温的后方，迫使其从凤翔撤军，达到援助李茂贞的目的。

朱温得知晋军南下，自然担心河中有失，后路断绝，只得在天复二年二月十五日撤围东去，回兵河中，打击河东。朱温调集十万汴军，派朱友宁、氏叔踪、康怀英等骁将与李嗣昭在绛州展开拉锯战。数场恶战下来，朱温大军不但重创晋军，收复晋、绛、慈、隰等州，攻克汾州（今山西汾阳），俘斩李克用之子李廷鸾，甚至对李克用的河东老巢晋阳形成了包围之势。

李克用吓得险些要放弃晋阳，逃往代北，后经部将劝说才镇定下来，守住了晋阳。经过这次大战，李克用元气大伤，"不敢与全忠争者累年"，算是被朱温打怕了，再也无力支援李茂贞。

击败了李克用后，朱温决战凤翔更是胜券在握，他自信地说："此茂贞所倚，今败矣，何能久乎？"准备好决战的朱温果断将主力部队收兵河中休整，同时派朱友宁率所部迅速入关，进驻兴平与武功之间，继续保持对李茂贞的军事压力。

李茂贞陷入绝境，与自己的战略失误和优柔有着很大关系。从天复二年二月中旬朱温全军还兵河东对付李克用，到五月朱温再次率领主力进逼凤翔，时间足有三个月。如果李茂贞能趁朱温撤军的空当，与李克用形成合力，两面夹击朱温；或者积极部署兵力，设置关中防线，进入主动防御态势，最后的结果可能真的难以预料。

影响李茂贞战略部署的最大因素是王建，天复元年十二月开始，王建就火中取栗，出兵攻打山南。岐蜀构怨，李茂贞与王建为争夺山南激战正酣。虽然李茂贞刚有喘息之机，但一要应付北上趁火打劫的蜀军，二还要防范东来的汴军。牵制于两线作战的李茂贞不但没有策应李克用，夹击朱温，导致李克用大败，而且在山南也没有积极指挥作战，导致连丢数镇，境况惨不忍睹。

天复二年四月，朱温再次下令关中的汴军向凤翔进发，对李茂贞发动军事打击。朱温大将康怀英在虢州的汉谷（即莫谷）大败岐军大将李继远，赢得自武功之战后的第二场大胜。五月，朱温亲率精兵五万自河中入关，不久就进驻虢县。此时的李茂贞想趁朱温立足不稳与之决战，于是两军在虢县之北发生激战。屡屡失败的李茂贞再次大败于朱温之手，"死者万余人"。

三场大战，朱温已经近乎完胜！朱温很快就形成了对凤翔的战略合围，逼迫李茂贞交出唐昭宗。到了七月，朱温大军完全切断凤翔与周边属镇的联系，铁壁合围之势已经形成，李茂贞真的陷入了绝境。

八月，李茂贞的堂弟保大节度使李茂勋屯兵三原，意图救援李茂贞。朱温派出康怀英、孔勍迎战，李茂勋大败，汴军还趁势拿下了翟州。困守凤翔的李茂贞并没有坐以待毙，反而主动出城与汴军作战，双方互有胜负。《新唐书》上说"兵连不能解，胜败略相偿"，李茂贞和岐军的强悍真的不是浪得虚名！

双方僵持到九月，朱温见李茂贞坚壁不出，加之遭逢大雨，士卒多病，竟然萌生了撤军的念头。幸好部将及时劝阻，这才重新部署，设下了诈走伏兵之计。朱温派骑将马景等人诈降，马景入城告诉李茂贞说："全忠举军遁矣，独留伤病者近万人守营，今夕亦去矣，请速击之。"

李茂贞竟然听信了马景之言，率军倾巢而动，进攻朱温大营。不出意外，李茂贞中了朱温的埋伏，李茂贞的军队"进退失据，自蹈藉，杀伤殆尽"。这一战，李茂贞受到重创，岐军主力几乎全军覆没。

十一月，保大节度使李茂勋再次率众万人营救凤翔，但慑于朱温大军的实力，不敢进军，乃屯军北原之上，与凤翔城中烽火相应。朱温老谋深算，料定李茂勋率领大军前来，后方必然空虚，遂派大将孔勍、李晖领军袭取鄜、坊二州，岐军鄜州留守李继璘及李茂勋家眷皆被俘虏。到了十二月，孤军无援的李茂勋最终派人向朱温投降，改名为李周彝，以示与李茂贞断绝关系。于是，李茂贞山南州镇皆归王建，关中州镇皆为朱温所得，他只有坐守孤城。

自从七月凤翔被困以来，李茂贞屡战屡败，州镇继失，局势愈加不利。凤翔岐军内部开始出现上下离心、众叛亲离的情况。静难李继徽、保大李茂勋相继投降了朱温之后，凤翔军心更加动荡。时至十月，李茂贞的假子李彦询、李彦韬相继率所部出降朱温。十二月，李茂贞的心腹爱将李继远竟然也投降了朱温，而且还恢复了自己本来的姓名符道昭。

众叛亲离，又复山穷水尽，李茂贞陷入了粮草将绝的窘境之中。到了天复二年十一月的时候，凤翔城弹尽粮绝，"城中人相食，父食其子，而天子食粥，六宫及宗室多饥死，其穷至于如此"。

已经毫无胜算的李茂贞决定向朱温服软，而与其一起共谋的宦官们则成为这场媾和的投名状。十二月丁酉日，唐昭宗召见李茂贞及其手下重要将领李继诲、李彦弼、李继岌、李继远、李继忠和宰相苏检，商议与朱温和解。值得注意的是，这次高层会议除了宰相和李茂贞集团核心军将之外，并没有韩全诲等主要宦官参加，说明唐昭宗与李茂贞及朝官力量已达成默契，要舍弃北司宦官集团，换取与朱温的和解。

条件谈妥之后，李茂贞就开始对韩全诲等宦官动手。天复三年正月，李茂贞与唐昭宗达成了处死韩全诲等宦官与朱温和解、而后奉送车驾还京的协议。当日，昭宗即派内侍会同凤翔兵卒收斩韩全诲等宦官首脑。当晚，李茂贞又处死李继筠、李继诲、李彦弼及内诸司使韦处廷等十六人。至此，天子出奔凤翔事件的全部替罪羊都已被牺牲，剩下就看朱温的态度了。

第二天，昭宗和李茂贞派人将韩全诲等人的首级送往汴军大营。但是，朱温仍然没有退兵的姿态，反而继续出兵击溃出城找寻给养的岐兵，俘虏领军将领李继钦。朱温要的不仅仅是这些替死鬼的脑袋，他要的是大唐天子，要的是"挟天子以令诸侯"的霸主地位。

李茂贞无奈，只得拱手将唐昭宗一行交给朱温。甲子日，唐昭宗走出凤翔城门，进入汴军大营。李茂贞短暂的"挟天子令诸侯"时代终结了，唐朝皇帝从此沦为朱温手中的木偶。

李茂贞这一次输得很惨，但是并未彻底失败。朱温主力撤走之后，李茂贞很快收复了包括泾原、天雄诸州及凤翔以东、长安以西的地区，重建了他割据一方的岐秦王国。朱温篡唐之后，李茂贞继续奉唐哀帝天祐年号，不过是对抗朱温的姿态而已。

李茂贞割据关中，开府建国，虽然并未称帝，但隐然已经是独立政权。他的岐秦王国熬过了朱温篡唐，甚至熬过了后梁灭亡。后唐建立之后，李茂贞立马向李存勖这个子侄辈的皇帝称臣，封号由先前唐朝封的岐王改为后唐给的秦王。直到后唐同光二年（924），李茂贞才病逝。李茂贞长子李从曧继承凤翔节度使之位后，岐秦政权的独立性渐渐消失，成为臣服于后唐王朝的普通藩镇。

第二章 朱温、李克用和刘仁恭的河北争夺

反复无常的刘仁恭独霸幽州

李茂贞刚刚称霸关中之时，李克用正在经略河北。河北大局，刘仁恭是一个不可回避的人。刘仁恭是唐末深州（今河北深州）人，少年时代随父亲刘晟客居范阳，也就是幽州。唐代的幽州包括今北京、天津及河北北部、辽宁西部。东邻大海，北接大漠，西靠太行，南毗成德，纵横千余里，其战略地位重要，是控扼天下的关键。正因为战略地位重要，安禄山才能以幽州为基地，发动叛乱，欲夺唐廷神器。

景福元年（892），成德军节度使王镕利用河东大将李存孝与李存信之间的矛盾，诱降了李存孝。李存孝是李克用深为重用信赖的猛将，得知此事之后，李克用大怒，率军讨伐王镕。王镕惊惧，向李匡威求救，李匡威派兵救援，李克用遂退兵。

第二年，李克用再度出兵井陉，李匡威这次亲率大军救援王镕。正当大军即将出发的时候，李匡威大摆宴席，自己也喝得酩酊大醉。醉酒之后的李匡威做了一生最错误的事情，他奸污了自己弟弟李匡筹的妻子张氏。

慑于兄长兵威，李匡筹对这件事情暂时隐忍不发，但"私怀忿怒"，待到李匡威兵至博野的时候，李匡筹便发兵断了哥哥的后路，占据幽州，自称节度使。李匡威平时为人就跋扈，苛待部下，加上逼奸弟媳，麾下军士听说李匡筹夺了幽州，竟有一半投奔过去了。

李匡威没有了后路，滞留在深州，便放出话说要去京城长安，并派出判官李抱真去长安奏请。李匡威为人勇悍，又有野心，有个绰号叫"金头王"，风传他要进京，长安人心大乱，都说"金头王来谋社稷"，不少人逃避山谷。

其实，李匡威并不是想去长安夺江山，而是想谋夺原本计划救援的成德军，也就是镇州。成德军节度使王镕当时只有17岁，且体弱多病。

原本王镕对李匡威很恭敬，总觉得他是因为出手救援自己而丢了地盘，甚至"遣使迎归府第,父事之"。但是,当李匡威阴谋夺镇的时候,成德三军都是"素忠于王氏,恶其所为"。李匡威夺镇不成,反被王镕所杀。

驻军于蔚州的李匡威部将刘仁恭,在李匡筹上位之后也发动叛乱,企图夺取幽州。《旧五代史·刘守光传》记载,"成军拥仁恭为帅,欲攻幽州,比至居庸关,为幽州府兵所败"。刘仁恭兵败之后,"挈族奔于太原",投靠了河东李克用集团。

李克用对刘仁恭很是优待,"赐田宅以处之",任命他为寿阳镇将,率兵跟着攻打吐谷浑。但是,刘仁恭对幽州地盘依然念念不忘,极力怂恿李克用攻打幽州。《资治通鉴》记载,乾宁二年(895),刘仁恭献策于李克用,请求率一万兵力攻取幽州。当时,李克用正在攻打邢州,于是分兵数千,交给刘仁恭攻打幽州,但是战败。

取得小胜的李匡筹利令智昏,竟然主动进攻河东地盘,引得李克用大怒。乾宁二年十一月,李克用大举进攻幽州地盘,很快攻陷武州,进围新州。是年十二月,李匡筹派大将率步骑数万救新州,与李克用麾下精兵在段庄发生激烈遭遇战。结果,李匡筹军惨败,万余人被沙陀骑兵斩首,将校三百余人被俘。不久,新州守将投降。接着,李克用大军又攻陷妫州,"幽州兵大败,杀获万计"。

兵败如山倒,李匡筹率亲族家人出奔沧州,又被义昌节度使卢彦威所杀,"尽俘其众"。李克用大军兵临幽州城下,守将投降。乾宁二年正月辛酉日,"幽州军民数万以麾盖歌鼓迎李克用入府舍"。

李克用命大将李存审与刘仁恭一同管理幽州,"将兵略定巡属"。如果李克用派重兵猛将镇守幽州,那么此地一定会成为河东集团经营北方的枢纽和争雄天下的跳板。但是,李克用对治理幽州并无信心,于是上表朝廷以刘仁恭为幽州卢龙军节度使,得享旌节。

刘仁恭在李克用的帮助下,终于夺得幽州,并于乾宁二年如愿当上幽州卢龙军节度使。不过,刘仁恭虽为节度使,但他并不能完全掌控幽州军政大权。

在刘氏身边,尚有两大掣肘:其一,李克用返回河东之前,在幽州揳入了钉子,"留腹心燕留德等十余人分典军政"。燕留德是李克用心腹、五院军将,留他在幽州,很明显是防范刘仁恭搞事。其二,李匡威集团大将高思继兄弟投降了李克用,昆仲分掌燕兵,对刘仁恭也起到了制衡作用。

刘仁恭首先除掉的是高思继兄弟。在新旧《五代史》中，都只留下了高思继的名字，其兄弟则只有"其兄某"和"其弟某"的称谓。根据《新五代史》记载，"思继兄弟皆以武勇雄于北边，为幽州节度使李匡威戍将"，李匡威和李匡筹兄弟反目之后，"克用遣人招思继兄弟"。于是，高思继兄弟就成为晋兵前锋。

李克用举荐刘仁恭为幽州节度使的同时，又以高思继的兄长为先锋都指挥使，高思继为中军都指挥使，高思继的弟弟为后军都指挥使，高氏兄弟分掌燕兵，用意在于使高刘相互牵制。

在临离开幽州之前，李克用对刘仁恭说："思继兄弟，势倾一方，为燕患者，必高氏也，宜善为防。"说这番话，好像李克用拿刘仁恭当自己人，让他防范着高氏兄弟。不过，同样的话，李克用有没有对高氏兄弟说，那真的不好说了。

李克用还给刘仁恭留下一千多的沙陀精兵，作为防范高氏兄弟的武力。晋军在幽州地面俨然是征服者，何况沙陀铁骑本来就凶悍桀骜，所以"晋兵多犯法"。作为燕地旧势力代表的高氏兄弟自然不能坐视客军在自己地盘上撒野，所以"思继等数诛杀之"。

晋军被杀，李克用因此问罪刘仁恭。晋军与高氏的矛盾成为刘仁恭的机会，在刘仁恭的唆使下，李克用的军队"尽诛思继兄弟"。高思继势力的倾覆，清除了刘仁恭独霸幽州的一大障碍。

乾宁三年，朱温进攻占据兖州一带的朱瑄，这位昔日朱温的盟友只好求救于太原李克用。河东大军从太原发兵救援朱瑄，借道魏博。李克用大将李存信屯兵于莘县，李存信治军无方，麾下晋军侵扰魏博镇的牧场，魏博节帅罗弘信深为不平。这时，朱温派人对罗弘信展开统战攻势，以历史上假道伐虢的典故来拉拢罗弘信，说："太原志吞河朔，回戈之日，贵道堪忧。"

罗弘信本来就对晋军大为光火，于是很容易地就倒向了朱温集团，"乃托好于汴，出师三万攻存信"，把李存信部打得大败。李克用大怒，"举兵攻魏"。从此，魏博与河东彻底决裂，双方频有战争。

李克用此番征讨魏博，向刘仁恭征兵，企图两路夹攻罗弘信。没想到的是，靠着李克用上位的刘仁恭却以契丹入寇为理由，拒不发兵，还说"俟敌退听命"。

罗弘信背盟，李克用救援兖、郓之路断绝，很快朱瑄集团就被朱温消灭，兖、郓尽为朱温所得。这段时间，李克用用兵四方，但是屡遭败绩，其势不振如此，幽州刘仁恭便更加不把他的话当回事了。

乾宁四年七月，兖、郓失守之后，李克用再度命刘仁恭出兵助己。刘仁恭公然抗命，李克用就写信去责难。跋扈嚣张的刘仁恭看到书信之后，竟然破口大骂，还将来使囚禁，并将在幽州的晋军全部关了起来，并以高官厚禄拉拢其中骁勇善战者。

刘仁恭的反水激怒了李克用。是年八月，李克用亲率大军征讨刘仁恭。沙陀铁骑横行天下，李克用也没把刘仁恭这种小人当成对手。九月五日，河东大军抵达安塞军（今河北蔚县东）。九日，渡木瓜涧。李克用过于自负，大战之前，竟然醉酒，又恰逢大雾，被刘仁恭的部将杨师侃在木瓜涧设伏，李克用大败而归，部下失亡大半。

刘仁恭一战击败横扫天下的李克用之后，立即"献馘于朱全忠"，做出投靠姿态。朱温大喜，以朝廷名义任命刘仁恭为"同中书门下平章事"。刘仁恭着实是个小人，一边向朱温输诚，另一边竟然又派人向李克用请罪，说是手下人擅自开战，与自己没关系。李克用当然不会相信，但一时也没精力再去讨伐。

河北诸镇皆臣服于朱温

依违于汴、晋之间的刘仁恭并不甘心仅仅占据幽州一地，待得兵强马壮，很快开始对外扩张。唐昭宗光化元年（898）三月，掌控沧州、景州、德州三州军政大权的义昌军节度使卢彦威与刘仁恭集团争夺盐利。

刘仁恭派遣儿子刘守文率军攻取沧州，卢彦威兵败弃城，举家逃往魏州，魏博节度使罗弘信拒绝收留。无奈之下，卢彦威继续南奔，逃到了朱温的地盘汴州。卢彦威兵败如山倒，刘仁恭占据了义昌军地盘，以其子刘守文为义昌留后，此时"兵势益盛，自谓得天助，有并吞河朔之志"。

光化二年（899）正月，刘仁恭发幽州、沧州等十二州十万兵力，南征河朔，想要进一步拓展版图。幽州兵马首先攻打的是贝州（治所在今河北省邢台市清河市东高庄一带），城破之后，刘仁恭将"城中万余户，尽屠之，投尸清水"。生民之惨，莫过于乱世！

魏博境内各城在幽州强兵的强烈攻势下，多数坚守不出。很快，刘仁恭打到了魏州城附近，扎营于城北，魏博节度使罗绍威求救于朱温。是年三月，朱温派大将李思安、张存敬率军救援魏博，屯兵于内黄。

刘仁恭派儿子刘守文及其妹婿单可及率精兵五万迎击李思安于内黄。汴军劳师远征，幽州军占据地利，但刘守文大军竟然被汴军打得惨败，三万余人阵亡，刘守文侥幸逃脱性命，大将单可及被斩首。单可及乃幽州骁将，号称"单无敌"，他被斩首，幽州军士气大挫。

当时，朱温还有另一手，麾下猛将葛从周自邢州率八百精骑突入魏州，加强防御。数日后，刘仁恭亲自率军突破上水关，攻打馆陶门。葛从周与宣义牙将贺德伦出战，这一战非常惨烈，葛从周等人"极力死战，大败燕人，擒都将薛突厥、王郜郎等"。第二日，汴军攻破刘仁恭在魏州城外设立的八寨，刘仁恭父子烧营而遁，十分狼狈。

汴州、魏博联军长驱追击，打到临清，幽州残兵被赶进永济渠，杀溺不可胜数。此时，成德镇的王镕又趁机出兵进攻刘仁恭的东部边境，幽州集团再遇大败，自魏州至沧州五百里间，遍地皆是战死士兵的尸体。

刘仁恭这一次进攻魏博，原本胜算很大，就是因为朱温出手救援罗绍威，才导致惨败。刘仁恭这一战大败，从此再无南进雄心，转以固守幽州为主。

朱温乘大败刘仁恭之胜势，出击河东。李克用集团的泽州刺史李罕之投降朱温，汴军轻取泽州、潞州等地，梁晋争霸进入白热化阶段。光化三年四月，朱温又发动了对刘仁恭集团的进攻，意图在于取幽、沧而形成对河东集团的夹击之势。朱温派大将葛从周率兖、郓、滑、魏四镇兵十万进攻刘仁恭。五月庚寅日，汴军拿下德州，斩刘仁恭集团德州刺史傅公和。数日之后，将刘守文围困于沧州。

刘仁恭亲率五万幽州军救援沧州，扎营于沧州城西的乾宁军。葛从周留下部将张存敬、氏叔琮留守营寨，而自己率少量精兵迎战幽州军于乾宁军老鸦堤，大败燕军，斩首三万人，俘获敌军部将马慎交以下一百多人，夺得战马三千匹。

刘仁恭五万大军被葛从周打得惨败，只得退守瓦桥（今河北涿州南）。这一次汴军进攻沧州，刘仁恭已然不顾颜面，派人低三下四带着厚礼去河东求救于李克用。李克用不是什么大度的人，但是出于战略利益考虑，还是暂时放下旧怨，派大将周德威率五千骑兵出黄泽，攻打邢州、洺州，救援刘仁恭。

刘仁恭在乾宁军老鸦堤大败之后，七月，李克用再派都指挥使李嗣昭率五万大军进攻邢州、洺州，以图挽救刘仁恭的败局。李嗣昭大军出手，很快扭转局面，大败汴军于内丘，双方进入僵持阶段。这时候，成德军节度使王镕出面做和事佬，调解刘仁恭与朱温战事。当时，沧州一带连日大雨，汴军也难以推进，朱温于是下令葛从周撤军。

但是，朱温与李克用的战争却没有结束，光化三年，久攻李克用没有结果，于是"以王镕与李克用交通，移兵伐之"，准备灭了成德镇的王镕。汴军骁勇，"下临城，逾滹沱，攻镇州南门，焚其关城"。朱温亲自到了元氏县，王镕恐惧，派出判官周式前去朱温大营求和。

朱温见到周式，先是勃然大怒地骂道："仆屡以书谕王公，竟不之听！今兵已至此。期于无舍！"言下之意是说王镕敬酒不吃吃罚酒，现在求和晚了！

周式临危不惧，缓缓对朱温说：镇州靠近太原，屡屡被李克用侵袭，但是"四邻各自保，莫相救恤"。王镕无奈，只好与李克用联盟，并非情愿，只是"乃为百姓故也"。如今梁王您若能"为人除害，则天下谁不听命，岂惟镇州"，梁王您是大唐的齐桓公、晋文公，"当崇礼义以成霸业"。

周式很聪明地给朱温戴上高帽，也表态愿意与朱温结盟。接着，又话锋一转，秀出肌肉，说："若但穷威武，则镇州虽小，城坚食足，明公虽有十万之众，未易攻也！"这话说得很聪明，朱温你若是只讨伐河东，我们镇州是愿意追随的。但是，如果你们敢打成德的主意，我们拼死也要一战。

朱温是极其狡黠的枭雄，当然不会为成德军白白耗费战斗值，于是一把拉过周式，笑眯眯地说："与公戏耳！"就这样，朱温与王镕结成盟友，王镕将自己的儿子节度副使王昭祚及麾下大将子弟一干人等送去汴梁当人质，并献上文缯二十万犒军。朱温也没亏待王镕，将女儿嫁给了王昭祚，两个集团结成姻亲关系。

事情到这里，并没有结束。成德镇判官张泽却节外生枝地游说节帅王镕说："河东，勍敌也，今虽有朱氏之援，譬如火发于家，安能俟远水乎！彼幽、沧易定，犹附河东。不若说朱公乘胜兼服之，使河北诸镇合而为一，则可以制河东矣。"

王镕听了张泽的话，"复遣周式往说全忠"，请求朱温出兵灭了刘仁恭，使得河北诸镇连成一气，以对抗河东集团。朱温对这样的建议自然欣喜，立即派出大将张存敬会同魏博镇的兵力进攻刘仁恭，很快就拿下瀛州（治所在今河北沧州境内）。十一月，又拿下景州，俘获刺史刘仁霸，接着又轻取莫州。

张存敬这次征讨刘仁恭，连下二十城，很快就要从瓦桥直扑幽州了。但是，遭遇大雨，道路泥泞不能前进。张存敬也没闲着，干脆带兵向西攻打易州、定州一带，这里是义武节度使王郜的地盘。

张存敬的汴军简直是所向披靡，几日后，就拿下祁州，杀刺史杨约。易定这块地盘是王郜的父亲王处存打下来的，一直依附河东集团。乾宁二年，王处存死后，儿子王郜继位。这一次汴军来攻，王郜原本的战略很谨慎，派出叔父后院都知兵马使王处直率兵拒敌。

王处直打算"依城为栅"，坚守不出，待到汴军疲惫，再出城痛击。但是，义武镇孔目官梁汶却对节帅王郜大放狂言："昔幽、镇兵三十万攻我，于时我军不满五千，一战败之。今存敬兵不过三万，我军十倍于昔，奈何示怯，欲依城自固乎！"

王郜被说得也失去了理智和谨慎，竟然命王处直出城作战。王处直率军出城，与汴军战于沙河，结果大败，"死者过半，余众拥处直奔还"。战败之后的王处直干脆发动兵变，"王郜弃城奔晋阳"。易定地盘就这样戏剧性地易主了，部将们拥立王处直为留后，处理军政事务。

张存敬很快包围了定州，朱温不久也亲至城下。王处直在城墙上说："本道事朝廷尽忠，于公未尝相犯，何为见攻？"朱温问道："何故附河东？"王处直回答道："吾兄与晋王同时立勋，封疆密迩，且婚姻也，修好往来，乃常理耳，请从兹改图。"

王处直所谓的"从兹改图"，就是与朱温联手对付李克用。朱温接纳了王处直的输诚,义武军也要找出一个责任承担者,那就是说大话的孔目官梁汶被族诛。王处直又给朱温献上了缯帛十万当出兵劳务费,作为回报,朱温向朝廷表请正式任命王处直为义武节度使,得享节钺。那边刘仁恭却想着救援定州,派儿子刘守光率大军南下,驻军于易水之上。

战斗力爆表的汴州大军在张存敬的率领下,再次出击刘守光的幽州军团,歼灭其六万余人,易水皆成赤色。从此之后,河北诸镇皆臣服于朱温。

魏博牙军被朱温杀得婴孺无遗

自唐肃宗至德年间以来,田承嗣控制魏博,为了巩固权力,他"召募军中子弟,置之部下,号曰'牙军'"。田承嗣给予这些所谓"牙军"丰厚的赏赐待遇,久而久之就养出一帮骄兵悍将。

节帅要割据,需要依赖藩镇军人,尤其是他们自以为亲兵的"牙军",虽"丰给厚赐",但这些人"不胜骄宠"。当纵容形成惯性,"牙军"便形成节帅都制约不了的强大势力,"父子相袭,亲党胶固",到了"强贾豪夺,逾法犯令,长吏不能禁"的地步。更有甚者,魏博镇主帅的更迭竟也被牙军操纵,"变易主帅,有同儿戏"。自田承嗣之后,长达二百年的时间内,魏博镇的主帅废置完全控制在这些骄兵悍将的手里,"如史宪诚、何全皞、韩君雄、乐彦贞,皆为其所立"。

罗绍威的父亲罗弘信就是靠着牙军作乱,夺取了魏博军政大权。罗弘信父子两代对魏博牙军都是以厚赐重赏加以笼络,罗绍威接班之后,"惩其往弊",很想解决牙军问题,虽然表面上继续"货赂姑息",但是"心衔之",伺机动手。

罗绍威看到"唐祚衰凌,群雄交乱",而群雄之中,朱温集团"兵强天下",早晚会取李唐而代之。权衡利弊,罗氏决定站在朱温集团这边,"倾心附结,赞成其事"。罗绍威自己是控制不了魏博镇的,他担心那些牙军作乱,故而"心不自安"。唐哀帝天祐初年,魏州"城地无故自陷"。不久之后,牙军小校李公铨又密谋作乱。

魏博镇面临很大的兵变风险，倘若罗绍威不动手，他和罗氏家族极有可能就会变成兵变的牺牲品，成为骄兵悍将的刀下亡魂。罗绍威下定决心，准备清洗魏博镇的牙军势力，他自己并没有可靠武力执行这一计划，于是求助于朱温。

朱温当然不会拒绝控制魏博的机会，立即派出大将李思安会同魏博军再次进攻刘仁恭控制的沧州。朱温的大女儿（日后追封为安阳公主）嫁给了罗绍威的长子罗廷规，当时病逝于魏州。朱温派出长直军校马嗣勋率精兵千人，将武器藏于巨囊中，进入魏州城，说是商议安葬女儿的事情。

天祐三年（906）正月五日，朱温亲率大军渡过黄河，声言去视察沧州、景州一带军务，魏博牙军对此颇为怀疑。这个月的十六日夜，罗绍威率领家丁数百人与马嗣勋的汴军一起向魏州牙军发动进攻。

当时在魏州的牙军千余人皆在睡梦之中，到了天明之时，全部被诛杀干净，"凡八千家，皆赤其族，州城为之一空"。

罗绍威援引朱温的兵力，对魏博牙军势力进行大清洗，"凡八千家，婴孺无遗"。铁腕屠杀之后，魏博并不平静。虽然诛杀只针对牙军，但整个魏博都有兔死狐悲之感，诸军猜怨，罗绍威虽多方安抚，但仍然无济于事，军人多有作乱。

在诸多兵变叛乱中，其中以史仁遇作乱的影响最大。当时，朱温在魏州城待了很长一段时间，后来就准备"北巡行营"。这时候，赶上了魏博镇牙将史仁遇作乱，聚众数万，占据高唐，自称留后，魏博境内多处州县响应作乱。

魏博兵变再起，朱温"移军入城"，派人调集行营军队回师进攻高唐。魏州行营中的魏博军人也起来作乱，与史仁遇呼应。朱温麾下元帅府左司马李周彝、右司马符道昭率军镇压，"所杀殆半"，然后进攻高唐。城破之后，又是一场血雨腥风，"城中兵民无少长皆死"。始作俑者史仁遇被擒之后，被汴军"锯杀之"，情状极惨。

在史仁遇没有败亡之前，曾经向河东李克用和沧州刘守文求救。李克用派出大将李嗣昭"将三千骑攻邢州以救之"。其实，当时邢州只有二百兵力，守将是团练使牛存节。但是，就这样区区二百人守城，名将李嗣昭竟然"攻七日不克"。邢州撑住了，朱温就派出右长直都将张筠率数千骑兵援救邢州。张筠更是在马岭设下伏兵，进攻李嗣昭，将其所率河东兵马击退。

沧州的义昌节度使刘守文遣兵万人攻贝州，又攻冀州，拔蓨县，进攻阜城，意图也是声援史仁遇。当时镇州大将王钊正率军进攻魏州叛将李重霸于宗城。面对刘守文的出手，朱温立即派军返回救援冀州，沧州军在朱温强大汴军打击下，只好退军。数日后，李重霸从宗城败走，"汴将胡规追斩之"。

刘守文救援史仁遇无功而退，朱温乘胜进攻沧州，刘守文险些丢城逃命。这一系列的事件，其背后的原因都在于朱温与罗绍威诛杀魏博牙军。"长安天子，魏博牙军"，魏博镇的牙军确实是长期存在的一个问题，废立生杀节帅，如同儿戏。但是，魏博之所以是强藩，也正因为有这些剽悍善战的牙军，这本身就是一件非常矛盾的事情。

朱温诛尽魏博牙军，也同时将魏博从强藩变成了弱镇，明末清初的王夫之在《读通鉴论》中曾经感慨道："弱魏博以失辅者，温自取之也；激镇定以离心者，温自取之也；魏博弱而镇定无所惮者，温自取之也；隔刘守光于冀北，使骄悖而折入于晋者，温自取之也。祸莫大于乐杀人，危莫甚于杀强以自弱，而盗以此为术，恶足以容身于天地之间哉？温之亡，不待群雏之还相鬻灭也。惜乎无命世之英起而收之也。"

强藩魏博的存在，可以起到一个屏障的作用。魏博成为弱镇，镇州便无所忌惮，中原与幽州刘氏政权之间也失去了一个缓冲点。从日后的梁晋争霸角度看，朱温这一招是"杀强以自弱"，甚至是导致后梁以后系列失败的转折点，梁、晋间强弱形势的转化亦自此始。

天祐三年，朱温助罗绍威尽诛魏博牙军，控制了魏博镇。稍后，又击败了凤翔的李茂贞，挟天子以令诸侯，一时势盛无比。

放眼河北诸镇，也只有刘仁恭集团控制的幽、沧地区未能拿下。不久之后，朱温就发动了对刘仁恭集团的全面战争。据《资治通鉴》记载，朱温认为幽州、沧州刘仁恭势力的存在是对魏博的极大威胁，所以"欲先取沧州"。天祐三年八月，"引兵发大梁"。是年九月，朱温"自白马渡河"，"军于长芦"。罗绍威供应军需粮草，"自魏至长芦五百里，不绝于路"，数十万大军兵多粮足。

刘仁恭肯定不能坐视沧州被朱温夺取，派兵救援，但是"战屡败"。兵力财力都无法抗衡汴军的刘仁恭对自己势力境内的民众进行了竭泽而渔式的掠夺性动员，下令："男子十五以上，七十以下，悉自备兵粮诣行营，军发之后，有一人在闾里，刑无赦！"

刘仁恭勉强拼凑出十万军队，驻军于瓦桥。当时汴军已经将沧州围得水泄不通，在城垣四周筑垒挖沟，"鸟鼠不能通"。刘仁恭心知汴军剽悍，不敢出战。但是，沧州城中粮食告罄，城中军民只能吃土，甚至到了人相食的地步，"或互相掠啖"。

朱温对城中的刘守文展开了劝降攻势，派人对其游说："援兵势不相及，何不早降！"刘守文对其父亲很是忠孝，登上城墙对朱温回应说："仆于幽州，父子也。梁王方以大义服天下，若子叛父而来，将安用之！"

一时半会儿，沧州未能攻下，朱温也就稍微放慢了一点儿攻城节奏。走投无路的刘仁恭，最后又厚着脸皮向河东李克用求救。尽管刘仁恭无数次派出使者去太原求援，但是李克用记恨刘仁恭反复无常、忘恩负义，开始并没答应出手。

最后，还是在其子李存勖一番战略形势、利弊得失的理性分析之下，决定暂时把旧怨放下，出兵帮助刘仁恭渡过难关。李存勖认为当时朱温已经占据北方绝大多数疆域，"自河以北，能为温患者独我与幽、沧耳"。倘若幽州刘仁恭集团被朱温消灭，河东集团失去可以借助的盟友，"非我之利也"。有志于经略天下，就不应该顾及往日旧怨。

李克用被说服后，"与将佐谋召幽州兵与攻潞州"。李克用的谋略是围魏救赵，进攻朱梁集团占据的潞州，迫使其从沧州前线撤军救援。刘仁恭派出"都指挥使李溥将兵三万诣晋阳"，李克用则派周德威和李嗣昭率河东沙陀劲旅与幽州军一起，会攻潞州。

朱温这次大举征讨刘仁恭，原本是志在必得。但是，因为李克用出手攻打潞州，潞州刺史丁会又举城降晋，潞州有失，河东集团就有可能长驱进入中原。无奈之下，朱温只好"烧营而还，威望大沮"。

当时的朱温是一心一意平定天下，再谋求禅代，实现帝王梦想。但是，此番遭遇大挫，"恐中外因此离心，欲速受禅以镇之"，打算先登上皇位，再镇住天下。

幽州刘仁恭虽然这次逃过一劫，但已经兵穷民困到了极点，内部矛盾重重，只不过周旋于梁、晋之间苟延时日而矣。

第三章 梁亡唐兴二十年

弑君夺国，公然为之而无所掩饰

天复三年（903），朱温赢得了与李茂贞之间皇帝争夺战的最后胜利，抢到了唐昭宗，还被唐廷赐予"回天再造竭忠守正功臣"的称号，授诸道兵马副元帅，晋爵梁王。朱温集团的势力在这一年多时间内，纵横捭阖，跨过潼关，进入关中地区。

唐昭宗及其宫廷自然成为朱温强大武力之下的猎物。唐昭宗再也不是当年那个有雄心荡平藩镇的少年天子了，他甚至对朱温说出"宗庙社稷，赖卿再安；朕与宗族，赖卿再生"这样贱兮兮的话。虽然是言不由衷，但也透露出一种极强的求生欲。

朱温控制住局面之后，就开始了诛灭宦官势力的行动。为了换取与朱温的媾和，李茂贞在凤翔就已经杀掉了以韩全诲为首的数十名宦官，朱温在长安又搜捕诛杀九十名宦官。唐廷返回长安之后，宰相崔胤代表文官集团奏请皇帝，要求"尽诛宦官"。一场针对宦官的屠杀随即展开，宦官第五可范以下数百人被杀，出使在外者也被追杀，唐朝宦官势力几乎被一网打尽。

对于这场诛杀宦官的行动，司马光在《资治通鉴》中有一番很精到的评价："全诲就诛，乘舆东出，翦灭其党，靡有孑遗，而唐之庙社因以丘墟矣。"虽然唐中晚期以来，一直存在着文官与宦官的"南衙北司之争"，但是朱温诛灭宦官，绝非是文官集团的胜利。作为皇权附属品的宦官势力如此轻易被杀光，只能说明李唐的国祚快到尽头了。

朱温大军进入关中之后，华州的韩建不战而降，其镇国节度使及兴德尹被废。天复三年二月，朱温再置镇国军，以其子朱友裕为节度使。华州地处关中，西距长安150里，是长安的门户，拱卫京师，防卫来自关东的攻击，有着特殊的战略地位。朱温控制了华州，目的就是维持潼关通道的通畅，以利于汴军随时进入关中。

朱温的政治中心在汴州，唐廷在西边的长安，终究还是不利于掌控。早在乾宁三年（896），昭宗还在华州被韩建挟持之时，朱温就曾上表要求迁都洛阳，还令东都留守张全义缮修东都宫室。

天祐元年（904）正月，朱温再次上表皇帝请求迁都洛阳。不久，在汴军的挟持下，唐廷正式开始了迁都洛阳的步伐，张廷范为御营使，负责宫廷东迁的事情。迁都之前，朱温首先诛杀了作为"士大夫代表"的宰相崔胤及其副手郑元规、陈班等数人，引狼入室的崔胤最终自食其果。

当唐昭宗的车驾途经华州的时候，当地百姓夹道山呼万岁，但是昭宗悲凉地说："勿呼万岁，朕不复为汝主矣！"他还对身边的侍臣说："朕今漂泊，不知竟落何所！"朱温甚至把昭宗左右的小黄门、打毬供奉、内园小儿等200余人全部缢杀，然后用一些他选来的形貌大小相似的人来代替。这么大的动作，昭宗竟然起初没有觉察出来，后来才发现了，"自是昭宗左右前后皆梁人矣"。

天祐元年四月，车驾入东都。逼迫唐廷迁都洛阳之后，朱温对其控制的部署进一步调整强化，任命亲信将领蒋玄晖为宣徽南院使兼枢密使，王殷为宣徽北院使兼皇城使，张廷范为金吾将军、充街使，韦震为河南尹兼六军诸卫副使；同时又调自己的义子、武宁留后朱友恭为左龙武统军，保大节度使氏叔琮为右龙武统军，负责宫廷宿卫。

朱温将唐昭宗及其宫廷挟持到洛阳之后，既然已经全面控盘，那就不甘心只做一个曹操了，改朝换代势在必行。

中国儒家先贤们曾经构建过一个上古圣王的"禅让"故事谱系，而后世真正将"禅让"操作成为现实皇权更迭的则是汉魏嬗替。清代史学家赵翼在其《廿二史札记·嬗代》中说"至曹魏则既欲移汉之天下，又不肯居篡弑之名，于是假禅让为攘夺"，自曹魏成功操作之后，"而晋、宋、齐、梁、北齐、后周以及陈、隋皆效之"，其间还有司马伦、桓玄这样的操作失败者。至于朱温，赵翼说他是"更以盗贼起，而亦假哀帝之禅"。

从汉魏更迭之后，禅让之礼一再被运用于朝代更替之中。那么，以"盗贼"起家的朱温又是如何运用这种传统政治文化资源，实现自己的帝王之梦呢？

朱温与之前历史上的权臣们不同，他是先行"篡弑"，后谋"禅代"，也就是先杀了皇帝，再搞虚假禅位。自从朱温劫持昭宗迁都洛阳之后，李克用、李茂贞、王建、赵匡凝等藩镇都以光复朝廷为名义，做出兴兵讨伐朱温的姿态。朱温深知，唐昭宗虽然已经成为囚徒，但是如果一旦逃出洛阳，落入其他藩帅手中，必定还会成为一面旗帜。于是乎，朱温决定杀昭宗以绝人望。

天祐元年八月十二日，朱温令判官李振到洛阳，与左右龙武统军朱友恭、氏叔琮、蒋玄晖等人，在当天深夜带兵闯入皇宫，将昭宗杀死于内殿。这位命途多舛的悲剧天子，死的时候年仅37岁。

第二天，蒋玄晖对外宣布说昭宗是被自己的妃子昭仪李渐荣、夫人裴贞一所杀，其实这两个女人在昭宗被弑的当晚也被杀死了。蒋玄晖奉朱温之命，立辉王李祚为皇太子，改名李柷。这一天，年仅13岁的李柷在父亲的灵柩边即位，是为唐哀帝，又称唐昭宣帝。

十月初三，朱温自永宁、骆谷回到洛阳。朱友恭、氏叔琮、蒋玄晖等人深夜闯宫弑君的事情本来就不是什么秘密，蒋玄晖后来的谎言也无法堵住悠悠之口。朱温当然不会有什么歉疚、惭怍之类的情感，但他必要找人背锅。

不久朱温就借口之前军士劫掠米粮、侵扰市肆，将朱友恭、氏叔琮降职处分，还发布敕令说这二人"主典禁兵，妄为扇动，既有彰于物论，兼亦系于军情"，赐二人自尽。这二人都是朱温的心腹大将，最后却成了背锅替死鬼。

朱温弑君，原本是为了绝天下之望，以为一旦昭宗被杀，天下诸侯将无以为念，这样他就可以轻松地另立新朝。然而结果出乎预料，朝廷之内虽已被朱温势力牢牢控制，但天下诸侯的势力并没有因昭宗之死而削弱。

李茂贞在朱温迎昭宗归长安时的表现表明，其实力不足以与朱温争锋，但他仍然控制凤翔，还是关中地区最大的一股势力。全国各地诸侯虽各有算盘，但在对付朱梁集团的问题上，却能找到共同点。

河东沙陀李氏集团就不用说了，与朱温是世仇。西川的王建曾经与李茂贞多年交战，但是此时结成了儿女亲家，王建把自己的女儿嫁给了李茂贞的侄子秦州节度使李继勋，在经济上全力支持李茂贞对抗朱温。因为王建知道，"今秦庭，实蜀之巨屏也"，如果李茂贞一旦被朱温消灭，王建的蜀中地盘就会成为朱温的下一步目标。

除了河东、凤翔与西川之外，河北、淮南及山南等地区以"兴复"为借口与朱温集团的对抗并未因昭宗被弑而停歇。既然杀了唐昭宗对于天下格局没有太大影响，朱温就更加紧了他的篡代步伐。朱温首先除掉的是那些命运本来就已经很惨的李唐皇子，这叫绝其嗣。

当初那个曾经被宦官刘季述拥立的德王李裕"貌秀而齿长"，一直被朱温视为潜在麻烦，始终欲除之而后快。终于在昭宗被弑不久，天祐二年二月，德王李裕被蒋玄晖杀死于洛阳宫苑九曲池。与德王李裕一起被杀的还有其他八位年幼的皇子。

杀人子的目的就是夺人国，朱温做得远远比历史上任何一个权臣都狠得多！

剪除李氏诸皇子之后，朱温的下一步动作就是清除那些碍事的文官，也就是那些引狼入室的人。唐末宰相裴枢是一个出身于科举世家的"清流"官员，不过在朱温势力熏天的朝局中，他也没有体现出什么"清流"的操守。

朱温弑君不久之后，亲信张廷范向朝廷求取太常卿的职务。张廷范出身优人，求取这样一个礼乐性质的职务也属于正常。宰相裴枢却说："廷范勋臣，幸有方镇节钺之命，何藉乐卿？恐非元帅梁王之旨。"从表面上看，张廷范是朱温亲信，地位很高，去做一个"乐卿"实在有些屈就，这样的婉拒也不无道理。

但是，裴枢根本没有领会太常卿的独特作用。太常寺事关大礼，太常卿掌"邦国礼乐、郊庙、社稷之事"，而朱温未来想要的"禅让"大礼自然离不开这个看似无关紧要的部门。

在宰相的进退尚且受制于朱温的情况下，太常卿的权力自然是不及宣武军僚佐，裴枢婉拒张廷范所说的也都是实话。只是朱温命张廷范的本意，裴枢并未能领会，所以被朱温斥为"浮薄之党"而罢相。

欧阳修在《新五代史》中对于裴枢不肯任命张廷范为太常卿给予了过高的评价，认为这是忠于唐朝的表现。其实，碰上朱温那种雄猜之主，任何一种行为都可能犯忌，这里的关键是裴枢等人没有领会朱温的意思。

天祐二年六月，朱温在那位早年科举不第又深恨科举"清流"的亲信李振的鼓动下，在滑州白马驿（今河南滑县境内），一个晚上杀掉了左仆射裴枢、新除清海军节度使独孤损、右仆射崔远、吏部尚书陆扆、工部尚书王溥、守太保致仕赵崇、兵部侍郎王赞等"衣冠清流"三十余人，投尸于河，史称"白马之祸"。

裴枢这些人虽然惨死，但是南宋史家洪迈认为，即便裴枢等人没有被朱温杀死，日后也会劝进朱温，他们的死是"有以自取耳"。王夫之在《读通鉴论》中说得更加刻薄，说如果裴枢等人不死，"劝进朱温者，岂待张文蔚、杨涉哉"？

柳璨、蒋玄晖、张廷范这些人是朱温篡唐的主要操作者，这些熟知历史经验的文臣打算完全按照汉魏以来故事组织传禅事宜。按照汉魏更迭流传下来的模式，"皆先封大国，加九锡、殊礼，然后受禅"，任命朱温"为相国，总百揆"，"以宣武、宣义、天平、护国、天雄、武顺、佑国、河阳、义武、昭义、保义、戎昭、武定、泰宁、平卢、忠武、匡国、镇国、武宁、忠义、荆南等二十一道为魏国，进封魏王，仍加九锡"。

按照历史惯例，朱温应该三次推辞魏王、九锡之命，而且在柳璨等人的建议之下，他也确实这么做的。但是，原本就猜疑心极重的朱温认为这是柳璨等人在故意拖延。宣徽副使王殷、赵殷衡二人对朱温进了谗言，说蒋玄晖、柳璨"欲延唐祚，故逗遛其事以须变"，甚至还编出了蒋玄晖、柳璨和张廷范参加何太后宫中夜宴，"对太后焚香为誓，期兴复唐祚"。

生性嗜杀雄猜的朱温对这种构陷自然是"疑罪从有"的态度，竟然下令斩杀蒋玄晖、柳璨，车裂张廷范，这种结局是自汉魏以来的组织禅让者所未曾遭遇过的。据说柳璨临刑之前在刑场上大叫："负国贼柳璨，死宜矣！"

柳璨等三人的死，其实只是说明了朱温的变态嗜杀和急不可待。但是，民国史学家吕思勉先生认为这三人没有参与弑杀昭宗和杀害诸皇子，也没有参与朱温的禅让计划，甚至还认为这三人是心向唐朝的，是"早与唐有密谋"的"志存匡辅者"。对于柳璨临终之言，吕思勉先生甚至解读为"自憾所谋之未成，忠臣义士无穷之心也"。

从柳璨之前策划屠杀文官的"白马之祸"来看，此人根本不可能是唐室忠臣，这三人只是死于朱温的雄猜，不足以担当"忠臣义士"之号。李唐国祚将终，当时朝廷内外都看得很清楚，所有人都只是在坐等强人取李唐天下而代之。蒋玄晖、柳璨、张廷范三人其实是在卖力为朱温服务，只是历史惯例那一套已经让朱温觉得很不耐烦了。

朱温杀了弑君者朱友恭、氏叔琮和筹备禅让者柳璨、蒋玄晖、张廷范，但并未停止其取代李唐的步伐，仍然是以"禅代"的方式进行。天祐四年正月，魏博节度使罗绍威向朱温进言："今四方称兵为王患者，皆以翼戴唐室为名，王不如早灭唐以绝人望。"

御史大夫薛贻矩到汴州，以臣子之礼觐见魏王朱温，说："殿下功德在人，三灵改卜，皇帝方行舜、禹之事，臣安敢违！"薛贻矩的使命就是替唐廷探听朱温的意图，朱温对薛贻矩的姿态并没有拒绝，唐室自然也就知道该怎么做了，至少李家人认为只要主动退出历史舞台，换个平安应该是可以的。

不久之后，可怜的唐昭宣帝就颁布了禅位诏书，奉承朱温"元帅梁王，龙颜瑞质，玉理奇文。以英谋睿武定寰瀛，以厚泽深仁抚华夏，神功至德，绝后光前"，因"天命不可以久违"，李唐皇室理应"传禅圣君，退居旧藩"。唐廷派出宰相张文蔚、杨涉等"率文武百僚，备法驾奉迎梁朝"。

到了这一年的二月，唐廷群臣共同奏请昭宣帝逊位，宰相们则率百官至元帅府劝进，朝臣、藩臣乃至湖南、岭南诸道也上表劝进。三月，昭宣帝降旨，宣布禅位于朱温，"遣中书侍郎、同中书门下平章事张文蔚为册礼使，礼部尚书苏循为副；中书侍郎、同中书门下平章事杨涉为押传国宝使，翰林学士、中书舍人张策为副；御史大夫薛贻矩为押金宝使，尚书左丞赵光逢为副"。

四月甲子日，唐廷的这些逊位专使到了汴州，履行完了禅位秀的最后程序，大唐王朝正式谢幕。欧阳修在《新五代史》中专门为上述六位禅位操作者立了《唐六臣传》，对禅位程序进行了详细展示，意图贬斥张文蔚等"唐六臣""皆庸懦不肖、倾险狯滑、趋利卖国之徒""蒙耻忍辱于梁庭"，其实在改朝换代势在必行的局势面前，这些文臣又能做什么呢？

朱温整个一套禅让之礼，与魏晋以来至隋唐的禅让并无二致，自然还是为了以"禅代"掩盖其"篡弑"的真实面目。朱温接受唐廷禅位之后，正式即皇帝位，更名为朱晃，改元开平，国号大梁。升汴州为开封府（今河南开封），建为东都，而以唐东都洛阳为西都。行禅让之礼以代唐后，朱温降唐昭宣帝为济阴王，迁其于曹州。开平二年（908）二月，杀济阴王于幽禁之所，目的还是永绝后患。

明末清初的王夫之在《读通鉴论》中对朱温篡唐有一番评价，说自曹魏以来，篡位夺朝者没有如同朱温一般无耻，"其弑两君也，公然为之而无所掩饰；其篡大位也，咆哮急得而并废虚文"。

生子当如李亚子

天祐三年（906）九月，朱温进攻沧州，刘仁恭急忙向河东李克用求救。刘仁恭是一个反复小人，李克用起初并不想伸以援手，"竟未之许"。但是，李克用的儿子李存勖从天下大势和集团霸业的角度出发，劝说父亲援救刘仁恭。最终，李克用同意了儿子的建议，"与将佐谋召幽州兵与攻潞州"。

李克用救援幽州的办法并非是直接救援，而是"围魏救赵"，进攻潞州，以逼迫朱温撤军。对于李克用的河东集团而言，夺取潞州也是意义非凡，潞州即古代的上党，兵家必争之地也。对李克用而言，如果拿下潞州，"于彼可以解围，于我可以拓境"。

于是，李克用与刘仁恭达成联兵协议。刘仁恭派出都指挥使李溥率军三万去晋阳，听从李克用调遣。李克用派出大将周德威、李嗣昭率兵与李溥联兵进攻潞州。早在天祐元年八月十一日，唐昭宗就被朱温所弑。潞州地盘上的昭义节度使丁会是一个忠诚于李唐的人，"昭宗凶讣至潞州"，昭义军的将士都"缟素流涕久之"。李克用的兵马进攻潞州的时候，丁会未做抵抗，"举军降于河东"。

李克用兵不血刃拿下了潞州，当即任命李嗣昭为昭义留后。投降过来的丁会去晋阳见到李克用之后，恸哭一番说："会非力不能守也。梁王陵虐唐室，会虽受其举拔之恩，诚不忍其所为，故来归命耳。"李克用对丁会很是厚待，"位于诸将之上"。

此时的朱温正准备向沧州发起攻坚战，得知潞州失守的消息，立即放弃攻打沧州，转而率军进发潞州，企图从晋军手中将其夺回。一场大战，即将展开。

李克用为巩固胜利成果，立即屯兵于长子（今山西长治长子县），以便伺机进攻泽州（今山西晋城）。朱温则派大将康怀贞攻占晋州（今山西临汾）以牵制李克用。这样一来，晋王李克用只占据河东东北部及晋阳（今山西太原）、潞州等地，而朱温除占有北方中国广大领土外，在河东还占有晋州、泽州和河中（今山西永济）等地。从军事力量的对比来看，晋军远不如梁军，但晋军占有军事要地潞州，与朱温尚有实力一搏。

李克用集团在光复唐室的旗号下，继续与朱温对抗。刚刚成为大梁皇帝的朱温，于后梁开平元年（907）七月，派遣大将康怀贞由晋州率八万主力东下，再由魏州（今河北大名）出兵西上，东西两路夹攻潞州。李克用集团的昭义节度使李嗣昭、副使李嗣弼闭城拒守。康怀贞昼夜猛攻，但是半个月下来，没有任何效果。

久攻不下，康怀贞便改变战略，"筑垒穿蚰蜒堑而守之"，就是在潞州城外挖战壕，使其"内外断绝"，达到困死城中守军的目的。李克用怕潞州有失，一方面派大将周德威、李嗣源、李存璋等领兵来救，一方面又分兵进攻泽州，又是一招"围魏救赵"。

泽州吃紧，朱温急忙又派大将范居实领兵救援泽州。晋军攻泽州不下，于是撤军北上。八月初，周德威在潞州城西的高河安营扎寨，对梁军形成反包围态势，准备长期周旋。

康怀贞派麾下亲骑都头秦武去骚扰晋军，结果秦武打了败仗。康怀贞劳师无功，朱温下令以亳州刺史李思安取代康怀贞为潞州行营都统，将康怀贞降为行营都虞候。接手前线指挥权的李思安由河北带兵西上，"至潞州城下，更筑重城"，采取了长期围困潞州的战术。在距城西十三里的地方，修筑了一条双层城墙，内防守军外突，外防援军攻击，叫作夹寨。其中心叫作头寨，位于今长治市西的南寨、北寨。

梁军又调河北百姓运送粮草，从东南山口，修筑甬道，直达夹寨，以供军需。晋将周德威派骑兵日夜骚扰，劫断军粮，推倒城墙，填平战壕，一昼夜出击几十次，连夹寨中的牧马人也被射死，使得梁军防不胜防，疲于奔命。最后，只好躲进夹寨，坚闭不出，失去战斗力。

同时，李克用又命大将李存璋领兵进攻晋州，以缓解潞州压力。朱温只好命河中军队支援晋州，晋军以此牵制梁军，达到使梁军不得增援夹寨之目的。这么一来，潞州守军出不来，外围晋军支援不上，梁军也攻不进，退不出，战争处于胶着状态。这种局势一直延续到这年年底。

第二年，即公元908年，一个突发事件改变了战争的态势。这一年正月，李克用"疽发于首，病笃"。李克用在临终之前，命其弟内外制置蕃汉都知兵马使、振武节度使李克宁，以及监军张承业、大将李存璋等重臣立其子晋州刺史李存勖为继承人，说："此子志气远大，必能成吾事，尔曹善教导之！"

李克用临终之际，仍然对潞州之困牵挂于心，对儿子李存勖说："嗣昭厄于重围，吾不及见矣。俟葬毕，汝与德威辈速竭力救之！"李克用命李存勖办完自己的丧事之后，就要会同大将周德威去救援潞州！

李克用一死，李存勖成为河东集团新的领袖，但他的地位并不是那么稳固，叔父李克宁就是一个潜在的危险。李存勖毕竟年轻，当时潞州之围未解，河东军心惶惶不安。李存勖起初心生退意，甚至打算让位于叔父李克宁。李克宁却说："汝家嗣也，且有先王之命，谁敢违之！"

在李克宁和监军张承业、大将李存璋等人的拥戴下，李存勖顺利袭位为河东节度使、晋王。李克宁对侄儿李存勖最初是支持的，但军中一些手握兵权的李克用养子将李克宁视为政治投机的对象，其中一位养子李存颢就曾游说李克宁："兄终弟及，自古有之。以叔拜侄，于理安乎！天与不取，后悔无及！"

面对权力诱惑，李克宁最初也是拒绝的。但是，李克宁的妻子孟氏是一个"素刚悍"有野心的女人，在诸多李克用养子的蛊惑之下，也开始撺掇丈夫夺位。李存颢等人设计了一个阴谋，打算诱骗李存勖去李克宁府邸，发动兵变，诛杀张承业、李存璋等人。然后，奉李克宁为河东节度使，"举河东九州附于梁"，并拿下李存勖及太夫人曹氏送往大梁，献与朱温。

所幸的是，李克宁、李存颢的阴谋被太原人史敬镕密报太夫人曹氏及晋王李存勖。事已至此，李存勖似乎还心存骨肉亲情，对张承业等人说："至亲不可自相鱼肉，吾苟避位，则乱不作矣。"张承业则说："克宁欲投大王母子于虎口，不除之岂有全理！"

如此这般，李存勖好像才下定决心除掉李克宁。布置妥当之后，一场太原版鸿门宴上演。李存勖"置酒会诸将于府舍，伏甲执克宁、存颢于座"，在一番声泪俱下的申讨之后，李存勖杀掉了李克宁和李存颢。

除掉李克宁等人的过程，李存勖似乎一直都很被动，都很仁慈，甚至到了懦弱的地步，最终手起刀落也是在张承业等人的劝谏之下才做的。真的如此吗？对于李存勖而言，威望颇高的李克宁绝对是个潜在的威胁，而故意示弱，甚至主动提出让位，正是为了让李克宁暴露出自己的野心，甚至催发出他的妄念。如此，李存勖才会有不得已杀死叔父的理由，进而巩固权力。

李克宁已死，另外一位在外握有重兵的大将周德威也引起了很多人的疑虑，河东集团会不会发生内讧呢？对于这件事，李存勖很有主见，先是下令召回周德威。周德威也是有智慧的人，"至晋阳，留兵城外，独徒步而入，伏先王柩，哭极哀"。作为先王李克用的臣子，周德威的表现是满分。对于新晋王李存勖呢？周德威是"谒嗣王，礼甚恭"。经过软硬两手整合，晋军内部实现了统一，下一步就是同仇敌忾对付朱温了。

再说朱温集团的梁将李思安久攻潞州不下，"士卒疲弊，多逃亡"。李思安迟迟拿不下潞州，朱温将其撤下，换上匡国节度使刘知俊出任潞州行营招讨使，负责攻打潞州。

朱温见晋军仍然屯重兵于余吾寨，甚至开始怀疑李克用并未病死，只是诈死而已。为了一探老对手之究竟，朱温亲赴泽州，探听虚实。困守于潞州的李嗣昭"固守逾年，城中资用将竭"，即便这样，李嗣昭依然有大将风度。一日他在城墙之上设宴款待诸将，城外梁军流矢射中李嗣昭的脚上，他却不动声色，将其拔出，"座中皆不觉"。如此硬汉，朱温心生招降之念，派出使者，带上诏书招降李嗣昭。结果呢？李嗣昭果断"焚诏书，斩使者"。

朱温在泽州待了十几天，见李嗣昭软硬不吃，没了办法。梁军将领却认为李克用已死，屯在余吾的重兵也退了，驻在乱柳（今沁县段柳）的精兵也撤了，上党孤城无援，正是攻下潞州的好时机。

于是朱温便给梁军增拨粮草，派大将刘知俊领一万多精兵，攻击潞州外围，"斩获甚众，表请自留攻上党，车驾宜还京师"。刘知俊不过只是取得小胜，便得意扬扬，上奏梁帝朱温，说自己保证拿下潞州。

一方面，朱温当时忖度李克用刚死，晋军内部不稳，大军刚退，不会再来，潞州不久定能攻下，就令刘知俊屯兵长子休整。另一方面，朱温又担心岐王李茂贞会趁关中空虚而出兵，便将刘知俊调到晋州，以牵制关中。做出妥当安排之后，朱温自己就放心地从泽州返回汴京去了。见晋军退兵，"梁兵在夹寨者亦不复设备"，连岗哨也不设，梁军军纪一片涣散。

新晋王李存勖与麾下诸将分析战略态势："上党，河东之藩蔽，无上党，是无河东也。"古地名之上党，即唐末五代之潞州，是为河东藩屏，控制不了潞州，河东地盘便无险可守。李存勖进而分析了对手心态，他认为朱温忌惮之人唯有李克用。

李存勖刚刚继位，在朱温看来不过是"童子未娴军旅"，"必有骄怠之心"。敌人的懈怠就是己方的机会，李存勖认为如果发精兵，出其不意，攻其不备，定能解除潞州之围："取威定霸，在此一举，不可失也！"

李存勖的战略设想得到河东集团重臣们的赞同。为了实现对朱温集团的有效打击，李存勖还派出与河东李氏有着深厚渊源的监军张承业与河东判官王缄赴关中，乞师于岐王李茂贞。同时，还暂时放下历史嫌隙，派人重金贿赂契丹王耶律阿保机，求借草原骑兵为援。不过，年纪大了的李茂贞早已不愿意参与争霸战争，满足于偏安于关中的既得利益，加上凤翔兵弱财竭，最终没有答应出兵。

在做好准备之后，梁开平二年（908）四月，李存勖"大阅士卒"，任命前任昭义节度使丁会为都招讨使，大将周德威等从晋阳出发，昼夜兼程，急驰南下。二十九日，李存勖大军兵至潞州，在距城四十五里的黄碾安营扎寨。

五月初一，李存勖在位于潞州与黄碾之间的三垂冈（今大冈山、二冈山）设下伏兵。第二天，正好赶上大雾，晋军"直抵夹寨"。梁军早已非常懈怠，在此战略要地竟然不设斥候，晋军已至，梁军却浑然不觉。

李存勖大军攻至的时候，梁军将士竟然还没起床，突然听说晋军打来，个个惊恐万状，不知所措。晋军分两路进攻：一路由周德威进攻夹寨西北，一路由李嗣源进攻夹寨东北。两路夹击，填壕烧寨，战鼓咚咚，杀声震天。多日辛苦筑成的重城夹寨，这时也变成无用的土墙。梁军溃不成军，纷纷南逃，招讨使符道昭因马倒被杀。将校伤亡四十余人，士卒伤亡一万余人。缴获资粮器械如山。梁军投入潞州的兵力全部丧失，仅康怀贞率百余骑自泽州天井关逃脱。晋军大获全胜。

当周德威率军至潞州城下的时候，固守于城中的李嗣昭甚至还不相信已经解围。周德威在城下对城墙上的李嗣昭说："先王已薨，今王自来，破贼夹寨。贼已去矣，可开门！"困守孤城的李嗣昭不知道李克用已经死了，甚至怀疑周德威早已投降梁军，这是来诓骗他开城门的，还打算一箭射死周德威。幸好手下将士劝住，最后李存勖亲自来到城下。李嗣昭见到了一身孝服的李存勖，这才放声恸哭，"城中皆哭，遂开门"。

夹寨之战，历时一年，以晋胜梁败而告终。身在大梁的朱温得知潞州战事失利，夹寨失守，这才知道自己低估了少年晋王李存勖，不禁感慨："生子当如李亚子，克用为不亡矣！至如吾儿，豚犬耳！"

河北天子刘守光的末路

后梁开平元年（907）三月，已经是大梁皇帝的朱温任命亳州刺史李思安为北路行军都统，率领大军再伐幽州。汴军来势汹汹，刘仁恭能否挡得住呢？

没等汴军打来，刘仁恭集团内部竟然出了一个大乱子。刘仁恭有个爱妾罗氏，生得十分美艳。刘仁恭除了有坐镇沧州的儿子刘守文之外，还有一个次子刘守光，竟然与老爹爱妾罗氏勾搭上了。东窗事发之后，刘仁恭勃然大怒，"杖守光而斥之，不以为子数"，就是用棍子打了儿子一顿，然后放话说断绝父子关系。

断绝父子关系说起来容易，儿子手里的兵权可不是那么容易褫夺的，更何况还有强大外敌。梁军在李思安的率领下，一路势如破竹，而且非常残忍，"所过焚荡无怜"。是年四月，梁军就已经"直抵幽州城下"。

兵临城下了，刘仁恭在做什么呢？刘仁恭此时并不在幽州城内，而是躲在了城西南的大安山别馆里。大安山位于今天北京市房山区的西北地带，地处房山区与门头沟区的接壤地带，是太行山分支。

当初朱温两次攻打沧州，虽然最后都退兵了，但刘仁恭担心幽州城防不坚，于是在城外的大安山修筑别馆，其实也就是行宫。从战略地理上讲，大安山四面悬绝，可以少制众，是一个易守难攻的好地方。

当然，生性残忍好色的刘仁恭不只是将大安山营建为军事基地，更将其打造为穷奢极欲的销金窟，"乃于其上盛饰馆宇，僭拟宫掖，聚室女艳妇，穷极侈丽。又招聚缩黄，合仙丹，讲求法要"。如果仅仅是穷奢极欲和炼丹求仙，刘仁恭与一般作死统治者没有太大区别。

刘仁恭的所有行为都在加速他的灭亡，尽管他将大安山改名为"大恩山"，但是上天并未因此给予他什么眷顾。刘仁恭躲在大安山，幽州城防就受到削弱，甚至"几至不守"。与父亲已经翻脸的刘守光在外敌压境的情况下,看到的不是危机,而是夺权的良机。刘守光带着自己的兵马进了幽州城,"登城拒守","又出兵与思安战,思安败退"。

击败李思安之后,刘守光自以为占据优势,干脆自封卢龙节度使,把老爸免职了。而后,又命部将李小喜、元行钦率军进攻大安山。刘仁恭看儿子打过来了,于是带兵迎战,没想到被李小喜所败,刘仁恭成为儿子的俘虏,被囚禁于别室。

刘守光能否坐稳幽州节度使的位子呢?他的哥哥刘守文又会作何反应呢?

坐镇沧州的义昌节度使刘守文听闻弟弟刘守光造反囚父,于是发兵讨伐,旗号是"救父平乱"。已经受封成为朱梁王朝邺王的魏博节度使罗绍威对其部下分析刘氏情势说:"守光以寡急归国,守文孤立无援,沧州可不战服也。"针对孤立无援的刘守文,罗绍威展开了劝降攻势,"乃遗守文书,谕以祸福"。刘守文忖度自己率军与弟弟作战,后方沧州势必空虚,"恐梁乘虚袭其后"。于是乎,刘守文干脆向后梁投降了,还将自己的儿子刘延佑送去汴州做人质。

安排好后路的刘守文率军进攻幽州,刘守光则向河东新晋王李存勖求救,得到五千人马的援助。刘守文打仗实在不是弟弟对手,几番交手都拿不下幽州。僵持到开平三年,刘守文干脆花重金去招募契丹、吐谷浑的雇佣军,合兵四万,屯于蓟州。

刘守光在鸡苏迎战兄长刘守文。有了外援的刘守文战斗值大增,很快击败弟弟。但是,刘守文这个人喜欢作秀,竟然单人匹马来到阵前,眼泪汪汪地对阵前军士说:"勿杀吾弟!"没想到这一出兄弟秀却玩砸了,刘守光麾下的大将元行钦认识刘守文,看到这一出,"直前擒之"。刘守文阵前被擒,沧州军团不战而溃。刘守光擒得兄长,也是"囚之别室",并乘胜进攻沧州。沧州守将在沧州节度判官吕兖、孙鹤的主导下,拥立刘守文的儿子刘延祚为帅,"乘城拒守"。

刘守光与其父刘仁恭一样,依违于汴晋之间,两面三刀。在进攻沧州的时候,刘守光派出使臣到汴州梁廷,向朱温上表告捷,说"俟沧德事毕,为陛下扫平并寇"。所谓"并寇",即是河东沙陀李氏集团。刘守光又致书晋王李存勖,说什么"与之同破伪梁",刘氏口中"伪梁"就是汴京朱梁王朝。

刘守光进攻沧州的战事,打到后梁开平四年春正月,刘延祚就无力抵抗,交城投降了。刘守光夺得沧州，但并未放过被囚禁在幽州的哥哥，派人秘密杀掉了哥哥刘守文，然后"归罪于杀者而诛之"，显然是杀人灭口。

刘守光囚父杀兄，占据幽州、沧州一带，自以为实力雄厚，"由此益骄"。刘守光这个人非但野心很大，而且残暴变态远过乃父，在其统治区域搞出很多极端变态的酷刑。譬如，制作铁笼、铁刷，"人有过者，坐之笼中，外燎以火，或刷剔其皮肤以死"，用惨绝人寰来形容刘守光的变态，恐怕都显得语言太苍白贫乏了。

在刘守光的非人恐怖统治下，幽州集团很多士人武将都逃亡到其他藩镇。人才流失日益严重，但"素庸愚"的刘守光竟丝毫不以为意，反而做起了皇帝梦。一日，刘守光身穿赭黄袍对部下将吏说："当今海内四分五裂，吾欲南面以朝天下，诸君以为何如？"

五代乱世，确实是一个遍地帝王的时代。但是，称孤道寡也要有一定实力和时运，刘守光处于梁晋两强之间，二者皆欲将其除之而后快，只是都在等待时机。处于如此恶劣的地缘政治环境之下，刘守光却想着称帝，不能不说是愚蠢至极了。

当时有一个原来隶属于刘守文麾下的人叫孙鹤，是个"骨鲠方略之士"，也就是比较耿直不说假话的人。孙鹤对刘守光说了一番泼冷水的话："王西有并、汾之患，北有契丹之虞，乘时观衅，专待薄人，彼若结党连衡，侵我疆场，地形虽险，势不可支，甲兵虽多，守恐不暇，纵能却敌，未免生忧。王但抚士爱民，补兵完赋，义声驰于天下，诸侯自然推戴。今若恃兵与险，未见良图。"

孙鹤的建议其实就是数百年之后"高筑墙、广积粮、缓称王"那套路数，肯定不合虚骄狂妄的刘守光心意，"守光不悦"。

朱温代唐之后，曾经册封成德军节度使王镕为赵王。对于河朔三镇，朱温始终是想要彻底解决的，魏博镇的罗绍威早已归附，成德的王镕也是要动的。开平四年，后梁大军进攻成德。当后梁大军占据深州、冀州的时候，"王镕乞师于守光"。孙鹤劝刘守光出兵救援王镕，"今赵无罪，而梁伐之，诸侯救赵之兵，先至者霸，臣恐燕军未出，而晋已先破梁矣，此不可失之时也"。

河朔三镇，唇亡齿寒，如果王镕灭亡，幽州又将失去一个屏障，救援成德，对于刘守光来说应该是个明智之举。但是，刘守光在这个问题上打起了市侩一般的算计，他说："赵王尝与我盟而背之，今急乃来归我；且两虎方斗，可待之，吾当为卞庄子也。"

刘守光想要坐山观虎斗，但是情势发展由不得他从中渔利。刘守光不出兵，太原的李存勖却出手救援王镕，只要是对付朱温的，沙陀李氏肯定不会手软。晋王李存勖堪称五代时期的战神，出兵之后，"大败梁兵于柏乡，进掠邢、洺，至于黎阳"。李存勖千里出兵，后方自然空虚。刘守光竟然打起了河东的主意，李存勖也担心大本营有失，最后还是班师太原。

刘守光野心很大，自恃武力强大，"以为诸镇畏其强"，想当藩镇老大了。当年李克用临终之前，将刘仁恭父子定为河东集团三大仇人之一，李存勖对刘守光早就恨之入骨了，这时候李存勖却捧起了刘守光，他"率天德宋瑶、振武周德威、昭义李嗣昭、义武王处直、成德王镕等，以墨制册尊守光为尚书令、尚父"。

捧的目的是方便以后杀，将其抬到天上，再摔到地上。

刘守光在接受李存勖等诸藩奉上的尚书令、尚父头衔之后，又十分鸡贼地于后梁乾化元年（911）七月，上表给梁帝朱温："晋王等推臣，臣荷陛下厚恩，未之敢受。窃思其宜，不若陛下授臣河北都统，则并、镇不足平矣。"

首鼠两端，依违于梁晋之间的刘守光想从两边都获取好处。朱温是何等精明狡黠之人，"知其狂愚"，于是任命刘守光为河北道采访使，派遣阁门使王瞳、崇政院受旨史彦群前去行册命仪式。

刘守光命令属官草拟尚父、采访使承受册封的礼仪。是月初三日，属官取唐代册封太尉的礼仪呈献，刘守光看后，问怎么没有南郊祀天、改元事宜。属官回答说："尚父虽贵，人臣也，安有郊天、改元者乎？"

刘守光听罢，勃然一怒，将册仪扔在地上，说："我地方二千里，带甲三十万，直作河北天子，谁能禁我？尚父何足为哉？"

刘守光一心要过皇帝瘾，为堵住部下谏阻，放出狠话："敢谏者死！"还是那位耿直的孙鹤站了出来，犯颜直谏说："沧州之败，臣蒙王不杀之恩，今日之事，不敢不谏。"

不出意外，孙鹤死得很惨，"守光大怒，推之斧锧，令军士割其肉生啖之"。孙鹤在被推出去之前，大声高呼："不出百日，大兵当至！"最后，孙鹤被捂住嘴巴，乱刀砍死。

梁乾化元年八月，刘守光自号大燕皇帝，改元应天，任命后梁的使者王瞳为左相，卢龙判官齐涉为右相，史彦群为御史大夫。刘守光的燕国没有被史家列入五代十国政权系统之内，在历史上被称为"桀燕"，在《旧五代史》被收入"僭伪列传"中。

刘守光受册命这天，契丹攻陷平州，燕人惊慌扰乱。太原李存勖听说刘守光称帝的消息，大笑着对部下说："俟彼卜年，吾当问其鼎矣。"晋王手下谋臣张承业建议李存勖再派出使臣去道贺，进一步诱导刘守光的虚骄自大心理。于是，李存勖派出太原少尹李承勋前往幽州。

李承勋到了幽州之后，只是"用邻藩通使之礼"谒见刘守光。燕国的官员对李说："吾王帝矣，公当称臣庭见。"没想到李承勋根本不买账，说："吾受命于唐朝为太原少尹，燕王自可臣其境内，岂可臣他国之使乎？"我是唐臣，怎么能向你一个僭越冒牌天子称臣呢？

刘守光竟然把这个从太原来的使者关了起来，数日之后，刘守光又问："臣我乎？"没想到这李承勋是个硬骨头，回答道："燕王能臣我王，则我请为臣；不然，有死而已！"这话意思是说，你燕王刘守光要能向我们晋王李存勖称臣，我就能向你称臣，否则的话，我宁死也不会低头。最终，李承勋也是惨死！

从推戴尚父，再到祝贺称帝，李存勖对刘守光玩的就是捧杀，只是待其骄恶尽极，再行诛伐。这种权谋诡诈之道为乱世枭雄所惯用，也是必备的能力和素质。但是明末清初的大儒王夫之说："推尊以骄之，非义之所许。"李存勖这些手段是"权谋之险术，王者所弗尚也"。

乾化元年年底，刘守光进犯易、定一带，义武节度使、北平王王处直向河东李存勖求救。对于李存勖而言，彻底解决幽州刘氏集团的机会到了。晋王李存勖派大将周德威率三万沙陀铁骑进攻燕国，全面展开灭燕的战争。

晋国灭燕的战争进展非常顺利，兵锋所至，大多归降。譬如说，沧州的投降，刘守光干掉自己哥哥之后，就任命儿子刘继威为义昌节度使。这个刘继威虽然年纪不大，但是"淫虐类其父"。

愚妄又淫虐的刘继威竟然"淫于都指挥使张万进家"，这是淫了人家大将家的女眷啊！结果可想而知，张万进一怒之下杀了刘继威，然后与大将周知裕一起投降了晋军，"晋王命周德威安抚之"。

另外，那位帮着刘守光囚父夺位的元行钦确实是一位猛将。乾化三年三月，刘守光命"元行钦将骑七千，牧马于山北，募北山兵以应契丹"。不料与晋军李嗣源部相遇，双方多次激战，最终元行钦还是"力屈而降"。李嗣源欣赏元行钦勇猛善战，"养以为子"。后来，李存勖听说元行钦骁勇，便任命他为散员都部署，赐姓名为李绍荣，成为后唐一员名将。

总之，晋兵所至，燕人多望风而降，除了元行钦之外，抵抗大多并不激烈。到了乾化三年（913）十月，"卢龙巡属皆入于晋，燕主守光独守幽州城，求援于契丹；契丹以其无信，竟不救"。

四面楚歌、困守孤城的刘守光这次意识到自己不是李存勖的对手，准备认怂服软，派人对晋军主将周德威说："予得罪于晋，迷而不复，今其病矣，公善为我辞焉。"没想到周德威根本不理会，反而讽刺说："大燕皇帝尚未郊天，何至此邪？"

刘守光甚至向晋军献上了绢千匹、银千两、锦百段，足见求生欲很强。尽管刘守光百般求饶，甚至在城墙上对李存勖说："今日俎上肉耳，惟王所为也！"但是最终，十一月壬戌日，"晋王督诸军四面攻城"。

幽州城破之后，李存勖进城，抓住了刘仁恭及其家族三百余口人，但是未见刘守光一家。原来，刘守光早带着妻儿一家南走沧州了，但是正值寒冬，刘守光的脚被冻肿了，而且中途迷路，"至燕乐之境"，又"数日不得食"，情况非常凄惨。

落魄无助的刘守光被当地农家抓住，又"被擒送幽州"。见到李存勖的时候，刘守光一个劲儿地"叩头请死"。晋王则"命械守光并其父仁恭以从军"，将这父子二人押送回太原。据说李存勖大军返程途经成德军地界，赵王王镕设酒宴招待李存勖。酒至酣时，王镕对李存勖说："愿见仁恭父子。"晋王便命人将刘仁恭父子刑具解下，招来一起饮酒，这父子二人竟然"饮食自若，皆无惭色"。

或许刘仁恭父子心里一直心存侥幸，以为自己还有利用价值，李存勖会放他们一条生路。乾化四年正月，晋王大军返回太原之后，立即将刘仁恭父子押送太庙，这是准备以刘氏父子人头祭奠李克用了。

死到临头，刘仁恭倒是淡定，刘守光却哭着喊道："臣死无恨，然教臣不降者，李小喜也，罪人不死，臣将诉于地下。"刘守光将自己据守不降的原因归结为部将李小喜的劝阻，于是晋王李存勖招来李小喜询问。

这李小喜竟然当面回怼刘守光说："囚父弑兄，烝其骨肉，亦小喜教尔邪？"刘守光恶贯满盈，李小喜说得倒也没错。但是，李存勖很厌恶这种背叛主子的人，"命先斩小喜"。刘守光知道难逃一死，但还打算做最后一求，对李存勖哭诉哀求道："王将复唐室以成霸业，何不赦臣使自效？"

对于这种首鼠两端又野心愚妄的人，李存勖怎么可能还会留着，刘守光临死之前的懦夫表现在历史上留下了千古笑柄，反倒是他的两个老婆李氏和祝氏有几分血性和气节，看到丈夫如此丢人，在一旁骂道："事已至此，生复何为？愿先死！"两个女人先自请赴死，晋王李存勖又命李存霸将刘仁恭、刘守光父子押赴雁门，在李克用墓前"刺其心血"以祭之，然后斩杀！

雄踞幽州数十年的刘氏集团就这样土崩瓦解了，其原因恐怕主要是在于刘氏父子的淫暴骄横吧。

在朱温和李克用之间骑墙的契丹人

晋王李克用集团与幽州刘氏集团恩怨复杂，唐昭宗乾宁四年（897）的木瓜涧之役，刘仁恭重创李克用，算是结下了不小的仇。在唐末崛起于草原的契丹人要南下中原，雄踞幽州的刘仁恭也是最大的障碍。因为有刘仁恭这个共同敌人，促成了契丹与李克用的结盟。

唐哀帝天祐二年（905），契丹首领耶律阿保机与李克用在云州（今山西大同）首次会盟，二人结为兄弟，阿保机应允了"克用借兵以报刘仁恭木瓜涧之役"的请求。于是，阿保机在双方结盟后不久便发兵进攻刘仁恭，因而史籍中有"为克用破刘仁恭，而中国畏之"的记述。

两年之后，即唐哀帝天祐四年（907），朱温篡唐已然成为定局，李唐国祚将终难以扼挽。中原局势的变动迫使晋王李克用同阿保机进行了第二次云州会盟，据《资治通鉴》记载："是岁，阿保机帅众三十万寇云州，晋王与之连和，面会东城，约为兄弟，延之帐中，纵酒，握手尽欢，约以今冬共击梁。"

第二次会盟，很明显是李克用占下风，契丹首领阿保机率众三十万，原本是打算进攻云州的。晋王李克用这一番可以说是"求盟"，双方再次结盟，并以朱梁集团为共同敌人。事实上，契丹对于李克用集团而言也是潜在敌人，这种结盟不过是权宜之计。在这次云州会盟中，李克用部下对其献策说："因其来，可擒也。"但是李克用说："仇敌未灭而失信夷狄，自亡之道也。"

阿保机与李克用二次会盟之后，表面上双方关系融洽和谐。李克用送给契丹人"金缯数万"，阿保机则送给李克用三千匹战马及其他数万头牲畜。但是，令李克用没有想到的是，阿保机返回草原之后，竟然立即背盟，"更附于梁"，投到了朱温阵营。

如果仅仅从道德角度谴责阿保机的背信弃义，那是没有意义的。契丹部落联盟与中原政权的联系由来已久，早在北魏时期，契丹各部通过向中原政权进贡物品来换取中原政权的封赏。李唐以后，契丹首领获得唐朝册封成为他们在族内维持统治合法性的一种手段。从贞观二十二年（648），唐廷册封契丹首领窟哥为松漠都督并赐姓李氏开始，这种模式就成为契丹政治的一种常态。

契丹首领接受中原王朝的册封，不仅有助于加强同正朔王朝的经济贸易联系，更为主要的是使首领自身在契丹族内的领导地位得到巩固。阿保机在成为契丹部族首领之后，也一直积极寻求唐朝册封。但李唐天命将终，已经无法完成对契丹首领地位合法性的认可。

朱温篡唐之后，虽然并没有实现大一统，仅仅中原地区就还有李克用、李茂贞、刘仁恭等割据势力与之对抗，河朔藩镇尚保留相当大的独立性。但是，从整体实力看，朱梁王朝在当时依然是原唐帝国版图内最强大的集团，也最有希望实现帝国再次一统。

对于朱梁政权而言，结交契丹也不失为一种对付李克用、刘仁恭的办法。据《辽史》记载："唐梁王朱全忠废其主，寻弑之，自立为帝，国号梁，遣使来告。"朱温的"遣使来告"无疑是一种正朔的宣示，也是友好的试探。那么，契丹人又是如何回应的呢？《旧五代史》中记载："及梁祖建号，阿保机亦遣使送名马、女乐、貂皮等求封册。"

阿保机向朱温求册封，很显然和先前会盟李克用的政治立场相悖。对于契丹人而言，寻求中原正朔的认可，本是一种本族利益优先的选择。但是，朱温对这件事反应并不明智。他在给阿保机的回信中说："朕今天下皆平，唯有太原未服，卿能长驱精甲，径至新庄，为我翦彼寇雠，与尔便行封册。"

朱温是想让阿保机先去消灭李克用集团，然后再将册封作为政治回报实施。阿保机不会在这种情况下出兵，让自己成为朱梁政权与晋王集团相互攻伐的棋子，他只会在最有利的情况下出手。

双方条件相差很大，契丹虽然同后梁通使交聘，但阿保机所希冀的"册封"并未真正实现。即便如此，李克用仍对阿保机的"背盟"难以释怀。天祐五年李克用病死，在临终之时，也不忘契丹背信弃义之仇，"以一箭属庄宗，期必灭契丹"。

李存勖接班之后，在政治上比乃父要理智成熟许多。朱温趁李克用新丧之际，派军大举进攻潞州。李存勖为了对抗朱梁进攻，在此时主动向契丹示好，"又遣使赂契丹王阿保机求骑兵"。虽然最终因潞州战事结束，契丹骑兵并未参战，沙陀李氏与契丹的关系却保持了稳定。嗣后，李存勖为了集中精力对付朱梁政权，更是注意维护与契丹的关系，"常以叔父事阿保机，以叔母事述律后"。

天祐十年，刘守光集团为晋王李存勖河东集团彻底击溃之后，河东势力也就占领了幽州地区。李存勖除了获得地盘扩张红利之外，也承接了刘仁恭、刘守光父子之前面对的契丹压力。原先充当中原政权与契丹民族之间缓冲地带的幽州地区被晋军攻占，李存勖与契丹阿保机的势力开始直接对垒。

幽州注定要成为中原政权与契丹人之间激烈争夺的战略区域，沙陀李氏与契丹人之间稍微缓和的关系再度走向紧张。唐代前中期，幽州地区的军事存在起到了羁縻控制契丹人和奚人的作用。唐末刘仁恭政权虽然残暴，但是在制衡契丹问题上做得还算相对成功。

阿保机获得契丹可汗大位之后，更加致力于谋夺幽州以为南进基地。刘氏集团被消灭之后，李克用任用大将周德威为卢龙节度使，镇守幽州。

河东集团在占据幽州地区之后，诸多政策也极为失当。譬如刘守光麾下骑将卢文进率先投降了李存勖，被"遥授寿州刺史"。李存勖在获得刘氏集团的"山后八军"之后，任命其弟李存炬为新州团练使，统帅这支新军。

李存勖与后梁大将刘鄩"对垒于莘县"，就命李存炬在山后招募劲兵，"又命山北居民出战马器仗"。李存炬对幽州地区的军民有着很强的征服者心态，勒令民众出马，民众以十牛才易一马，搞得民怨沸腾。

当时，李存炬集结了五百骑兵，命卢文进统领。这些心不甘情不愿的士兵到了祁沟关，就萌生了叛乱之意，"我辈边人，弃父母妻子，为他血战，千里送死，固不能也"。这些幽州旧人达成了"拥卢将军却还新州，据城自守"的协议。

兵变猝然而至，李存矩被杀死。卢文进在这样的情况下，被乱兵拥立为主帅。卢文进自立之后，先是进攻新州，不克，又转攻武州，同样打不下来。走投无路，卢文进率军投奔了契丹，被契丹任命为幽州兵马留后。不久之后，卢文进就充当带路党，"引契丹寇新州"。卢文进是阿保机契丹政权早期汉化进程的重要助力者，"契丹所以强盛者，得文进之故也"。

周德威的确是一员猛将，但他对于契丹之勇悍与野心并无足够警惕，"恃勇不修边备，遂失榆关之险"。榆关既失，契丹南下便容易得多。契丹人对幽州是不会忘怀的，拿下幽州，才有南进之可能。

后梁贞明二年（916），阿保机平定诸弟叛乱，正式称帝建立契丹王朝。大辽神册二年（917）二月，在卢文进的导引下，契丹军大举南侵。契丹大军进攻新州，"刺史安金全不能守，弃城去"。周德威试图夺回，但面对数万契丹大军，毫无结果，只得"大败奔归"。

契丹军乘胜进攻幽州，形势十分危急，周德威派人向李存勖求援。当时李存勖正在中原陷入与后梁的激战中，得知幽州之围后十分担忧。晋军集团大部分人都认为契丹之忧不足为虑，认为契丹后勤供应不继，"敌势不能持久，野无所掠，食尽自还，然后踵而击之可也"。

大将李嗣源却力主派军救援，认为"德威尽忠于家国，孤城被攻，危亡在即，不宜更待敌衰。愿假臣突骑五千为前锋以援之"。同时，大将李存审和阎宝也请求派兵回援幽州。于是，李存勖命李嗣源率军救援周德威。李嗣源与李存审两军会合于易州，步骑七万驰援幽州。

李嗣源大军"自易州北行，逾大房岭，循涧而东"，李嗣源与其养子李从珂率三千骑兵作为先锋，向幽州快速进发。至于山口，"契丹以万骑遮其前"。李嗣源果然勇猛无比，面对万余契丹精兵，毫无惧色，仅仅率一百骑兵，"免胄扬鞭"，用胡语对契丹人说："汝无故犯我疆场，晋王命我将百万众直抵西楼，灭汝种族。"

李嗣源阵前恐吓，并手斩契丹酋长一人，后续晋军也发起攻势，契丹军畏惧后退。晋军另一员大将李存审则命步兵伐木制作鹿角阵，"人持一枝以成寨"。契丹人经过后，晋军万弩齐发，"流矢蔽日，契丹人马死伤塞路"。晋军打到幽州城下，契丹军"列阵待之"。

李存审则命手下步兵在后面列阵，又命老弱病残士兵点燃干草、柴火，这样一来"烟尘蔽天"，契丹人也不知道晋军究竟有多少人。李存审乘机杀入契丹后阵，发动一番猛烈突袭，"契丹大败"，只好带着部族"席卷其众"，幽州之围遂解。李嗣源等人的援军击败契丹人，进入幽州城之后，周德威见到诸将，激动得握手流涕。

朱家父子的权力互戮

朱温的霸业能够成功，与他麾下的一帮养子有莫大关系。晚唐五代，权臣、藩帅等都有收养子的习惯，其实是借助这种"拟态血缘关系"巩固权力，而甘当养子的人也是为了寻求一棵庇佑的大树。

朱温在藩帅任上，就开始仿效以往的一些军阀、权臣，认了好几个义子、养子。根据新旧《五代史》《五代会要》《资治通鉴》等史料记载，朱温的养子主要有这几位：博王朱友文（原名康勤）、冀王朱友谦（原名朱简），以及朱友恭（原名李彦威）、朱汉宾等人。

朱友文，本名康勤，字德明，籍贯不详，很早就跟着朱温了。史书记载朱友文"幼美风姿，好学，善谈论，颇能为诗，太祖养以为子"，取名友文。在勇悍成性的晚唐军阀群体中，朱友文这样一个颇有文人气质的人真是一个异数。

朱友文并非是一个只会吟诗作赋的文人，他是朱温霸业的重要助手。天复元年（901）正月，朱温受封梁王，领宣武、宣义、天平、护国四镇节度使，朱友文则受命主管朱温集团的财政工作，负责度支盐铁，"征赋聚敛以供军实"，助朱温用兵四方，成就霸业。朱温称帝之后，以四镇财赋为其内库，设立一个建章宫负责管理这个内库，朱友文则为建章宫使。可以说朱友文是朱温集团的财政总管，深得朱温的信任，因此也受封为博王。

朱友文的地位确实很高，在新旧《五代史》中，朱友文是被列入"宗室"列传的，与朱温亲生子平等看待。朱温称帝建国后，以开封为东都，洛阳为西都，委任朱友文为东都留守。其实，朱温之前有个长子朱友裕，但是在光化四年（901）讨伐杨崇本（李继徽）叛乱中病死，故而接班人的位子一直虚悬。

朱友文虽然不是亲生，但继位呼声很高，《资治通鉴》记载，朱温"虽未以友文为太子，帝意常属之"。乾化二年（912）六月，朱温病重，欲召朱友文前来洛阳，托付后事。朱温对养子如此重视，势必会引起朱梁集团内部皇权争夺战。

在诸多史书中，朱温都被描绘成一个荒淫好色、罔顾人伦的混账。在《资治通鉴》中，朱温"纵意声色，诸子虽在外，常征其妇入侍，帝往往乱之"。按照这种说法，朱温连自己的儿媳妇都不放过了。养子朱友文的妻子"王氏色美，帝尤宠之，虽未以友文为太子，帝意常属之"。

在朱温诸子中，原本最有希望接班的长子郴王朱友裕早死，次子博王朱友文虽然呼声很高，但终究是养子，变数还是很大。亲生次子朱友珪在朱温称帝之后，被册封为郢王。朱友珪有个致命的短板，他的母亲是亳州营妓，也就是娼妓出身。

另外一个就是四子朱友贞，被封为均王，朱温在禁军中组建天兴军，充作亲信牙军，以朱友贞为左天兴军使。开平四年（910），朱友贞进位检校司空，仍任左天兴军使，并充任东京马步军都指挥使，手中有着不容小视的军事实力。

朱温的想法着实奇怪，放着两个亲生儿子不传位，却属意于养子朱友文，莫非真是朱友文老婆王氏给公公吹的枕边风？这样的解释似乎太小看枭雄朱温了吧，其中必然有史书误读的真相。

按照新旧《五代史》和《资治通鉴》的说法，朱温为了顺利传位于朱友文，乾化二年六月初一日，竟然命朱友珪外放为莱州刺史，甚至有意在路上赐死。当时，朱友文、朱友珪兄弟二人的妻子都在宫中侍奉朱温："友珪妇亦朝夕侍帝侧，知之，密告友珪曰：'大家（指朱温）以传国宝付王氏怀往东都，吾属死无日矣！'"同样在宫中以身侍君的朱友珪妻子张氏探得朱温打算将玉玺交由王氏带往东都交给朱友文，立即将此事告知丈夫。

这件事的发展实在是诡异，朱友珪得知之后，立即准备动手。六月初二日，朱友珪利用掌握的宫廷宿卫侍从及其亲信左龙虎军统军韩勍所部牙兵发动宫廷政变，"中夜斩关入"，"友珪仆夫冯廷谔刺帝腹，刃出于背。友珪自以败毡裹之，瘗于寝殿"。一代枭雄朱温就这样死于亲生儿子之手，终年61岁。

朱友珪杀死朱温之后，将尸体埋在寝殿，封锁消息，秘不发丧达四天之久。同时假传诏书派供奉官丁昭浦驰往东都大梁，赐死朱友文。六月初五日，朱友珪给朱温发丧，并在朱温灵柩前即皇帝位。

在整个政变过程中，朱友文的反应都非常被动，朱友珪发出矫诏到东都命他自尽，他竟然毫无反抗！如果从政变之后的受益者是朱友珪这个角度看，朱温当时确实是病重，但并非到了病危的地步，儿媳妇在宫中侍疾，并不是侍寝，更主要的是作为人质，以防止这几个儿子作乱。

在储位未定的情况下，朱友珪决定抢班夺权，发动政变，干掉朱温，再嫁祸朱友文，名正言顺继承皇位。至于朱温的"扒灰"，也未必可信。朱温早年的妻子张惠十分贤惠，夫妻感情很好，朱温起初甚至没有娶妾，更没有与其他女人有染。

按照这种生活态度，后面的淫乱和"扒灰"简直就不可想象。真相至今难以说清，极有可能这一切都是朱友珪捏造出来的，目的是为自己政变寻求合理解释。新旧《五代史》和《通鉴》都是以讹传讹。

不论如何，朱友珪当上了皇帝，但是他的地位并不稳固，因为还有一位真正的嫡子均王朱友贞，朱梁王朝暗潮汹涌……

朱友珪夺位之后，先是进行一番人事调整，借以安抚人心，升任韩勍为忠武军节度使，任命其弟朱友贞为汴州留后，朱温另一养子河中节度使朱友谦为中书令，但是朱友谦拒不受命，甚至还率部投降了朱梁集团的死对头河东节度使、晋王李存勖。

乾化三年（913）正月，朱友珪在洛阳南郊祭天，改年号为凤历。公开反水的朱友谦仅仅是表面问题，一些暂时臣服却心怀异志的人才是更大的威胁。

朱友珪称帝之后，任命四弟均王朱友贞为开封府尹、东都留守，企图笼络这个弟弟。从血统上讲，朱友贞比朱友珪强很多，虽然齿序在后，但是朱友贞的母亲是朱温原配张皇后，而朱友珪的生母却是低贱的娼妓。

贵贱嫡庶很清楚，朱友贞又怎么能甘心做一个均王呢？朱友贞暗地里联络藩镇、重臣，企图发动政变，干掉朱友珪。朱友贞找的是朱温时代的功臣名将魏博节度使、检校侍中杨师厚，此人"握河朔兵，威望振主"。

朱友贞写密信给杨师厚，"深陈款效"，肯定是封官许愿了。然后，朱友贞又"驰书于侍卫军使袁象先及主军大将"，袁象先是朱温的外甥，其母是朱温的妹妹万安长公主。身为侍卫军使的袁象先控制着洛阳防务兵权，他也倒向了朱友贞。为了防止京外有变，朱友贞又联络了朱温另一养子都指挥使朱汉宾，让他"率兵至滑州以应禁旅"，就是策应京城兵变。

布置妥当之后，政变以雷霆之势发动了。凤历元年（913）二月，袁象先首先发难，率领禁军数千人杀入宫中，朱友珪与妻子张皇后跑到北墙楼下，准备爬城墙逃走未成，于是命冯廷谔将他自己及张皇后杀死，随后冯廷谔也自杀而死。

皇位还没坐热的朱友珪就这样死了，朱友贞随即在东都开封府即位，是为后梁末帝。朱友贞即位后，恢复朱友文的官职和爵位，追废朱友珪为庶人。

当初朱温收揽养子，目的是笼络人心，巩固势力。但是，在朱温诸子的这场夺位厮杀战争中，那些养子又做了些什么呢？除了被朱友珪干掉的朱友文和杀死唐昭宗当了替死鬼的朱友恭之外，朱温还有朱友谦、朱汉宾两个养子。

朱友谦，本名朱简，字德光，许州牙将出身，唐末归附朱温。唐昭宗光化二年（899），在朱温的举荐下，朱简出任陕州节度使。天复初年，朱温进攻凤翔李茂贞，往来经过陕州，朱简伺候得非常殷勤，主动要求当儿子，对朱温说："仆本无功，而富贵至此，元帅之力也！且幸同姓，愿更名以齿诸子。"

于是，朱温认下朱简为义子，编入属籍，更名为朱友谦。后梁建立后，朱友谦被任命为河中节度使，累擢为中书令，进封冀王。朱友珪杀死朱温篡位后，朱友谦拒不奉命，还投降了李存勖。在朱友贞发动政变上位之后，对于这位义兄朱友谦，是"以恩礼结其心"，朱友谦也"逊辞称藩，行其正朔"。

朱友谦的表现说明了他对朱梁王朝忠诚吗？当然不是，后梁贞明六年（920），朱友谦命儿子朱令德攻击同州，驱逐了节度使程全晖，要求任命自己儿子为同州节度使。末帝朱友贞最初没有答应这个过分的请求，但是后来还是准备承认既成事实。

不过，朱友贞的让步来得晚了一些，朝廷诏书未到时，朱友谦又叛乱投降了河东李存勖，还与河东合兵击败梁军，李存勖封其西平王。唐庄宗灭后梁，朱友谦前往朝觐。同光三年（925），李存勖赐朱友谦李姓身份，改名为李继麟，还"编入属籍，赐之铁券，恕死罪"。朱友谦就这样从后梁皇族变成了后唐宗室，改名换姓在那个时代太正常了。不过，朱友谦最后的结局很悲惨，死于后唐权斗，而且还是族诛的下场。

再说朱汉宾，此人是亳州谯县（今安徽亳州）人，其父朱元礼是宣武军牙将，跟着大将庞师古攻淮南，战死于清口。朱汉宾少年时代就显得孔武有力，"形神壮伟，胆气过人"，因此得到朱温欣赏，被"选置帐下，编入属籍"，也成了养子。

朱汉宾跟着朱温征战四方，立下不少战功。后梁建国，朱汉宾历任天威军使、左羽林统军。在朱友贞发动兵变诛杀朱友珪的密谋中，朱汉宾奉命"率兵至滑州以应禁旅"。朱友贞当皇帝之后，朱汉宾"历磁、滑、宋、亳、曹五州刺史、安远军节度使"。在后唐灭后梁的战争中，朱汉宾也倒向了后唐李存勖，改换门庭丝毫没有什么心理障碍。

"假父、假子皆以利合，非人伦之正"，在朱温家族内乱中，养子大都是作壁上观，甚至火中取栗，捞取好处。在后梁国运将终的时候，这些假子自然又迫不及待地站到了敌方阵营。

庄宗之克梁也，以魏州牙兵之力

朱友贞能政变成功当上皇帝，与手握重兵的杨师厚支持不无关系。杨师厚是颖州斤沟人，"少事河阳李罕之……师厚在晋，无所知名，后以罪奔于梁"。杨师厚原先在李罕之麾下没有得到重用，投奔朱温之后，先为忠武军牙将，积功至检校右仆射，表授曹州刺史。

杨师厚为朱温立国扫清了障碍。自投奔朱温至朱梁建国，杨师厚率兵屡败各地强藩，由其独立指挥打败了当时的名将李茂贞、王师范、赵匡凝等。天复三年（903）的岐下之战，李茂贞大败。天复四年，朱温授予杨师厚诸军行营马步都指挥使之职。

在之后的征东战役中，杨师厚三战青州，平卢节度使王师范"不复敢战"，"乃请降"。天祐二年（905），杨师厚与名将赵匡凝在襄阳大战，"匡凝以兵数万逆战，大为师厚所败。匡凝乃燔其舟，单舸急棹，沿汉而遁于金陵。后卒于淮南"。

在朱温立国前，杨师厚所败之师均属地方强藩之师，可那些领军大将多被打得落花流水，各个割据地之将帅闻之丧胆。此后，朱温任命杨师厚为襄州节度使，将一大半主力交给他经营襄州。

朱温称帝后，杨师厚被加检校太保、同平章事。开平二年（908），朱温又以杨师厚兼潞州行营都招讨使。开平五年，杨师厚打赢枣强之战，为朱温夺得河北之地。

在朱梁王朝立国之前，杨师厚忠于朱温，为他南征北战，立下了赫赫战功，为朱梁的建立打下了基础，可以说，朱梁的天下有一半是杨师厚率军打下的。枣强之战后，杨师厚被授镇、定诸军招讨使，屯魏州（今河北大名）。成德镇王镕联合李存勖"侵魏之北鄙"，杨师厚"率军至唐店"，大破敌军，"斩首五千级，擒其都将三十余人"。

朱友珪篡位之后，杨师厚势力的存在对他脆弱的皇权是个很大威胁，于是"诏师厚赴阙"。杨师厚亲率"精甲万人至洛阳"，扎营于城外，"自以十余人入谒"。雄兵万人就在城外，朱友珪不敢动杨师厚，只好"厚礼而遣之"。

为了稳定局势，朱友珪任命杨师厚为魏博节度使、开府仪同三司，兼侍中、检校侍中。魏博是天下雄镇，也是唐末五代梁晋争霸格局中的一个战略要地，杨师厚镇守于此，身负重大责任。杨师厚为朱梁王朝训练了一支强悍军队，在朱温检阅的时候，就见"铁马步甲十万，广亘十数里陈焉。士卒之雄锐，部队之严肃，旌旗之杂遝，戈甲之照耀，屹若山岳，势动天地"。

在开平五年的柏乡之战中，朱温损失惨重，"龙骧、神威、神捷诸军，杀戮殆尽"，朱温主力几乎全军覆没。河北的形势也发生重大变化，王镕、王处直全面倒向李存勖，朱梁王朝从此一蹶不振。在这种情况下，杨师厚军队的地位和作用便更加重要。

朱友贞发动政变，坐镇魏州的杨师厚予以支持。所以，朱友贞即位之后，"首封师厚为邺王，加检校太师、中书令"，朝廷大事也是"事无巨细，必先谋于师厚"。杨师厚是朱梁王朝的柱石，"委以重兵剧镇，他莫能及"，位高权重非常人所及。

虽然杨师厚没有走上"天子者，兵强马壮者为之"的道路，但是晚年同样是"矜功恃众，骤萌不轨之意"，甚至挪用魏州财赋，设立一支数千人的私军，号为"银枪效节军"，"皆选摘骁锐"，很像晚唐藩镇牙兵的样子。当然，这支军队也是朱梁政权抵御李存勖进攻的劲旅。

乾化五年（915）三月，杨师厚于镇州（今河北正定）病逝。朱友贞追赠其为太师。无论是朱友珪，还是朱友贞，他们对杨师厚的倚重和礼遇多少都有点儿迫于无奈，而对于魏州强大的军事实力，都是如芒在背。

在明面上，朱友贞对杨师厚之死表现出极大的哀悼，追赠为太师，并废朝三日。朱友贞下一步做的却是将杨师厚集团的地盘魏州一分为二，削弱其势力。朱友贞想"割相、卫、澶三州别为一镇，以德伦为魏博节度使，以张筠为相州节度使"，这样的削藩设想本没有什么问题。但是，在魏州这儿就错了，没想到招来大祸。

三月二十九日夜，魏博军人发动兵变，将贺德伦囚禁于牙署，"三军大掠"。乱兵之中，以张彦最为凶暴，"为乱军之首"，在他的带领下，乱军逼迫贺德伦上表请后梁朝廷恢复魏博藩镇旧有版图，但被朱友贞拒绝。

于是乎，张彦挟持贺德伦投靠李存勖集团。李存勖命晋军马步副总管李存审自赵州率军至于临清，而他自己则挥师自晋阳东下，与李存审会合。贺德伦派麾下从事司空颋前去谒见李存勖，并"密启张彦狂勃之状"。

李存勖是聪明人，他知道张彦等骄兵悍将今日能胁迫主帅投降晋军，日后为了利益也能背叛河东李氏。张彦等人前去拜见李存勖的时候，也是做了防备，

"以银枪效节五百人从，皆被甲持兵以自卫"，但是这么少的人在李存勖大军面前还是没有什么意义。李存勖登上城楼，对张彦等人说："汝等在城，滥杀平人，夺其妻女，数日以来，迎诉者甚众，当斩汝等，以谢邺人。"

很显然，李存勖也不喜欢这帮悍兵，杀了他们还能收买魏州百姓人心。李存勖"遽令斩彦及同恶者七人"，斩杀为首几人之后，其余乱兵全部畏服，李存勖又"亲加慰抚而退"。第二天，李存勖"轻裘缓策而进"，还大胆地将杨师厚生前所练的"银枪效节军"收编为近军，号为"帐前银枪军"。

六月庚寅朔，李存勖进入魏州城，贺德伦献上魏博节度使符印，请李存勖兼领魏州。李存勖不战而夺取魏博，可以说已经取得了消灭后梁政权的绝对优势，正如王夫之所言："汴晋雌雄之势，决于河北……河北归汴，则扼晋之吭；河北归晋，则压汴之脊。"

朱梁王朝末年所倚重的杨师厚集团武力"银枪效节军"，也被李存勖收入帐下，成为其灭梁先锋，"庄宗之克梁也，以魏州牙兵之力"，这不能不说是一种历史的吊诡，《旧五代史》中说"宗社覆灭，由师厚兆之也"。

朱梁王朝的魏博节度使贺德伦在无奈情势之下投降了李存勖，晋军占据魏博，与朱梁政权核心地带也就隔河相望了，渡过黄河就可以兵临汴京。对于朱梁而言，要彻底解除河东集团的威胁，就必须收复河北，所以双方夹黄河对峙，争战数年。

后梁贞明四年（918）八月，因朱梁政权内部出现严重内讧，许州节度使、检校太傅谢彦章被北面招讨使贺瑰设计伏杀。故而，晋王李存勖认为灭梁时机已经到来，于是派检校侍中、幽州卢龙等军节度使周德威率燕兵三万南下，与镇州、定州等州军队随李存勖合兵十万，渡河进军临、濮（今山东鄄城西），打算直趋汴梁（今河南开封）。

十二月二十三日，李存勖大军驻扎于胡柳陂（今河南濮阳东）。次日，前敌谍报梁军已至，李存勖与周德威商议应敌之策。周德威是老成持重之人，"常务持重以挫人之锋，故其用兵，常伺敌之隙以取胜"。周德威认为梁军虽然发生高级将领内讧，但军事实力并未受到很大影响，晋军不宜仓促出兵，应认真谋划，寻机再动。

当时晋军距离汴梁很近，依照彼时战场情势，梁军必然决一死战，晋军不可与之硬拼。周德威的建议是，大部队可暂时按兵不动，先派骑兵骚扰使梁军难以安营扎寨，待其疲劳时再发动进攻就可战而胜之。

周德威的战略看似保守，但十分稳妥。不过，他遇到的主公是"勇而好战"的李存勖。这位勇冠天下的少年天子说："吾军河上，终日俟敌，今见敌不击，复何为乎？"李存勖没有听周德威的建议，而是命辎重部队先行，而他亲率亲军迎战。

李存勖勇猛确实也是事实，少年时代在父亲李克用军中就能威震三军，但多少有些刚愎自用、好勇斗狠，常常亲自率领将士冲锋陷阵，曾多次陷入危境，几致不测，正如《资治通鉴》所说："晋王好自引轻骑迫敌营挑战，危窘者数四。"

在贞明四年（918）年初，晋军发动进攻，起初势如破竹。梁军难以招架，只得决黄河水，弥浸数里，以图阻挡晋兵。必须承认，李存勖打起仗来真的不要命，他"自泛舟测河水，其深没枪"。测量水深之后，李存勖对麾下诸将说："梁军非有战意，但欲阻水以老我师，当涉水攻之。"

既然决定"涉水攻之"，李存勖身先士卒，"引亲军先涉，诸军随之，櫜甲横枪，结阵而进"，冲破后梁军设置的障碍。结果，"梁军大败，死伤不可胜纪，河水为之赤"。作为主帅，同时又是河东沙陀集团的领袖，是整个沙陀李氏霸业成败的关键，总是玩命，"自轻如此"，确实不妥！

但是，李存勖自己认为："定天下者，非百战何由得之！安可深居帷房以自肥乎？"在这次灭梁之战中，李存勖还是想亲自前往梁营挑战。麾下大将李存审立即叩马泣谏道："大王当为天下自重，先登陷阵，乃是存审等职务，并非大王所应为！"

李存勖非常任性，眼见李存审揽住马缰，方下马还营。当看到李存审外出，便再次策马驰往敌营挑战，随身仍带着不过百骑，而且对手下人说："老子妨人戏。"眼看靠近梁军大营之时，李存勖发现营外有长堤，于是他跃马先登，随登的骑将仅及十余人。

意外真的来了！堤下伏有梁兵，一声呼噪，持械突发，重重围住李存勖等人，幸亏后面的骑兵陆续登堤，从外面攻入，方杀开一条血路，策马飞奔，李存审也领兵来援，方将梁兵杀退。先前苦口婆心劝谏李存勖的周德威，万般无奈只好跟随其出战,但他似乎有了不祥的预感,对他的儿子周光辅说:"吾不知其死所矣!"

晋军也真的很能打,在李存勖亲率亲军冲锋的鼓舞下,取得了初步胜利。梁军行营左厢马军都指挥使王彦章部先败,向西退往濮阳。在开局大胜的情况下,却发生了意外。当时位于阵西前进的晋军辎重部队却误认为是梁军追来,惊慌失措,于慌乱中退入了周德威阵内,造成德威军中阵势混乱。梁军乘机掩杀过来,晋军自相践踏,无法整队迎敌,周德威父子也都在混乱中力战阵亡。

后来,李存勖虽然在李嗣昭等人建议下,趁黄昏梁军将要收兵之时冲杀过去,歼敌三万,取得胡柳陂的最后胜利,但白白折损了大将周德威。李存勖在得知周德威死讯后,后悔地与诸将相持痛哭说道:"吾不听老将之言,而使其父子至此!"

经此一战,晋军惨胜,与梁军同样兵力损失三分之二,可谓虽胜尤败。有生力量大大损耗,所以短时间内李存勖再无力南下攻打朱梁,大大推迟了消灭朱梁王朝的时间。

朱梁贞明四年(918)的胡柳陂之战中,晋军虽然伤亡惨重,但毕竟获胜,战后得以在德胜(今河南濮阳)渡口筑了南北二城,南城在黄河南岸,随时可以从这里出军进攻汴梁。汴梁是朱梁政权的都城,为保都城,梁军必须恢复魏博,但多次争夺未能奏效,从而形成拉锯状态。

至龙德二年(922),晋军控制了杨刘(今山东东阿东北杨刘镇)、德胜黄河重要渡口。对于朱梁而言,除了固守河防之外,更需要的是主动出击,收复河北,于是也出手攻占了相州(今河南安阳)以南、澶州(治顿丘,今清丰西南)以西至卫州(今河南卫辉)、新乡(今属河南)地区。

双方陷入僵持,对于一心灭梁的李存勖并不有利。于是,李存勖抽出一部分兵力转而东下,乘后梁军西攻泽、潞(治今山西晋城、长治)二州,东面防守空虚之机,夺取郓州(今山东东平西北),伺机进图后梁都城汴州。郓州在黄河南边,是天平军节度使所在地,系军事重镇,其距离汴京不过三四百里,中间毫无险阻,一马平川。

在夺取郓州之前,李存勖在河北完成了河东集团政治发展的一个重大步骤——建国称帝。虽然河东地区是沙陀李氏的大本营,但李存勖真正的班底还是在河北地区长期征战中形成的。在称帝之前，李存勖主要的舆论动员也是在河北地区完成的。据《旧五代史·庄宗纪三》记载：

> 天祐十七年春，幽州民于田中得金印，文曰："关中龟印"，李绍宏献于行台。……天祐十八年春正月，魏州开元寺僧传真获传国宝，献于行台。验其文，即"受命于天，子孙宝之"八字也，群僚称贺。

这一套操作其实更像秦汉时代的谶纬符命把戏，不过是作秀而已。不过值得注意的是，李存勖的这番操作都是在河朔地区，河东龙兴之地却没有任何符瑞。与河北地区拥戴李存勖称帝的情况相反，河东地区却出现了不小的反对声，其中以李克用时代的河东监军、唐廷宦官张承业为典型。据《资治通鉴》记载，后梁龙德元年（晋国天祐十八年，921）正月，在晋阳的张承业得知魏州李存勖准备称帝，致信劝谏：

> 吾王世世忠于唐室，救其患难……今河北甫定，朱氏尚存，而王遽即大位，殊非从来征伐之意，天下其谁不解体乎！王何不先灭朱氏，复列圣之深雠，然后求唐后而立之，南取吴，西取蜀，汛扫宇内，合为一家，当是之时，虽使高祖、太宗复生，谁敢居王上者？

张承业是唐朝旧臣，但他早已与河东集团融为一体，他的立场可能代表了河东大本营传统势力的意见。尽管张承业极力阻止，依旧挡不住李存勖称帝的步伐。在河北军人的拥立下，龙德三年（923）四月，李存勖于魏州称帝，国号依然是大唐，建元同光，意为李唐继承者。其实沙陀李氏早已名列宗籍，这么说也讲得通，史上称之为"后唐"，李存勖史称后唐庄宗。

卿可尽我命，无令落仇人之手！

公元923年，李存勖在魏州称帝之后，即着手部署对后梁的闪击战，这也是李存勖一贯的作战风格。长期对峙消耗，对唐军也是不利。

当时的情况对于后唐而言其实十分严峻，北方契丹屡屡入寇，"幽州食不支半年",卫州又被后梁攻取,所以必须尽快进入战略决战阶段,才能实现灭梁大业。恰在此时,后梁郓州地区将领卢顺密投降后唐。先前,后梁天平节度使戴思远屯兵于杨村,留下卢顺密与巡检使刘遂严、都指挥使燕颙守郓州。卢顺密向李存勖密陈郓州防御空虚、守军不满千人的事实。

于是,李存勖决定闪击郓州。后唐同光元年(923)闰四月,在后梁军队西攻泽、潞二州,东面防守空虚的情况下,李存勖命蕃汉内外马步副总管李嗣源率精兵五千自杨刘渡河,由间道进抵郓州,乘雨夜突袭,一举破城。

其实,李嗣源一贯的作战风格是稳重谨慎的,按理说是不会支持李存勖的闪击战打法。但是,这一次的郓州之战,李嗣源是自告奋勇担任主将,愿意"独当此役"。这又是为何呢?因为贞明四年(918)的胡柳陂之战中,晋军失利大溃之时,李嗣源竟然抢先渡河北逃,而他的义子李从珂却跟着李存勖玩命打,直到最后获胜。

李嗣源战场逃命的行为令李存勖十分不满,战后李嗣源去濮阳谒见李存勖之时,这位勇猛天子讥讽一句:"公以吾为死邪?渡河安之!"李嗣源吓得磕头认错,幸好李从珂立下战功,否则有什么惩戒还不好说。

正因为有了《通鉴》上说的"胡柳陂之惭",才会有这次李嗣源主动请缨和郓州之战的胜利。唐军成功打下郓州之后,李存勖大赞李嗣源"总管真奇才,吾事集矣",任其为天平军节度使。

梁帝朱友贞见郓州失守,遂斩杀逃将,改用王彦章为北面招讨使。对于王彦章而言,要守住汴京,收复郓州,只有三个策略:其一,将河北大军撤回河南,直取郓州,但如果这样,唐军便可从得胜直捣汴京,可见这一招不行;其二,与以前一样,继续在邺都西南活动以威胁邺都,牵制后唐兵力,使其无法分兵南下,但此计终究不是治本之策,可谓中策;其三,主动出击攻下唐军黄河渡口,截断李嗣源与李存勖的联系,如此一来,郓州就很容易拿下了。

名将王彦章洞悉战略大势,做出的抉择也是当时情况之下的最优选择。是年五月十五日接受任命,十六、十七两日王彦章便率军火速行进,赶到滑州,十八日攻下得胜南城,唐军自动从北城撤走。

王彦章又攻占潘张、麻家口、景店等唐军渡口,声势大振,于是沿黄河东下,以十万众围攻杨刘,断绝了李嗣源与邺都的联系。王彦章从五月二十六日急攻杨刘，几次要拿下来都没有成功，无法，退屯城南，筑垒守之，在此虚耗时间。

六月初二日，李存勖亲率大军救援杨刘。王彦章在城外扎营，坚如磐石，使得杨刘城内外不得相通。李存勖见不能突围，于是，命郭崇韬东下至博州马家口（今山东聊城境内）筑城，以通郓州，为麻痹王彦章，李存勖日日出兵与其交锋，及至六天后城已建成，王彦章始知。

十五日，王彦章率军进攻马家口，李存勖前往救援，王彦章不能取胜，退保邹家口，李嗣源恢复了同李存勖的联系。李存勖又发动一次佯攻，引兵沿黄河南岸西行，梁军中心任务是保卫汴京，王彦章只好从邹家口撤军，杨刘之围遂解。

朱友贞见王彦章没有成功，遂换段凝为主帅。段凝是两路用兵：一路是驻军于滑州，并在邺都西南骚扰。八月，段凝率五万人马袭扰澶州诸县，至顿丘，九月活动至临河、相南、澶西，日有战斗，互有胜负。另一路，还是王彦章率銮骑兵及其他军力万余人屯于兖州、郓州之间，准备找机会进攻郓州。

令人震惊的是，段凝还想出一招阴损无能的"决河自固"，在滑州酸枣（今河南延津）扒开黄河口，水淹曹、濮、郓，以阻郓州唐军进击汴州，谓之"护驾水"。这是一件贻祸后世的阴招，后来决口越来越大，成为曹州、濮州等地的大患。同光二年（924），后唐朝廷征发汴州、滑州的军士去堵塞决口，但不久又被黄河水冲破。

段凝的蠢招引来的不是护卫朱梁政权的"护驾水"，而是一股亡国祸水！

同光元年八月，梁将左右先锋指挥使康延孝投降后唐。这康延孝本来就是塞北胡人，原是河东集团将领，后叛逃至朱梁集团。但是，康延孝此时看到了"汴人兵众不少，论其君臣将校，则终见败亡"，正是因为朱梁集团内部的钩心斗角、相互倾轧，让康延孝做出后梁必亡的判断。

康延孝为李存勖分析了后梁的形势，提出一个建议："汴人兵力，聚则不少，分则无余。陛下但待分兵，领铁骑五千，自郓州兼程直抵于汴，不旬日，天下事定矣。"康延孝这个人一贯反复，日后在后唐集团又卷入一些反叛事件，最后的结局是被李存勖杀死。所以，宋人王钦若的《册府元龟》将其归入《将帅部·反复》，不过同时也承认"庄宗平梁，颇有力焉"。

李存勖将康延孝的方案交予麾下诸将讨论，大多数人都是颇为犹疑，而李存勖亲信近臣枢密使郭崇韬却力赞此计。郭崇韬分析了当时的局势，"闻汴人决河，自滑至郓，非舟楫不能济"，朱梁精兵尽在段凝麾下，王彦章每日都在进攻郓州。朱梁既以大军逼迫后唐南部，又依仗黄河决口，笃定唐军不能南渡。

郭崇韬建议留军防守邺都，固守杨刘，而李存勖"亲御六军，长驱倍道，直指大梁，汴城无兵，望风自溃"。如果成功拿下大梁，干掉后梁皇帝朱友贞，天下梁军自然倒戈投降，"半月之间，天下必定"。反之，如果犹豫不决，对后唐则极为不利，"今岁秋稼不登，军粮才支数月"，绝对不能久耗下去。

经济资源匮乏是郭崇韬力主闪击大梁的重要原因，同时这种作战风格也一直是李存勖所喜欢的。不过以事实而论，闪击战的战略效果分析也仅仅是一种设想，毕竟风险较高。据《旧五代史》记载，李存勖率军自杨刘渡河之前，"皇后刘氏、皇子继岌归邺宫，帝送于离亭，欷歔而别"，生离死别之情跃然纸上。《通鉴》记载，李存勖临别之前对皇后刘氏说："事之成败，在此一决；若其不济，当聚吾家于魏宫而焚之！"

后面的军事行动却异常顺利，九月二十八日，李存勖下令将士家属全部撤回魏州，命武宁军节度使李绍荣等将领固守魏州，意图牵制梁军段凝部的主力，而勇悍天子李存勖则亲率沙陀骑兵主力南下实施奇袭计划。

十月初二，李存勖所部精锐步骑四万人从杨刘渡河南进，初三即进入郓州城，未作休整，又连夜进军，渡过汶水。大将李嗣源担任先锋，初四日晨与梁军王彦章部遭遇战，唐军完胜，拿下后梁中都（今山东汶上），擒斩名将王彦章。

中都既下，汴京指日可待！

李存勖命李嗣源率领五千骑兵，舍弃全部辎重物资，每人只带七天口粮，全速直奔汴州。李存勖率中军一万五千名步兵轻装上阵，紧随其后。从初四晚上出发到初七日，李嗣源的骑兵先锋已经攻到曹州（今山东定陶西）。面对突如其来的沙陀铁骑，后梁军守将毫无防备，只得投降。

兵不血刃定曹州，后唐大军兵锋西指，直奔汴州……

王彦章被俘杀对于后梁无异于地震，朱友贞惊慌不已，急忙召集群臣商讨对策。战守无策，只好派张汉伦火速北上召段凝回师勤王，然后又命开封尹王瓒征发百姓一同守城。

颇为讽刺的是，张汉伦一行抵达滑州之时，竟然受阻于段凝当初决放的黄河水。段凝晚了八天才得知大梁危急，立即率军回师救驾，但面对决口的黄河水，段凝所率的梁军主力也只能绕道而行，行动迟缓。

汴梁已经无险可守，有大臣建议朱友贞西奔洛阳，集中各地军队再与后唐对抗。朱友贞却拒绝西逃，认为自己一旦离开汴梁，地方藩镇是否效忠也难以保证。朱友贞陷入末路，问计于曾经被自己冷落的朱氏老臣敬翔："朕居常忽卿言，今急矣，勿以为怼，卿其教我当安归？"

敬翔说出一番肺腑之言："臣从先帝三十余年，今虽为相，实朱氏老奴尔，事陛下如郎君，以臣之心，敢有所隐？陛下初用段凝，臣已争之，今凝不来，敌势已近，欲为陛下谋，则小人间之，必不见听。请先死，不忍见宗庙之亡！"王朝末路，不过如此，"君臣相向恸哭"，遥想当年朱温篡夺李唐，冥冥之中，莫非是报应？

城破国亡已是定局，朱友贞不愿死于仇人之手，遂在建国楼召见控鹤都将皇甫麟说："吾与晋人世仇，不可俟彼刀锯，卿可尽我命，无令落仇人之手！"皇甫麟准备举刀自刎，被朱友贞阻止，君臣二人相对恸哭。皇甫麟杀死朱友贞，随即自刎而死。时为后梁龙德三年（923）十月初八，朱友贞终年36岁。

次日，李存勖大军直抵汴梁城下，开封尹王瓒开城投降，后梁灭亡。李存勖命收葬朱友贞，将其首级藏于太社。城破国亡，而那位深受朱友贞重用的大将段凝却率大军在封丘"解甲听命"，进而"率大军乞降于汴郊"。段凝为人"天性奸佞，巧言饰智，善候人意"，走了李存勖亲信伶官景进的门路，获得了李存勖的赦免，还赐姓为李，名为李绍钦。

李存勖在大梁"诏赦梁群臣"，但是处死了赵岩、张汉伦、李振等后梁大臣，拆毁后梁宗庙，并追废朱温、朱友贞为庶人，而那位朱氏老臣敬翔则在家中自缢而死，尽了臣节。

第四章 无法复制大唐的后唐王朝

谋议佐命功居第一

在李存勖的霸业中,郭崇韬是重要的辅弼之臣。与很多唐末五代的谋臣一样,郭崇韬没有很高的家世背景,科场亦不得意,只得投身藩镇为文吏。

郭崇韬,字安时,代北雁门人,大约出生于唐宣宗大中九年至唐懿宗咸通二年(855—861),死于后唐同光四年(926)正月七日。投身藩镇幕府是唐末读书人的一个出路,为文吏还是做将弁都没有什么区别。

身为代北人的郭崇韬,跟着沙陀李氏混是最好的选择。大概是唐僖宗中和二年(882),李克用当雁门节度使的时候,郭崇韬在其弟奉诚军使李克修帐下当差。在追随李克修转战关中的过程中,郭崇韬屡立战功。

中和三年(883)冬十月,李克用派李克修率军击败昭义节度使孟方立,拿下潞州。随后,李克用举荐李克修出任昭义节度使,以郭崇韬典军府事务。唐昭宗龙纪元年(889),李克用大举讨伐邢州、洺州,班师途中顺便巡视潞州。

李克用为人有点儿奢侈浮夸,喜欢大场面。他这个弟弟李克修却是一个"性俭啬",不事华靡的人。生性节俭的李克修在招待浮夸哥哥李克用的时候,犯了以己度人的错误,"供馈甚薄"。吃喝不爽的李克用勃然大怒,"诟而击笞之",竟然大骂弟弟招待不周,将其鞭笞一顿。

李克修是个自尊心很强的人,因为这件事一直耿耿于怀,导致旧疾复发,大顺元年(890)三月,竟然"疾作而卒"。老领导李克修就这样莫名地死了,郭崇韬也从此归属李克用直接领导,出任典谒。

昭宗乾宁五年(898)春正月,李克用派郭崇韬出使凤翔,那里可是李茂贞的地盘。郭崇韬非常出色地完成了出使任务,临事机警,应对得当。返回河东复命之后,郭崇韬被任命为教练使。

梁太祖开平二年(天祐五年,908),李克用病逝,李存勖继位为晋王,对郭崇韬尤其器重赏识。梁末帝贞明三年(天祐十四年,917),李存勖任命郭崇韬为中门副使，与中门使孟知祥、李绍宏共参机要。

中门使这个官职是唐末藩镇所设的幕府职位，似乎仅见于河东代北集团，并非唐廷正式职官。虽然仅是幕职，但这个职位权力极大，"中门之职，参管机要"，类似日后宋元的枢密使。孟知祥担任晋王李存勖的中门使之时，"参谋应变，事无留滞"。

中门使职权之重要，远超过传统幕职司马、掌书记等。权力很大，责任自然也很大，卷入风暴之中的可能性也更大。在孟知祥之前担任中门使的吴珙、张虔厚皆任中门使而相继获罪。鉴于教训，孟知祥不想也成为权斗的牺牲品，故而恳辞内职，求为外任，并推荐郭崇韬出任中门使。

对于孟知祥而言是摆脱风险，对郭崇韬来说却是上位好机会，因此郭崇韬对孟知祥十分感激。出任中门使之后，郭崇韬"专典机务，艰难战伐，靡所不从"，成为晋王李存勖的亲信重臣。

朱梁龙德三年（923）四月，李存勖在魏州称帝，改元同光，加郭崇韬检校太保拜兵部尚书，充崇政院使。十月，后唐改崇政院为枢密院，郭崇韬为枢密使。

在灭掉后梁之后，同光元年（923）十月十七日，庄宗以枢密使、检校太保郭崇韬守兵部尚书而权行中书事，这样一来郭崇韬权势更大，可谓位兼将相。

十月二十四日，李存勖又进一步擢升郭崇韬，"以枢密使、检校太保、守兵部尚书、太原县男郭崇韬为开府仪同三司、守侍中、监修国史、兼真定尹、成德军节度使，依前枢密使、太原郡侯，仍赐铁券"。

为什么郭崇韬会在后唐建国初年有如此荣宠尊贵的地位？在同光三年二月，庄宗打算以郭崇韬徙镇汴州，而郭氏固辞的时候曾经说过："深知卿忠尽，然卿为朕画策，袭取汶阳，保固河津，既而自此路直趋大梁，成朕帝业，岂百战之功可比乎！今朕贵为天子，岂可使卿曾无尺寸之地乎？"

从李存勖上述的言语看，郭崇韬对其帝业有着不可替代的功劳，堪比汉高祖有个运筹帷幄的张良。那么，郭崇韬主要的功绩有哪些呢？

第一件功劳，击败契丹，收取镇州。李存勖最主要的敌人是朱梁政权，为了灭掉朱梁，就必须先安定后方，尤其是河朔地区。后梁贞明七年（921），李存勖发兵围后梁成德节度使张文礼于镇州，但是久攻不下，张文礼又求救于契丹。

朱梁册封的北平王、义武军节度使王处直割据定州，深知镇、定二州互为唇齿，恐镇州败亡而定州孤立，欲召契丹犯边，以解镇州之围。早已出奔河东，又投契丹的王处直之子王郁趁机引诱阿保机出兵说："镇州美女如云，金帛如山，天皇王速往，则皆已物也。不然，为晋王所有矣。"

阿保机倒不是只贪图美女金帛的肤浅之人，他看到了南进中原的机会，果然发兵南下，攻幽州，围涿州，擒李存勖堂弟李嗣弼。义武军将领不愿结盟契丹，遂推戴王处直养子王都为节度使，杀掉王处直，向李存勖效忠。

所以，契丹人下一步的进攻目标就是王都占据的定州。王都急忙向河东告急，李克用自镇州前线率五千亲军救援定州。晋军至新城南，斥候探知契丹前锋军队扎营新乐，而后涉沙河南下，声势浩大，有所向披靡的架势。晋军将士普遍产生畏敌情绪，士卒频现逃亡现象，主将斩杀逃兵都阻止不了。

很多将领都对李存勖吹起了退兵风："虏倾国而来，吾众寡不敌；又闻梁寇内侵，宜且还师魏州以救根本，或请释镇州之围，西入井陉避之。"这时候，郭崇韬站了出来，鼓励李存勖果断与契丹大战一场："契丹为王郁所诱，本利货财而来，非能救镇州之急难也。王新破梁兵，威振夷、夏，契丹闻王至，心沮气索，苟挫其前锋，遁走必矣。"

郭崇韬一番话坚定了李存勖抗击契丹的信心，这位英雄天子仅率五千铁骑先进，而李嗣昭则率骑兵对契丹军队发起横向冲击，一鼓作气打败契丹军队，收取镇州，解除了后顾之忧，进而可以全力对付后梁。

郭崇韬对李存勖霸业的最大功勋还是在关键时候力挺庄宗闪击灭梁，成就一代帝王伟业。河东李氏集团与后梁在夹河僵持了十年。龙德三年四月，梁军大将王彦章攻陷德胜南城，兵锋迫近杨刘。

李存勖登上杨刘城，茫然四顾，计无所出，麾下诸将多建议与朱梁议和。如果议和，李存勖多年奋斗的灭梁大目标就要付诸东流，这不是他想看到的，于是问计于郭崇韬。还是这位股肱谋臣的一番话坚定了庄宗的信心："今彦章据守津要，意谓可以坐取东平；苟大军不南，则东平不守矣。臣请筑垒于博州东岸以固河津，既得以应接东平，又可以分贼兵势。但虑彦章诇知，径来薄我，城不能就。愿陛下募敢死之士，日令挑战以缀之，苟彦章旬日不东，则城成矣。"

当时李嗣源镇守郓州，梁将康延孝秘密向李嗣源投降。李嗣源派出手下押牙范延光用蜡书向李存勖密陈军情。范延光对李存勖陈诉形势："杨刘控扼已固，梁人必不能取，请筑垒马家口以通郓州之路。"

李存勖采纳意见，郭崇韬遂主动请缨，亲率一万兵力连夜出发，紧急赶往博州，"至马家口渡河，筑城昼夜不息"。郭崇韬在芦苇中间靠在胡床上打盹，觉得裤中冰冷，旁边人一看，原来是蛇爬进去了，如此勤于王事，足见其对李存勖的忠诚。

过了三日，梁军果然发兵急攻新城。城垒低庳，沙土散恶，战具不完，梁将王彦章、杜彦球率众兵攻击，唐军不得休息。郭崇韬身先士卒，督促上阵，四面作战，六日而城垒成。城垒将被攻陷之际，庄宗引大军驰援，梁军败退，解杨刘之围。

当时梁军将分四路大举围攻晋军。宣徽使李绍宏请庄宗弃郓州，以河为界，与梁讲和，夹江对守。李存勖对这种认怂建议肯定不感兴趣，但也认为形势不乐观，又一次问计于郭崇韬。郭崇韬说出了一番精辟深刻的分析："且陛下十五年起义图霸，为雪家仇国耻，甲胄生虮虱，黎人困输挽。今篡崇大号，河朔士庶，日望荡平，才得汶阳尺寸之地，不能保守，况尽有中原乎！将来岁赋不充，物议咨怨，设若划河为界，谁为陛下守之？"

郭崇韬主张果断出手，从郓州发兵，直捣汴梁，用闪击战的办法完成灭梁大业，这也符合李存勖一贯的作战作风。郭崇韬建议留下兵力固守邺城，"保固杨刘"，而庄宗本人则"亲御六军，长驱倍道，直指大梁"，当时汴梁兵力空虚，梁军自然"望风自溃"，"若使伪主授首，贼将自然倒戈。半月之间，天下必定"。

李存勖对郭崇韬的这个计划很满意，决然而起说："正合吾意。丈夫得则为王，失则为虏，行计决矣。"庄宗下定破釜沉舟决心，将家眷送还魏州，与之决别，而后亲率大军自杨刘渡河，从郓州入袭汴梁，擒王彦章，降段凝，仅八日而灭朱梁，这些功业都离不开郭崇韬的建策之功。

后唐获取北方统治权之后，郭崇韬又为庄宗建下另一件大功——伐灭前蜀。前蜀是五代十国中的一个政权，其建立者是出身于唐朝忠武军，后又加入禁军的王建。光启二年（886），王建出为壁州刺史。

从大顺二年（891）到乾宁四年（897），王建在蜀中攻城略地，最后奄有全蜀之地。天复二年（902），王建又趁凤翔李茂贞与唐廷战争，出手攻取了山南西道（今陕西汉中）。天复三年（903），唐朝封王建为蜀王。

朱温灭唐称帝之后，王建也在成都称帝，国号蜀，史称前蜀。天汉元年（917），王建改国号为汉。次年，又复国号为蜀。前蜀光天元年（918），王建去世，其子王衍继位。

李存勖解决北方之后，也将目光放到了蜀中。后唐同光三年（前蜀咸康元年，925）五月，后唐客省使李严出使前蜀，"为王衍陈唐兴复功德之盛"。李严除了在成都宣示了上国威严之外，还把"蜀之君臣皆庸暗，而恃险自安，穷极奢侈"的信息带回了洛阳。

于是乎，李存勖便萌生了伐蜀的打算。要解决前蜀，首先需要选择一名统军大将。宣徽使李绍宏推荐了后梁降将段凝。对于这个建议，郭崇韬站出来强烈反对，他认为"段凝亡国之将，奸谄绝伦，不可信也"。

当时，大将李嗣源的呼声很高，他也确实有这个能力。郭崇韬却认为："契丹方炽，总管不可离河朔。"李嗣源要镇守北方，防御契丹，确实也不能轻易变动。郭崇韬推荐的主帅是李存勖的长子——魏王李继岌。

魏王李继岌迟早是要当储君的，但是"未立殊功"，恐怕难以服众。于是，郭崇韬建议李存勖按照任亲王为元帅的唐朝旧制度，任命魏王李继岌为伐蜀主帅，"成其威名"。

李存勖对自己这个儿子的军事能力不是很乐观，对郭崇韬说："儿幼，岂能独往，当求其副。"同时又说："无以易卿。"除了郭崇韬，庄宗心里没有第二个人选。

李存勖遂以魏王李继岌为西川四面行营都统，郭崇韬为副都统，充东北面行营都招讨制置等使。与勇猛父亲大相径庭，这位皇二代李继岌既无统军之术，又无决断之能，所以军事悉归郭崇韬指挥。

后唐同光三年（925）九月十八日，李存勖调发亲军六万，进讨前蜀。临行之前，皇帝动情地说："继岌未习军政，卿久从吾战伐，西面之事，属之于卿。"这时候，郭崇韬趁机举荐北都蜀守孟知祥为成都尹、剑南西川节度使，以报昔日孟氏推己为中门使之恩。

十月十九日，后唐大军入大散关，收取凤州，军声大振。李继岌虽然名义上是大军统帅，但是一路军政要务，无论是官吏补置，还是军书告谕，都出自郭崇韬之手，"继衾承命而已"。

郭崇韬以西川节度使的官职为诱饵，诱降了王衍的近臣王宗弼为内应，兵不血刃而至成都，王衍率百官投降，前蜀纳入后唐版图。川蜀号称天险，"蜀道之难难于上青天"，而郭崇韬从出师至克蜀，仅七十日，前史所无，立下不世功勋。

郭崇韬自20岁左右在代北雁门投效沙陀李氏，至同光二年（924）灭梁，凡四十余年中，尽忠李氏，"军筹计划，多所参决；艰难战伐，靡所不从"，《旧五代史》在其本传中称"崇韬服勤尽节，左右王家；草昧艰难，功无与比"。

专务蓄财的刘皇后

后唐建立之初，李存勖改朱梁制度中的崇政院为枢密院，而枢密使一职则成为很多人角逐的热点。除了郭崇韬之外，宦官近臣李绍宏也是强有力的竞争者。庄宗即位不久，郭崇韬便想办法对付李绍宏。

李绍宏原先地位在郭崇韬之上，郭氏担心"旧人难制"，于是奏请李存勖任命地位相对较低的宦官泽潞监军张居翰同掌枢密，而任命李绍宏为宣徽使。结果"绍宏大失所望，泣涕愤郁"。为了安抚李绍宏，郭崇韬建议设立管理财政的内勾使，"令绍宏领之，冀塞其心"，但是效果并不好，"绍宏怏怏不已"。

从唐代设立枢密使以来，这一职位便由宦官牢牢把持，为人熟知的"四贵"便是指两枢密使、两神策军中尉。后唐庄宗一意模仿唐朝旧制，其中也包括宦官掌兵柄。郭崇韬是河东藩镇家臣，其职掌与朝廷枢密使也很类似。后唐建国初年，郭崇韬与唐朝旧宦官共掌枢密，其实是一种历史制度与现实的统一。但是，郭崇韬为人专横强势，不可避免地与宦官集团结下仇怨。

郭崇韬有不世之功，"恐为人所倾夺"，一度还曾萌生退意。有门生故吏为他献上了避祸固权之策，先让他上疏请辞枢密使之职，但又算准了庄宗不会同意，而他自己则捞了一个好名声，"是有辞避之名，塞其谗慝之口"。手下人还给郭崇韬出了一个主意，那就是在后宫投机："魏国夫人刘氏有宠，中宫未正，宜赞成册礼，上心必悦。内得刘氏之助，群阉其如余何！"

果然，郭崇韬三次请辞枢密使，都被庄宗慰留。郭崇韬做的第二件投机之事，乃是建议庄宗册立魏国夫人刘氏为皇后，企图以后宫势力巩固其在朝权势。令郭氏始料未及的是，他所助力的刘皇后日后却成为自己的仇敌，也是弄死他的人。

刘皇后是魏州成安人，"家世寒微"。李克用攻打魏州之时，夺取成安，掳掠人口，年仅五六岁的刘皇后被裹挟至晋阳王宫中，成为李克用夫人曹氏的侍女。在晋王府中，刘氏女得到了很好的音乐培养，到了及笄之龄，已经出落得"姿色绝众"且能歌善舞。

素好声色的李存勖很快喜欢上母亲身边这位侍女，曹夫人也将其赐予了儿子，名义上是其正室韩国夫人的侍女，其实是侍妾。刘氏女得李存勖宠爱，很快为他诞下长子李继岌，故而"宠待日隆"。

刘氏女出身寒微，但是为了在宫斗中胜出，又编造了自己出身大族的谎言。哪里想到，日后李存勖在邺都的时候，有一个"成安人刘叟诣邺宫见上，称夫人之父"。

当时刘夫人正在与李存勖正室韩夫人争宠，"皆以门族夸尚，刘氏耻为寒家"，如此一个父亲，怎能相认？刘氏对李存勖哭诉："妾去乡之时，妾父死于乱兵，是时环尸而哭。妾固无父，是何田舍翁诈伪及此！"非但没有与父亲相认，还把老头拖到宫门外鞭笞一顿，《旧五代史》上说"其实后即叟之长女也"。

李存勖为人好俳优，是史上著名的伶人天子，他对于刘夫人这件事似乎心知肚明。一天得空，李存勖在宫中"自负蓍囊药篚"，还让儿子李继岌跟在后面。因为刘夫人的父亲刘叟是"以医卜为业"，也就是个江湖郎中，李存勖这是在角色扮演呢。

当时，刘夫人正在寝殿午睡，李存勖进去之后，"自称刘衙推访女"。李存勖是在羞辱刘氏吗？其实伶人天子也就是玩心重而已，但是刘氏大为光火，不敢冲皇帝发火，就把儿子揍了一顿出气。

刘氏风评不好,不仅是出身寒微,更有"好兴利聚财"的恶名,在邺都之时就"令人设法稗贩",分派人当商贾,在街市叫卖,柴草果品,借以敛财。按理说,名声不好的刘氏是很难当上皇后的,皇帝也要顾及大臣的意见。身为后唐第一重臣的郭崇韬为了个人权势地位,在这个时候站出来建议册立刘氏为皇后,只能说是不智的政治投机。

刘皇后虽然由郭崇韬进言而得立中宫,但她对郭氏并不感恩。这又是为何呢?

原来一切都是因为那位朱梁旧臣张全义。张全义与朱温一样,原是黄巢旧臣,初名言,做过大齐政权的吏部尚书、充水运使。降唐后,唐昭宗赐名张全义。投降唐朝之后,几经反复,曾经差点儿被李罕之灭掉,朱温出手相救,所以加入了汴州集团。朱梁政权建立之后,张全义被封为魏王,赐名宗奭。

在唐末五代乱世中,首鼠两端、反复无常原本就是政治生存的常态。但是,张全义却尤为特殊,他能忍人所不能忍之耻辱,甚至可以说毫无廉耻。后梁乾化二年(912),朱温"兵败蓨县,道病,还洛,幸全义会节园避暑,留旬日,全义妻女皆迫淫之"。朱温打败仗,班师途中生病了,回到洛阳之后,去张全义豪宅中避暑,住了十多天,竟然把人全家妻女全部奸污了,这简直是禽兽之行。

受到如此奇耻大辱,张全义的儿子张继祚"愤耻不自胜",准备拿刀把朱温宰了。哪里想到张全义劝阻道:"吾为李罕之兵围河阳,啖木屑以为食,惟有一马,欲杀以饷军,死在朝夕,而梁兵出之,得至今日,此恩不可忘也!"

在朱梁朝廷激烈的皇权争夺中,张全义谨小慎微。最终,朱友贞上位之后,张全义不得信任,主动请缨去河北作战,也被皇帝拒绝。李存勖八日定大梁之后,张全义自洛阳前去觐见,"泥首待罪"。

一生反复无常的张全义早在朱梁覆灭之前,就曾经通过弟弟张全武秘密与河东集团来往,可以说早就有了船票。面对新朝新君,张全义也很会演戏,信誓旦旦地说自己"曾栖恶木,曾饮盗泉,实有瑕疵"。李存勖入主中原,也算是唐朝光复,张全义立马改掉朱温所赐宗奭之名,恢复唐昭宗所赐全义之名。

除此之外,张全义还请李存勖亲往洛阳行郊天之礼。所谓郊天之礼,是皇帝祭祀昊天上帝的大礼,是宣示政权合法性的重要形式。五代十国时期,政权更迭,战乱频仍,北方地区五代相继,南方地区诸国各据一方。纷乱的政治格局之中,标识"王者所由受命也"的郊祀祭天礼却备受重视,被视为昭示政权统治正统性、合法性的重要方式。

当年朱温称帝之后,于开平二年(908)正月,即命有司"择日备仪",欲祭天于南郊,同时郊祀大礼之"仪仗车辂,卤簿法物,祭器乐悬"等各令所司修饰,并以河南尹张宗奭充都点集诸司法物使。开平三年正月,朱梁政权的郊天之礼在洛阳盛大举行,张全义在这场政权合法性的宣示秀中扮演了重要角色。

后唐李存勖称帝于魏州,祭天礼仓促简陋。同光元年(923)三月,李存勖"筑即位坛于魏州牙城之南",四月升坛"祭告昊天上帝",即皇帝位,宣制改元,大赦天下。

洛阳号称神都,是汉唐时代最具神权意义的都城,郊天之礼在洛阳举行对于王朝合法性的构建有着无与伦比的意义,张全义的这个马屁拍得非常合李存勖的心意。李存勖随即下诏准备在洛阳举行正式隆重的南郊祭天之礼。同光二年,"二月,己巳朔,上祀南郊,大赦",后唐郊天大礼才在洛阳正式完成。

刘皇后是个"专务蓄财"的贪婪之人,当上皇后之后更是贪得无厌,甚至贡品也要分上一半,"四方贡献皆分为二,一上天子,一上中宫"。张全义不仅善于投机钻营,而且还是个很有钱的大富豪,所以通过关系"厚赂"刘皇后。

张全义的贿赂竟然让刘皇后愿意认他当干爹,理由是自幼遭遇战乱,不幸失去父母,常感到孤寂伤感,真不知道她那位被自己揍跑的亲爹会作何感想。

刘皇后和张全义结下了父女关系,其实就是一个利益同盟,刘皇后需要张全义的财富和在河南藩镇的势力,而张全义则需要刘皇后在内廷为他说话。正因为此二人有这样一层关系,郭崇韬才会因为一件事得罪了刘皇后,结下了怨恨。

同光三年(925)八月,发生了一起河南县令罗贯被杖毙的事情。这位罗贯,原先是礼部员外郎,"性强直,为郭崇韬所知,用为河南令"。罗贯在任河南县令期间,"为政不避权豪"。

庄宗宠信伶官和宦官是人尽皆知的事情,但是罗贯在任期间,对于"伶宦请托"一个都不予理睬,导致"书积几案"也不处理,反而把这些书信全部拿去让郭崇韬看。郭崇韬把这些书信全部拿给皇帝李存勖看,结果自然是"伶宦切齿"。

河南尹张全义一直看不惯耿直又不依附自己的罗贯,故而"遣婢诉于皇后"。刘皇后与伶官、宦官"共毁之",李存勖是个耳根子很软的人,所以"含怒未发"。后来,恰好赶上皇帝前往太后坤陵工地视察,"道路泥泞,桥多坏"。

李存勖就问主管这里的是谁,宦官们回答是河南县令罗贯。后唐帝听了十分生气,下令把罗贯抓入监狱。"狱吏榜掠,体无完肤",第二天李存勖竟然下诏要杀了罗贯。

罗贯算是郭崇韬的人,郭氏自然要出来求情,于是对皇帝说:"贯坐桥道不修,法不至死。"李存勖大怒道:"太后灵驾将发,天子朝夕往来,桥道不修,卿言无罪,是党也!"郭崇韬没有让步,进而又说:"陛下以万乘之尊,怒一悬令,使天下谓陛下用法不平,臣之罪也。"

李存勖更为光火,说了一句"既公所爱,任公裁之",便"拂衣起入宫"。郭崇韬跟着进去,还打算继续说,但是"帝自阖殿门,崇韬不得入"。最后罗贯还是被处死,在府门前把他的尸体示众。

郭崇韬为罗贯得罪了皇帝,更得罪了他曾经力主册立的刘皇后。

郭崇韬盛极而衰

如果说郭崇韬仅仅是得罪了宦官集团和刘皇后,似乎还不至于最后被整死,连累全族被诛。郭崇韬得罪的人太多了,包括皇帝李存勖本人。

李存勖的确是个英雄天子,在五代乱世之中,能把枭雄朱温打得啧啧叹服的人能有几个呢?但是,李存勖又确实是一个任性恣意的性情皇帝。

李存勖在魏州称帝,尚未灭梁之前,其实就已经显露出骄横恣睢的姿态,忘乎所以,游猎不息,甚至还喜欢视察自己曾经征战过的地方,矜伐其功,在群臣面前夸耀自己武功赫赫。

如果说在臣子面前吹吹牛,倒也不算什么大毛病。但如果对自己王朝的神器都不知珍重,就真的有点儿不知所以了。同光三年(925),义武节度使王都将要入朝觐见李存勖。李存勖为了和王都一起打马球，"欲辟球场"，竟然打算拆毁魏州即位坛，修一个球场。大臣张宪劝谏道："比以行宫阙廷为球场，前年陛下即位于此，其坛不可毁，请辟球场于宫西。"

能为了打球，敢拆了自己的即位坛，李存勖肯定是古今历史第一人。数日之后，宫西新球场也没修好，李存勖干脆下令"毁即位坛"。张宪与郭崇韬私交不错，于是对他说："此坛，主上所以礼上帝，始受命之地也，若之何毁之？"

皇帝的合法性来自所谓的"天授"，即位坛是皇权与上天神权交流的场域，是皇权神授的象征，李存勖自己拆毁，实是让人无法理解！郭崇韬以张宪所言，向李存勖劝谏，依然没有作用，魏州即位坛还是被拆毁，改做了球场。张宪私下对郭崇韬说："忘天背本，不祥莫大焉。"

此事虽然未引起什么大风波，却让郭崇韬与庄宗李存勖之间的嫌隙渐生。在五代十国的环境中，军事实力和战争胜负在政治风云中几乎起到了决定性作用。所以，割据枭雄都很重视手上的武力，对军士都不吝赏赐。但是，庄宗这个人很奇怪，即位之前很乐于赏赐军士，但是在灭梁之后却变得很吝啬。

宦官们给李存勖出了一个很诱人的主意，将天下财富分为内外府：州、县上供者入外府，供国家财政常规开支；藩镇贡献皆入内府，给皇室吃喝玩乐、奢靡享受，另外就是用来赏赐军士之用。在这种内外财政分流的管理体制下，搞得内府珍宝山积而外府空虚。

当初，李存勖在魏州收伏杨师厚留下的银枪效节军八千人，并收编为亲军。这支银枪效节军勇悍无敌，屡立殊功。李存勖对他们许下承诺，说灭梁之后，必定会大加赏资。虽然灭掉朱梁，李存勖对这支军队有赏赐，但是依然无法满足军士们的诉求，久而久之成为怨望。

北方基本略定之后，李存勖性喜奢华的本性更加暴露。汴州解决之后，庄宗造高楼避暑，并采择宫女三千人充实后宫。庄宗本人似乎还没有觉察到自己身上的这种变化，甚至还对郭崇韬说："今年恶热，朕顷在河上，五六月中，与贼对垒，行宫卑湿，介马战贼，恒若清凉。今晏然深宫，不耐暑毒，何也？"

郭崇韬委婉劝谏："陛下顷在河上，汴寇未平，废寝忘食，心在战阵，祁寒溽暑，不介圣怀。今寇既平，中原无事，纵耳目之玩，不忧战阵，虽层楼百尺，广殿九筵，未能忘热于今日也。愿陛下思艰难创业之际，则今日之暑，坐变清凉。"

这段话说得很露骨了，正是因为形势的变化导致庄宗心浮气躁，从艰苦创业向骄奢淫逸蜕变。郭崇韬的话对庄宗似乎有所触动，但是奢靡浮夸依然故我。庄宗之变与后唐朝廷国运，并不为人看好。割据南平的高季兴曾去洛阳朝觐李存勖，归来之后曾对手下将佐说："新朝百战方得河南，乃对功臣举手去，'吾于十指上得天下！'矜伐如此，则他人皆无功矣，其谁不解体！又荒于禽色，何能久长！"

高季兴的预言，日后很快应验。并非是高季兴有多么高明，仅仅是因为旁观者的视角会更加清醒客观，而身处后唐权力场的郭崇韬也自然知道庄宗得失，但他的劝谏并没有作用，反而加深了君臣之间的裂痕。

郭崇韬于后唐有不世之功，但其权势之心也是非常重，在权斗中不择手段。郭崇韬身居高位，对于潜在的竞争者和可能取代自己的人都很有戒心，甚至深怀仇恨。譬如李嗣源，郭氏深知这位皇帝的义兄功高位重，如果入朝，极有可能在己之上。

为了打击李嗣源的势力，郭崇韬私下放出风声说："总管令公非久为人下者，皇家子弟皆不及也。"李嗣源不是久居人下者，而且皇室子弟都比不上他，言下之意是说他要造反。不仅是造舆论，郭崇韬还密劝庄宗李存勖将李嗣源召回洛阳宿卫宫廷，解除其手中兵权，甚至还劝过李存勖杀掉李嗣源。

除了李嗣源，李克用的另一义子李存审也是郭崇韬嫉妒排挤的对象。李存审原名符存审，是沙陀李氏两代重臣宿将，后唐灭梁之后，迁都洛阳。李存审身为大将，但一直戍守幽州，"不得预收复中原之功"，心情郁郁，竟然导致"旧疾愈作"，于是上表请求"入觐寻医"。李存审与郭崇韬是同乡故交，便"以情告郭崇韬"，也在情理之中。

郭崇韬为人自负，又矜功自傲，以为"佐命之功，无出己右"。对于李存审，郭崇韬却心怀戒备，知道此人在军中威望一直在自己之上。如果让李存审回朝，郭崇韬的地位就有可能被削弱。郭氏不希望李存审的地位超过自己，所以对于李存审请求回京的奏章，竟然"即阴沮之"。

无论于公于私，郭崇韬对李存审的所作所为都实在太过分。李存审的妻子郭氏便找到郭崇韬哭诉："吾夫于国，粗效驱驰，与公乡里亲旧，公忍令死弃北荒，何无情之如是！"

同光二年（924）春，李存审病情恶化，"上章恳切，乞生觐天颜"，但是被郭崇韬控制的朝廷再次阻挠。李存审得知情况之后，在病榻上哀叹："老夫历事二主，垂四十年，幸而遇今日天下一家，远夷极塞，皆得面觐彤墀，射钩斩祛之人，孰不奉觞丹陛，独予壅隔，岂非命哉！"

人之将死，郭崇韬或许知道已经不足为惧，故而"奏请许存审入觐"。是年四月，后唐朝廷任命李存审"宣武军节度使、诸道蕃汉马步总管"，并去洛阳觐见。没有想到的是，诏书未到，李存审就于"五月十五日卒于幽州官舍，时年六十三，遗命葬太原"。

在李存审的遗奏之中，说到了自己不得进京觐见皇帝的事情，"词旨凄惋"。庄宗看到遗奏，才知道中间有郭崇韬的壅蔽，"震悼久之"，废朝三日，追赠李存审为尚书令。

李存审是后唐宿将重臣，历事李克用、李存勖两代，地位非同一般，他与郭崇韬之间的矛盾反映的是郭氏与代北功臣勋旧集团之间的冲突。对庄宗而言，固然不愿受制于代北集团，但是郭崇韬过分排挤勋旧宿将的做法，无疑又会扩大此君臣二人的嫌隙。

郭崇韬不仅得罪了张全义、刘皇后这样的贵戚势力，还一直与代北勋旧集团关系紧张，更有甚者，庄宗宠信的宦官、伶官也与郭氏势同水火。

李存勖即位之后，一反朱梁打击宦官势力的做法，在标榜复兴唐朝旧制的旗号下宠信宦官、伶人，甚至任用伶人出任要职。譬如，庄宗曾以教坊使陈俊为景州刺史，内园使储德源为宪州刺史。

在庄宗身边麇集了近千宦官和伶人，这些人都得到丰厚赏赐，甚至都被委以重任，成为皇帝心腹。重用宦官、伶人并非说明庄宗昏庸，只是因为皇帝想以自己内朝奴才班底架空外朝以郭崇韬为代表的文吏集团和代北武人势力。

李存勖还恢复了唐朝任用宦官干预外朝政务的旧传统，干预政事。另外，还置诸道监军，军府之政皆取决于监军，无视主帅，这又导致了藩镇节帅的严重不满。

出身于河东幕府的郭崇韬，其最初的身份是河东集团的文吏，私人色彩极为浓厚。但是，在河东集团建国的历程中，以郭氏为首的文吏集团也开始慢慢转型为外朝官僚集团。在制度转型与权力争斗的多重背景中，郭崇韬成为多重矛盾的中心。

身处旋涡之中的郭崇韬，却缺乏韬晦之计，权欲太重而性格刚决。郭崇韬原本是一个处于贪渎群体而不同流合污之人，天祐十九年（922），郭氏赴镇州检查武库，有人向他贿赂珍玩，而他一无所取。

但是在平灭朱梁进入洛阳之后，郭氏大权在握，便成为梁朝降官争相贿赂的对象。郭崇韬为安抚朱梁旧臣，大肆收受贿赂，但又说这是"藏余私室，无异公帑"，并在郊祀时献家财助祭。这样的行为终究脱不了受贿的嫌疑。

如此一来，郭崇韬便开了受贿的闸门，其得意之时，家资多少，史书并未记载。但是，根据薛居正《旧五代史》中郭崇韬的本传记载，郭氏"及权倾四海，车骑盈门，士人诣奏，渐别流品"。庄宗身边的宦官曾经向皇帝进谗言，说"崇韬之第，无异皇居"，这话虽是谗言，但从一个侧面说明了郭崇韬府邸的确奢侈豪华。

郭崇韬的经济贪腐还表现在纵子不法，收取贿赂的问题上。郭崇韬有五个儿子：廷信、廷海、廷说、廷让、廷议。其中郭廷信、郭廷海随父亲一同出征前蜀。郭崇韬权势熏天，前蜀降臣纷纷阿谀郭氏父子，贿送珍宝。郭氏父子同样毫不客气，大肆收受贿赂，"既定蜀川，辇运珍货，实于洛阳之第，籍没之日，泥封尚湿"。

不仅贪财，郭崇韬擅权专横更是要命。客观来说，平蜀诸将中，马步军指挥使李绍琛的功劳最大。但是，郭崇韬素来看重朱梁降将董璋，在征蜀战争中就以董璋任行营右厢马步都虞候，凡有军机，皆与参决。平蜀之后，又奏请任命董璋为剑南东川节度副大使，知节度事，也就是让他代理东川节度使。这样的人事安排显然是出于私人关系，并非论功行赏，也就招致李绍琛的严重不满。

郭崇韬得罪的不仅有宦官、伶官、部将，甚至还得罪了一个绝对不能得罪的人，那就是名义上的征蜀统帅——魏王李继岌，也就是李存勖的亲儿子，未来的储君！后唐征讨前蜀的时候，郭崇韬的确就是真正的统帅，李继岌就是去刷履历的。郭崇韬大权独揽，丝毫不顾及这位皇子的感受。李继岌虽然是名义上的都统，却仅仅是拱手承命而已。

大军一切制置部署，全部出自郭崇韬的裁决，终日决事，将吏宾客趋走盈门，反观李继岌的都统营门则冷冷清清。平灭前蜀之后，蜀国的降臣贵人们争着拿宝货、妓乐贿赂郭崇韬，却没有多少人去巴结魏王，相形之下，郭崇韬更显专权欺主了。

危机一步一步地深入，郭崇韬的命运注定要走向悲剧！

重臣之死导致后唐陷入无休止的内乱

好用宦官的李存勖在同光三年伐蜀的人事安排上其实还有更为用心的布局，除了以魏王李继岌和郭崇韬为正副统帅之外，还"令内官李廷安、李从袭、吕知柔为都统府纪纲"，其实就是监军。

魏王身边，宦官环伺，这对素与内官势同水火的郭崇韬而言绝非好事。郭崇韬又好擅权，郭氏"幕府繁重，将吏辐辏"，蜀中降臣又争相贿赂巴结，相形之下，魏王的都统府则只有"大将省谒"，门庭萧条。他们也无从获得好处，"由是大为诟耻"。

在伐蜀之前，郭崇韬甚至还对魏王李继岌说："蜀平之后，王为太子，待千秋万岁，神器在手，宜尽去宦官，优礼士族，不唯疏斥阉寺，骟马不可复乘。""尽去宦官"是朱梁旧政策，郭崇韬这么说显然不智，与庄宗恢复李唐旧制的旗号显得很不合拍。更为要紧的是，郭氏的言辞充满火药味，肯定会进一步激化他与宦官集团的矛盾。

前蜀重臣王宗弼在成都臣服之前，就已经向后唐投降，并以重金贿赂尚在德阳的郭崇韬和魏王。根据宋人路振的《九国志》记载，在后唐大军压境的情况下，王宗弼"遂与三招讨同送款于魏王"。前蜀贵戚们得知王宗弼与后唐搭上关系，纷纷巴结上去，"纳金宝、进姬妾"，"尽辇内所藏之宝货归于其家"。

不知为何，当魏王李继岌派人去向王宗弼"征犒军赋数千万"的时候，王宗弼却吝啬不肯拿钱，这着实惹怒了魏王。待到前蜀后主王衍请降、唐军进入成都之后，郭崇韬仍然不顾嫌疑，与王宗弼亲近，甚至住进了王氏宅邸。

对于魏王，王宗弼也是继续贿赂，命其子王承班拿着前蜀皇帝王衍的宫中珍玩，"献于魏王，并赂崇韬"。对于王氏的贿赂，魏王表现出了战胜者的尊严，轻蔑地说："此我家物也，焉用献来？"

王宗弼善于投机钻营，把前蜀皇帝王衍的嫔妃及后宫珍玩献给郭崇韬，目的是为自己谋求西川节度使的地位。已然是后唐官场第一贪官的郭崇韬在享受美姬宝货之后，竟然对王宗弼做出了承诺，其实这哪里是他有资格应允的呢？

心怀鬼胎的王宗弼还与郭崇韬的儿子郭廷海合谋，策划蜀中父老去向魏王李继岌请愿，"请奏崇韬为蜀帅"。很明显，王宗弼是在有意离间魏王与郭崇韬的关系。魏王李继岌看到蜀中人士的陈情状之后，对郭崇韬说，皇帝对您十分倚重，"安肯弃元老于蛮夷之地，况余不敢议此"，不满之情溢于言表。

魏王身边的宦官李从袭对其又进谗言："郭公收蜀部人情，意在难测，王宜自备。""意在难测"，其实是暗示郭崇韬可能阴谋割据蜀中，意图谋反。后来郭崇韬为了自证清白，将王宗弼等人杀掉。但是，郭氏与魏王之间嫌隙暗生，"由是两相猜察"。

庄宗李存勖安排魏王李继岌出任征蜀统帅，而郭崇韬为副职，很明显是想以郭崇韬的能力为魏王建功，给儿子一个漂亮的履历，好册立为储君。所以，同光三年（925）闰十二月，李存勖发布一道敕令，对于前蜀投降官员，"率先向化，及立功效者，委行营都统缘事迹奖任"。

在上述政令中，并没有提及郭崇韬有"缘事迹奖任"前蜀降官的权力，很明显皇帝只是赋予了李继岌处理平蜀之后的受降、收抚、调度等权力，而郭崇韬的使命在蜀地战事结束之后就已经结束了。

庄宗很快又派宦官向延嗣带诏书去蜀地，命郭崇韬班师，这是要他及时交出蜀中大权。很诡异的是，当钦差抵达蜀地，郭崇韬竟然没有出迎，这显然不是人臣之礼，导致"延嗣愤愤"。

魏王身边的监军宦官李从袭对向延嗣说："郭公专弄威柄，旁若无人。"蜀地降臣在郭氏撺掇之下，请立其为蜀地节度使，而其子"郭廷海拥徒出入，贵拟王者"。如今军中将校，"无非郭氏之党"。魏王在军中其实十分危险，一旦郭崇韬作乱，"吾属莫知暴骨之所"。

说完之后，这两位宦官竟然"相向垂涕"。宣布完诏令之后，向延嗣回京将蜀地情形具奏庄宗。刘皇后担心儿子安危，"泣告庄宗，乞保全继岌"。庄宗此时恰好看到了向延嗣带回来的蜀中财物账簿，发现了很奇怪的现象，都传言"蜀中珠玉金银，不知其数"，但是账目显示非常少。

向延嗣解释道："臣问蜀人，知蜀中宝货皆入崇韬之门。"这句话可要命了！那么郭崇韬究竟得了多少前蜀宝货呢？向延嗣从蜀中得到的信息是，"崇韬得金万两，银四十万，名马千匹，王衍爱妓六十，乐工百，犀玉带百"，他的儿子郭廷诲甚至也大捞特捞，得到了"金银十万两，犀玉带五十，艺色绝妓七十，乐工七十"。皇帝爱子魏王李继岌的府中则显得十分可怜，"蜀人赂不过遣匹马而已"。

原本庄宗对于郭崇韬想在蜀地留下的想法就很有疑虑，显然这是有割据自立的嫌疑，现在"又闻全有蜀之妓乐珍玩"，更是"怒见颜色"。皇帝立即命宦官马彦珪前去蜀地，如果郭崇韬准备班师，就暂时不动他，"如实迟留，则与继岌图之"，意思是说如果郭崇韬拒不班师，那就与魏王谋划除掉他。

《旧五代史》中还是替庄宗开脱了，提及马彦珪见刘皇后说："祸机之发，间不容发，何能数千里外复禀圣旨哉！"从这段话看，马彦珪对郭崇韬是欲杀之而后快。刘皇后也请庄宗痛下杀手，庄宗却以事情没有搞清楚而犹豫不决。

刘皇后"乃自为教与继岌，令杀崇韬"。郭崇韬一直不肯班师的理由是"蜀土初平，山林多盗"，新任西川节度使孟知祥尚未到任。其实，从郭崇韬在蜀地的种种作为和对朝廷钦差的态度看，这些恐怕都是借口，他恐怕还真有割据自立的野心。

同光四年正月六日，马彦珪抵达成都，与郭崇韬商议，定下十二日开始班师，命大将任圜代理蜀中军务，等待新任节度使孟知祥到任。诸军部署已定，马彦珪却拿出皇后教令给魏王看，让他杀掉郭崇韬。

《旧五代史》中的魏王李继岌似乎又表现出仁慈和犹豫，说"大军将发，他无衅端，安得为此负心事！公辈勿复言"。很明显，史书是在为魏王开脱，除掉郭崇韬是李存勖一家人的共识！

几经商议，最终是由宦官李从袭以魏王之命召郭崇韬入府议事，待到郭氏进入之后，即被事先布置好的伏兵"榻杀之"。一代名臣，就这样死掉了！

郭崇韬被杀之后，魏王等人又将郭氏两个儿子郭廷信和郭廷诲处死，而后庄宗又下旨诛杀郭崇韬其余诸子，"廷说诛于洛阳，廷让诛于魏州，廷议诛于太原"，籍没其家产，聚敛多年尽归了朝廷。

郭氏父子几乎族灭，这还并非事情的终结，还有更多的人被株连。睦王李存乂，乃是庄宗第五弟，同光三年册封为睦王，他是郭崇韬的女婿。郭崇韬被杀之后，"朝野骇愕，议论纷然"，庄宗密令宦官察访官员动态，得到了"存乂于诸将坐上诉郭氏之无罪，其言怨望"。于是，便有了睦王李存乂被杀的事情。

另外一位被株连的重臣是后梁降将、河中节度使朱友谦，此人归降后唐之后，已经被赐名为李继麟，"加守太师、尚书令，赐铁券恕死罪"，仍据河中。郭崇韬被杀之后，宦官们又在庄宗面前构陷说"崇韬强项于蜀，盖于河中响应"。

朱友谦闻讯之后，亲赴洛阳向皇帝解释。伶官景进等人又向庄宗进谗言："河中有人告变者，言继麟与郭崇韬谋叛，闻崇韬死，又与李存乂构逆。当断不断，祸不旋踵。"在宦官与伶官的鼓噪之下，庄宗于同光四年正月二十四日杀掉了朱友谦，同时下令杀掉朱友谦二子朱令德和朱令锡，还派夏鲁奇去河中杀掉朱友谦全族百余人。

更为讽刺的是，当初在蜀中前线被郭崇韬排挤的大将康延孝也因郭氏和朱友谦两族被灭而产生恐慌，认为郭、朱二人"皆以无罪赤族，归朝之后，次当及于我矣"。于是乎，康延孝干脆造反了，"自剑州拥众西还，自称节度"，三日之间，兵力就达到五万。但是，最终还是被后唐在蜀中的任圜和孟知祥大军击败杀死。后唐征讨前蜀的六万亲军及三万降卒只剩二万六千人，可以说征蜀的成果几乎付诸东流。

李存勖任用伶官并非昏庸

看过欧阳修《新五代史》中那篇《伶官传序》的人都对后唐庄宗李存勖宠信重用伶官，荒于政事，最终搞得国破身死这些事情有很深的印象。那么，李存勖重用伶官就说明他昏庸吗？

何谓伶人？在中国历史语境中，所谓伶人，又称优伶，是包括所有从事音乐、歌舞、俳优杂戏一类的艺人。因此，唐五代优伶的实际称谓也有种种不同，如乐工、乐人、倡优、倡人、优人、伎人、伶人等。

所谓"伶官"，指的是获得官职的伶人。后唐虽是沙陀人所建王朝，但是一直标榜复兴唐朝旧制，"伶官"也是李唐旧制。早在李渊初建国之时，就有西域安国人安叱奴擅长西域舞技，得到高祖赏识，拟赐官散骑侍郎。因为此事，礼部尚书李纲上书谏阻，以礼法旧制"均工乐胥，不得参士伍"，反对此举。高祖却对这个建议不予采纳，仍然于武德元年（618）下诏拜安叱奴为散骑侍郎。

在大众认知中的圣明天子李世民同样也做过类似的事情，西域龟兹乐师王长通、白明达为太宗青睐，故而"超授高爵"。大臣马周上书反对，甚至说出了"驺竖倡子，鸣玉曳履，臣窃耻之"这样难听的话。然而，士林官僚的反对，依然没有改变太宗皇帝的决定。高宗、中宗时期，伶人授官屡见不鲜。中宗神龙二年（706），酸枣尉袁楚客致书宰相魏元忠，陈国政十失，其中有"俳优小人，盗窃品秩"这样的言辞，可见当时情形。

当然，若论把伶官捧到天上，还属有"梨园天子"之称的唐玄宗。明皇生性好乐，洞晓音律，在他的推崇下，盛唐伎乐空前繁荣，优伶自然更备受恩宠。《新唐书·礼乐志》记载："玄宗时，新声、散乐、倡优之戏，有谐谑而赐金帛朱紫者。"

有位优伶黄幡绰，善于演参军戏，被称为"滑稽之雄"，其才华为盛唐优伶第一而深得玄宗皇帝宠爱，甚至到了"如一日不见，龙颜为之不舒"的程度。更有甚者，还有位优伶李仙鹤，同样也是善演参军戏，同为玄宗赏识，甚至真的被授韶州同正参军，去当参军了。

玄宗之后，唐朝皇帝宠信任用伶人的现象依然屡见不鲜。其中，唐懿宗对于伶人的厚爱恩宠一点儿都不亚于玄宗皇帝。据史书记载："咸通中俳优恃恩，咸为'都知'。一日奏乐喧哗，上召都知止之，三十人并进。上曰：'止召都知，何为毕至？'梨园使奏曰：'三十人皆都知。'乃命李可及为都都知。"这个颇有戏剧性的事件中，涉及咸通年间著名伶官李可及，此人曾被授以都知、都都知、威卫将军等文武官职。唐僖宗时被逐，死于岭南。

唐僖宗放逐李可及，那他就不宠信伶官了吗？唐僖宗乾符年间，"赏赐乐工、伎儿，所费动以万计，府藏空竭"。篡唐的朱温一直以革除晚唐弊政自许，但是他在当梁王的时候照样宠信重用伶人张廷范，先是用为御营使、河南尹，后来又进为太常卿。

在整个唐朝时期，优伶之人因为获得皇帝宠信而加官晋爵屡见不鲜，也不时引起士林非议公愤。但是，从本质看，唐代的伶官大多是一种荣誉性的职衔，是一种荣宠的身份。唐廷优伶并没有因加官晋爵而形成一股政治势力，伶官没有对原有权力系统产生影响，也没有出现伶官干政弄权、败纪乱政的现象。

到了后唐庄宗时期，伶官的性质发生了很大变化，形成了强大的政治势力，对原有的权力结构产生了很大的破坏。这一切的原因就在于庄宗李存勖本人的政策，日后也被视为庄宗败局的重要原因，在欧阳修笔下就是"数十伶人困之，而身死国灭为天下笑"。

庄宗为何会如此宠信重用伶官呢？难道就是欧阳修所说的昏庸吗？

首先，不可否认伶官见宠于宫廷是唐朝的旧制度。尽管被士大夫诟病，但是宫廷伶人之盛的确是盛唐繁荣的一个表征。杜甫那首《江南逢李龟年》诗里的"岐王宅里寻常见，崔九堂前几度闻"，正是盛唐繁华的一个侧影，而伶官是这繁华不可或缺的一部分。李存勖虽然是沙陀异族出身，但是家族早已赐姓，并名列宗籍。沙陀李氏灭掉朱梁之后，打的旗号就是复兴唐朝，一切制度都以盛唐为样板。所以，任用伶官也是复旧的一部分。

另外，庄宗李存勖本人对音乐艺术、俳优杂戏的热爱也是重要因素。李唐中有号称"梨园天子"的玄宗皇帝，而后唐的庄宗皇帝李存勖笃好音乐，躬亲表演，更是我国数千年帝王之中所空前绝后，史书记载：

> 庄宗既好俳优，又知音，能度曲，至今汾、晋之俗，往往能歌其声，谓之"御制"者皆是也。其小字亚子，当时人或谓之亚次。又别为优名以自目，曰李天下。

皇帝痴迷俳优，甚至就是一个专业水平的艺人，这自然不难形成上行下效的风气。庄宗笃好音乐，躬亲表演，常与群伶共戏于庭。这样一来，伶人成为皇帝宠信势力也不奇怪了。

宠信伶人也不是从李存勖开始的，倘若仅仅是上述原因，还不足以解释后唐伶官的政治现象。对于李存勖而言，重用伶官更为重要的考量还是强化皇权的需要。从唐代中晚期开始，中枢权力就出现了一种内朝重而外朝轻的趋势。这一趋势的一个突出表现就是枢密使渐渐侵夺宰相权力，甚至取代相权。

枢密使始置于唐宪宗元和年间，是由宦官充任的内诸司使之一。枢密使职掌是承受表奏，出纳帝命，是皇权对于外朝官僚权力的侵夺，但在唐后期，宦官势力恶性膨胀，这样的权力设计又成为宦官专权的机会。

唐末朱温诛灭宦官，没有废除枢密院，但将枢密使职位转移至文官。朱梁建国之后，朱温废枢密院而置崇政院，以崇政院取代枢密院，无非是改一个名称而已，并无本质上的不同。后唐建国后，李存勖不仅恢复了枢密院，而且扩大了枢密院的职权范围，甚至以枢密代政，侵夺了宰相枢机之权。

沈括《梦溪笔谈》卷三中记载这段制度因革："梁朝初置崇政院专行密命。至后唐庄宗复枢密使，使郭崇韬、安重诲为之，始分领政事，不关中书。"枢密使权力超越之前的宰相，甚至到了权兼将相的地步，这对皇权而言又形成了另一种尴尬。

原先设立枢密使，就是"以内制外"的思路，是强化皇权的步骤。但是，随着枢密使权力的日渐膨胀，变成了新的外朝权力，又被皇帝看成是对皇权的威胁。李存勖出身于河东集团，但是他在继承李克用大位之后，就将军政权力中心转移到河北魏州地区，这很明显是在摆脱代北勋臣集团的制约。

李存勖重用文吏出身的郭崇韬等人出任枢密使，就是一种"以内制外"的思路，用这些势力制约外朝权力和代北旧人集团。《资治通鉴》中说："帝性刚好胜，不欲权在臣下，入洛之后，信伶宦之谗，颇疏忌宿将。"在李存勖的权力结构设计中，恢复枢密使是为了制约外朝权力，而同时重用伶官、宦官等近臣，又是为了平衡枢密使，甚至任用伶官、宦官出任藩镇监军，用以钳制藩镇权力。

对于皇权而言，距离自己最近的人是最值得信任的，宦官如此，伶官也是如此。除此之外，伶官与宦官同样出身微贱，任用贱人去冲击原有权力结构，正是历代皇权专制的秘传心法，古往今来皆是如此。不过，距离皇权很近，也使得这些贱人集团看透了皇权本身的孱弱，所以会有宦官陵替皇权，以及伶官毁掉庄宗的历史教训。毕竟，贱人不能用！

李存勖在用人方面还有一个很奇怪的特点，一直对于河东集团代北旧人很是防范。后唐立国，北方平定之后，代北集团的旧人出任地方藩镇节度使的比例很低，而后梁降将则占不小比例，另外，李存勖平日宠信任用的伶官、宦官往往能够轻易获得地方军政要职。这并非庄宗昏庸，恰恰说明皇帝想要以自己的亲从势力制约军功集团，实现皇权专制的目的。

毕竟五代是一个以武力说话的时代，所谓的皇帝不过是前朝藩帅中的胜利者而已，他们与麾下军事力量的关系，与其说是君臣，不如说是同盟者。在这样一种关系下，皇帝对于军功集团厚给赏赐，甚至以地方行政区域作为军功奖赏都是常见的。

在五代政治观念中，有一个"赏郡"的概念，即军事将领可凭军功换取入仕的途径，到地方出任节度使，甚或州刺史。譬如，在《旧五代史》中记载了一则故事：

光化二年三月，汴将氏叔琮率众逼太原，有陈章者，以虓勇知名，众谓之"夜叉"，言于叔琮曰："晋人所恃者周阳五，愿擒之，请赏以郡。"

这便是军事将领公然索要地方行政区域作为酬谢的案例，也反映了当时社会的一般观念。以军功获得地方行政长官职位，这是皇帝与军事集团之间的利益分肥方式。

但是，李存勖在灭梁之后，没有遵守这种旧惯，反而将很多职位赏赐给伶宦之人。譬如在灭梁之初，李存勖准备任命两个前朱梁政权的伶官——教坊使陈俊、内园使储德源为州刺史。郭崇韬劝谏说："陛下所与共取天下者，皆英豪忠勇之士。今大功始就，封赏未及于一人，而先以伶人为刺史，恐失天下心。不可！"

此事延搁一年，"而伶人屡以为言"，最终庄宗还是任命陈俊为景州刺史、储德源为宪州刺史。"时亲军有从帝百战未得刺史者，莫不愤叹"，追随庄宗的这些百战之余尚且没有获得州郡赏赐，而从朱梁投效过来的伶官却轻易获得刺史高位，这无疑慢慢撕裂了庄宗与军功集团的关系。李存勖灭梁后不遵守"赏郡"这一约定俗成的观念，违背了他所属的"代北集团"的利益，甚至也违背了他在魏州期间就开始刻意打造的亲军集团的利益。

除此之外，李存勖还在恢复唐朝旧制的名义下，向藩镇派遣宦官、伶官作为监军，用以控制节度使。其实，对所属藩镇派驻监军不仅是唐朝旧制，也是李克用之前用过的办法。譬如，李嗣昭做昭义节度使的时候，李克用就用唐朝旧宦官张居翰为监军，"自是嗣昭每出征，令居翰知留后事"。

李存勖灭梁之后，将宦官监军的制度推广至全部统治区域，这自然还是皇权集权的考虑。但是，在当时的背景下，这样做无疑又会激化皇权与藩镇的矛盾，"时庄宗用唐朝故事，以黄门为监军，皆恃恩暴横，节将不能制"。

更为严重的是，后唐的宦官监军甚至远远超过唐朝时期，有架空节度使的趋势。譬如，"同光中，符习为青州节度使，宦官杨希望为监军，专制军政"；在旧都太原，庄宗同样安排监军控制，有内官吕氏与郑氏，"一监兵，一监仓库"。

同光三年（925）冬天，王正言出任兴唐尹，留守邺都。当时武德使史彦琼监守邺都，也就是出任邺都的监军，"而魏博六州之政皆决彦琼，自留守王正言而下，皆俯首承事之"。这位史彦琼是伶官出身，"帝待以腹心之任"，是李存勖的近臣亲信，他在邺都的使命就是钳制留守王正言，他才是邺都真正的统治者，"廪帑出纳，兵马制置，皆出彦琼，将佐官吏，颐指气使"。

上述这些现象并非个例，而是李存勖中央集权政策的普遍操作。地方节度使不仅渐渐被架空，甚至根本无法到任，作为皇室贵胄的李存勖诸弟也是如此，《资治通鉴》记载，"诸弟虽领节度使，皆留京师，但食其俸"。监军使原本的性质应该是监察藩镇，而李存勖将其变为地方的实际统治者，甚至还安排监军在藩镇之间相互调动。

宦官或伶官身份的监军使们能够在藩镇全面控制军政权力，其背后不仅是因为庄宗的宠信，更是因为强大的中央势力，而这正是李存勖本人的思路。除了一般意义的军政权力之外，庄宗还着手将自晚唐以来一直被藩镇控制的地方财政权力收归中央管理，派出租庸使直接管理地方财政，架空节度使手中的财政权力。

李存勖的中央集权和皇权专制政策损害了包括代北旧人在内的军功集团利益，可以说割裂了自己与创业基本盘的关系。如此一来，在动乱发生之后，其统治就会有崩塌的危险。

士卒皇甫晖作乱

在唐末藩镇混战格局中，魏博地位举足轻重，它镇抚河北，有"魏博全则燕、赵安"之称，且能牵制西面的三晋区域。正因如此，唐末五代各路枭雄都着意夺取魏博，以图进取天下。

唐末的魏博是在罗弘信、罗绍威父子治下，朱温对于魏博一直拉拢收买。在尚未强大之前，"以兄事弘信，常为卑辞厚币以聘魏"。罗绍威袭父位任节度使后，朱温代唐已成必然，"故倾心附结，赞成其事"。但是，魏博镇有个很特殊的政治现象，就是节度使无法控驭手下牙军，从田承嗣时代即是如此，已经有二百余年。

为了控制魏博，朱温与罗绍威策划了诛杀牙军的密谋，"凡八千家，皆赤其族，州城为之一空"。罗绍威虽然除去麾下难制的骄兵悍将，"然寻有自弱之悔"。正是由于魏博牙兵被诛灭，罗绍威才得以顺利投梁，同时也失去了可与朱梁分庭抗礼的军力依靠，使得魏博最终沦落为朱梁附庸，这就为朱温统一中原和河北铺平了道路。

朱温虽然诛灭了罗氏魏博的牙军，实现了有效控制，但是朱梁政权建立之后，大将杨师厚在魏博慢慢形成了独立的军政势力，新的魏博藩镇威胁到了朱梁政权的中央权威。杨师厚在朱温时代尚且恭顺，但是在朱温死后，他成为汴京朝局的决定性力量，影响到朱梁皇权的更迭。

杨师厚死后，梁末帝朱友贞企图分魏博六州为两镇"以弱其权"。梁廷君臣意识到"魏博为唐腹心之蠹，二百余年不能除去者，以其地广兵强之故也。罗绍威、杨师厚据之，朝廷皆不能制"，故而计划"分六州为两镇以弱其权"。

朱友贞的削藩计划是将原先魏博的六州一分为二：分相、澶、卫三州建昭德军，以张筠为节度使；魏、博、贝三州仍为天雄军，以贺德伦为节度使。如此一来，就要将魏州牙兵一半调至昭德军。

杨师厚时代所形成的魏博牙军，依然如同唐朝时期一样骄悍难制，他们在魏州"族姻磐结，不愿分徙"，根本不愿挪动。于是乎，在银枪效节军军将张彦的谋划下，发动叛乱，胁迫节度使贺德伦投降李存勖。

魏州投降对于李存勖夺取河北、建立日后灭梁的基地有重要的意义。李存勖接受魏博，"兼领天雄军"，但是诛杀了张彦等倡乱主谋，并将杨师厚时代打造的银枪效节军纳入自己的亲军。

"唐能破梁而得天下者，以先得魏而尽有河北兵也"。李存勖"得魏州银枪效节都近八千人，以为亲军，皆勇悍无敌。夹河之战，实赖其用，屡立殊功"，所以史书有"庄宗之克梁也，以魏州牙兵之力"的说法。

从晚唐开始，藩镇节帅与麾下将士形成了一种同盟关系，将士用命的前提是藩帅厚给赏赐，用丰厚的物质回报换来军事忠诚。如果不给赏赐，藩帅的位子根本坐不住，骄兵悍将比割据一方的节度使还难控制。

李存勖虽然灭梁称帝，但他与麾下将士还是利益同盟的关系，后唐政权依然需要以丰厚赏赐维持军事忠诚。但是，"庄宗自得魏兵，与梁战河上，数有功，许其军以灭梁而厚赏。及梁亡，魏军虽数赐与，而骄纵无厌，常怀怨望"。

骄兵悍将欲壑难填仅仅是一个方面，另一方面，庄宗锐意进行中央集权，任用伶官和宦官钳制地方藩镇，同时又对伶人过于宠信，厚给赏赐，甚至滥赐官爵。这无疑会引起军方不满，尤其是习惯了丰厚物质回馈的骄兵悍将会心怀怨恨。

在这种情况下，一个偶发事件就有可能引发动乱。同光四年（926）二月，庄宗调发魏军北戍瓦桥关，"逾年代归，至贝州，以邺都空虚，恐兵至为变，敕留屯贝州"。这使得久戍边地的魏州军人"去家咫尺，不得相见"，引发了他们对后唐朝廷的不满，并直接导致了叛乱的发生。

一个叫皇甫晖的魏州军卒改变了历史。皇甫晖是魏州人，"为人骁勇无赖"。一天夜里，皇甫晖在军中与人赌博，手气不好输了钱，心情很不好，气急败坏决定铤而走险，"乃与其徒谋为乱"。

皇甫晖纠集一帮人，先是劫持了部将杨仁晟，准备拥立杨氏谋反。皇甫晖对杨仁晟进行一番游说："唐能破梁而得天下者，以先得魏而尽有河北兵也。魏军甲不去体、马不解鞍者十余年，今天下已定，而天子不念魏军久戍之劳，去家咫尺，不得相见。今将士思归不可遏，公当与我俱行。不幸天子怒吾军，则坐据一州，足以起事。"

没想到，杨仁晟没有胆子造反，反而说："公等何计之过也！今英主在上，天下一家，精甲锐兵，不下数十万，公等各有家属，何故出此不祥之言？"

怯懦不肯从命的杨仁晸成了皇甫晖等人的刀下亡魂，擅杀将领对骄悍士卒而言是家常便饭。斩杀杨仁晸之后，皇甫晖这帮人又"推一小校为主，不从，又斩之"。杀掉两名军官之后，皇甫晖拿着二人人头，"诣裨将赵在礼"。

赵在礼看到人头之后，只能从命，连夜焚毁贝州，率军进入魏州，并任命皇甫晖为马步军都指挥使。皇甫晖进入魏州之后，"拥甲士数百骑，大掠城中"。

魏博兵乱后，"河朔州县告乱者相继"，产生连锁效应，河朔地区多地叛乱。李存勖原本打算亲征平叛，但最终还是派李嗣源率军讨伐。李嗣源起初并无反叛的打算，但也一直刻意经营自己的势力。

当李嗣源兵临魏州城下时，其部下却发动了兵变，始作俑者还是普通士兵。这一夜，"从马直军士张破败作乱，帅众大噪，杀都将，焚营舍"。第二天凌晨时分，乱军逼近主帅中军大营。李嗣源率亲军迎战，竟然"不能敌，乱兵益炽"。

李嗣源在阵前斥责乱兵说："尔曹欲何为？"

乱军首领张破败回答道："将士从主上十年，百战以得天下。今主上弃恩任威，贝州戍卒思归，主上不赦，云克城之后，当尽坑魏博之军；近从马直数卒喧竟，遽欲尽诛其众。我辈初无叛心，但畏死耳。今众议欲与城中合势击退诸道之军，请主上帝河南，令公帝河北，为军民之主。"

李嗣源手下的亲信将领李绍真和安重诲劝他从了这帮乱兵，于是李嗣源所带军队与魏州叛军合而为一，拥兵入城。张破败之所以率众作乱，对魏博牙兵遭遇的同情是其中一个重要原因。李嗣源在魏州待了两日，即率军向京师洛阳进发，其军队主力是李绍真所带的五千镇州兵。

当时，赵在礼受制于牙兵，留在了魏州，魏博牙兵并未直接参与李嗣源进兵京师的行动，但是它至少对李嗣源此举持拥护态度。在当时李嗣源仅有兵五千的情况下，这已是对他的很大支持。

当初李存勖正是因为获得了银枪效节军的支持，才得以轻松占据河北，进而灭掉朱梁，统一中原。魏州兵变的始作俑者同样还是效节军，正是因为魏州兵变引发的连锁反应，才有了李嗣源的反叛，以及后来的庄宗政权覆灭。正如司马光所说："庄宗之克梁也，以魏州牙兵之力；及其亡也，皇甫晖、张破败之乱亦由之。"

作为那场变乱的发动者,皇甫晖后来的人生际遇发生了很大变化。人人皆知"庄宗之祸自晖始",李嗣源即位之后,还是拜其为陈州刺史,"终唐世常为刺史"。后晋天福年间,皇甫晖"以卫将军居京师"。

后来,契丹进犯后晋。皇甫晖"率其州人奔于江南",投奔了南唐政权,李璟"以为歙州刺史、奉化军节度使,镇江州"。周世宗南征的时候,李璟任命皇甫晖为北面行营应援使,屯清流关。皇甫晖兵败被擒,"世宗召见,晖金疮被体,哀之,赐以金带、鞍马,后数日卒"。从一个普通士卒,到史书留名的藩镇节帅,皇甫晖的人生经历堪称异数。

英雄天子之死

占据魏州的李嗣源,究竟是反,还是不反呢?李嗣源出身于没有姓氏的沙陀部民,年仅13岁的时候就进入李国昌军中效力,后被李克用收为养子,才有了李嗣源这个名字。按理说,李嗣源算得上是李存勖的义兄。当然,君臣名分是大于兄弟之情的,更何况养子只是用来卖命的。

原本,在李存勖嗣位之初,刚刚接手晋王大位的时候,李嗣源是他巩固权力和进行对外扩张战争的重要依恃。但是,随着灭梁和北方基本统一的完成,皇帝李存勖与包括李嗣源在内的李克用那帮义子之间的关系就变得非常微妙。

庄宗李存勖想要强化中央集权和皇权专制,而李嗣源这样的藩镇势力势必是中央集权的障碍,二者冲突是不可避免的。李存勖大肆重用后梁降臣,大批量地给他们赐姓李氏;后来又滥用伶官、宦官,这些看似昏庸的举措,其用意都是为了制衡削弱李嗣源这样的老班底藩镇力量。

李嗣源在魏州集结兵力,却没有对叛军采取军事行动,这本身就耐人寻味。后世史书中,曾有李嗣源欲返回成德藩镇,等待洛阳朝廷降罪,而部下霍彦威、安重诲极力劝阻,才做了南进洛阳、入觐自辩的决定。这样的叙事,事实上是在为李嗣源后面的夺位做辩解。

李嗣源在南进过程中，的确也屡屡上表朝廷，企图撇清兵变干系。但是，他与洛阳庄宗之间隔着一个元行钦，表章皆被截留，未能上达。元行钦本是幽州集团刘守光麾下大将，在河东李氏集团灭桀燕战争的过程中，天祐十年（913）投降李嗣源，被收为养子。但是，后来庄宗李存勖平定河北，"选骁健置之麾下"，意图打造更为骁勇的亲军，"因索行钦"，即是向李嗣源讨要元行钦，这其实是庄宗与藩镇之间的人才争夺。李嗣源"不得已而遣之"，元行钦从此成为庄宗爱将，赐名李绍荣。

面对昔日旧主李嗣源，元行钦毫无所动。当时，李嗣源长子李从璟正在洛阳禁军效力，为金枪指挥使。李嗣源军中有变的消息传至京城，李存勖对李从璟说："尔父于国有大功，忠孝之心，朕自明信。今为乱军所逼，尔宜自往宣朕意，毋使自疑。"

李从璟奉庄宗旨意，前去招抚李嗣源。但是，行至卫州，却被元行钦扣留，"将杀之"。惊惧之下，李从璟大呼道："我父为乱军所逼，公等不亮其心，我亦不能至魏，愿归卫天子。"如此一来，元行钦才放过李从璟，将其释归洛阳。

李存勖似乎被李从璟感动了，"怜其言"，赐名为李继璟，收为养子。李存勖其实还是在和李嗣源争夺人才，同时也算是在手里预备了一张人质牌。在后来庄宗败局已定的困境中，李从璟还是被元行钦所杀。

李嗣源与庄宗之间的沟通渠道中断了，剩下来的就只能是兵戎相见了，这其实是一种必然，即便没有兵变，李嗣源也是庄宗一系列削藩动作的重要目标。李存勖毕竟是马上天子，于是亲率大军东征，计划前往汴州坐镇平叛。

是年三月，李存勖亲统大军从洛阳出发，同时派元行钦率骑兵沿黄河东进。数日后，李存勖大军抵达荥泽，"以龙骧马军八百骑为前军"，派姚彦温统帅。庄宗万万没想到，姚彦温的先头部队抵达中牟的时候，突然率军奔向汴州。当时，潘瑰屯兵于王村寨，"有积粟数万"，也奔至汴州。

此时，李嗣源大军已经夺下汴州。李存勖得知诸军溃散，精神沮丧，兵至万胜镇（今河南中牟西北）便下令回师洛阳。班师路上，军心涣散，士兵很多逃亡。最后，只有元行钦麾下百余人是真正忠于皇帝，"皆援刀截发，置须于地"，发誓死忠。固然悲壮，但已入末路。

四月丁丑日，李存勖在安排好京师军政事务之后，准备率军前往汜水关。当车驾即将出发的时候，扈从骑兵部署于宽仁门外，"步兵陈于五凤门外"。正当李存勖在内殿用膳之时，他自己的侍卫亲军将领从马直指挥使郭从谦率手下人马挥刀而攻，至兴教门大呼，"与黄甲两军引弓射兴教门"。

郭从谦这是宫门造反啊！这又是为何呢？原来这郭从谦与郭崇韬同族，一直以郭崇韬为叔父，他又是睦王李存义的养子。郭崇韬和李存义都死于庄宗之手，郭从谦一直在等待复仇机会。大乱已至，郭从谦复仇的时机到了。

李存勖在内殿得知禁军兵变，"自宫中率诸王近卫御之，逐乱兵出门"。果然还是英雄天子，战斗力不是吹的！乱兵见强攻不行，于是焚毁兴教门，杀入宫城，"登宫墙欢噪"。李存勖究竟还是能打，"御亲军格斗，杀乱兵数百"。在激烈的交战中，李存勖被流矢射中，伤情很严重。

这一箭导致了庄宗的死亡，但是在史书的记载中暗示他是被刘皇后害死。《新五代史》中记载：

郭从谦反，庄宗中流矢，伤甚，卧绛霄殿廊下，渴欲得饮，后令宦官进飧酪，不自省视。庄宗崩。

从上述文字看，庄宗中箭之后，躺在绛霄殿廊下，口渴想喝水。刘皇后命宦官送上"飧酪"，但是自己只顾逃命，而不去探视，最终皇帝死了。

《资治通鉴》上的记载，更具有暗示性：

俄而帝为流矢所中，鹰坊人善友扶帝自门楼下，至绛霄殿庑下抽矢，渴懑求水，皇后不自省视，遣宦者进酪，须臾，帝殂。李彦卿等恸哭而去，左右皆散，善友敛庑之下乐器覆帝尸而焚之。

《资治通鉴》中说刘皇后派宦官进酪，须臾之后，李存勖就崩殂了。如此叙事，不难看出纂史者在暗示刘皇后进酪，导致了李存勖之死。胡三省的注释更是明说是刘皇后的行为导致皇帝之死，"酪……乳浆也。凡中矢刃伤血闷者，得水尚可活，饮酪是速死也"。

但是，《资治通鉴》中还有一个信息被忽略了，李存勖中箭之后，身边似乎没有专业的御医，只有鹰坊人善友在负责救护，将其扶至绛霄殿庑下休息，竟贸然"抽矢"，也就是拔出箭头。这样做很显然不是正确的救护措施，只会导致大量流血而难以止住。

所谓的"酪",其实是牛羊乳制品发酵之后的产品。草原民族的确有饮乳酪代替喝水的习惯,可以说饮酪止渴很正常。从这一点看,刘皇后送上乳酪,并非是有意谋害,只是一种基于习惯的行为。当然,庄宗身受箭伤,肯定是不能饮用乳酪的。据东晋南朝人所编的《肘后救卒方》记载:"凡金创去血,其人若渴当忍之。常用干食并肥脂之物以止渴,慎勿咸食。若多饮粥辈,则血溢出杀人,不可救也。"

所以说,庄宗最后的死亡的确与刘皇后所进的乳酪有关,但应不是其有意为之。英雄天子李存勖最后死得很窝囊,很凄凉。

李存勖死了,洛阳城陷入大乱,宗室诸王如鸟兽散,其中申王李存渥"与刘皇后同奔于太原,行至风谷,为部下所杀",而那位刘皇后则当了尼姑避祸,最后还是被李嗣源赐死。

大局既崩,李存勖昔日亲信朱守殷派人至李嗣源在婴子谷的驻军地,对他说:"京城大乱,燔爇不息,请速至京师。"四月己丑日,李嗣源大军进抵洛阳,动乱渐渐平息。李嗣源在洛阳的表现非常克制,即便对于唾手可得的皇位也做足了前戏。《旧五代史》记载:"帝至洛阳,止于旧宅,分命诸将止其焚掠。"

至于帝位,李嗣源公开的态度是"以待魏王",也就是等待征蜀的魏王李继岌回来接班,人家是李存勖的儿子。李嗣源自己则表示要"奉大行梓宫山陵礼毕,即归藩矣",即等给庄宗办完丧事,就返回成德藩镇。

当然,领导这么谦逊,部下不能太当真。无论是跟着李嗣源从魏州造反的旧部,还是已经改换门庭的前庄宗亲信,都在这一天上表劝进,希望他"俯徇乐推",速即大位。

当时魏王李继岌手中尚有数十万征蜀大军,如果李嗣源立即继承帝位,则极有可能成为众矢之的。于是,李嗣源接受了部下奉上的监国名义。数日后,李嗣源进入大内兴圣宫,"始受百僚班见之仪"。

不久,魏王李继岌在班师途中,行至渭南,听闻庄宗死讯,兵卒溃散,竟然自缢而死。征蜀大军在任圜的率领下,返回洛阳,归附了李嗣源。魏王既死,李嗣源称帝的唯一障碍已被扫清了。

李嗣源仅是李克用养子,与后唐皇室并无真正的血缘关系,所以霍彦威、孔循这些朱梁旧臣奏请李嗣源另改国号，理由是"唐之运数已衰，不如自创新号"。李嗣源并未接受这种建议，而是说"武皇功业即予功业，先帝天下即予天下也"，以弟兄相继的伦理逻辑，宣示自己对于后唐政权的合法拥有权。四月二十日，李嗣源在西宫称帝，身穿斩衰之服，即位于李存勖的灵柩之前，以表示自己是合法继承，而非篡夺。

李嗣源的立场极其高明，这样在最大程度上可以争取李存勖之前的旧臣。以李存勖的继承者的身份君临洛阳，李嗣源成功洗白了自己反叛者的身份。那么，他又是如何对待真正的后唐宗室呢？

即监国位之初，李嗣源曾经颁布过一个政令，说要"外安黎庶，内睦宗亲"，命河南府及诸道，找到逃亡的诸王宗室，送至京城，不幸亡故的也要呈报朝廷。宋人的《北梦琐言》却记载了"庄宗诸弟存纪、存确匿于南山民家"，下面官员将事情报告给了李嗣源亲信重臣安重诲。

安重诲却"密令杀之"，除掉了李存纪、李存确。除了这二人外，申王李存渥、永王李存霸早已死于乱军之中，薛王李存礼及皇子李继嵩、李继潼、李继蟾、李继峣皆不知所踪。后唐宗室不是被杀就是失踪，这就是真正的亡国灭祀了。李嗣源表面上是"切让重诲"，也就是责怪安重诲，而且"伤惜久之"，似乎是很痛惜。但是，安重诲并未受到任何实质处罚，反而被授予枢密使重任，这足以说明谋杀背后真正的主使就是李嗣源本人。

李嗣源是当初那次魏博兵变的最大受益者，正因为兵变产生的连锁效应，才会有李嗣源起兵夺位的成功。如果李嗣源是庄宗的继承者，维护后唐的合法性，那么他就应该认真处理兵变始作俑者皇甫晖，他起初只是一名士卒，李嗣源即位之后却将其擢为陈州刺史，"终唐世常为刺史"。

那个被乱兵裹挟的赵在礼，在李嗣源上位之后也是官运亨通，当上了邺都留守、兴唐尹，后来又历镇泰宁、匡国、天平、忠武、武宁、归德、晋昌等藩。徐无党在给《新五代史》做注释时说了一句一针见血的话，"在礼始乱宜诛，而明宗因之以反，命以方镇，报其功也"。

相反，庄宗李存勖的亲信旧臣，无论是坚拒新帝，还是已经归顺的，如张宪、朱守殷、元行钦、李存敬等人，最后也都是以各种原因惨遭屠戮。李嗣源清除老领导的手腕，真是铁血无情，夺位之心必是早已有之！

粗为小康的李嗣源时代

李嗣源登基之后,改同光四年为天成元年(926),成为后唐第二位皇帝。李嗣源一方面大肆清除庄宗亲信出身的地方藩帅,安抚其他派系色彩较淡的节度使;另一方面开始大规模起用以往被庄宗打压的代北集团人员。

天成元年五月,李嗣源擢升前相州刺史、北京左右厢都指挥使安金全为安北都护、振武节度使、同平章事。安金全是代北人,世代为边将,骁勇善战。从李克用时代开始,安金全就是河东集团猛将,"屡从征讨"。李存勖潞州大战、扫平河朔,安金全皆有战功,被擢为刺史。后来,因为年老有病,安金全退居太原旧都。朱梁末年,梁将王檀率军三万,趁李存勖大军悉在邺都,大举进攻太原。在这种危急情况之下,安金全在太原监军张承业的支持下,"召率子弟及退闲诸将,得数百人",竟然击溃了梁军。不久之后,石君立从潞州率军回援晋阳。倘若没有安金全的果断与奋命,晋阳城极有可能为汴军所夺。但是,庄宗李存勖对于代北集团勋旧始终疏远,而且"性矜伐,凡大将立功,不时行赏"。所以,安金全在庄宗时代"名位不进",始终徘徊于刺史级别。李嗣源即位之后,立即将安金全擢为藩帅,位居方面足见他对于代北武人集团的态度,也显示了与庄宗不同的政治立场。

除了安金全之外,李嗣源还提拔了一批颇有战功的代北旧人,"以前蔚州刺史张温为振武留后,以左右厢突阵指挥使康义诚为汾州刺史,以左右厢马军都指挥使索自通为忻州刺史";"以晋州留后符彦超为北京留守,以镇州副使王建立为镇州留后,以右龙武统军安崇阮为晋州留后"。

李嗣源的这些人事安排,使得大批早期跟随李克用、李存勖征战的代北集团人员得到了提升,但其中不乏李嗣源的故知旧将。李嗣源积极笼络各集团人员,极大扩大了他的统治基础。

庄宗在位期间,急进推行中央集权,恢复唐代的宦官监军制度。除此之外,庄宗设立租庸使等政策,也事实上剥夺了藩镇的财政权力。虽然从长远看,庄宗的集权政策对于后唐王朝的真正帝国化发展是有价值的,但是这些政策在很大程度上导致了藩镇将帅的离心,也是后来庄宗政权速溃的原因之一。李嗣源吸取庄宗的教训，就任监国之后就"罢诸道监军使"，最大程度争取地方藩镇的支持。

晚唐以来，藩镇骄兵悍将一直是威胁朝廷权威的危险力量，甚至藩镇节帅也难以控制，其中魏博牙兵最为难制。天成二年三月，拥立李嗣源登上帝位的魏州牙兵数千人被从邺都发往芦台。戍守的途中，在军校龙晊率领下发动兵变，朝廷刚刚委派的副招讨使乌震"未及交印而遇害"。叛乱很快被齐州防御使安审通等以精锐的骑兵镇压下去，但朝廷震动。

对于这场叛乱，李嗣源的镇压是非常无情血腥的，下诏"卢台乱军龙晊所部邺都奉节等九指挥三千五百人在营家口骨肉，并可全家处斩"。诏书下至邺都时，为了不使乱兵家属漏网，乃"阖九指挥之门，驱三千五百家凡万余人于石灰窑，悉斩之，永济渠为之变赤"。一人叛乱，举族全诛，李嗣源果然是个代北屠夫！

龙晊率领作乱的这批士兵，就是以前朱梁魏博节度使杨师厚所招募的银枪效节军，仅八千人，"皆天下雄勇之士"。庄宗灭梁过程中，这支精锐军队倒戈投降，对于后唐灭梁起了关键作用。李嗣源得以夺取帝位，也与他们的拥立不无关系。但是，这样一支政治立场随时可变且骄悍难制的军队存在，始终是个威胁。故而，在镇压兵变中，李嗣源毫不念旧，血腥屠杀，"魏之骄兵，至是而尽"。

相较于李存勖一心要恢复盛唐大一统帝国的政治理想与激进的中央集权步骤，李嗣源更满足于做一个局部政权的统治者。在确保核心利益的前提下，李嗣源愿意与地方藩镇达成一种平衡的共治格局。

与李存勖全面控制型的国家主义经济政策不同，李嗣源执政之后开始实行了一套相对宽松的经济政策。即位数日之后，李嗣源便下诏处置了李存勖的经济主管大臣——租庸使孔谦，指责其"专以聚敛为意"，而孔谦的聚敛其实不过是在执行李存勖国家主义的经济政策。

孔谦因"侵剥万端，奸欺百姓，遂使生灵涂炭，军士饥寒，成天下之疮痍，极人间之疲弊"，被李嗣源斩于洛阳，家产籍没。孔谦被斩，租庸使职位也被废黜，其职掌仍分归盐铁、户部、度支三司管辖。与之相应，地方节度使的财政经济权力也都恢复。

除此之外，李嗣源也确实实行了一些减轻民众负担的政策，譬如下诏取消"省耗"。在李存勖时代，百姓在应缴纳的夏、秋两税中，除纳正税之外，再按正税数额每斗额外征收一升，此即所谓"省耗"。李嗣源下诏，废除"省耗"，规定"止纳正税数，不量省耗"，即是夏、秋两税各减收十分之一。

赋税的降低带来了农业生产的恢复发展，也稳定了市场粮价。据《旧五代史·明宗纪》记载，只经过一年多时间的休整性改革，适逢粮食丰收，谷物价格大幅度下降，"雁门以北，东西数千里，斗粟不过十钱"。

唐代中晚期，政府为了应对财政危机，开始扩大税种，譬如酒税的开征及扩大。唐代宗广德二年（764），朝廷开始向酿酒户征收酒税；宪宗元和六年（811），政府进一步扩大征收额度，规定除对酿酒户征收酒税（榷酒钱）之外，再将另一部分酒税均摊在青苗钱内一并征收。至武宗会昌六年（846），在部分区域的酒类税收的征收范围进一步扩大，敕令扬州等八道不仅榷酒，而且榷曲，即对酒曲制造征税。

后唐李存勖时代，酒税的征收与行业管制进一步严密，民间获利空间基本被堵死。朝廷甚至规定，私造酒曲五斤以上处死，但官吏在执行时又变本加厉。明宗天成三年，东都百姓有犯曲法者，东都留守孔循竟将犯曲法者灭族。

全面无死角的国家主义经济政策，虽然在短期能促进中央财政收入的增长，正如李存勖对孔谦的"丰财赡国"评价。但是，从长远看，这样的政策与制度设计，只会导致社会财富创造能力的枯竭，进而导致财政陷入无源的困境。

务实的李嗣源及时调整政策，下诏弛曲禁，准许乡间百姓自造酒曲，仅于秋苗税中每亩征收五文钱充作酒曲钱。两年后，又进一步放宽榷酒之法，规定城市中虽然依旧禁曲，但官造酒曲减旧价之半，乡村中全部蠲免每亩五文曲钱，听凭百姓自造酒曲。这一措施实施后"民甚便之"。

李嗣源甚至放宽了诸如铸铁业在内的一些民间手工业限制，允许百姓自由铸造铁制农具和杂用铁器，减轻铁税。长兴二年（931），后唐朝廷颁布诏令："敕今后不计农器、烧器动使诸物，并许百姓逐便自铸造。……杂使熟铁，亦任百姓自炼……。乡村百姓，只于系省夏、秋苗亩上纳农器钱一文，五分足，随夏、秋二税送纳。"

在此之前，铁制农具和日用铁器的铸造权垄断在诸道监冶手中，百姓铸造是有干例禁的，只能被迫去购买官造的质次价昂的铁制品。政府控制所有铁器铸造权利，意在垄断利源，而事实就是在与民争利。李嗣源的宽松政策，不仅有利于民众的日常生活，更是将民众身上的经济枷锁放松了一些。

正是因为李嗣源的宽松放任政策，所以其在位的天成、长兴年间，"天下屡稔，朝廷无事"，中原经济渐渐复苏。后世正统史书对李嗣源的评价颇高，《旧五代史》称其"能力行于王化，政皆中道，时亦小康，近代以来，亦可宗也"。司马光在《资治通鉴》中也说"在位年谷屡丰，兵革罕用，校于五代，粗为小康"。

后唐江山再次易主

李嗣源如同很多专制帝王一样，在接班人的问题上犯了很多错误，甚至最后导致政权倾覆。李嗣源原先有个长子李从审，在庄宗李存勖时代一直在洛阳朝廷供职，本身或多或少有一点儿质子的意思。当李嗣源和李存勖兵戎相见之时，李从审便成了牺牲品，最后死于元行钦之手。

李从审死后，次子秦王李从荣便成为事实上的长子，按理说是帝位继承者的首选，李嗣源至洛阳，即帝位之后，李从荣被任命为邺都留守、天雄军节度使。天成三年（928），李从荣被父亲调至太原，任北京留守、河东节度使。天成四年，李从荣入洛阳，出任河南尹。

从李从荣的履历看，似乎就是按照接班人培养的。长兴年间，李从荣又被授予天下兵马大元帅的头衔。这个任命极有意义，唐代宗中晚期以来，"天下兵马大元帅"几乎是太子的标配。李从荣获得这一任命之后，也渐生骄横之气，竟然奏请"以严卫、捧圣步骑两指挥为秦府衙兵"。"严卫""捧圣"都是禁军，李从荣已经越界了。

李从荣每日入朝，声势浩大，"以数百骑从行"，出行之时都是"张弓挟矢，驰骋盈巷"。既然被任命为天下兵马大元帅，李从荣便自以为将会为父亲承担荡平天下的使命，竟然命秦王府僚佐及四方游士，各作《檄淮南书》一道，宣称要去荡平南方，向父亲表达自己要廓清宇内之意。

李从荣是一个"素豪迈，不遵礼法"之人，虽然骤得高位，但是缺乏人望，也没有真正的军政班底。更为关键的是，李嗣源对于接班人选其实一直是游移不定，而且在他看来，立储就意味着在某种程度上放弃对皇权的控制，所以更为不定。

长兴四年（933）十一月，李嗣源病重。李从荣入宫探视，"帝俯首不能举"。李嗣源的王淑妃对皇帝说："从荣在此。"但是，李嗣源毫无反应，似乎对这个儿子的问安毫不领情。李从荣碰壁之后，离开皇宫就"闻宫中皆哭"。眼见父亲抬不起头，又听到宫中哭声，李从荣以为李嗣源已经崩殂了，第二天早上，李从荣"称疾不入"，也就是假称有病不入朝。

事实上，当天晚上李嗣源的身体就略有恢复，只是李从荣并不知道。李从荣渴望接班，也自知缺乏力量支撑，故而与麾下僚属商量，打算搞个宫廷政变，带兵入宫，控制宫廷，再钳制群臣。

数日之后，李从荣自河南府府衙率步骑兵千余人，列阵于天津桥。宦官宣徽南院使孟汉琼被甲乘马对阵李从荣，并招马军都指挥使朱洪实，命其率五百骑兵讨伐李从荣。

李从荣虽然带了一千牙兵，但是面对朱洪实的骑兵没有什么战斗力。等到"骑兵大至"，李从荣的牙兵立马就溃散了，他竟然逃进自己的秦王府避难，"僚佐皆窜匿，牙兵掠嘉善坊溃去"，一副乌合之众的样子。

李从荣竟然与妃子刘氏躲在床下，皇城使安从益将其拿获并斩杀，将其首级献于李嗣源。李嗣源得知后，亦是十分悲痛，"悲骇，几落御榻，气绝而苏者再，由是不豫有加"，原本病危的身体，已然濒临死亡。

在安排好诸多人事调动以及对秦王府的惩罚之后，是年八月某天，李嗣源崩于大内雍和殿，终年67岁。李嗣源死后，又经历了一番动荡，局势渐渐平定，而他被谥为德和武钦孝皇帝，庙号明宗，史称后唐明宗。

后唐长兴四年十一月的皇室内争中，秦王李从荣政变失败，身首异处之后，明宗李嗣源也随之猝死。是年十一月二十一日，也就是李从荣死后的第二天，李嗣源派宣徽使孟汉琼赴邺都宣召宋王李从厚进京。二十六日，明宗崩逝。二十九日，李从厚抵达洛阳。十二月初一日，李从厚"发丧于西宫"，并于柩前即皇帝位。

李从厚是明宗李嗣源的第三子，与秦王李从荣为同母兄弟，母亲都是昭懿皇后夏氏，后梁乾化四年（天祐十一年，914）十一月二十八日生于晋阳。说来也很有趣，李嗣源是个目不识丁的沙陀武人。但是，李从荣和李从厚都是爱读书之人，李从厚韶龀之年就很爱读《春秋》，"略通大义"。李从厚长得很像李嗣源，或许因此深得父亲宠爱。

天成元年（926），李嗣源称帝，李从厚被加授为金紫光禄大夫、检校司徒。天成二年四月，李从厚被拜为河南尹、判六军诸卫事，加授检校太保、同平章事。同年十一月，又加授检校太傅。

事实上，李从厚上述这些履历及官职，相较于他的年龄都是意义不大的虚衔而已。天成三年三月，李从厚外放为汴州节度使，算是第一次出镇地方的历练。天成四年，李从厚又改任河东节度使、北都留守，移镇太原。长兴元年（930），李从厚调任镇州节度使，并被册封为宋王。

长兴二年，李从厚又加检校太尉、兼侍中，并移镇邺都。长兴三年，再加中书令衔。长兴三年，李从厚也仅仅只有19岁，就已经位居如此高位，个中不难看出皇帝李嗣源的欣赏和宠爱。

最期待同时也最有可能继承帝位的是秦王李从荣。然而，李从荣不仅在父亲面前表现出过分的权力欲望和担当冲动，而且对于这位同母弟弟也表现出过分的戒备，"深所猜忌"。李从厚为人谨慎，对于这个汲汲于帝位的兄长"善于承顺"，最终没有出现兄弟相残的局面。

李从荣兵败身死之后，李从厚成为理所当然的帝位继承者。李从厚遵照明宗遗诏，"以日易月"，服丧二十七天，即开始处理政务。

秦王李从荣之败死与枢密使朱宏昭、三司使冯赟、宣徽使孟汉琼有莫大关系。李从厚得以继位，虽然是势之必然，但也与朱宏昭、冯赟等人不无关系。故而，李从厚即位之后，朱宏昭、冯赟等人自恃有定策之功，专擅朝政，将李从厚的亲信都排挤出朝廷，还将明宗时代的宿将调任藩镇，譬如将侍卫马军都指挥使、宁国军节度使安彦威调为河中节度使，将侍卫步军都指挥使、忠正军节度使张从宾调为泾州节度使。如此一来，朱宏昭、冯赟等人便掌握了禁军兵权。

可以说，从一开始，李从厚就是一个被架空的皇帝。除了专擅的权臣，李从厚还需要面对更为危险的敌人，那就是对洛阳皇权有野心的藩镇强帅。

李从厚骤得皇位，而中枢大权尽在朱宏昭、冯赟掌控。在当时后唐军政权力格局中，无论是皇帝李从厚还是权臣朱宏昭、冯赟，实力与威望都是不够的。在地方藩镇中，凤翔节度使、潞王李从珂和河东节度使石敬瑭都是战功卓著、深得军心的宿将。

李从珂和石敬瑭二人地位也非同一般，李从珂是明宗李嗣源的养子，而石敬瑭则是李嗣源的女婿。李从珂本姓王氏，母亲姓魏。唐末景福年间，李嗣源在李克用麾下征战，"略地至平山，遇魏氏，掳之"，当时李从珂只有十余岁，李嗣源收为养子。

成年之后的李从珂长得孔武有力，"长七尺余，方颐大体，材貌雄伟"，在军中以骁勇善战闻名。在庄宗李存勖时代，李从珂在其灭梁战争中屡立战功，深得庄宗赏识。在同光元年灭梁的最后战役中，李嗣源与李从珂父子为庄宗立下诸多战功，被庄宗称赞为："复唐社稷，卿父子之功也。"

后唐政权稳定北方之后，同光二年，李从珂出任卫州刺史。当时，卫州有位唐昭宗时代宰相杜让能的家臣王安节，善于相面之术，因事拜见李从珂，事后他对人说："真北方天王相也，位当为天子，终则我莫知也。"这一神秘事件见于《旧五代史》，但这种玄学味道极浓的记载，恐怕都是政治需要的一种附会了。

《旧五代史》还曾经记载过，青年时代的李从珂在太原与石敬瑭"因击球同入于赵襄子之庙"，见到在春秋战国之际建立赵国的赵襄子塑像，心中暗暗以其为人生目标。凡此种种，皆在导向一个结论——李从珂是注定要成为帝王的！

在养父李嗣源夺取帝位的战争中，李从珂同样表现出众。李嗣源践祚之后，以李从珂为河中节度使。天成二年（927），李从珂加检校太保、同平章事。十一月，加检校太傅。长兴元年（930），加检校太尉。

明宗时代的枢密使安重诲，犹如庄宗时代的郭崇韬，皆是一时煊赫的权臣。安重诲与李从珂还有过一点儿私仇，在一次饮宴之中，安重诲不知何故惹怒了李从珂，竟然被这位皇子暴揍一顿。事后酒醒，李从珂也去赔礼道歉了。但"重诲终衔之"，记恨在心。

待到李从珂出任河中节度使的时候，安重诲仍然寻机对付李从珂。安重诲知道李从珂平日若是离开河中城巡视军营，出入时间并不固定。故而，安氏矫诏命令河中牙将杨彦温，若是赶到李从珂出城，便关闭城门，将其拒之城外。

长兴元年四月，李从珂出城，"阅马于黄龙庄"。杨彦温真就关闭城门，阻挡李从珂回城。李从珂问其故，杨彦温则回答说："但请相公入朝，此城不可入也。"

杨彦温俨然已经成为据城谋叛者，而此时明宗下诏，召李从珂赴洛阳，并同时派出大将药彦稠出兵征讨杨彦温。李嗣源为了搞清事实，特地命令药彦稠要抓活的杨彦温回来，"面要鞫问"。但是，待到是年十一月，河中城北拿下，杨彦温已死，"明宗以彦稠不能生致彦温，甚怒之"。

数日之后，安重诲便以李从珂失守之罪为由，想要动用朝廷问责机制，对其治罪，甚至有意杀掉李从珂。但是，李嗣源在这个问题上十分念及父子感情，非常动情地说："朕为小将校时，家徒衣食不足，赖此儿荷石灰、收马粪存养，以至今贵为天子，而不能庇一儿！"

最后，李嗣源做出一个平衡抉择，令李从珂归家静养，"不预朝请"。这件事的真相，其实就是安重诲暗中命杨彦温设套，让李从珂回不了河中，进而诬陷其谋反。明宗派药彦稠征讨，杨彦温却莫名死了，也极有可能是安重诲杀人灭口。

安重诲与郭崇韬很相似，都颇得人君重用信任，但也都跋扈不知分寸。安重诲日后与明宗关系也间生嫌隙，长兴二年，李从璋奉李嗣源之命，将安重诲诛杀。据说安重诲临死之前，依然不忘杀掉李从珂。

安重诲死后，李从珂复出，先是出任左卫大将军。不久，复任检校太傅、同平章事、行京兆尹，充西京留守。长兴三年，李从珂进位太尉，调任凤翔节度使。长兴四年五月，晋封为潞王。

李从荣败死，宋王李从厚得以继位，而大权实控于权臣之手。李从厚即位后，对于这位并无血缘关系的兄长李从珂采取了优容拉拢政策，加为侍中。但是，李从珂地方强藩的身份又令皇帝李从厚感觉不安。

虽然权臣与弱君有矛盾，但是在强化中央集权的问题上，李从厚与朱、冯二位权臣并无太多歧见。当时，李从珂的长子李重吉担任禁军控鹤军都指挥使，而其女儿李惠明（法号幼澄）则在洛阳出家为尼。李从厚在即位不久，就将李重吉外放为亳州刺史，而将女尼幼澄宣召进宫修行。很明显，皇帝解除李重吉的禁军职务是出于防范与猜忌，而将女尼宣召进宫则是充作人质。

在这种情况下，李从珂"方忧不测"。应顺元年（934）二月，李从厚将李从珂调任太原，为河东节度使。但是，李从厚的这一人事变动，并没有走"制书"的正规文书路径，而是仅仅派出钦使"宣授而已"。

这一调动并非仅仅涉及李从珂一人，洛阳朝廷通过枢密院调令对凤翔、河东、成德、天雄四镇节度使进行易地调动，并派使臣监送。四镇易帅，意在削弱藩镇势力。

皇帝李从厚本想借此削弱四镇实力，但是在中央政府实力不足的情势下，这种"削藩"只能引起各节度使的极大不满，李从珂是最为激烈的一个。面对朝廷一连串的动作，李从珂召集手下宾佐将吏商议，众臣的意见是："主上年幼，未亲庶事，军国大政悉委朱宏昭等，王必无保全之理。"

在得到手下诸将的支持后，李从珂命人连夜起草檄文，向诸道求援，并"欲诛君侧之罪"。洛阳朝廷得知李从珂已反，遂命西都留守王思同、护国节度使安彦威、山南西道节度使张虔钊等六镇节度使，联军征讨凤翔，同时将李重吉幽禁于宋州（今河南商丘）。

应顺元年三月十五日，凤翔城下"外兵大集"。兵力强弱之形势，对于李从珂非常不利。十六日，朝廷大军猛烈攻城，凤翔城防薄弱，随时有破城可能。危难之时，李从珂登上城楼，目视城下那些昔日曾经随他征战的将士，大哭道："我年未二十从先帝征伐，出生入死，金疮满身，树立得社稷，军士从我登阵者多矣。今朝廷信任贼臣，残害骨肉，且我有何罪！"

李从珂说的全是实情，无论是在庄宗平定河北的霸业中，还是在明宗李嗣源的帝王之路上，李从珂都立下赫赫战功，满身的金疮就是见证。李从珂是后唐江山社稷的元勋功臣，城外将士闻听哭声，无不动容。

倒戈成为理所应当之事，朝廷军中的大将羽林都指挥使杨思权对麾下将士说："大相公，吾主也。"这里的"大相公"指的就是李从珂，按照齿序，他应该算明宗长子。于是乎，杨思权率军投降，从西门进入凤翔城。杨思权投降，"严卫都指挥使尹晖亦引军自东门而入"，这样一来，朝廷军很快溃散。

形势惊人反转，李从珂于十七日犒赏三军，并整军东进。二十日，便兵临西都长安，朝廷副留守刘遂雍举城投降，并"率京兆居民家财犒军"。李从珂大军一路势如破竹，所向披靡，所到之处，几乎都是兵不血刃。二十六日，到达灵宝，河中节度使安彦威投降。二十七日，李从珂兵至陕州，"陕州节度使康思立奉迎"。

洛阳京师危在旦夕，皇帝李从厚大怒，召集朱宏昭等人怒斥："朕新即位，天下事皆出诸公，然于事兄，未有失范，诸公以大计见迫，不能独违，事一至此，何方转祸？吾当率左右往迎吾兄，逊以位，苟不吾信，死其所也！"

皇帝以退位甩锅，朱宏昭等人不知所措，只有康义诚站出来建议："西师惊溃，主将怯耳。今京师兵尚多，臣请尽将以西，扼关而守，招集亡散，以为后图。"

康义诚的话很对皇帝胃口，李从厚下令打开左藏库，重赏京师军士，每人绢二十匹，钱五千。当时，人心思乱，军士得到赏赐并不甘心，纷纷说："到凤翔更请一分。"从晚唐以来，骄兵悍将以下制上已成惯性，卖命的前提是给钱，给了钱还未必用命。

康义诚原本就是首鼠两端之人，对于李从厚也并不忠诚。二十八日，康义诚所帅军队就有兵士相继投降李从珂，而康义诚本人也"诣军门请罪"。京城诸军很快全部投降李从珂，大局已定。李从珂命人将宣徽南院使孟汉琼诛于路左。当天夜里，李从厚与手下亲军骑兵百余人自元武门逃出洛阳，至于卫州。

后唐江山再次易主，四月一日，文武百官立班奉迎。对于皇位，李从珂表现了足够的礼数，在文武臣僚多次劝进的情况下，依然按照礼制，拜谒太后、太妃，并拜明宗梓宫痛哭。

最终，以强大军事实力为基础，宰相冯道领衔劝进，由皇太后下令废黜李从厚为鄂王，其罪名是"为奸臣之擅命，离间骨肉，猜忌磐维，既辄易于藩垣，复骤兴于兵甲。遂致轻离社稷，大挠军民"。李从珂则被大大称颂，"皇长子潞王从珂，位居冢嗣，德茂冲年，乃武乃文，惟忠惟孝"，"可起今月四日知军国事，权以书诏印施行"，也就是先即监国位。

当然这些都是最后即皇帝位的程序，算是前奏。过了几日，以太后名义颁布的诏令又出来了，"皇长子潞王从珂，日跻孝敬，天纵聪明，有神武之英姿，有宽仁之伟略"，所以"宜即皇帝位"。

李从珂登上帝位，改应顺元年为清泰元年（934）。至于废帝鄂王李从厚，他的结局非常悲惨，很快就被李从珂派去的人勒杀于卫州，年仅21岁。直到石敬瑭建立后晋之后,这位在位仅仅五个月的短命天子才被谥为闵皇帝。

李从珂夺位是后唐皇室血统的第二次变动,庄宗李存勖出自沙陀李氏(朱邪氏),而李嗣源只是李克用的养子,其中并无血缘关系;太后诏书中的"皇长子从珂"也是李嗣源的养子,也没有血缘关系。所以说,此时的后唐较之李存勖建国之时,早已灭国改朝了。

李从珂的皇位得来很偶然,凤翔城上的袒身痛陈赢得了城外将士的军心,但是在那样一个军人雇佣兵化的乱世,真正能让军士追随卖命的办法依旧是重赏厚赐,在经济上贿赂军人,这是晚唐五代的典型现象。

李从珂一路攻城略地,而后就是打开府库,甚至强令百姓捐输家财,犒赏他的军队。倘若没有这样的收买,最后他能否进入洛阳都是未知。李从珂深得军心,除了本身骁勇之外,还有一个重要原因就是他"素轻财好施"。在凤翔得到军队拥戴之时,李从珂就对军人们许下诺言:"候入洛,人赏百千。"

李从珂大军进入洛阳,还未等到正式登基,就下诏给河南府,令其"率京城居民之财以助赏军"。数日之后,李从珂又下诏预借洛阳居民"五个月房课,不问士庶,一概施行"。所谓的"房课"就是房产税,提前预收五个月,足见财务窘迫。

李从珂竭泽而渔的敛财犒军搞得洛阳百姓不堪其苦,为什么李从珂没有动用国家财政的钱去赏赐呢?因为当时国家也是"府藏空匮",为何呢?因为钱都被闵帝李从厚拿出来犒军了。

如此一来,"京城庶士自绝者相继",很多人都选择了逃亡。搞到后来,李从珂甚至还逼着"太后、太妃出宫中衣服器用,以助赏军"。然而,没有任何政治忠诚,也没有雇佣兵契约精神的五代骄兵们对于李从珂的赏赐并不满意。

凤翔城下的朝廷禁军倒戈,李从珂得以反败为胜。所以,李从珂对军人的赏赐很丰厚,"自杨思权、尹晖等各赐二马一驼、钱七十缗,下至军人钱二十缗,其在京者各十缗"。

正如司马光对这些军人的评价是"其无厌如此",贪得无厌之人永远不会满足。当初,李从珂从凤翔起兵之时,禁军阵前倒戈投效,除了慑服于李从珂之勇武,同时也是为了赏赐,甚至"皆望以不次之赏",也就是期望值太高,超出合理范围。

除了不吝赏赐,李从珂带兵还有个特点,就是驭下很严,给钱没问题,但是如果作战不卖命，不守军规，惩罚自然不会轻松。所以，这些欲望没有得到满足的军人背后编了一个歌谣抱怨皇帝李从珂："去却生菩萨，扶起一条铁。"

他们口中的"生菩萨"指的就是闵帝李从厚，此人小时候有个小名叫"菩萨奴"，所为"生菩萨"指的就是已经被废黜为鄂王的闵帝李从厚；而"一条铁"则说的是李从珂，言下之意是说他吝啬。说实话，若论赏赐，李从珂并不吝啬，只不过当时府库空虚，对洛阳百姓的掠夺已经超过了极限，哪里还能满足这些军人的欲壑呢？

除了赏赐兑现之外，李从珂也没有忘记处置洛阳军政界的旧势力。那位曾经与秦王李从荣结党，在闵帝朝廷又首鼠两端的康义诚先是被诛杀了。就在杀掉康义诚的同一天，李从珂还下诏杀掉几个人，他们是枢密使朱宏昭、冯赟，以及宣徽南院使孟汉琼、西京留守王思同、前邠州节度使药彦稠，其罪名是"共相朋煽，妄举干戈，互兴离间之谋，几构倾亡之祸"，政治就是如此残忍，报复从来都是血腥的。

无论赏赐还是"显戮"，李从珂都无法挽救走向衰亡崩溃的后唐政权，各种危机接踵而至。

第五章
从石敬瑭到刘知远的武夫游戏

石敬瑭投靠契丹不过是慷他人之慨

后唐明宗李嗣源身边，子侄辈的猛将有两个，其一是养子李从珂，也就是后来的末帝；其二就是女婿石敬瑭，历史上背负骂名的"儿皇帝"，后晋高祖。

后唐长兴四年（933）十二月，李嗣源崩殂。经过中枢权力的一番博弈之后，闵帝李从厚继位。即位之前表现得非常寡断的李从厚，在成为皇帝之后却汲汲于削藩，进而逼反了时任凤翔节度使的李从珂。

闵帝即位之初，石敬瑭被加授中书令，由河东节度使调任镇州成德军节度使，用意自然还是削夺他的实力。李从珂夺位成功之后，石敬瑭被任命为河东节度使、北京留守，充大同、振武、彰国、威塞等军蕃汉马步总管。

后唐沙陀李氏的龙兴之地河东地区，从长兴三年开始，除了闵帝李从厚即位之初的短期变动外，就一直为石敬瑭所掌控。末帝李从珂夺位之后，面对实力很雄厚的石敬瑭，也不敢有所妄动。鉴于河东一直为石敬瑭控制，末帝李从珂与其达成了协议，称"与卿北门，一生无议除改"。从表面上看，末帝似乎承认了河东藩镇的半独立事实，承认了石敬瑭割据一方的合法性。

末帝李从珂自己就是藩镇兵变上台的，他对藩镇威胁认识更为深刻。所以，李从珂与石敬瑭的协议不过是即位之初安抚人心的权宜之举。若真的实行，无异于将后唐龙兴之地完全割让给石敬瑭，使其建立国中之国，这显然是难以容忍的。

李从珂与石敬瑭相识很早，甚至可以说是彼此相知，故而防范和疑忌也更深。据《新五代史·高祖皇后李氏传》记：

自废帝立，常疑高祖必反。（清泰）三年，公主自太原入朝千春节，辞归，留之不得，废帝醉，语公主曰："尔归何速，欲与石郎反邪？"既醒，左右告之，废帝大悔。公主归，以语高祖，高祖由是益不自安。

文中所谓的"千春节"，即后唐末帝李从珂的生日，为正月二十三日。公主是李嗣源的女儿永宁公主，与李从珂算是兄妹。或许正因为这一次酒醉泄天机，四个月之后，李从珂终于下定决心将石敬瑭从河东调走。是年五月初三日，李从珂下旨："以河东节度使、兼大同彰国振武威塞等军蕃汉马步总管、检校太师、兼中书令、驸马都尉石敬瑭为郓州节度使，进封赵国公。以河阳节度使、充侍卫马步军都指挥使宋审虔为河东节度使。甲午，以前晋州节度使、大同彰国振武威塞等军蕃汉副总管张敬达充西北面蕃汉马步都部署，落副总管。"

这个诏令其实是对当初那个"与卿北门，一生无议除改"承诺的违背，更是严重侵害了石敬瑭的政治利益，猛虎焉能离山？石敬瑭抗命不奉诏，于是末帝于十四日下诏，削夺石敬瑭官爵，并部署各路大军，讨伐河东：

令张敬达进军攻讨。乙卯，以晋州节度使张敬达为太原四面兵马都部署，寻改为招讨使；以河阳节度使、侍卫马军都指挥使张彦琪为太原四面马步军都指挥使；以邢州节度使安审琦为太原四面马军都指挥使；以陕州节度使相里金为太原四面步军都指挥使；以右监门上将军武廷翰为壕寨使。丙辰，以定州节度使杨光远为太原四面兵马副部署、兼马步都虞候，寻改为太原四面副招讨使，都虞候如故。以前彰武军节度使高行周为太原四面招抚兼排阵使。

李从珂确实是久经沙场的宿将，也很懂军事战略。这个部署非常有力，张敬达从北面，张彦琪从南面，安审琦从东南方向，杨光远从东北方向，相里金、高行周从西面，五路人马同时进攻，兵力规模也相当大。

当然，石敬瑭在河东那边也早有准备。起兵之时，石敬瑭便不断招诱邻近的节帅。屯于代州的雄义都指挥使安元信、振武西北巡检使安重荣、张敬达麾下西北面先锋指挥使安审信等都起兵响应，率部曲奔入太原。

然而，这些兵力的加入仍然没有改变石敬瑭的劣势局面。除了上述数人之外，邺都捧圣都虞候张令昭、云州步军指挥使桑迁等也谋划策应河东，但很快就被朝廷大军平灭。身处太原的石敬瑭很快陷入重围困境，他又如何破局呢？

后唐清泰三年（936）五月，唐末帝李从珂对石敬瑭终于动手。经营河东多年的石敬瑭虽然能联络周边藩镇，结盟对抗后唐朝廷，但是在李从珂多路大军围剿之下，晋阳城渐渐陷入危境。

走投无路的石敬瑭决定向契丹求援，《资治通鉴》"清泰三年八月"条记载：

帝闻契丹许石敬瑭以仲秋赴援，屡督张敬达急攻晋阳，不能下。每有营构，多值风雨，长围复为水潦所坏，竟不能合。晋阳城中日窘，粮储浸乏。

当时的晋阳城中已"平地水深数尺"，防守十分困难，城中军粮又极为短缺。胡三省在为这段内容作注的时候认为，"若契丹之援不至，晋不能支矣"。从战斗实力而言，张敬达统帅的朝廷讨伐军也远胜于河东石敬瑭的军队。

诸多史书中都记载了石敬瑭向契丹求援的细节，《旧五代史·晋高祖纪一》中说：

朝廷以帝不奉诏，降旨削夺官爵，即诏晋州刺史、北面副招讨使张敬达领兵围帝于晋阳。帝寻命桑维翰诣诸道求援，契丹遣人复书诺之，约以中秋赴义。……（九月辛丑）是夜，帝出北门与戎王相见，戎王执帝手曰："恨会面之晚。"因论父子之义。

后世大众熟知的"儿皇帝"，石敬瑭认耶律德光为父的事情，在上述史料中也有涉及。但是，真实的历史并非如此线索清晰简单，石敬瑭向契丹求援，也并非如同后世文学化历史叙述所言的那么单纯是什么卖国求荣之类。

揆诸《辽史·太宗纪上》，对于契丹出师援救石敬瑭亦有记载：

（天显十一年七月）七月丙申，唐河东节度使石敬瑭为其主所讨，遣赵莹求救，时赵德钧亦遣使至，河东复遣桑维翰来告急，遂许兴师。八月庚午，自将以援敬瑭。

按照这个史料看，石敬瑭派出的第一个赴契丹求援的使节是赵莹。与此同时，赵德钧也派人出使契丹。赵德钧又是何人呢？

赵德钧是幽州人，本名赵行实，后唐庄宗李存勖曾赐姓名李绍斌，累迁沧州节度使。同光三年（925），调任为幽州节度使。明宗李嗣源即位后，复其本姓氏，改名赵德钧。石敬瑭于晋阳起兵之后，唐末帝命赵德钧为诸道行营都统，参与镇压河东石敬瑭军。

赵德钧却在此时萌生割据自立的野心，也想引契丹为外援，助自己称帝。幽州一带政治情势非常复杂，自安史之乱以来，幽州便长期不奉朝廷之命而割据一方。从广德元年（763）安史降将节镇河北到天祐十年（913）晋王李存勖灭桀燕刘氏政权，幽州割据长达一百五十年之久。

幽燕之地"东有鱼盐之饶，北有塞马之利"，人口相对稠密，物力较为富饶，地势更为险要，其长期割据自立的发展状况使中央始终无法对其实现有效控制。河东集团灭幽州刘仁恭集团之后，即以周德威为卢龙节度使，此后幽州节度使久任少易，李存勖亦曾兼领。

在后唐政权任命下的诸任幽州节度使中，赵德钧统辖幽州最长，从同光三年（925）至清泰三年（936），共十一年之久。赵德钧原为刘仁恭部将，后追随李存勖参加灭梁之战。在后唐皇权激烈变动的情况下，赵德钧历经唐庄宗、明宗、闵帝、末帝四朝更迭而屹立不倒。赵氏养子赵延寿娶李嗣源女儿为妻，与明宗算是儿女亲家。赵德钧在后唐内部拥有深厚政治资源，在幽州根基又很深厚，面对契丹南寇又能有效抵御、屡屡挫之，实为不容小觑的割据枭雄。

石敬瑭与后唐朝廷的战争爆发之后，镇守幽州的赵德钧本该奉命援手张敬达，一举击败晋阳石敬瑭。但是，"赵德钧阴蓄异志，欲因乱取中原"，在石敬瑭叛乱之后，一直处心积虑地想要兼并河北诸军以扩充实力。更有甚者，赵德钧想的是"欲倚契丹取中国"，想借助契丹兵力，获取中原统治权。

《资治通鉴》中记载了赵德钧遣使赴契丹求援的事情：

闰月，赵延寿献契丹主所赐诏及甲马弓剑，诈云德钧遣使致书于契丹主，为唐结好，说令引兵归国；其实别为密书，厚以金帛赂契丹主，云："若立己为帝，请即以见兵南平洛阳，与契丹为兄弟之国，仍许石氏常镇河东。"

石敬瑭早已派赵莹出使契丹求援，耶律德光也已经南下进攻晋安。但是，赵德钧的结盟邀请动摇了契丹人的想法。因为当时石敬瑭与后唐政权的战争已经陷入胶着之中，而置身事外、毫发无伤的赵德钧确实完全有实力"即以见兵平洛阳"。如果赵德钧出兵灭了后唐，那么契丹人不需要出手就尽得战争红利，获得丰厚的金帛厚赂。

类似风险投资，一个是被重兵围困、前途未卜的石敬瑭，一个是手握重兵、实力雄厚的赵德钧。如此高下立见的政治选择放在耶律德光面前，不免让其动摇，也足以让底气不足的石敬瑭深而惧之。

所以，石敬瑭才会开出了耶律德光不可拒绝的筹码——"约事捷之日，割卢龙一道及雁门关以北诸州与之"。历史上石敬瑭割让燕云十六州给契丹的事情，就是这样而来的。

石敬瑭此举是幽州、河东两方势力对契丹进行竞价式拉拢的体现，也成为其背负万世骂名的重要原因,其实石敬瑭的这种割地方案有着非常深刻的考虑,也是他对赵德钧势力的一次沉重打击。

后唐清泰三年(936),石敬瑭在唐末帝李从珂削藩政策逼迫下起兵反叛,进而招致后唐朝廷重兵围剿,困于晋阳城。走投无路的石敬瑭选择求助于契丹,其条件便是金帛贿赂。契丹皇帝耶律德光原本就有南进野心,自然不会放弃这个机会。

然而,石敬瑭的救命稻草因幽州节度使赵德钧的介入而险些丧失。原本应该奉后唐诏令配合张敬达平灭石敬瑭的赵德钧,却在关键时候想趁机扩大地盘,甚至想援引契丹军南进河北,进而联手灭掉后唐,再挟契丹兵威,称帝中原。

如果契丹支持了赵德钧,石敬瑭就要被抛弃了。在幽州、河东两方势力皆可增加金帛以竞价的方式赢取契丹支持的情况下,石敬瑭所面临的外围形势较之赵德钧的游刃有余显然不占任何优势,张敬达大军的持续攻城也迫使石敬瑭必须速下决断,唯有兵行险着、出其不意,给出耶律德光无法拒绝、赵德钧又无法匹敌的邀约筹码,方能挽救目前内外交困的险恶处境,为自己赢取一线生机。

割地称臣的历史真相并不简单

困守孤城的石敬瑭,能拿出什么筹码吸引耶律德光呢?金银玉帛这些物质财富,石敬瑭肯定难以胜过赵德钧。在常规筹码丧失竞争力的情况下,割让土地成为石敬瑭思虑范围之内唯一能胜过赵德钧的最终选择。于是乎,令石敬瑭背负千年骂名的"幽云十六州"割让方案出炉了。

在得知赵德钧遣使赴契丹求援之后,石敬瑭又派出心腹文臣桑维翰出使契丹,开出了令耶律德光难以拒绝的诱惑力条件:若契丹履行初约助其攻唐称帝,在原有给予金帛重赂、约为父子之国的盟好内容之外,另行割让幽云十六州之地与之。

"幽云十六州"后来成为赵宋王朝纠结了一百余年的领土问题,也是历史叙事中的国耻象征。何谓"幽云十六州"，是有必要首先讲清楚的。"幽云十六州"在唐末的概念主要是两块：一块是幽州地区所辖属州，另一块是云州一带所辖各属州，包括燕（幽）、蓟、瀛、莫、涿、檀、顺、云、儒、妫、武、新、蔚、应、寰、朔，共十六州。

从地理上讲，幽、蓟、瀛、莫、涿、檀、顺七州位于太行山北支的东南方，其余的云、儒、妫、武、新、蔚、应、寰、朔九州在太行山的西北。对于契丹而言，获取这两大块区域，是其南进河北和进取河东的跳板；对于中原后唐政权而言，自然是防御契丹的屏障。

石敬瑭割让这些地方是否说明其甘心卖国呢？仔细分析一下，并非那么简单。幽云十六州中，仅仅只有云、应、朔、寰、蔚五州属河东，也即所谓的"雁门关以北诸州"为石敬瑭所控。另外的十一州均属"卢龙一道"，为幽州节度使赵德钧所控。石敬瑭向契丹许诺割让赵德钧的地盘，自然没有随意兑现的能力，若要兑现，那得看赵德钧的态度。

石敬瑭承诺割让幽州地盘，无异于将赵德钧集团的势力连根拔起，给赵德钧以致命痛击，使其瞬间丧失与石氏河东集团竞争的政治资本，陷入进退两难的境地。于赵德钧而言，如果不愿割地，只能选择听从后唐李从珂诏令，与契丹及石敬瑭兵戎相见，陷入危险的两面作战之境；如果选择束手割地，那就等于丧失经营多年的地盘，完全沦为依附傀儡。

幽云十六州的两个板块比较之下，幽燕一带人口稠密，物力雄富，割据幽州的刘守光曾言："我大燕地方二千里，带甲三十万，东有鱼盐之饶，北有塞马之利。"相比之下，云州等地向来户口稀少，最盛时亦不过二万，尚不及幽州一州的三分之一。

另外，从战略地位上讲，云、朔等州在雁门关以北，若说河东之屏障在雁门关，那么云、朔诸州只能算是河东屏障的屏障。退一步讲，即便云州地区为契丹所有，河东尚能凭借雁门天险据守。胡三省对此事的评价非常精道：

人皆以石晋割十六州为北方自撤藩篱之始，余谓雁门以北诸州，弃之犹有关隘可守。汉建安丧乱，弃阻北之地，不害为魏、晋之强是也。若割燕、蓟、顺等州，则为失地险。然卢龙之险在营、平二州界，自刘守光僭窃，周德威攻取，契丹乘间遂据营、平。自同光以来，契丹南牧直抵涿、易，其失险也久矣。

说得直白些，石敬瑭割让幽州确实是等于将河北国防全部撤掉，契丹进而可以长驱直入，但这种割让是空头支票，因为地盘是赵德钧的，契丹要拿，必须自己打。石敬瑭割雁门以北云州诸地，则是不得已的一种退守，云州没有，还有雁门关。

从战略角度看，石敬瑭的割让方案成功地挑拨了赵德钧与契丹的关系，又获得了强有力的援军盟友。耶律德光垂涎幽州已久，自然果断抛弃赵德钧，选择石敬瑭。

耶律德光出兵为石敬瑭解围之后，便开始着手协助其称帝。据《辽史·太宗纪上》记载，辽天显十一年（后唐清泰三年，936），"冬十月甲子，封敬瑭为晋王，幸其府。敬瑭与妻李率其亲属捧觞上寿"。封晋王是称帝前先封大国的程序，是年十一月，辽太宗耶律德光正式册立石敬瑭为大晋皇帝。

耶律德光对石敬瑭的册封表文在《旧五代史》中有记载，其内容颇值得品味：

明宗之享国也，与我先哲王保奉明契，所期子孙顺承，患难相济。丹书未泯，白日难欺，顾予纂承，匪敢失坠。尔惟近戚，实系本枝，所以余视尔若子，尔待予犹父也。朕昨以独夫从珂，本非公族，窃据宝图，弃义忘恩，逆天暴物，……乃命兴师，为尔除患，亲提万旅，远殄群凶，但赴急难，罔辞艰险。……仍以尔自兹并土，首建义旗，宜以国号曰晋，朕永与为父子之邦，保山河之誓。

在历史文本叙述中，石敬瑭向耶律德光称臣并称子是一件国耻记忆，尤其是石敬瑭认比自己小10岁的耶律德光当爸爸，成为很多历史和文学著作中嘲笑的对象，被称为"儿皇帝"。事实上，石敬瑭称臣称子这件事，并不是那么简单。

"称臣"这件事在历史上也不算什么新鲜事，唐初李渊也曾经向突厥始毕可汗称臣，契丹的强大是客观事实，中原地区的政治力量博弈，没有契丹的援助是不可能取得胜利的。所以，对于石敬瑭集团而言，向契丹称臣是一种功利主义选择。

再说"称子"一事。石敬瑭父事辽太宗有着自己的逻辑，李克用和阿保机是结拜兄弟，唐明宗与耶律德光应该算兄弟辈。石敬瑭是唐明宗的女婿，理应继承唐明宗的人际关系，故而册文中言，"尔惟近戚，实系本枝"。这种人际关系的继承，就是石敬瑭以辽太宗为父的理论依据。两者的父子关系是建立在唐明宗与契丹之"明契"上的，是论资排辈延续下来的，与年龄无关。

《旧五代史·武皇纪下》记载："天祐二年春，契丹阿保机始盛，武皇召之，阿保机领部族三十万至云州，与武皇会于云州之东，握手甚欢，结为兄弟，旬日而去，留马千匹，牛羊万计，期以冬初大举渡河。"当然，李克用与耶律阿保机的这种兄弟关系早因各方政治利益的变动而失效，李克用死前交给唐庄宗三支箭以表达自己的恨意和遗憾，其中一支即是用来"击契丹"的。

但是，后唐庄宗李存勖在平定河北的时候，为了争取契丹的中立，曾经一度"以叔父事阿保机，以叔母事述律后"。李嗣源夺位成功之后，阿保机曾经说过："我与河东先世约为兄弟，河南天子吾儿也。近闻汉地兵乱，点得甲马五万骑，比欲自往洛阳救助我儿，又缘渤海未下，我儿果致如此，冤哉！"

阿保机称李存勖为"我儿"，当然不是为了践行当年与李克用的兄弟之谊，只不过为了干预中原军政而找个借口。无论是李存勖还是李嗣源，他们执政期间与契丹的关系都处于一种紧张的和平之中，庄宗、明宗在位期间，后唐军事强大，契丹并无可趁之机。

李嗣源即位之后，与契丹耶律阿保机之间并未订立什么"明契"。因为李嗣源于天成元年（926）四月即位，辽太祖在天赞五年（926）七月去世，时间相隔甚短，"保奉明契"根本来不及。

从明宗与庄宗的兄弟关系论及，李嗣源以父事阿保机并没有什么问题，耶律德光是阿保机次子，与明宗是兄弟辈分也没有疑义。石敬瑭是明宗李嗣源的女婿，也算是耶律德光的子侄辈，若说认其为父，理论上也讲得通。

石敬瑭的这种操作在历史上并非没有先例。当初唐代宗李豫还是太子、天下兵马大元帅的时候，为了借助回纥兵力收复长安，曾经与回纥叶护王子结为兄弟。后来，叶护王子被杀，其弟登里王子成为可汗。唐肃宗去世之后，代宗即位，登里可汗乘机南下，代宗令太子李适（即后来的唐德宗）前往安抚。

在会见登里可汗时，双方为李适是否应该舞蹈行礼发生了争执。回纥宰相和车鼻将军给出了这样的理由："唐天子与登里可汗约为兄弟，今可汗即雍王（李适）叔，叔侄有礼数，何得不舞蹈？"事实上，代宗并未和登里可汗"约为兄弟"，登里是从其兄叶护那里继承了这种关系，并将之直接套用在太子李适身上。

按照这个逻辑,李嗣源与耶律德光的兄弟关系是对李存勖人伦关系的继承,而石敬瑭与李嗣源的翁婿关系,又为石敬瑭父事耶律德光提供了伦理上的依据。故而,石敬瑭向耶律德光称臣是利益博弈的权宜之计,而称子则是河东集团与契丹之间历史关系的延续。

耶律德光在获得石敬瑭所开出的割让燕云十六州及称臣称子,并交纳岁输等一系列承诺之后,于天显十一年(936,后唐清泰三年)命人在晋阳设坛,册封石敬瑭为"大晋皇帝"。石敬瑭成为大晋皇帝之后,改元天福,是年为历史上的后晋天福元年。

有了契丹兵力的援助,石敬瑭很快扭转战局。不久之后,身为太原四面副都招讨使的义武军节度使杨光远杀掉了主帅张敬达,"以其军叛降于契丹"。是月,后晋与契丹联军攻入洛阳,后唐末帝李从珂自焚。

由于当时后唐君臣多以为契丹出兵与客居洛阳的契丹东丹王耶律倍所谓的"请兵"有关,所以末帝李从珂在自焚之前拉上了耶律倍一起垫背。据《辽史》记载:"李从珂穷蹙,召人皇王倍同死,不从,遣人杀之,乃举族自焚。"

孙有十万横磨剑

后晋朝廷建立之后,石敬瑭对契丹兑现了之前的承诺,"上尊号,及归雁门以北与幽、蓟之地,并岁贡帛三十万匹"。契丹出兵之后,占据幽蓟地区的赵德钧失去了争霸天下的基本地盘。幽州地盘为契丹所得,从此中原地区门户洞开,尽失天险,为契丹南下带来极大便利。

虽然石敬瑭割让幽州地盘纯粹是给赵德钧挖坑,彻底瓦解赵氏与自己争霸的资本。但是,幽燕地区为契丹占据,有一个直接后果就是石敬瑭孱弱的后晋政权始终都要面对来自契丹的威胁。除了北方外患,后晋政权还有很多复杂的内部问题,"时晋新得天下,藩镇多未服从;或虽服从,反仄不安。兵火之余,府库殚竭，民间困穷，而契丹征求无厌"。

处于如此艰难环境之中，立国之初的后晋政权必须谨慎处理各种关系。对于契丹，石晋政权是"卑辞厚礼以奉契丹"；对于内部强藩，后晋则需要"推诚弃怨以抚藩镇"。史书上对于石敬瑭父事契丹的事情做了相对夸大的记述，"晋石高祖父事戎王，礼分甚至，此则以罗纨、玉帛、瑞锦、明珠，竭中华之膏血以奉之"，"岁输金帛三十万之外，吉凶庆吊，岁时赠遗，玩好珍异，相继于道"。

除了谨慎处理外交和内部关系，石敬瑭也确实是一个励精图治之人，他在位期间，勤于政事，"训卒缮兵以修武备，务农桑以实仓廪，通商贾以丰货财"。目的是对外隐忍的同时，加强内部治理，增强自身实力，其效果也算不错，"数年之间，中国稍安"。平心而论，从治理角度看，石敬瑭不失为一位不错的皇帝，在那个乱世也算是难得了。

石晋政权的整体国策是隐忍待机，"训农习战，养兵息民，俟国无内忧，民有余力，然后观衅而动"。但是，终石敬瑭在位期间，后晋政权始终是一个孱弱的区域性政权，不仅无力应对北方契丹的压迫，也难以压制住自晚唐以来就极度膨胀的强悍藩镇势力，还有那些不肯臣服的南方诸国。

处于各种危机之中的石敬瑭，终于在天福七年（942）忧郁成疾而病逝。石敬瑭死后，宰相冯道与当时掌握实权的侍卫亲军都指挥使景延广拥立了石敬瑭的养子兼侄子石重贵为帝，是为后晋出帝。被推上皇位的石重贵当如何处理后晋政权的各种危机呢？又当如何面对北方强悍而又蛮横的契丹帝国呢？

石重贵即位之后，一改石敬瑭对契丹"卑辞厚礼"的态度，转而采取一种强势进取的姿态。在石重贵即位之初，"大臣议奉表称臣告哀于契丹"，朝廷内外主张对契丹采取强硬姿态的鹰派臣僚趁机发声。有拥立之功的侍卫亲军指挥使景延广要求朝廷对契丹"称孙而不称臣"，宰相李崧却说："屈身以为社稷，何耻之有！陛下如此，他日必躬擐甲胄，与契丹战，于时悔无益矣。"

景延广和李崧争执不下，也似乎各有道理，政坛不倒翁冯道则依违其间，"帝卒从延广议"，采纳了鹰派立场。契丹闻讯之后大怒，遣使问罪："何得不先承禀，遽即帝位？"言下之意是说后晋是契丹藩属国，帝位承继理应先禀报契丹，而不能擅自即位。"延广复以不逊语答之"，后晋朝廷中的强硬派对于契丹宗主国的身份很是不以为然。

石敬瑭当年以赵德钧的幽州地盘为酬劳，换取了契丹出兵助自己称帝，而赵德钧则降于契丹，沦为草原囚徒。赵德钧的养子赵延寿被契丹人任命为卢龙节度使，负责为契丹治理幽燕地区，而他此时"欲代晋帝中国"，屡屡游说契丹进攻后晋，"契丹主颇然之"。

后晋天福七年（942）正月，契丹将南犯的消息已经传开。然而，后晋朝廷君臣并未做任何战备措施，反而"犹与契丹问遗相往来"。军事层面未做准备，后晋鹰派却在政治层面做出对契丹的挑衅姿态。

昔日赵延寿部将乔荣担任契丹使者，"往来贩易于晋"，也就是在契丹与后晋之间做贸易，并常驻大梁。"及契丹与晋有隙"，景延广竟然"说帝囚荣于狱，悉取邸中之货"，将乔荣关进大牢，抢了人家的财物。更有甚者，景延广还建议皇帝将后晋境内的契丹商人"皆杀之，夺其货"。

当然，后晋朝廷中并非尽是失去理智的鹰派，"大臣皆言契丹有大功于晋，不可负"。皇帝考虑再三，最终还是选择了缓和，"释荣，慰赐而归之"，将乔荣释放。在乔荣临行之前，景延广更是说了一番极具挑衅意味的话："归语而主，先帝为北朝所立，故称臣奉表。今上乃中国所立，所以降志于北朝者，正以不敢忘先帝盟约故耳。为邻称孙，足矣，无称臣之理。北朝皇帝勿信赵延寿诳诱，轻侮中国。中国士马，尔所目睹。翁怒则来战，孙有十万横磨剑，足以相待。他日为孙所败，取笑天下，毋悔也！"

"中国士马，尔所目睹。翁怒则来战，孙有十万横磨剑，足以相待"，这句话在历史上很有名，多数人都以为是石重贵说出来的，其实这番极其提气却缺乏实力支撑的诳语是景延广说的。按照辈分，石重贵确实应该叫耶律德光一声"爷爷"。

孙子以为现在手里有"十万横磨剑"，足以与契丹一较高下。然而，后晋所谓的"十万横磨剑"与契丹铁骑相较，还是略逊一筹的，尤其是幽燕地区早已为契丹所占据的情况下，后晋完全处于劣势。

乔荣在大梁的财货被后晋政府抢去，"恐归获罪"，于是请景延广写下文书作为凭据，说："公所言颇多，惧有遗忘，愿记之纸墨。"景延广也毫无顾忌，"命吏书其语以授之"，乔荣携文书返回契丹，"契丹主大怒，入寇之志始决"。

契丹与后晋之间的关系骤然紧张，后晋遣往契丹的使者，契丹人"皆縶之幽州，不得见"。后晋朝廷中的理智派，譬如桑维翰"屡请逊辞以谢契丹"，但是被当时当权得势的景延广等人所阻挠。桑维翰的立场看似没有气节、丧权辱国，但这正是鉴于契丹与后晋双方的形势强弱不同，为的是后晋政权的巩固与稳定，为的是中原黎民免受兵燹之苦，其用心不可不谓良苦！

主战派的领袖景延广"有定策功，故宠冠群臣；又总宿卫兵，故大臣莫能与之争"。身处太原的河东节度使刘知远知道景延广的挑衅姿态必然会招致契丹入寇，而"畏其方用事，不敢言"，却着手募兵，"奏置兴捷、武节等十余军以备契丹"。

桑维翰等人的理智难以阻遏景延广等人及皇帝的主战情绪，后晋朝廷犹如一匹脱缰的野马，朝着战争的方向疾驰而去。从当年石敬瑭与后唐朝廷、赵德钧势力较量局势看，石敬瑭援引契丹势力是一种必然，即便他主动，契丹南下也是定数。

从边疆问题处理的历史经验看，石敬瑭集团不过是继承了此前中原王朝处理周边蛮夷的历史经验，而在中原式微的新形势下，传统夷夏观就要发生变化，宗藩关系也不是一成不变的，后晋向契丹臣服也只是形势变化的一种最佳的策略选择。

随着后晋与契丹之间的外交摩擦日益升级，战争一触即发。后晋天福八年、契丹会同六年（943）十二月，契丹发兵五万入寇贝州。契丹此番进攻，几乎是倾国而出的全线进攻，一时间，太原、恒、邢、沧等州皆奏契丹入寇。

契丹大举进攻，石重贵才意识到问题严重，急忙遣使向契丹示好，"遣译诏官孟守忠致书于契丹主，求修旧好"。然而，耶律德光的回复却是："已成之势，不可改也"。显然，契丹就是要灭你国。

在战前一直好为激烈之言的景延广受命主持军政要务，在战争之初的戚城之役中，他却"按兵不动"，"是时，诸将皆力战，而延广未尝见敌。契丹已去，延广独闭壁不敢出"。战争前后，景延广迥然不同的姿态一时成为风评笑话，时人谓之："昔与契丹绝好，言何勇也；今契丹至若是，气何惫也！"

景延广的表现也在某种程度上反映了石重贵对待这场战争的态度，后晋君臣并无与契丹决战之心，其强硬立场更多是一种姿态。相反，契丹则决意将战争进行到底，实现其南下之夙愿。

后晋军队的底子也是代北沙陀集团，其军事实力也是能与契丹进行一番较量的。契丹入寇初期，并不是十分顺利。开运元年（944）正月，契丹寇太原，刘知远与吐谷浑酋长白承福合兵二万击之，"破契丹伟王于秀容，斩首三千级。契丹自鸦鸣谷遁去"。在二月的马家口一战中，"契丹大败，乘马赴河溺死者数千人，俘斩亦数千人。河西之兵恸哭而去，由是不敢复东"。

三月，契丹自澶州分兵，一支出沧州、德州，一支出深州、冀州而归。开运二年（945）三月，在白团卫村之战中，后晋大军在李守贞的率领下，与契丹八万大军一战，"契丹大败而走，势如崩山"，后晋军"步骑俱进，逐北二十余里"。契丹败兵"铁鹞既下马，苍皇不能复上，皆委弃马及铠仗蔽地"。

耶律德光在此战中也极其狼狈，遭遇大败后，他"乘奚车走十余里，追兵急，获一橐驼，乘之而走"。白团卫村大败之后，耶律德光率军退至幽州，收拾残部，"以军失利，杖其酋长各数百"。后晋军屡战屡胜，契丹军屡战屡败，契丹军中弥漫着"恐晋"气氛。契丹在退军途中，常常"自相惊曰'晋军悉至矣'"。

后晋石重贵君臣自以为战场获胜，便可高枕无虞，"帝自阳城之捷，谓天下无虞，骄侈益甚"。石重贵一改石敬瑭低调务实的执政作风，更不知与民休息，反而"多造器玩，广宫室，崇饰后庭，近朝莫之及"。

契丹当然不会放弃南进，"契丹折翅北归，蓄愤愈甚，为谋愈深"，而石重贵"乃偃然以为无虞"，丝毫不知新的危机即将降临。开运三年（946）九月，契丹三万大军进攻河东。刘知远败之于阳武谷，斩首七千级；张彦泽也败契丹于定州北及泰州，斩首二千级。

但是，在河北一带，契丹很快得手。开运三年（946）七月，耶律德光指使其幽州节度使赵延寿及瀛州刺史刘延祚向后晋伪称投降，诱使后晋出兵接应。石重贵未辨真伪，即命杜重威、李守贞等会兵广晋（今河北大名东北），甚至还将京师宿卫禁军全部调归杜重威麾下，企图取瀛（今河北河间）、莫（今河北任丘北州镇），安定关南，进取幽州，荡平塞北。

石重贵重用的这个杜重威并非将才，"出于武卒，无行而不知将略"。但是，杜重威身份特殊，他是石敬瑭的妹夫，算起来是石重贵的姑父，为了避石重贵的名讳，还曾改名为杜威，他有着尊贵的皇亲身份。

开运三年十一月，杜重威率兵三十万抵达瀛州城下。契丹将领高模翰早已引兵潜出城外，诱晋军交战，晋军偏将梁汉璋率两千骑追击，但是战败身亡。身为主帅的杜重威非但不出兵救援，反而率军退至武强。

杜重威主动退却，契丹大军得以长驱南下，沿易、定向恒州（治真定，今河北正定）推进。面对契丹凌厉攻势，杜重威还想进一步南退。在撤军途中，杜重威部遭遇张彦泽率军返恒州，于是率军西转，抵达滹沱河上的中渡桥，而此地早已被契丹大军占领。

张彦泽率骑兵与契丹争夺此桥，契丹军焚毁中渡桥，于是两军只得隔滹沱河对峙。耶律德光派出别将萧瀚迂回至晋军侧后，抢占栾城，切断晋军的粮食补给线和退路。时至十二月，晋军将领王清主动率兵两千突围开道。但是，此时的杜重威早已萌生异志，暗中勾结契丹，图谋投降契丹，更企图援引契丹，谋求自立为帝。

杜重威有这样的想法也并不奇怪，正如王夫之所言："石敬瑭起而为天子，于是人皆可为，而人思为之。石敬瑭受契丹之册命为天子，于是人皆以天子为唯契丹之命，而求立于契丹。赵延寿、杨光远、杜重威，皆敬瑭之教也。"

在杜重威的坐视之下，晋军王清所部全部战死，杜重威则以陷入绝境为由，举全军投降契丹。耶律德光许诺立其为帝，杜重威更是率军为契丹先导，协助接连占领了恒州、代州、易州。由于石重贵将京城宿卫军主力全部交给了杜重威，致使京城几乎丧失防御能力，形势已极度危急。契丹大军挥师南下，直趋汴梁。

开运三年十二月，已经投降契丹的张彦泽引契丹兵进入汴京城，后晋遂亡。石重贵欲自焚殉国而未成，沦为契丹人的阶下囚。成为亡国之君的石重贵，被降为光禄大夫、检校太尉，封负义侯，而后被契丹人押解，与太后李氏（石敬瑭妻、后唐明宗女）、生母安太妃、皇后冯氏、弟重睿及子延煦、延宝等举族北迁，踏上了亡国之君的流放之路。《新五代史》中记载了石重贵一家的流放路线：

自幽州北行十余日，过平州，山榆关，行沙碛中。……又行七八日至锦州，……又行五六日，过海北州，至东丹王墓，遣延煦拜之。又行十余日，渡辽水,至渤海国铁州。又行七八日,过南海府,遂至黄龙府。

石重贵一家被安置到黄龙府,即今天的吉林省农安市。石重贵一家在黄龙府饱受凌辱,甚至时常断炊。开运四年六月,"契丹国母徙帝、太后于怀密州",契丹述律后打算将石重贵一家迁至怀密州,即怀州,因辽太宗怀陵而得名。述律后之所以命石重贵等改徙怀密州,实际上是让他们到那里去替辽太宗守陵。

不久,契丹中枢发生权力争夺,"国母为永康王所囚",述律后在与孙子永康王的权斗中失败了。成为辽世宗的永康王又将石重贵一家迁至"辽左之东京",即今天的辽宁省朝阳市。

到了后汉乾祐二年(949)二月,石重贵一家又被安置到建州。辽国的建州,起初在今朝阳市西南木头城子镇,后来辽圣宗时期,建州治所迁至辽宁省朝阳县大平房镇黄花滩村古城址,位于大凌河之北。

据《旧五代史·晋少帝纪》记载,后汉乾祐二年春,石重贵至建州,"节度使赵延晖尽礼奉迎,馆帝于衙署中。其后割寨地五十余顷,其地至建州数十里,帝乃令一行人员于寨地内筑室分耕,给食于帝"。根据发现于辽宁省辽阳市的《石重贵墓志铭》记载,石重贵在辽国境内生活了二十八年,卒于辽朝保宁六年(974),结束了屈辱的人生。

乘虚而取神器的刘知远

正当契丹南下攻灭后晋的时候,身为后晋朝廷北平王、河东节度使、幽州道行营招讨使、北面行营都统,拥步骑五万的刘知远,处于国防第一线,却"未尝出兵"。在刘知远看来,与契丹硬拼就是虚耗实力,损失未来争霸的资本,他认为契丹只要抢掠够了,自然会退出中原:

用兵有缓有急,当随时制宜。今契丹新降晋兵十万,虎据京邑,未有他变,岂可轻动哉!且观其所利止于货财,货财既足,必将北去。况冰雪已消,势难久留,宜待其去,然后取之,可以万全。

耶律德光在攻灭后晋之后，原计划称帝中原，争夺中原正统。会同十年（947）正月初一，耶律德光以中原皇帝的仪仗进入东京汴梁，在崇元殿接受百官朝贺。耶律德光在东京皇宫下诏将国号"大契丹国"改为"大辽"，改会同十年为大同元年，升镇州为中京。

面对耶律德光自帝中原的意图，刘知远也是无可奈何，只得遣牙将王峻奉表祝贺契丹。刘知远在契丹南侵之时，按兵不动，契丹得以攻灭后晋，刘知远的旁观虽非首要因素，但也"与有功焉"。耶律德光对刘知远的来贺非常高兴，"赐诏褒美"，并称刘知远为"儿"，还赐予一件木拐。按照契丹传统，"贵重大臣方得此赐，亦犹汉仪赐几杖之比也"。

但是，契丹在中原的治理并不成功，"打草谷"的野蛮掠夺激起了中原人民的激烈反抗，加之契丹内部述律后等保守势力的掣肘，大同元年四月初一，耶律德光被迫离开东京汴梁，引军北返。大同元年四月二十二日，在撤军途中，耶律德光病逝于河北栾城杀胡林（今河北栾城西北）。

契丹人放弃君临中原，刘知远便有了机会。趁契丹在中原统治混乱之时，刘知远"乃议建号焉"，图谋"乘虚而取神器，因乱而有帝图"。按照历史上的套路，刘知远也是要安排"群情所属，上笺劝进"的把戏，他自己也要惺惺作态地"谦让不允"。不过，最终刘知远还是"于太原宫受册，即皇帝位"。

毕竟是晋臣出身，为了笼络人心，刘知远并未改国号，依然沿用"大晋"，理由是"予未忍忘晋也"。不过，刘知远改后晋开运四年为天福十二年，这无疑是褫夺了石重贵帝位的合法性，意思是直接绍承石敬瑭的法统。当得知契丹挟持石重贵北上之后，刘知远的表现是"愤惋久之"，当然这也是为了争取后晋旧臣的支持。

虽然起初刘知远被契丹皇帝耶律德光呼为"儿"，但是在称帝之后，他趁契丹势力撤退，也展开了一系列行动，譬如下诏禁止为契丹搜括钱帛，慰劳保卫地方和武装抗辽的民众，在诸道的契丹人一律处死，等等。刘知远的姿态赢得了普遍好感，后晋旧臣纷纷归附。

五代军乱，有一个非常恶劣的传统，将帅拥兵造反之后，就会将攻占地视为征服地，搜括百姓财产犒军，用以收揽军心。刘知远采纳皇后李氏的建议，一改恶劣军乱传统，而是拿出宫中所有财物赏赐将士，既收揽了军心，也稳定了民心。

耶律德光北撤之时，留下了契丹宣武军节度使萧翰守卫汴京，"以镇河南"，但兵力并不雄厚。刘知远看准时机，采纳了郭威"由汾水南下取河南，进而图天下"的正确建议，命史弘肇为先锋，举兵南下，进逼洛阳和汴京。

萧瀚在撤离汴京之前，"虑京师无主，则众皆为乱"，竟然将后唐明宗李嗣源的儿子许王李从益抬出来当傀儡，"知南朝军国事"。但是，第二天，萧瀚自己"辇其宝货鞍辔而北"，带着金银财宝逃奔契丹了。

"汉人以许王既立，不复为乱"，李从益傀儡地位的确立使得汴京暂时稳定下来，但是依然阻挡不住刘知远大军的进攻。年仅17岁的李从益竟然昧于大势，"召高行周、武行德"率军抵抗刘知远。高行周、武从德并未抵抗，反而率军投降了刘知远。

进入汴京之后，刘知远即将李从益及其母王淑妃处死，又宣布大赦天下，并蠲免税收。刘知远还改名为刘暠，改国号为大汉，是为五代十国时期的"后汉"，改天福十三年（948）为乾祐元年，很显然这是以汉朝后裔自居，当然出身代北杂胡的刘知远肯定不是刘汉后裔，但在历史上刘知远却被称为后汉高祖。

在后晋与契丹鏖战的五年中，除了刘知远之外，还有不少准备火中取栗的野心家，企图援引契丹，复制石敬瑭称帝经验的杜重威就是一个。拥兵十万，投降契丹的杜重威在刘知远进入中原之际，正屯兵于魏州。

刘知远在汴京即大汉皇帝位之后，令杜重威移镇归德（今河南商丘南），与原归德节度使高行周对调，杜重威抗命不从。刘知远即以高行周为都部署，同时任命吐谷浑酋长慕容彦超为副，率军讨伐魏州。

魏州防守严密，杜重威誓死守城，汉军日久无功，刘知远恐生他变，亲自来攻，死伤甚巨。刘知远见强攻不克，多次遣人招降杜重威，承诺决不加罪于杜氏。魏州孤城久困，粮尽弹绝，十一月二十七日，杜重威出城投降，刘知远也算言而有信，没有杀杜重威，还册封其为检校太师、守太傅、兼中书令、楚国公。魏州杜重威的屈服，意味着刘知远平定了中原地区，基本继承了后晋原有的势力范围。

刘知远胜在马上，但不能治于马下。无论是在藩镇之时，还是后来入主汴京，刘知远对于士人都表现出极大的蔑视，缺乏一个枭雄应有的智慧。刘知远常挂在嘴边的一句话是"朝廷大事，勿问书生"，疏远排斥士人学者，使得后汉政权的武夫化现象极为严重。史称刘知远"急于止杀，不暇崇仁"，绝非虚言。

五代乱世中武夫军阀杀人越货，借以获得财富，解决军需供应问题，是一种常态，刘知远在河东藩镇期间亦不例外。开运三年（946），身为河东节度使的刘知远，发兵"诛吐浑大首领白承福、白铁匮、赫连海龙等，并夷其族凡四百口"，目的只是夺取其部族财富，"盖利其孳畜财宝也"。

为了积累军事实力，刘知远在河东时大聚甲兵，需用大量牛皮。因此，禁牛皮不得私相贸易及民间盗用，规定民间如有牛死，即时由官府收纳牛皮，犯令者死。如果仅仅是一个河东节度使，刘知远对于牛皮物资的垄断，以及动辄死刑的严刑峻法，只是为了积累起兵资本，那么，君临中原之后，就应该有所变通。

后汉政权建立后，三司奏请依照河东旧例，在全国范围内施行禁牛皮法。刘知远不懂得时移制异，居然接受了这一不切实际的请求。当时，上党民众犯牛皮法者二十余人，"狱成，罪俱当死"。昭义镇的判官张璨向刘知远进谏，认为这二十余人不应处死，实属冤狱。张璨直陈苛法的本质，认为从藩镇到帝王，刘知远必须做出转变："主上在河东，大聚甲兵，须藉牛皮，严禁可也；今为天下君，何少牛皮，立法至于此乎！"

张璨的犯颜直谏并未换得刘知远的幡然悔悟，反而让这位武夫皇帝怒斥道："昭义一判官，是何敢如此！"甚至还想杀掉张璨。最终太师冯道冒死进谏，称张璨"以卑位食陛下禄，居陛下官，不惜躯命，敢执而奏之，可赏不可杀"。刘知远才稍做让步，赦免上党民二十余人死罪，"犯牛皮者贷命放之"，而张璨则因"体事未明，执理乖当"的罪责，落职去官。

从张璨事件看，刘知远非但嗜杀，而且气量狭小，绝非人君作为。刘知远的"止杀"是"以杀止杀"，未能"崇仁"并非是"不暇"，而是不想。经历了后晋与契丹连续五年的战争，中原民生凋敝，民众生活极端困难，所以出现了"盗贼"遍地的现象，其实不过是良民求生而已。

如果是有为明君，应该是软硬两手，采取有效措施，招抚流移，解决流民"盗贼"问题，恢复发展经济。但是，只知"以杀止杀"的刘知远企图用严刑酷法来消弭"盗贼"现象。天福十二年（947）八月，刘知远"诏天下凡关贼盗，不计赃物多少，案验不虚，并处死"。如此治理，怎能消弭盗贼呢？

为了垄断利源，刘知远的后汉政权还推行了五代历史上最严格的物资专卖制度，"民有犯盐、矾、酒曲者，无多少皆抵死"。在这种极端与民争利的经济政策执行过程中，又造成"吏缘为奸，民莫堪命"的悲惨局面。

第六章 功败垂成的后周王朝

除君侧之恶，共安天下

在刘知远集团中，出身农家而又"爱好兵勇，不事田产"的军人郭威和杨邠是其主要功臣。刘知远称帝后，"时百度草创，四方犹梗，经纶缔构"，郭威功劳不小。契丹人北去之后，刘知远迁治汴京，郭威被任命为枢密副使、检校太保。乾祐元年（948），刘知远病重，郭威、杨邠等人受顾命辅佐幼主刘承祐。

刘知远原本中意的继承者是长子魏王刘承训，但是刘承训在乾祐元年正月十一日意外病故了。当时，刘知远本人也处于重病之中，仓促之中决定以刘承祐为继承人。正月二十七日，还未来得及册封刘承祐为王，刘知远便崩于万岁殿，庙号高祖。

在宰相苏逢吉等人的运作下，乾祐元年二月初一日，刘承祐在刘知远灵柩前即皇帝位，是为后汉隐帝，继续沿用乾祐年号。新帝继位，郭威以顾命重臣迁枢密使、同平章事，掌握了实权。

新君上台，藩镇不稳。这一年八月，河中李守贞、永兴赵思绾、凤翔王景崇三镇联兵叛乱，奉李守贞为秦王。隐帝命郭威率军讨伐，叛乱平定之后，加检校太师兼侍中，并赐予玉带。郭威却以"臣事先帝，见功臣多矣，未尝以玉带赐之"为理由，极力推辞。最后，隐帝"悉召杨邠、史弘肇、苏逢吉、禹珪、窦贞固、王章等皆赐以玉带"，郭威才接受这种荣耀。

不久，契丹南侵，郭威以枢密使身份北伐，大军至魏州，契丹就撤军了。乾祐三年四月，后汉任命郭威为邺都留守、天雄军节度使，仍以枢密使领藩镇。宰相苏逢吉认为枢密使不可以藩镇兼领，与重臣史弘肇等人发生争执。最终，占据上风的郭威还是以枢密使兼领天雄军，"诏河北诸州皆听威节度"，并有权调发河北兵马钱谷，从而成为军政财权集于一身的河北最高军政长官。

隐帝刘承祐继位之时，年纪尚轻，军政大权其实都为重臣掌握。但是，随着"春秋渐长"，小皇帝对这种"主弱臣强"的权力格局就会不满，"数有忿言"。身边近臣李业等人"乘间谮"，称枢密使杨邠、禁军指挥使史弘肇等人"威震人主，不除必为乱"。权力基础薄弱的隐帝自然恐慌，"夜闻作坊锻甲声，以为兵至，达旦不寐"。于是，刘承祐及其近臣们加紧了铲除勋臣的节奏。

乾祐三年冬十月十三日，禁军指挥使史弘肇与枢密使杨邠、三司使王章等入朝，"坐广政殿东庑，甲士数十人自内出，擒弘肇、邠、章斩之，并族其三家"。诛灭三人之后，刘承祐又想到了坐镇魏州的郭威也是潜在威胁，也想将其除掉。

诛杀重臣对于帝王而言，除了道德之外，不算什么问题，前提是有能力杀伐果断。隐帝企图杀掉郭威，办法竟然是派出传奉官孟业带着一纸诏书去河北执行诛杀密谋。当时，侍卫步军都指挥使王殷屯兵于澶州，供奉官孟业带着密诏去澶州，准备命镇宁军节度使李洪义杀掉王殷，又准备命护圣都指挥使郭崇在邺城谋杀郭威。

关键时候，李洪义反水了，"迁延不敢发"，将孟业交给了王殷。王殷将孟业关了起来，然后搜出密诏，派人送给身在邺城的郭威。如此情况之下，郭威不得不反，以"除君侧之恶，共安天下"为旗号，在魏州起兵。

郭威起兵动员也用了一点儿手腕，伪作诏书，宣称隐帝令郭威诛杀诸将，将麾下将士愤怒激起，"皆愤然效用"。乾祐三年十一月十四日，郭威率兵渡黄河，刘承祐派开封尹侯益、保大军节度使张彦超、客省使阎晋卿等率兵抗拒郭威，又派宦官瑽脱侦察郭威的动向。

瑽脱为郭威所俘，郭威请其代为奏请皇帝，将奸臣李业等人绑缚军中，以谢罪天下。隐帝刘承祐得到郭威奏章后，拿给了李业等人看。李业这些人说郭威"反状已白"，将其在汴京的家属全部杀害，而且是"婴孺无免者"，手段极其残忍。

全家被杀，郭威更是铁了心造反，郭威大军打到滑州，义成军节度使宋延渥不战而降。郭威的军队很快就打到了汴京附近，泰宁军节度使慕容彦超与开封尹侯益率军迎击于汴京北郊外的刘子陂，皇帝刘承祐亲自出城劳军。没想到，一交战，侯益就投降了，慕容彦超败逃。

大军战败，隐帝想逃回开封，没想到城门紧闭，退路也被断了，很明显手下人也叛变了。可怜的皇帝带着宫廷近臣继续逃窜，飞龙使郭允明趁机作乱造反，

"弑隐帝于赵村"。

大胜之后的郭威很快带着大军打进了京师,"纵火大掠",算是报全家被杀之仇。郭威并不急于称帝,因为他知道刘氏集团还有不弱的实力,贸然称帝,势必会成为众矢之的。郭威很懂政治操作的技艺,先是抬出了李太后(刘知远的皇后),"率百官朝太后于明德门,请立嗣君"。然后又以太后的名义,宣布准备择立武宁军节度使刘赟为帝,并派太师冯道前往徐州迎接刘赟。

这一年十二月,郭威又传出了契丹南侵的消息,宣布自己要率军北伐,从滑州起兵。但是,大军到了澶州,将士们就突然兵变,拥立郭威为帝,简直就是后来赵匡胤陈桥兵变的预演。郭威返回汴梁,迫李太后授予自己"监国"身份。满以为捡到皇位的刘赟被郭威派去的大军擒获,再被降封为湘阴公,幽禁于宋州,最终也是为郭威杀害。广顺元年(951)正月,郭威正式称帝,国号大周,定都汴京,史称后周。

有心终结乱世的明君

后周代汉的这次改朝换代,似乎与五代乱世中以往的改朝换代并无太多不同,都是兵变政治、武夫当国。但是,郭威接下来的执政措施令世人刮目相看,令人看到了乱世终结的希望。

自唐末大乱迄于郭威建国,已近二百年,天下藩镇割据,中原地区更是屡遭兵燹,生民涂炭,"丁壮毙于锋刃,老弱委于沟壑"。未死于战乱和灾荒的中原百姓又不得不为重税繁役所困,呻吟于武夫悍卒淫威之下,锋镝之余苟全性命而已。

郭威本"起于寒微,备尝艰苦",对于百姓疾苦颇有体察。当然,作为务实而有雄心的政治家,郭威深知民力透支过度并不利于执政者,适当的宽松反而利于进一步的资源摄取。基于这些原因,郭威革除了前代很多弊政。

五代以来的帝王,大多承袭了一种奢靡的风气,宫廷之中弥漫着这种腐朽的气息。郭威登基之后，就表示自己不会"厚自奉养以病下民"，颁布了一道《却诸道贡物诏》，下令天下诸道停止供奉奇珍异宝，"宫闱服御之所须，悉从减损；珍巧纤奇之厥贡，并使寝停"，"应天下州县旧贡滋味食馔之物，所宜除减"。

郭威的这种诏令表明了一个姿态，他与以往那些贪慕虚荣、迷恋万方来朝幻觉的帝王不同，务实主义的政治家并不需要那些奇珍异宝。更有甚者，郭威还做了一件颇具行为艺术价值的事情：登基不久的一日，他命人抬出宫内所藏"宝玉器及金银结缕、宝装床几、饮食之具数十"，在宫殿庭外砸碎，并对侍臣说："凡为帝王，安用此！"并下诏，"凡珍华悦目之物，不得入宫"。

砸碎珍宝本身意义并不大，而且还有浪费的嫌疑。但是，郭威的举动更说明一种姿态，更在于遏制地方郡牧以进奉为名目的巧取豪夺行为，减轻民间负担，一如此诏，"天下州府旧贡滋味食馔之物"，"虽皆出于土产，亦有取于民家，未免劳烦，率皆靡费"，"今后并不须进举"。

郭威在纾解民困方面的改革，非常值得称道的一个举措就是废除了积弊甚多的营田制度。营田本是唐代的军屯制度，"唐末，中原宿兵，所在皆置营田以耕旷土，其后又募高赀户使输课佃之，户部别置官司总领，不隶州县，或丁多无役，或容庇奸盗，州县不能诘"。

原本是为了解决军需供应的军屯制度，到了五代已经沦为豪强所控制，不隶属于地方州县管辖，即便是在其中藏匿奸盗，州县政府也无法过问。这种游离于国家控制之外的经营模式，不仅导致了赋役收入的减少，甚至也威胁了王朝的安全。

除了营田之外，所谓的"牛租"也是沿袭很久的一大弊政。当初朱温渡淮与杨行密作战，将掠得的淮南民牛千万头悉数配给淮北诸州百姓，受牛户则输纳牛租。从朱温实行"牛租"制度至郭威立国已经六十余年，"时移代改，牛租犹在"，已然成为北方百姓的沉重负担。

广顺三年春正月，郭威颁布敕令，废除了百余年的营田制度：

应有客户元佃系省庄田、桑土、舍宇，便赐逐户，充为永业，仍仰县司给与凭由。应诸处元属营田户部院及系县人户所纳租中课利，起今年后并与除放。所有见牛犊并赐本户，官中永不收系。

废除营田制的同时,也罢除了牛租弊政。军屯性质的营田被转化为小农私有财产性质的"永业田",其作用可想而知,"百姓既得为永业,比户欣然,于是葺屋植树,敢致功力"。正因实行了这样的土地确权政策,北方经济得以缓慢复苏。

自唐末五代以来,国家主义的经济政策和国家对利源的垄断也是危害民生的一大弊端,巧立名目,与民争利,是后梁至后汉各朝的通病。郭威立国之后,主张"利在于民,犹在国也",设法扭转沿袭日久的厚敛积习。

广顺元年春正月,后周朝廷下诏:"天下仓场、库务,宜令节度使专切钤辖,掌纳官吏一依省条指挥,不得别纳斗余、秤耗,旧来所进羡余物色,今后一切停罢。"郭威此举,其实既是将相当大的财政权力让渡给了地方节度使,放弃了中央垄断利源的旧制,而且也杜绝了以"斗余""称耗"为由头的榨取方式。

五代诸朝,后汉可能是与民争利最为严苛的政权。后汉实行非常严格的食盐、酒曲专营制度,"犯私盐、曲,无问多少抵死"。如此苛法,无疑会将百姓生路堵死。郭威建国之后,虽然没有废除专营制度,但是法令相较于之前放宽不少,"诸色犯盐曲,所犯一斤已下至一两,杖八十,配役;五斤以下一斤以上,徒三年,配役;五斤以上,并决重杖一顿,处死"。

诸如此类的宽松政策还有很多。后周国家对经济领域的放宽,纾解了民困,也刺激了经济的复苏,从而有助于国力的增强。

武夫当国是五代政治中的一个普遍现象,五朝更替皆是藩镇节帅恃兵强马壮而帝制自为,用人行政也以武人为主。郭威立国之后,后周政治相较于前面四朝发生了一点儿变化,武人政治开始慢慢向文治转型。

郭威本人即是以兵权而夺帝位,可以说是武夫政治的受益者。但是,成为后周皇帝的郭威并不希望自己的成功被别人复制,更希望结束武夫飞扬于外、权臣跋扈于内的政治乱象,以文治促进王朝治理的制度化和规范化。

晚唐五代的藩镇军人素以跋扈嚣张闻名,骄兵悍将一直是政治动荡的一个重要因素。如果不能有效遏制武夫,郭氏周朝也有可能成为一个旋起旋灭的王朝。郭威行起了霹雳手段,严厉整肃军纪,震慑了武夫们。

五代时军纪普遍较为紊乱,譬如禁酒令就形同具文,"先是,军中禁酒,帝有爱将李审犯令,斩之以徇"。郭威以禁酒令为突破,斩杀自己的爱将李审,目的就是显示自己整肃军纪的决心。广顺二年春正月，郭威亲征慕容彦超，就告诫诸将"诸军入兖州界，不得下路停止村舍，犯者以军法从事"。除了整肃军纪之外，郭威对于敢于挑战中央权威的藩镇也都是雷霆镇压，遂使方镇无敢叛乱者。

与遏制武人政治相应，郭威有意实现文治转向，大力提携文臣地位。称帝之后，郭威多次强调"帝王之道，德化为先"，这种政论简直就是五代政治生态中的一股清流。郭威在用人行政上一改前朝不重视士人的作风，重用文臣，留心纳士，选拔李谷、范质、王溥等人，参与军国大政，并尝试以文臣出任州郡行政长官，这种办法后来成为宋代定制。

郭威开始了武人政治向文治的转型，重用文臣，抑制武夫，"李谷、范质、王溥、魏仁浦乃得以文臣衔天宪制阃帅之荣辱生死"，重武轻文之弊由是更张。在地方基层政治中，郭威同样是强调文官治理权力，排斥武人干预民治，"其婚田争讼，赋税丁徭，合是令佐之职。其擒奸捕盗，庇护部民，合是军镇警察之职。今后各守职分，专切提撕，如所职疏遣，各行按责，其州府不得差监征军将下县"。

郭威文治转向事实上开启了唐宋治理模式的变革，文治从此成为趋势，"而宋乃因之以定一代之规"。

养子柴荣成为继承人

当年郭威起兵之时，其家属皆被后汉隐帝所杀，其子郭侗、郭信都在战乱中遇害。称帝建立后周之后，郭威又未再有子嗣，所以郭氏江山面临后继无人的危机。在没有亲子的情况下，如同那个时代很多帝王一样，郭威并不排斥将皇位传给养子，故而，兼具养子和侄子双重身份的柴荣成为郭威的接班人。

《旧五代史·周书·世宗纪》中记载："年未童冠，因侍圣穆皇后，在太祖左右。时太祖无子，家道沦落，然以帝谨厚，故以庶事委之，帝悉心经度，资用获济，太祖甚怜之，乃养为己子。"柴氏本为邢州尧山富豪之家，柴荣之父、祖皆是乡里极有势力的土豪。后来柴氏家道中落，柴荣才投奔了姑父郭威，成为郭氏养子。柴荣从此成了郭荣，宋朝建立之后，官方史学才将其称为柴荣，本书为了行文习惯，姑且沿用"柴荣"之名。

柴荣的郭氏养子身份是自幼确立，一直深得郭威的信任和爱护。刘知远称帝建立后汉之时，郭威以佐命功授为枢密副使，柴荣被任命为左监门卫大将军。郭威任邺都留守、枢密使、天雄军节度使，柴荣被任为天雄牙内指挥使、领贵州刺史、检校右仆射。可以说，在郭威的政治派系中，柴荣的身份显赫重要。

郭威起兵反汉之后，亲率大军以清君侧为名杀向汴京，而柴荣受命留守邺都，主持邺都事务。后周建立，由于郭威亲子已经全为后汉所杀，所以柴荣以皇子身份拜澶州刺史、镇宁军节度使、检校太傅、同中书门下平章事，封太原郡侯。

在澶州任内，柴荣"为政清肃，盗不犯境……吏民赖之"，政绩着实不错。但是，一个优秀的藩镇节帅，并不意味着柴荣就一定能够成为大周皇位的继承人。后周建立之后，有两派势力是柴荣成为接班人的潜在障碍。一派是王峻、王殷这些后周的立国功臣。譬如王峻一直"自以天下为己任"，柴荣屡请入朝，王峻"忌其英烈，每沮止之"，极力阻止柴荣入朝领兵和郭威立储。

至于王殷，在郭威即位之初，先是授侍卫亲军都指挥使，而后又出为天雄军节度使，加同平章事。天雄军节度使位高权重，王殷赴任之后，"凡河北征镇有成兵处"，皆归其节制。天雄军其实就是魏博镇，是历史上有名的"河朔三镇"之一，魏博军人集团是晚唐五代很多重要斗争的关键力量，后唐庄宗李存勖、后晋高祖石敬瑭、后晋少帝石重贵、后汉高祖刘知远，以及郭威本人都曾担任过天雄军节度使。身居强藩的王殷，事实上也对柴荣怀有敌意，多方阻挠其入朝。

除了勋臣之外，后周皇室内部也存在可能威胁柴荣地位的人。譬如郭威自己的外甥、福庆长公主之子李重进。郭威称帝之后，广顺二年（952），李重进为殿前都指挥使。广顺三年，加领泗州防御使。李重进比柴荣年长，且又是周室外戚，继统的呼声也不低。

欧阳修曾经感慨"五代为国，兴亡以兵"，武夫政治逻辑中军功是最重要的政绩，五代帝王几乎全是战功卓著的将帅出身。但是，一直靠着郭威提携而获得高位的柴荣几乎没有什么军功，这也是他很难得到军功集团支持的重要原因。

尽管柴荣很能干，郭威也属意于他，但是正如王夫之所言，"自朱、李以来，位将相而狂争者，非一人也。郭氏之兴，荣无尺寸之功，环四方而鼻立者，皆履虎唾人之武人，荣虽贤，不知其贤也，孤雏视之而已"。在桀骜骄横惯了的武夫眼中，柴荣不过就是一个没有实力的"孤雏"而已。

基于种种因素，柴荣的储君之路不会一帆风顺，郭威立储也不可操之过急。广顺三年，郭威"自入秋得风痹疾，害于食饮及步趋"。从史书记载的这种病征看，郭威当时已经非常危险，立储似乎已经刻不容缓。

但是，由于王峻、王殷等军方势力的存在，立储传位也不可能一帆风顺。《资治通鉴》中记载了当时位居枢密使、平卢节度使、同平章事的王峻，"晚节益狂躁"。那么王峻又是如何"狂躁"的呢？他竟然干预起朝廷宰相的人选问题，"奏请以端明殿学士颜衎、枢密直学士陈观代范质、李穀为相"。郭威的回复是"进退宰辅，不可仓猝，俟朕更思之"。但是，王峻依然力争，而且"语浸不逊"，一直从早晨争辩到中午，"帝尚未食"，饿着肚子在应付这位咄咄逼人的悍臣。

郭威表面应承了王峻，暗地里却在布置动手。数日之后，郭威命人召见宰相、枢密使数位重臣入宫议事。等王峻来到，立即命卫士将其拿下，幽禁于宫中别所。郭威为了证明自己抓捕重臣的正当性，向宰相冯道等人哭诉道：

王峻陵朕太甚，欲尽逐大臣，翦朕羽翼。朕惟一子，专务间阻，暂令诣阙，已怀怨望。岂有身典枢机，复兼宰相，又求重镇！观其志趣，殊未盈厌。无君如此，谁则堪之！

从郭威所言看，抓捕王峻似乎有为了柴荣接班扫清障碍的意思。王峻被郭威贬谪为商州司马，不久之后就莫名得了"腹疾"，死于谪所。为了安抚另一重臣邺都留守王殷，郭威命王殷的儿子飞龙使王承诲去邺都面见王殷，向其传达王峻"得罪之状"及朝廷处理结果，既是安抚，也是震慑。

广顺三年（953）三月，郭威将柴荣召至汴京，加封晋王并出任开封尹，算是明确了接班人的地位。坐镇邺都的王殷似乎并不甘心就此沉沦，广顺三年秋天，他以恭贺永寿节为理由，"上表请觐"。郭威虽然同意所请，但还是心存疑虑，不久又派使者去邺都阻止其进京。

当时，另一功臣何福驻节镇州，"素恶殷之太横"，入朝之后，向皇帝郭威告发了王殷诸多不轨之事，更是加重了皇帝的猜忌。这一年冬天，王殷终于入朝，郭威"令依旧内外巡警"，即是命王殷负责京城内外防务。

郭威的举动颇为可疑，总有点儿引蛇出洞的意思。王殷带来的军士"不下数百人，又以仪形魁伟"，令京城官民感到不安。一日，王殷又以郊礼在即，势必"兵民大集"，京城防务可能会面临突发问题，故而请朝廷"量给甲仗，以备非常"。当时，郭威已经病重，"步履稍难，多不视朝"，外界都认为皇帝快不行了，王殷言行颇有"震主之势"。

没想到的是，郭威竟然强忍病痛，"坐于滋德殿"，召见王殷。如同王峻的下场一样，王殷一进殿就被武士拿下，然后下诏将其流放，但是待其出了都城，就被郭威派去的军士杀死。郭威诛王殷，更像是一场有预谋的政治谋杀，王殷不过是柴荣帝王之路的牺牲品。铲除王峻、王殷势力，是郭威为柴荣即位铺平道路所采取的非常时期的政治手段。

诛灭"二王"之后，郭威又亲自出面安抚外甥李重进，令其以君臣之礼拜见比自己年少的柴荣，"以定君臣之分"，同时也将其选入顾命班子内。后来柴荣即位，李重进一直恪守臣节，为后周王朝鞠躬尽瘁。

"二王"既除，柴荣入朝，但是并不意味着政局就真的稳定了。郭威病重，"时群臣希得见帝，中外恐惧"，待到正式以柴荣兼任侍中，判内外兵马事，才"人心稍安"。但是，禁军一贯骄悍，有流言说柴荣主持军务以后，"郊赏薄于唐明宗时者"。

这种流言有着很强的政治目的，当初唐明宗起兵夺了庄宗李存勖的皇位，正是借助禁军将领身份、依靠禁军力量的拥护而称帝。因此，禁军中提到唐明宗的事情绝非偶然，而是熟悉禁军管理事务、排挤柴荣的势力在作祟。

这件事还是在郭威亲自干预下才得以解决，病入膏肓的皇帝将诸将召至寝殿，厉声斥责：

> 朕自即位以来，恶衣菲食，专以赡军为念。……今乃纵凶徒腾口，不顾人主之勤俭，察国之贫乏，又不思己有何功而受赏，惟知怨望，于汝辈安乎！

禁军诸将慑于皇帝天威，"皆惶恐谢罪"。郭威更是"索不逞者戮之"，平息了禁军中的流言，以皇威之尊，再次为柴荣扫清道路。当时，柴荣身边近臣曹翰向其进言："大王国之储嗣，今主上寝疾，大王当入侍医药，奈何犹决事于外邪!"

曹翰的话说明了一个问题,柴荣虽被确立储嗣身份,但仍有潜在威胁,能否顺利继承帝位在当时仍存有变数。听了曹翰的劝谏,柴荣这才请求入宫侍奉郭威,其实就是要防范皇帝突然驾崩,另有政治势力发动宫变的风险。数日之后,郭威病情更加严重,诏令"停诸司细务皆勿奏,有大事,则晋王荣禀进止宣行之",柴荣事实上获得了朝政的处置权。

郭威的厉害之处还在于他在确定柴荣接班之后,不仅铲除了威胁最大的"二王"势力,还重构了一个环环相扣、相互制衡的军政格局,能够确保柴荣即位之后皇权不动摇。除掉王殷之后,郭威即以符彦卿为大名尹、天雄军节度,进封卫王。符彦卿的女儿符氏是柴荣的继室妻子,日后大周的符皇后。符彦卿出镇天雄军,很明显是在拱卫柴荣日后的朝廷权威。

在中枢军政权力安排上,郭威构建了以冯道、范质、李穀、王溥、魏仁浦等为主的中央文臣及以李重进、张永德、樊爱能、何徽为主的高级禁军将领管理系统。禁军侍卫司最高统帅侍卫马步都虞候李重进是郭威的外甥,殿前司最高统帅殿前都指挥使张永德则是郭威的驸马,两人俱是贵戚,既相互配合,又相互牵制,对于柴荣未来的皇权起到了平衡拱卫的作用。

显德元年(954)正月壬辰日,郭威驾崩,庙号太祖。是月丙申日,晋王柴荣按遗命在柩前即皇帝位,是为周世宗。周太祖郭威起于寒微,称帝以后一直励精图治,相对而言也比较体恤民力,在那个五代乱世也堪称一代明君。弥留之际,郭威仍然多次嘱咐柴荣"陵寝不须用石柱,费人功,只以砖代之。用瓦棺纸衣",史书誉之"勤俭之美,终始可称",在位时间虽然不长,但"亦开基之有裕矣",为柴荣日后的帝业打下了很好的基础。

高平一战树立帝王之威

在郭威兵变自立之后,原先后汉的河东节度使、刘知远的弟弟刘崇也在太原即皇帝位，国号仍为汉，沿用乾祐年号，史称北汉。后周广顺元年（951）九月，辽世宗耶律阮应刘崇之请，率军南下进攻后周，但是兵至归化州的祥古山，就被泰宁王耶律察割等人弑杀，叛乱平定之后，契丹贵族又拥立太宗耶律德光之子耶律璟为帝，是为辽穆宗。

公元951年，是后周广顺元年，大辽的应历元年，也是刘崇北汉太原政权的乾祐四年。这一年，中原与契丹政权均经历更替，而在二者之间的河东地区，还形成了北汉这一新政权。局促于河东的北汉政权为了抵抗后周的征伐，只能选择倒向契丹，援引强大盟友。

夹于两强之间的刘崇权衡利弊，最终决定效仿石敬瑭，致书契丹皇帝："本朝沦亡，绍袭帝位，欲循晋室故事，求援北朝。"求援北朝的筹码是什么呢？《旧五代史》记载，刘崇称帝之后，就"以重币求援于契丹，仍称侄以事之，契丹伪册为英武皇帝"。如同石敬瑭的"儿皇帝"身份一样，刘崇当了契丹人的"侄皇帝"，这种拟亲关系的意义不大，对于北方游牧民族而言，也并没有什么屈辱意味。真正的筹码是"重币"，经济利益的输送才是关键。

北汉与大辽结成同盟，共同扼制后周。后周立国之初，郭威主要致力于稳定国内统治，先是削平了慕容彦超的叛乱，而后主要精力在于国内治理的整顿。对于辽和北汉，主要是采取防御态势。不甘心退出中原中心的北汉在这一时期乘后周国内未安，发起多次主动进攻。

广顺元年二月，刘崇之子刘承钧"率北汉兵五道攻晋州，后移军攻隰州，皆不克，引去"。同年九月，北汉皇帝刘崇又"遣招讨使李存瑰将兵自团柏入寇"，而辽世宗耶律阮也"欲引兵会之"。正因为契丹贵族的厌战情绪，才导致了辽世宗被弑。北汉与辽联兵南侵的计划，就这样被打断了。

辽穆宗即位后，北汉刘崇再次请求辽朝出兵与其同击晋州。辽应历元年十月，"契丹遣彰国节度使萧禹厥将奚、契丹五万会北汉兵入寇"，而刘崇自己也亲率两万人马"自阴地关寇晋州"。契丹与北汉联军在晋州城北扎营，"三面置寨，昼夜攻之"。后周在应对这一场战争中表现得非常优秀，晋州镇将史彦超、何徽共同坚守拒敌，两月后，后周枢密使王峻率军增援，遂解晋州之围，契丹无功而还，北汉军队也随即败退。

终太祖郭威时代，北汉三次攻势均为后周击溃。后周与北汉及契丹间再无大的战事，各方保持了一种紧张的和平状态。

后周显德元年（954）正月，郭威崩殂，晋王柴荣即位。在即皇帝位之前，年轻的柴荣几乎没有什么可圈可点的军事建树，甚至一度被后周军界的宿将们视为"孤雏"。柴荣即位，北汉刘崇以为南进的机会来了。

据《资治通鉴》记载，"北汉主闻太祖晏驾，甚喜，谋大举入寇，遣使请兵于契丹"。是年二月，辽穆宗派辽朝武定节度使、政事令杨衮率一万多骑兵前往太原。北汉皇帝刘崇亲率大军三万，"以义成节度使白从晖为行军都部署，武宁节度使张元徽为前锋都指挥使，与契丹自团柏南趣潞州"。辽朝的主将杨衮其实出身于魏博精兵"银枪效节军"，后投奔契丹，被赐名为耶律敌禄。在《辽史》中，这件事的记载是"二月丙午朔，周攻汉，命政事令耶律敌禄援之"。

北汉与契丹联军约四万余人直扑潞州，屯驻于团柏谷南梁侯驿。来犯之敌在此遭遇后周昭义节度使李筠部将穆令均的抵抗，而李筠本人则率本部人马守候于梁侯驿东南的太平驿。这一场阻击战中，穆令均中了北汉前锋大将张元徽的诱敌之计，自己阵亡，所部几乎全军覆没。主将李筠则逃至上党，婴城自守以待援军。

北汉和契丹来犯，后周初战失利，这对年轻的新君柴荣而言是个巨大的挑战。北汉和契丹联军来势汹汹，就是要趁着后周皇权更迭的机会，一举将其灭掉。正如柴荣自己对形势的分析："刘崇幸我大丧，闻我新立，自谓良便，必发狂谋，谓天下可取，谓神器可图，此际必来，断无疑耳！"

一直未能在军界建立声望的柴荣更将此次战争视为立威的机会，年轻而有雄心的皇帝以历史上的明君唐太宗为楷模，建立属于自己的赫赫战功："昔唐太宗之创业，靡不亲征，朕何惮焉！"当然，宰相冯道这些老成持重的文臣并不认为柴荣可以复制李世民的成功。冯道并非不认同柴荣的才能，只不过他担心的是年轻的皇帝无法驾驭骄横的将军们，"今皆宿卫将，久处贵位，气方骄，陛下即位席未暖，未易使也"。

冯道建议柴荣坐镇京师，另选大将统军迎敌。这种方案貌似老成持重，却潜在着更大的风险。因为在禁军主力开赴前线的情况下，一旦军情有变、遥控鞭长莫及，困守京城的柴荣就有可能输得精光。御驾亲征看似冒险，其实有利于直接掌控军权，防止兵变发生。

文臣的谏诤并不能阻止柴荣亲征的决心。潞州穆令均兵败奏至，柴荣立即做出全面应对的兵力部署，兵分三路：东路由天雄军节度使符彦卿为主帅，领兵自磁州固镇路赴潞州，以澶州节度使郭崇为副帅；西路则由河中节度使王彦超领兵取晋州路东向邀击，以陕府节度使韩通为副；中路以宣徽使向训、马军都指挥使樊爱能、步军都指挥使何徽、滑州节度使白重赞、郑州防御使史彦超、前耀州团练使符彦能等，领兵先赴泽州。

三月十日，柴荣亲率大军从汴京出发，"七日后至泽州"。柴荣亲征，几乎是集中了后周全部精锐军队，目的就是寻找北汉主力，决战制胜。在此之前，柴荣大军到达河阳的时候，得到情报说刘崇率军过潞州而不攻，南向泽州，故而又率军日夜兼程赶赴泽州，颇为急于与敌军决战。

柴荣到达泽州的当天，即穿上戎装，阅兵于泽州东北郊，摆开决战姿态。后周与汉辽联军的大决战，即将拉开帷幕。三月三十日，后周前锋部队与北汉军遭遇，短暂交战之后，北汉军败退，后周军队追击至泽州北高平县南的巴公原。

北汉军的败退极有可能又是一次诱敌深入，刘崇早已率北汉主力列阵于巴公原上，"刘崇自将骑三万，并契丹万余骑，严阵以待官军"，"其阵张元徽军其东，杨衮率辽军军其西，众颇严整"。

柴荣率后周主力随后也赶到，立即部署迎战，令侍卫马军都虞候李重进与滑州节度使白重赞统率左军在西；侍卫马军都指挥使樊爱能、步军都指挥使何徽统率右军在东；宣徽使向训、郑州防御使史彦超率领精骑在中间列阵，殿前都指挥使张永德率领禁军护卫柴荣。

从双方战阵布置看，都是横向布列，北汉与契丹联军南向，周军则北向。东面周军樊爱能、何徽所部与汉军张元徽对阵；西面周军李重进、白重赞应对的是辽国悍将杨衮。在兵力调配上，后周还略微有点儿迟缓，河阳节度使刘词所率的后军尚未到达。兵力对比上，后周明显处于劣势，一时影响军心稳定。

北汉刘崇看到后周兵少，顿生轻敌情绪，甚至还后悔借兵契丹，对自己近臣说："吾自用汉军可破也，何必契丹，近日不惟克周，亦可使契丹心服。"于是对杨衮说："时不可失，请公勿言，试观我战！"刘崇的意思是，请契丹军先别出手，看他独统北汉兵歼灭周军主力。

关键时候，老天竟然帮了周军一把。周军战前未整时，东北风方盛，及至交战前，风向却陡然变为南风。逆风作战转而可顺风迎敌，可谓得了天时。北汉枢密直学士王得中发现风向变化，立即向刘崇进言不应作战。但是，刘崇并未重视，而是决意速战以图歼灭周军。

两军既成列，刘崇率北汉东军先出击，而张元徽则率千余名骑兵进击后周右军。两军交锋后不久，后周右军统帅樊爱能、何徽竟然引骑兵先遁，望风而退，而右军步兵在后面又被北汉骑兵袭击。如此一来，后周右军很快溃败，步兵千余人解甲呼万岁，降于北汉。

后周初战就遭遇如此溃败，一时间军势岌岌可危。北汉大将张元徽击溃后周右军后，又乘胜复进。首战不利，柴荣自率亲骑临阵督战，先锋都指挥使史彦超"先登陷阵"，力图扭转败局。在此关键时刻，与贵戚张永德一起担任禁军统帅的赵匡胤对张永德说："贼气骄，力战可破也！公麾下多能左射者，请引兵乘高出为左翼，我引兵为右翼以击之。国家安危，在此一举！"

张永德同意了赵匡胤的意见，二人各率兵二千人进战，一举击败北汉大军，降北汉军七千余众。赵匡胤、张永德重新以骑兵组织起两翼进攻，对汉军形成合围之势，正是此举对战局走势起到了关键作用。内殿直马仁禹、殿前右番行首马全义皆先后引骑兵陷阵，使周军士气颇为高涨。

后周右军过早溃败之后，左军统帅李重进与白重赞在先前右军溃退之时也很好地约束了麾下士兵，没有发生连锁反应。待到赵匡胤、张永德杀出一条血路之后，左军李重进与白重赞又率军死战，与柴荣亲军合兵，士气再度高涨。

北汉军溃败还有一个致命原因，竟然是大将张元徽阵亡了。根据《资治通鉴》记载，张元徽之死纯粹是个意外，而且极富戏剧性：

元徽前略阵，马倒，为周兵所杀。元徽，北汉之骁将也，北军由是夺气。时南风益盛，周兵争奋，北汉兵大败，北汉主自举赤帜以收兵，不能止。杨衮畏周兵之强，不敢救，且恨北汉主之语，全军而退。

正是因为有了初战时北汉的胜利，才有了张元徽的乘胜追击，也就有了亲冒矢石失败的悲剧。刘崇首败于巴公原后，尚有余众万余人，随时准备发动新一轮攻势。这时后周的后军主帅河阳节度使刘词也率后军加入战斗，与诸路大军一起猛攻，并杀死北汉枢密使王延嗣。

后周军一路北逐至高平，见北汉败军"僵尸满山谷，委弃御物及辎重、器械、杂畜不可胜纪",败状极惨!次日,柴荣到达高平,三日后,又至潞州。北汉刘崇遭高平一战大败之后,立即"与亲骑十数人逾山而遁",仓皇逃归晋阳。

柴荣在潞州召开军事会议,将临阵脱逃的樊爱能、何徽等将校七十余人全部斩首。柴荣一战立威,杀伐果断,"樊爱能等七十人之伏辜,无敢为之请命",后周军界,已经无人再敢视柴荣为"孤雏"了。

逃回太原的刘崇担心柴荣追击过来,又"收散卒,缮甲兵,完城堑以备周",并再次向契丹求救。大胜之后的柴荣确实有一举拿下太原并彻底歼灭北汉政权的雄心。

稍做休整之后,柴荣即任命此前东路军统帅符彦卿为河东行营都部署兼知太原行府事,以郭崇为副帅,向训为都监,李重进为马步都虞候,史彦超为先锋都指挥使,率步骑两万发潞州;并令先前王彦超、韩通所领西路晋州东出之师自阴地关入,与符彦卿合军而进,北攻汾、并;再以刘词为随驾(都)部署,保大节度使白重赞为副将,紧随其后。

四月初,符彦卿率军先至晋阳城下,所统诸将四出攻城,北汉守将非败即降。整个四月间,北汉汾州、辽州、宪州、岚州、石州、沁州、忻州、代州先后为后周所有,北汉统治范围一度仅余并州、隆州、蔚州、麟州四州之境。

五月十三日,柴荣来到晋阳城下。刘崇死守,而后周又是志在必得。为了守住太原城,刘崇又向契丹求援,"契丹数千骑屯忻、代之间,为北汉之援"。后周大将史彦超也是轻敌冒进,"恃勇轻进,去大军浸远,众寡不敌,为契丹所杀",败死于忻口之战中。史彦超战死导致了柴荣暂时放弃了一举收复河东的宏图,很快从晋阳撤军,史籍记载当时粮草数十万,"遗于晋阳城下,悉焚弃之"。

在契丹人的帮助下,刘崇北汉在河东的地盘很快得以恢复。但是,经历高平一役,柴荣建立了强势帝王的威望,"周主之为天子,非郭氏授之,自以死生为生民请命而得焉者也","帝违众议破北汉,自是政事无大小皆亲决,百官受成于上而已"。高平之战也激起了柴荣兼并天下、重建大一统帝国的雄心,"自克高平,常训兵讲武,思混一天下"。

柴荣的帝王霸业,迈出了第一步!顺便说一句,柴荣在开封府尹任上的旧僚属,又在高平之战中表现英勇果断的禁军将领赵匡胤从此崛起,被擢升为殿前都虞候，领严州刺史。

高平之战是柴荣的立国之战，继承郭威皇权仅仅是一种外在的形式，这一场大战的胜利才真正建立了属于他自己的皇权威严。大战之前，柴荣对冯道等文臣说要效仿唐太宗，可能只是年轻人的豪情壮志。但是一战成名之后，一匡天下，重建大帝国已然成为后周国策。

高平之战也暴露了后周军队的很多问题，柴荣决定整军经武，重构后周军事系统，当然这也是他打造自己军事力量的必要步骤。据宋初所修的《旧五代史》记载：

> 帝自高平之役，睹诸军未甚严整，遂有退却。至是命今上（赵匡胤）一概简阅，选武艺超绝者，署为殿前诸班，因是有散员、散指挥使、内殿直、散都头、铁骑、控鹤之号。复命总戎者，自龙捷、虎捷以降，……选之，老弱羸小者去之，诸军士伍，无不精当。由是甲兵之盛，近代无比，且减冗食之费焉。

为了增强军事力量，柴荣大力招募"勇猛之士"补充军队，"诏诸道募山林亡命之徒有勇力者送于阙下，仍目之为强人。帝以矫捷勇猛之士多出于群盗中，故令所在招纳，有应命者，即贷其罪，以禁卫处之"。柴荣的扩军政策是唯军事主义的取向，招纳亡命之徒，宽宥罪犯的做法导致了很多乱象，甚至出现了"朝行杀夺，暮升军籍，仇人遇之不敢仰视"的事情。

后周国家快速军事化，目的就是实现柴荣兼并天下的大周梦。高平大战之后，北汉得契丹支撑，恢复了在河东地区的统治，后周一时之间也难以攻灭北汉，北方局势重归稳定。后周下一步征讨的对象是割据巴蜀的孟氏后蜀政权。

原本割据于巴蜀的后蜀政权一直是保境安民，并不介入域外纷争，中原王朝也无暇顾及这个偏居西南一隅的小国。但是，后晋灭于契丹之时，辽国大军南下，川陕一带形势不稳，后晋"秦州节度使何建以秦、成、阶三州入蜀，蜀人又取凤州"。如此一来，后蜀得到了四州之地，疆域与前蜀王氏政权几乎相同。

后汉及后周的郭威时代，北朝对后蜀政权都没有动作，主要原因还是中原局势不稳。四州之地成为柴荣在高平大战之后首先用兵的对象。《旧五代史》中说"秦、凤人户怨蜀之苛政，相次诣阙，乞举兵收复旧地"，这恐怕只是宋人对柴荣政权的溢美之词，相较于国家高度军事化的后周，后蜀的苛政又能到哪里去？

后周显德二年（955）四月，柴荣下诏凤翔节度使王景与宣徽南院使向训发兵攻取四州。为了保证战争的经济和人力资源支撑，是月，柴荣下诏："诸道府州县镇村坊应有敕额寺院，一切仍旧，其无敕额者并仰停废"，"今后不得创造寺院兰若"，并"禁私度僧尼"。对于寺院僧尼的治理，目的就是为了获取人力和经济资源。这一年，后周统治区域废寺院3336所，还俗僧尼多达61200人。

西征战线毕竟太长，后周军需供应不继，战事陷于僵局。时至七月，仍然没有进展，前线诸将要求罢兵。一心要求边功的柴荣怎么可能停战呢？雄心勃勃的皇帝派出了禁军新贵赵匡胤前往秦州前线视察战局，赵匡胤回奏称秦、凤诸州可取。

基于赵匡胤的判断，柴荣决定继续西征战事，擢王景兼西南面行营都招讨使，向训兼西南面行营都监。为了弥补战事经济资源不足，是年九月，柴荣下诏禁全国使用铜器，民间所有铜器全部"五十日内悉令输官"，交给政府用于铜钱铸造，"过期隐匿不输，五斤以上处死，不及者论刑有差"。

从禁铜令来看，当时后周也确实陷入"钱荒"之中，柴荣此举不能不说是对民间的一种掠夺。这一年的闰九月，后周军队击败后蜀，秦、成、阶三州相继归附。十一月，周军最后攻克凤州，终于拿下四州之地。

西征战事持续逾半年，后周付出了很大的代价，但是最终的成功刺激了柴荣进一步征伐的雄心。

三征南唐，尽夺江北十四州

在攻取后蜀四州的同时，后周王朝也在酝酿南下战争，首先的目标就是雄踞江淮的南唐。显德二年四月，柴荣命朝臣二十余人，要他们各自提出《为君难为臣不易论》和《平边策》各一篇，为一匡天下提供军政建议。宰相李穀和比部郎中王朴等人提出的"先南后北"的战略，得到了柴荣的赞赏。

李穀认为，统一天下，应首先从攻灭割据江淮的南唐开始，"取江淮如探囊中物耳"。王朴则系统提出了灭南方诸国的路线图，"凡攻取之道，必先其易者"。"唐与吾接境几二千里,其势易扰也",故应首先平定南唐,灭南唐应先取江北之地,"江北诸州将悉为我有"。取江北之后,"则用彼之民,行我之法,江南亦易取也"。江南解决之后,"岭南、巴蜀可传檄而定"。

南方诸国解决之后,"则燕地必望风内附;若其不至,移兵攻之,席卷可平矣"。对于依附契丹的太原北汉政权,王朴认为其是"必死之寇",必须"以强兵制之",应当放在天下既平之后,"然后伺间,一举可擒也"。

基于这样的战略,在结束与后蜀战争之后不久,后周王朝就开始准备对付南唐的战争。在南方诸国之中,南唐最为强大,承袭杨吴王国基础的李昪以李唐皇室后裔自居,建国称帝之后,励精图治,国力日渐强大。李昪死后,其子李璟继位,起初也是低调务实、不兴兵戈。

但是,随着实力渐增,李璟也"自以唐子孙,慨然有定中原复旧都之意",开始试图发动对外兼并战争。南唐保大三年(945),趁割据于福建的王闽政权内乱,李璟出兵灭其国。保大九年(951),南唐又出师湖南,一举灭掉马楚王国。

南唐挑起的南方战争,虽然在表面上扩充了其国土,但是透支了国力,也引起了北方王朝的忌惮。除此之外,立国于江淮的南唐自烈祖李昪时代开始,就与草原契丹交聘往来,试图以远交近攻的策略,对抗中原五代王朝的南下兼并,甚至有意南北夹击,实现其称霸中原的宏图。

元宗李璟时代,南唐还多次派出密使,携带"蜡丸书"远道赴契丹,以求结盟,夹击中原政权。后梁、后唐、后晋、后汉四朝,中原政权与南唐虽偶有冲突,但总体还是相安无事。中原处于汉周交替之时,南唐甚至一度企图染指中原纷争。后周初年,"李守贞、慕容彦超之叛,(南唐)皆为之出师,遥为声援,又遣使自海道通契丹及北汉,约共图中国,值中国多事,未暇与之校"。

到柴荣击败北汉,而后又西征后蜀之后,南征南唐也就提上了议事日程。后周显德二年(南唐保大十三年,955)十月,后周皇帝柴荣命宰相李穀全面筹划进攻南唐的淮南地区事宜。十一月初五日,柴荣颁布《谕淮南州县诏》:

蠢尔淮甸,敢拒大邦!因唐室之凌迟,接黄寇之纷扰,飞扬跋扈,垂六十年,盗据一方,僭称伪号。幸数朝之多事,与北境以交通,厚启戎心,诱为边患。

在这份诏书中，柴荣是以中央王朝的天子身份，指斥割据江淮的南唐是"僭称伪号"，以此彰显南征的合法性。当时的南唐，也因为多年用兵，透支了国力，"国用遂为一空"，政治上又陷入党争乱局，无法与北方政权一较高下。

后周对南唐战争的初步目标是夺取淮南之地，也就是南唐的江北十四州。唐末五代的淮南之地是财赋渊薮，"土壤膏沃，有茶、盐、丝、帛之利……廛里饶富，多高赀之家，扬、寿皆为巨镇"。从军事战略上讲，所谓守江必守淮，"固国者，以江而不以淮；固江者，以淮而不可以江也"。对于南唐而言，守住江北十四州，就有了抗衡北方政权的屏障；而于后周而言，拿下淮南地盘，不仅有巨大的经济利益，更是获得了进一步南下的基地。

后周显德二年十一月，柴荣下诏征伐南唐，以李榖为淮南道行营都部署，王彦超为行营副部署率领韩令坤等十二名将领，直攻寿州，拉开了淮南之役的序幕。寿州是江北重镇，南唐对其防御历来重视。南唐大将高审思镇守寿州之时，"大为儆备，晨夕出号，刁斗相属，躬率士卒，缮完城堑，楼橹渠荅，色色整饬"。后周南犯之时，南唐寿州节度使刘仁赡也是"固守甚坚"。

寿州战略地位重要，南唐派出大军增援，以神武统军刘彦贞为北面行营都部署，率军两万直趋寿州。同时，又以皇甫晖为应援使，姚凤为应援都监，将兵三万屯驻于定远，以为策应。南唐大军来援，寿州又久攻不下，后周统帅李榖感觉军力难以支撑，便决定焚烧粮草撤往正阳关。

后周大军撤退过程非常仓促，军需辎重多有丢失。为了解李榖危机，柴荣又命李重进急赴正阳，以援李榖。后周退兵，南唐将领们却因是否应该追击而发生分歧。寿州节度使刘仁赡认为"北人奸诈，恐其设伏。故宜按甲养锐，以俟其隙"。但是，少长富贵而又莫知兵法的二代刘彦贞为了贪功，却执意追击。没想到，刘彦贞带兵追至正阳时，后周李重进的援军已经抵达，双方发生战斗。南唐军队很快就被李重进击败，除了少部分突围逃亡至寿州外，其余几乎全部被歼，刘彦贞本人被斩，裨将咸师朗被俘，万余名士兵战死，"伏尸三十里，收军资器械三十余万"。

正阳关大败导致了南唐江淮地区的混乱，"时江淮宁久，民不知兵，大军既败，莫不惶怖。诸郡无备，皆弃城而北"。刘彦贞战败身死之后，南唐又派出皇甫晖、姚凤率领另一支援军退守清淮关（今安徽滁州附近）。

为了将这一支援军歼灭，柴荣令赵匡胤领兵攻击。交战之后，皇甫晖战败，准备退守滁州。但是，此时的滁州守将王绍颜已经弃城逃遁，城中陷入混乱。皇甫晖在溃退途中再遭大败，后周军队拿下滁州。

南唐在正阳、清淮两关的大败超出了金陵李璟君臣的料想，战前也未对国境腹地做充分的防御准备。显德三年三月，柴荣命大将韩令坤率军进击扬州。扬州是杨吴南唐政权的旧都，李昪建都金陵之后，扬州依旧是南唐东都，与金陵相隔不远。扬州若失，渡江即可攻金陵。

南唐并未料想到后周大军会如此迅速地攻至扬州，扬州周边防御力量薄弱，故而韩令坤几乎兵不血刃就拿下了扬州，而后又轻取泰州。扬、泰二州失守动摇了南唐后方，江淮震动，其光州、蕲州、天长军皆降于后周。

在此危急之秋，南唐不得不倾力收复扬州。显德三年四月，南唐军开始进攻扬州。但是，收复之战再遭大败。是月十七日，韩令坤再败南唐军队于扬州东北的湾头堰，"获涟州刺史秦进崇"；另一路张永德又在曲溪堰（今江苏盱眙境内）击败南唐泗州援军万余人。

南唐从淮水流域抽调的援军被后周击败，但是同时南唐也从江南调兵渡江北上进攻扬州、泰州，兵分两路，全力出击。江南兵马分成两路，东路由南唐右卫将军陆孟俊率军万余人从常州出发进攻泰州，后周在泰州的守军不多，遂主动弃城，"孟俊复取之，遣陈德诚戍泰州"。西路大军由南唐齐王李景达率军两万自瓜步渡江，以取扬州。

南唐大军汹汹而来，东路陆孟俊部进攻扬州，屯兵于扬州西北四里处的蜀冈，扬州城似乎指日可下。面对处于优势的南唐军，后周大将韩令坤"弃扬州走"。柴荣于是"急遣张永德率亲兵往援之"，命韩令坤再攻扬州。

事实上，南唐大军虽然人数众多，但是战斗力不强，再次交战之后，陆孟俊大败，自己都被后周军队生擒了。另一边西路的南唐齐王李景达所率之军行动迟缓，渡江之后毫无动作，竟然在六合设栅居数日，并不出击，而后周对手赵匡胤所统之军不满两千。数日之后，李景达才命军队进攻，赵匡胤率军奋击，"大破之，杀获近五千人，余众尚万余，走渡江，争舟溺死者甚众，于是唐之精卒尽矣"。

至此，南唐的数路援军皆为后周击溃。围绕扬州的这一系列战役，南唐军队伤亡惨重，精锐武装损失殆尽。但是，对于后周而言，此时尚无实力真正长期占领扬州、泰州等地。南唐还占有淮南之地的绝大部分，特别是战略要地寿州，可以威胁后周的后方。另外，扬州远离后周本土，后勤补给线太长。

后周虽获大胜，但是已经无力再发动大规模进攻。为了集中兵力进攻寿州，显德三年五月，后周主动撤出扬州，结束了扬州之役。

扬州战役虽然结束了，但是后周并未放弃对南唐江北地区的争夺，尤其是重镇寿州。显德三年（956）正月，在正阳关击败刘彦贞之后，后周军队又展开了对寿州的围攻。后周军队攻势很猛，"围之数重，以方舟载炮自淝河中流击其城，又束竹数十竿，上施版屋，号为竹龙，载甲士以攻之，又决其水寨入淝河，攻之百端"。但是，寿州城防确实坚固，南唐守将刘仁赡又善于守城，后周军队一时没有进展。

到了五六月间，江淮地区的梅雨时节来临，"霖雨弥旬，周兵营寨水深数尺，淮、淝暴涨，炮舟竹龙皆飘南岸，为景兵所焚，周兵多死"。季节的变化给南唐带来扭转战局的机会，柴荣开始从南方撤军，但是仍然留下了李重进率部分兵力继续包围寿州。

对于南唐而言，寿州之围必须解。显德三年七月，南唐开始了局部反攻，接连夺回舒、和、蕲等州，而此前后周已经主动放弃了到手的扬州、泰州等地，向寿州方向集结。后周的兵力移动对南唐来说不啻是一次各个击破的机会，南唐诸将也都建议据守险要之处截击周军。金陵朝廷却有媾和之心，政界元老宋齐丘认为"如此，则怨益深"，似乎还想留着与后周讲和的余地，"乃命诸将各自保守，勿得擅出击周兵"。

南唐的迟钝给了后周集结兵力的时间，寿州城陷入重兵围城的危急之境。直到此时，南唐才着手解寿州之围，齐王李景达奉旨率军五万增援寿州。周、唐两国主力部队都集聚于寿州附近，一场决战似乎就要爆发。但是，南唐监军陈觉是靠着"谄事"宋齐丘上位的佞人，此人秉承不主动与后周构怨的政策，错失速战机会。如此，双方竟在对峙中耗去了半年时间，而寿州已是"城中饥死者甚众"。

显德四年二月，柴荣再次南下征讨南唐。是年四月，柴荣亲至寿州城下，命赵匡胤率军对驻于寿州城南紫金山的南唐援军展开进攻，"连破数寨，斩获数千,断其来路",南唐军首尾不相救。南唐濠、泗、楚、海水陆都应援使陈承昭也被赵匡胤生擒,寿州城中的刘仁赡"闻援兵既败,计无所出,但扼腕浩叹而已"。

在后周的凌厉攻势之下,南唐陷入明显败局,而此时南唐前敌军中又出现了严重的内讧。南唐齐王李景达麾下将领朱元与监军使陈觉有私人矛盾,陈觉便伺机谋害此人。陈觉假称召朱元去濠州议事,"且欲害之"。朱元未中其计,陈觉又向朝廷诬奏朱元不受节制。李璟听信陈觉谗言,准备将朱元召回金陵,以他人取代朱元。此事导致了朱元率所部万余人举寨投降后周,南唐在紫金山的军事部署完全被打乱。

后周抓住这一天赐良机,向紫金山发动猛攻,南唐数万大军迅速溃败,大将许文缜、边镐等人皆为俘虏。南唐溃军沿淮水东逃,但是又被后周提前布置的数千水军截击,"战溺死及降者殆四万人"。至此,南唐的寿州救援之战已经失败,自显德三年正月后周围攻寿州始,已逾一年。

援军既败,而此时寿州城中的刘仁赡"卧疾已亟",寿州节度副使"孙羽诈为仁赡书,以城降"。后周拿下寿州,赢得了淮南之战中最为关键的胜利。四月十二日,柴荣从寿州出发,返回汴京。

南唐失去寿州之后,临近淮河南岸且离寿州不远的濠州成为南北之战的重要战场。在显德四年五月,南唐濠州观察使郭廷谓率水军溯淮河而上,直奔涡口。当时,后周军队正在涡口修造浮桥,正值夏季久雨,"淮流泛溢",郭廷谓"即轻棹衔枚抵其桥",而后放火将周军所修浮桥全部焚毁。后周军队在此遭遇惨败,"死者不可计",南唐军又"焚其资粮而还"。

后周军队遇挫之后,遂退保定远。郭廷谓派出间谍伪装成商贩,潜入定远城,"侦军多寡及守将之名"。根据情报分析,郭廷谓觉得定远可图,于是又集结乡兵万余及士卒五千,"日夕训练",攻入定远城,周军大败,守将武行德只身逃走。

濠州一带战事的变化引起了柴荣的关注,是年十月,这位雄心勃勃的皇帝宣布第三次南征,十一月五日抵达濠州城西。在柴荣的指挥下,后周军队向濠州发动猛烈进攻。濠州城内的守将郭廷谓一直是"缮戈甲,治沟垒",甚至还有过"夜出敢死士千余袭周营"的战绩。但毕竟困守孤城,濠州城耗不起。

久而久之，南唐援兵不至，濠州战船七十余艘又被周军焚毁，士卒战死者两千余人。二十日，柴荣追至濠州以东九十里的浮山洞口，歼灭南唐军七千余人。十二月，南唐泗州（今江苏盱眙）守将范再遇投降周军。孤立无援的濠州除了鱼死网破，也只能递上降表了。陷入绝境的郭廷谓召集诸军于垒门之外，"南望大恸而降于周"。

显德五年（958）正月，柴荣亲率大军进攻楚州（今江苏淮安）。南唐楚州防御使张彦卿据城死守，后周大军"齐云战舰数百，自淮入江，势如震霆烈焰"，大将赵匡胤"昼夜不解甲胄，亲冒矢石"，经过四十余日的激战，楚州城破。张彦卿"犹结阵城内，誓死奋击，谓之巷斗"，最后张彦卿"及兵马都监郑昭业等千余人皆死之，无一人生降者"。楚州恶战旷日持久，南唐守军慷慨悲壮，后周军队也是伤亡惨重。柴荣雷霆震怒，下令屠城，"城内军民死者万余人，庐舍焚之殆尽"。

楚州之战结束之后，南唐淮南领土，除舒、庐、蕲、黄四州外，其他诸州都为后周所夺。三月十日，柴荣抵达扬州东边的迎銮江口，命右武卫大将军李继勋率数十艘战船在长江游弋，进攻南唐水军。南唐君臣深恐周军进攻金陵，遂遣兵部侍郎陈觉"奉表陈情"，表示愿意称臣纳贡。

此时的后周俨然已是天下共主，荆南高保融、吴越钱俶也准备派出水师随后周征讨南唐。面对如此强敌，李璟只能认输，"遣其臣刘承遇奉表以庐、舒、蕲、黄等四州来献，且请以江为界"。南唐江北十四州尽归后周所有。四月，柴荣自扬州返回大梁。五月，李璟自削帝号，改称江南国主，奉后周正朔。

幽燕未复身先死

显德五年（958）三月，后周征南唐的战争终告结束，获得了江北十四州的领土，柴荣的注意力又转移到北方问题上。事实上，无论是江淮大国南唐，还是割据河东的北汉政权，或多或少都与北朝大国契丹辽朝有关系。北汉自不待言，局促于河东，原本对契丹的依赖就很大，高平之战中就有契丹大军参与。

南唐虽然距辽国遥远，但是从其先主李昪开始，就试图秘密结盟契丹，实现夹攻中原政权的目的。后周南侵南唐之时，在显德三年二月，战争初期，南唐元宗李璟就曾派人携蜡丸书求救于契丹，不过途中被后周军队截获。是年十二月，南唐又派出兵部郎中陈处尧持重币浮海至契丹乞师。

显德四年中，当南北战争最为激烈之时，南唐又派出使臣远赴辽国，且其中一次为"奉蜡丸书"。虽然南唐求盟契丹的努力没有什么明显成效，但是对于后周而言，契丹问题是必须面对的，柴荣又是一个有意恢复汉唐大一统的"雄主"，故而对辽战争难以避免。

后周显德五年二月，建雄节度使杨廷璋败北汉兵于隰州城下，"斩首千余级"。是年四月，辽国南京留守萧思温出兵攻陷后周的一些边境州县。契丹人的军事行动看似是对后周击北汉的一种报复，但是从《辽史·萧思温传》的记载看，似乎又不是那么简单，"初，周人攻扬州，上遣思温蹑其后，惮暑不敢进，拔缘边数城而还"。可见，在后周攻南唐的时候，契丹并非毫无作为，乘虚南进的可能性很大，只不过因为主帅萧思温的迟疑而未能成功。

在结束南方战事之后，柴荣返回大梁，得知契丹袭边的情报之后，立即命澶州节度使张永德赴北边，以备契丹。随后，后周军队在多个地区对契丹及北汉展开了报复性军事行动。五月，成德节度使郭崇攻陷契丹束城；六月，"昭义节度使李筠奏击北汉石会关，拔其六寨"，"晋州奏都监李谦溥击北汉，破孝义"；是年闰七月，后周邢州留后陈思让又大破北汉军于西山之下，"斩首五百级"。

后周凌厉的攻势令契丹人感到紧张，辽国的南京留守萧思温镇守的幽燕地区可能就是后周军队下一步进攻的目标。萧思温向辽穆宗请求增兵，加强防御。辽穆宗的回复却是："敌来，则与统军司并兵拒之；敌去，则务农作，勿劳士马。"

辽穆宗在历史上曾被评价为"畋猎好饮酒，不恤国事"的"睡王"，他对后周的进攻似乎没有应有的反应。但是，这种评价并非事实，辽穆宗的态度只是说明了契丹人对于后周军事实力很有忌惮，一切应对非常谨慎。

显德六年，柴荣发动了对辽国的全面进攻，准备收复赵德钧、石敬瑭时代被契丹人占据的幽燕地区。在大军出击之前，柴荣预先做了两个部署：命义武节度使孙行友扼守定州西山路，防止北汉救援契丹；又令侍卫亲军都虞候韩通等将领率军先行出发自沧州治水道入契丹境，以为先锋。

是年三月，柴荣亲率大军从汴京出发。十七天后抵达沧州，但未做停留，立即就亲率步骑数万从沧州启程，直趋契丹之境。柴荣的战略可谓兵行险招，从沧州绕行直入契丹控制区域，企图出奇制胜，"河北州县非车驾所过，民间皆不之知"，这也确实是柴荣一贯的作战风格。

柴荣离开沧州之后，第二日即抵达乾宁军（今河北青县），辽国宁州刺史不战而降。柴荣在乾宁军训练水师，准备水陆分兵继续北上，以侍卫亲军马步军副都指挥使韩通为陆路都部署，忠武军节度使赵匡胤为水路都部署。两日后，柴荣本人也乘龙舟由水路北上。

又过了两日，后周水军抵达独流口（今天津静海独流镇），"舳舻相连数十里"，在此处"溯流而西"，顺滹沱河西行，再两日后抵达益津关（今河北霸州），契丹守将终廷晖举城投降。自益津关以西，水路渐隘，水军无法继续前进，柴荣舍舟登陆，在赵匡胤的护卫下继续进军。很快，后周军队抵达瓦桥关（在今河北雄县西南），契丹守将姚内斌不做抵抗而投降。在这之后的两天内，契丹莫州刺史刘楚信、瀛州刺史高彦晖又先后举城归降。至此，后周几乎兵不血刃收复了瓦桥关以南所谓的关南之地，"共得州三、县十七、户一万八千三百六十"。

柴荣进军为何会如此顺利呢？主要原因在于契丹军队不善于守城，而且关南没有部署重兵，在后周大军来袭的情况下根本不可能进行有效抵抗。辽国南京留守萧思温是以外戚身份上位的庸才，后周占领关南之后，萧氏"不知计所出"，畏战不出，龟缩于幽州。

柴荣北伐虽然宣称要一举收复幽燕地区，但是轻取关南似乎已经超出了预期。柴荣的胜利在当时后周史官眼中竟然只是"以王者之师，驰千里而袭人，轻万乘之重于崔苇之间，以侥幸一胜"，足见契丹并非不堪一击。

雄心满满的柴荣在收复关南之后，立即召开军事会议，讨论是否继续北上直取幽燕。皇帝雄心勃勃，但是手下将帅并不乐观，他们多数人都认为"陛下离京四十二日，兵不血刃，取燕南之地，此不世之功也。今虏骑皆聚幽州之北，未宜深入"。

尽管反对声音很大,但是皇帝依然坚持己见。柴荣很快就下达了继续进攻的命令,命先锋都指挥使刘重进先发,进占涿州固安县。

但是,一个意外改变了历史的走向。正当柴荣准备乘胜进取幽燕的时候,却在瓦桥关突发急病,军事行动不得不暂停下来。在此之后,除了定州节度使孙行友攻克辽易州外,后周再无较大军事动作。

辽国方面并非毫无应对,在得知瀛州、莫州沦陷的时候,辽穆宗亲临幽州,坐镇指挥,并遣使赴太原向北汉求援。正是因为辽国在幽州一带集结兵力,才有了柴荣麾下众将所言的"虏骑皆聚幽州之北"的判断。后周方面也及时收缩,不再继续北伐,而是以巩固已有战果为主,以瓦桥关为雄州,以义成节度留后陈思让为雄州都部署;以益津关为霸州,以侍卫马步都指挥使韩令坤为霸州都部署,并发滨、棣二州丁夫重修霸州城池。从远期战略看,后周并未放弃北伐幽燕的目标,雄州、霸州就是后周继续北进的桥头堡。

显德六年六月,病中的柴荣从雄州出发,南归大梁。令所有人意外的是,六月十九日,柴荣突然崩逝,终年39岁,庙号世宗。很多史书都为周世宗的英年早逝和壮志未酬扼腕痛惜,但是当时的契丹实力强大,辽穆宗亲临幽燕,如果交战真是胜负难料。

另外,周世宗在北伐之前派军阻断了北汉救援幽燕地区的交通孔道,如果战争持续深入,能否一直将北汉隔绝于战争之外还是一个疑问。倘若北汉加入战争,后周在河北战场就难以占据优势地位了。

历史无法假设,周世宗未能北伐幽燕或许是个遗憾,但未尝不是一种幸运,一次避开失败的幸运。

一统海内,其在此乎?

显德六年(959)六月十九日,周世宗柴荣驾崩,皇位传给了年仅7岁的皇长子柴宗训,大周朝主少国疑。

在柴荣北征之时，发生了一件极其诡异的事情。据《旧五代史·周书·世宗纪》记载：

（显德六年六月）澶州节度使兼殿前都点检、驸马都尉张永德落军职，加检校太尉、同平章事；以今上为殿前都点检，加检校太傅，依前忠武军节度使。帝之北征也，凡供军之物，皆令自京递送行在。一日，忽于地中得一木，长二三尺，如人之揭物者，其上卦全题云："点检做"，观者莫测何物也。

莫名而来的一块木头，仅仅只有"点检做"三个字，却引起了周世宗的警惕，或许是因为古老的谶纬之说在五代依然还有一定影响。疑心担任"点检"职务的人会造反，但又没有任何蛛丝马迹，周世宗只好将当时位高权重的殿前都点检张永德迁为检校太尉，改由殿前司都指挥使赵匡胤继任为殿前都点检。

这种莫名而来的灵异事件一般都是人为，目的自然是为了制造政治风潮。张永德是周太祖郭威的女婿，又是世宗亲军殿前军的统帅，位高权重，同时"明天文术"，擅长术数。"点检做"这个谶语是他所为吗？揆诸后面的历史，张永德不可能是谣言制造者，而是受害者。张永德被剥夺兵权，在世宗驾崩之后也没有兵变夺位。

另一位与张永德关系不睦的重臣侍卫司都指挥使李重进曾经也被人怀疑是这则政治谣言的制造者，目的是构陷张永德。根据《宋史·周三臣传附李重进传》记载，张永德与李重进虽然关系不好，但是在后周南征南唐之时，李重进曾经自寿阳单骑赴张永德军营，与其推心置腹地深谈："吾与公皆国家肺腑，相与戮力，同奖王室，公何疑我之深也。"这次沟通是有效的，"永德意解，二军皆安"。

从二人的交往过程看，李重进不可能再以谶纬构陷张永德。李重进是周太祖郭威的外甥，一度被视为柴荣的竞争者，但是确定君臣名分之后，李重进一直对柴荣忠心耿耿。在赵匡胤陈桥兵变篡位之后，李重进还集结兵力与之对抗，最后死于赵氏之手，可见其对后周是忠诚的。

如果从赵匡胤上位担任殿前都点检和后来的陈桥兵变事实看，一直在北征前线的赵匡胤最有可能是这起"点检做"谶言事件的制造者。通过这件事的操作，赵匡胤掌握了兵权，又可以为日后谶言所谓的应验埋下伏笔。

出身于柴荣藩邸旧臣的赵匡胤崛起于高平之战，大战之后得到张永德的举荐，迅速上升，成为后周军界新贵。赵匡胤自高平之战后，在殿前司经营多年，"士卒服其恩威，人望固已归之"。在殿前军站稳脚跟之后，赵匡胤开始有心经营自己的势力，形成了以自己为首的"义社十兄弟"集团。文官结党不过是为了政争，武将结党就是为了篡权，尤其是在那个武力是王道的五代。

柴荣突然驾崩，后周面临主少国疑的危险时期。其实，在弥留之际，柴荣为自己儿子安排了一个辅政格局。《资治通鉴》卷第二百九十四世宗"显德六年六月"条记载了一件颇有意思的事情，世宗在临终之际准备安排幕府旧僚王著为宰相，说"王著藩邸故人，朕若不起，当相之"。但是，接受遗命的宰相范质等人以王著"终日游醉乡，岂堪为相"为理由，匿废了世宗的遗命，还相与约定"慎勿泄此言"。

匿废皇帝遗命，绝非范质一个人敢做的事情。《资治通鉴》中只说世宗临终之际"召范质等人入受顾命"，这里隐藏的信息就是"等"是何人？如果按照当时周室文武诸臣的高低亲疏，这个顾命班子理应包括殿前都点检赵匡胤。在世宗病危之际，赵匡胤很可能就已经做好政变的准备，宰相范质即便不是他的同谋，也已经作壁上观了。匿废世宗遗命，就是为了排除日后制衡自己的力量。

后周禁军两大系统殿前司和侍卫司，在世宗的有意操作下，一直是一种互相制衡的关系。但是，柴荣驾崩不久，能够制衡殿前司的侍卫司高级将领都被调出京城。侍卫司将领袁彦被外调为陕州节度使，而李重进则被调任为淮南节度使。

与之相应的是，赵匡胤自己的心腹高怀德出任侍卫马军都指挥使，张令铎出任侍卫步军都指挥使。如此一来，侍卫司的副统帅侍卫亲军马步军副都指挥使韩通就被架空了。整个京城禁军系统的兵权都被赵匡胤掌握，夺位只需要一个恰当的时机罢了。

时机很快就来了。日后史书中称为"陈桥兵变"的事件，是赵匡胤精心策划的武力夺权阴谋，其操作堪称完美。后周显德六年十二月，赵匡胤先是令自己的部下韩令坤、张令铎率禁军出巡河北，并屯戍于河北成德镇。

如果熟知五代早期霸权更迭历史，就会理解赵匡胤这一招的高明之处了。五代以来，政治中心由关中变迁至中原洛、汴。然而，雄踞河北的藩镇武力往往又是决定天下政局的关键力量，正如顾祖禹《读史方舆纪要》所言，"夫河北，足以制河南者也"。南宋章如愚在著名的《三都论》里也说，"故由古以来，洛京之祸常起于并汾，汴都之变常起于燕赵"。

理解了河北对于汴京政局的重要性，就会读懂赵匡胤为何要安排自己人巡视河北藩镇了，目的就是为了防止河北出现反对自己的力量，以确保政变的成功。显德七年正月初一日，汴京朝廷就收到了所谓契丹和北汉联兵南下入侵的情报，而这一情报的提供者就是赵匡胤。

在赵匡胤和范质等人的安排下，正月初二日，殿前副都点检慕容延钊率禁军先行，目的地是河北真定。第二天，也就是正月初三日，赵匡胤才率大军自汴京出发，下午即抵达距京城不远的陈桥驿。赵匡胤的心腹赵普在此时已经得到前方传来的情报，慕容延钊大军已经渡过黄河，进入河北境内。四日凌晨，史上著名的"陈桥兵变"终于发生。河北局势有慕容延钊和韩令坤控制，赵匡胤才可放心在河南夺位。

《宋史》中对这次兵变的记载充满了神秘主义，与当初"点检做"的那起灵异事件遥相呼应。当赵匡胤大军抵达陈桥驿的当天晚上，赵匡胤喝得大醉睡下了，"军中知星者苗训引门吏楚昭辅视日下复有一日，黑光摩荡者久之"。夜里五鼓时，军士们汇集于驿门外，"宣言策点检为天子"，众声喧哗而不能止。待到黎明时分，赵匡胤的弟弟赵光义进入兄长寝室，赵匡胤这才从酒醉中醒来。门外的将士们都"露刃列于庭"，说"诸军无主，愿策太尉为天子"。不由赵匡胤分辩，"有以黄衣加太祖身，众皆罗拜呼万岁"。

修于元代的《宋史》承袭了宋朝官方对于陈桥兵变的定调——一起偶发的意外事件，赵匡胤称帝是迫不得已，"军士推戴，势不可避"。宋太宗对此事曾经有过明确指示："因言及太祖受命之际，固非谋虑所及……太祖之事周朝也，尽力王室，中外所知。至于大宝，非有意也。"如果将显德七年正月所有事件排比开来，不难发现赵匡胤的兵变是酝酿多年的阴谋。

陈桥驿"黄袍加身"之后，赵匡胤就那么顺利地当上皇帝了吗？历史的真相远比线条化的文本叙事复杂得多。赵匡胤兵变之后，立即回师汴京。没想到在通往京师的陈桥门就吃了闭门羹，"艺祖拥戴之初，陈桥守门者拒不纳"。无奈之下，赵匡胤又转向封邱门。再到皇城的宣祐门时，赵匡胤竟然遭到了武装抵抗，"守关者施弓箭相向"。这说明了一个问题，禁军中的侍卫亲军系统没有被赵匡胤完全控制。

过封邱门之后，赵匡胤的人马只是进了汴京的外城，下一步是进入内城，赵匡胤"整军自仁和门入，秋毫无所犯"。仁和门为何如此顺利？因为这道城门是被殿前都虞候王审琦所掌握，此门通畅是兵变计划的一部分。穿越仁和门后，赵氏大军由早已被石守信控制的左掖门进入皇城。石守信当时宿卫内廷，得到陈桥兵变消息之后，立即"登左掖门严兵设备，闭关以守"，待赵匡胤率军抵达，就"启关纳之"。

事情到了这个地步，这场兵变就算基本成功了。不过，也发生了一点儿流血冲突。侍卫亲军马步军副都指挥使韩通是员猛将，也是周室的死忠粉。在得知赵匡胤兵变的消息，手中实际控制兵力不多的韩通"自内庭惶遽奔归，将率众备御"。然而，在通过左掖门的时候，韩通遭遇石守信的伏弩阻击，双方展开激战。突围之后，韩通又带人去抓捕住在汴京寺庙定力院的赵匡胤母亲杜氏及其他家眷。搜索无果之后，韩通恰好遭遇了赵匡胤的心腹殿前司散员都指挥使王彦昇，遭其追赶至家中，韩通夫妇及其长子、二子、三子皆被王彦昇所杀，但韩通三岁的幼子和四个女儿未被杀害。

韩通之死消除了汴京城唯一能够抵抗赵匡胤的势力，改朝换代已经板上钉钉了。在赵匡胤的操纵下，后周的幼帝柴宗训不得不将皇位拱手相让，因赵匡胤之前在宋州任归德军节度使，故而赵氏王朝定国号为大宋，改元"建隆"，点检真的做了天子。让出皇位的柴宗训被降封为郑王，迁往房州，只活到20岁，在北宋开宝六年（973）就死了，死因并不清楚。

大宋取代了大周，赵氏王朝是否也会像五代王朝那样骤兴骤灭呢？与五代一般的兵变不同，赵匡胤兵变入京之后，除了与韩通发生武装冲突之外，其余几乎都是兵不血刃。汴京百姓起初以为赵匡胤的军队也会"循五代之弊，纵士卒剽掠"。

但是，他们看到的是"兵士至，即时解甲归营，市井不动，略无搔扰"。京都父老都赞叹："五代天子皆以兵威强制天下，未有德洽黎庶者。今上践阼未终日，而有爱民之心，吾辈老矣，何幸见真天子之御世乎？"远在成都的后蜀宰相李昊也隐约感觉到分裂乱世即将终结："臣观宋氏启运，不类汉周，天厌战乱久矣，一统海内，其在此乎？"

赵宋王朝真的能一统海内，终结乱世吗？

第七章 为他人作嫁衣裳的杨吴王国

高骈末年惑于神仙之说

唐初贞观元年（627），朝廷因"山川形势"分天下为十道，定期派人巡察吏治。在贞观十道的设置中，北临中原、南滨长江的江淮地区被纳入淮南道管辖范围。淮南道的管辖范围就是今天江苏省中部、安徽省中部、湖北省东北部和河南省东南角一带，位于长江以北、淮河以南，治所在扬州（今江苏扬州）。

至德元载（756）十二月，发生了永王李璘自江陵东下的事件。为了遏制永王割据江淮的图谋，肃宗设置淮南节度使，辖扬州、楚州、滁州、和州、庐州、寿州、舒州。

淮南道所辖地区南临长江，东濒大海，北抵淮河，西达大别山山脉，形成了依山傍水，有着天然屏障，便于攻守的军事区域。隋朝大运河的开通，使得淮南区域的地缘优势更为明显；经济重心的南移，地处关中的朝廷对东南财赋依赖渐大，而东南财赋必须由大运河经淮河进入地处中原的汴河再转黄河抵达关中。这也就是说，扼住江淮地区就等于捏住了长安朝廷的钱袋子。

乾符五年（878），黄巢率十万大军渡淮河，出淮南，转攻浙西。为了守住浙西，唐廷急调荆南节度使高骈出任浙西节度使。高骈在中国历史上更为世人熟知的身份是边塞诗人、书法家，而在政治史中的高骈则是一位战功赫赫的名将，年轻时的高骈能一箭贯二雕，有"落雕侍御"之誉。

高骈到任之后，命部将张璘、梁缵分道讨伐黄巢，"屡破之，降其将秦彦、毕师铎、李罕之、许勍等数十人"，黄巢不得已，被迫放弃浙西，南下岭南以图发展。

乾符六年十月，高骈又出任淮南节度使，充盐铁转运使。到扬州后，高骈修缮城垒，招募军士，集结兵力达七万，传檄征天下兵，深得唐廷依赖，进位检校太尉、同平章事。广明元年（880）三月，唐廷接受卢携奏议，任高骈为诸道兵马行营都统，统领诸军讨伐黄巢。

唐廷视东南为中兴之希望，欲借东南之财力和高骈的才干"收拾江淮，趋河、洛"，断绝黄巢东奔之路，使其"困死于骈之掌上"。广明元年四月，淮南节度使高骈麾下大将张璘渡过长江，击败黄巢部将王重霸，并将其招降。在张璘的凌厉攻势下，黄巢军屡败，退保饶州。随后，黄巢别将常宏"以其众数万降"，张璘遂克复饶州，黄巢败走。

黄巢退守信州，又遭遇严重瘟疫传播，"卒徒多死"。张璘在此时又加紧猛攻，黄巢招架不住，于是重金贿赂张璘，"且致书请降于高骈"，请高骈出面，求得唐廷招安。高骈可能是意图诱杀黄巢，许诺为其"求节钺"，也就是谋求节度使的官职。当时，在唐廷多路进兵围剿的战略部署中，"昭义、感化、义武等军皆至淮南"，可以说如果诸军齐攻，黄巢可能此时就会兵败身死。

但是，高骈担心诸军与其争夺平灭黄巢的军功，竟然上奏朝廷说"不日当平，不烦诸道兵，请悉遣归"。黄巢得知诸道援兵全部已经北渡淮河撤走之时，也就撕下诈降伪装，准备与高骈开战。很显然，高骈被耍了，顿时大怒，命张璘出兵进攻，结果张璘战败身死。

是年七月，十五万黄巢大军"自采石渡江，围天长、六合，兵势甚盛"。原属黄巢集团的高骈手下将领毕师铎劝谏高骈说："朝廷倚公为安危，今贼数十万众乘胜长驱，若涉无人之境，不据险要之地以击之，使逾长淮，不可复制，必为中原大患。"

毕师铎劝高骈主动出击，扼杀黄巢进一步占据中原的战略意图。但是高骈自忖诸道援兵已退，大将张璘也已战死，"自度力不能制，畏怯不敢出兵，但命诸将严备，自保而已"。

广明二年（881）正月二十八日，唐僖宗从兴元逃至成都。三月，黄巢军攻陷邓州，控扼荆州、襄州地区。京城四面诸军行营都统郑畋传檄天下藩镇，合兵讨贼。四月，郑畋率官军收复长安。未久，黄巢军复入长安。七月，唐僖宗在成都改广明二年为中和元年。

两京沦陷之时，唐廷对于高骈依然寄予厚望，广明二年二月，高骈被唐廷授予可以墨敕授官的特权。不久，高骈又被授予京城四面都统职务，统领诸道兵，镇压黄巢义军。但是，高骈并未出兵救援长安。在接到出兵诏书之后，中和元年（881）五月十二日，高骈"悉发巡内兵八万，舟二千艘，旌旗甲兵甚盛"，做出要北上的态势。但是,到了九月六日,高骈便班师回扬州,"其实无赴难心"。

高骈避战自保的行为引起了朝廷的不满,是年十一月,唐廷对其明升暗降,加授了一个侍中的空衔,但是罢免了掌握经济大权的盐铁转运使职务。中和二年(882)正月八日,朝廷更是罢免了高骈京城四面诸道行营兵马都统的职务,以宰相王铎代之,忠武军节度使崔安潜为副都统,韦昭度领江淮盐铁转运使。

这样一来,高骈既丢了兵权,又失去利权,不禁怒火中烧,立即向朝廷上了奏章,"语词不逊",甚至"攘袂大诟",撸起袖子对皇帝破口大骂,指责皇帝是"奸臣未悟,陛下犹迷,不思宗庙之焚烧,不痛园陵之开毁",对于任用王铎,高骈斥责朝廷"委败军之将,陷一儒臣","今贤才在野,憸人(奸邪之人)满朝,致陛下为亡国之君"。

对于这样一份傲慢不逊的奏章,唐廷竟然非常细致地逐条反驳,最后警告高骈"但守君臣之轨仪,正上下之名分",而并未有能力对之进行实际制裁。唐僖宗出逃成都之后,更无法干涉江淮地区。

计无所求,郁郁无聊的高骈便寄情于道仙,醉心于炼丹求仙,不理军政要务。高骈此时对方士吕用之十分宠信,"军中可否,取决于吕用之"。

吕用之上位得势之后,高骈的诸多旧将也遭疏远排挤。在吕用之的挑唆下,梁缵的兵权被高骈剥夺,陈珙全家被杀害,冯绶、董瑾、俞公楚、姚归礼等人也日渐疏远。

据《广陵妖乱志》记载:"高骈末年惑于神仙之说……每遇军旅大事,则以少牢祀之……跨河为迎仙楼。其斤斧之声,昼夜不绝,费数万缗,半岁方就。"为造迎仙楼,不惜浪费民力,花费数万缗金钱,耗时半年,足见高骈此时的昏聩。

淮南军中"公私大小之事皆决于用之",吕用之又肆意任用奸佞私人,高骈"政事于是大坏矣"。中和三年(883)四月,唐廷诸道兵从四面八方赶至长安附近集结,随即发动进攻。四月十四日,李克用的沙陀军率先攻入长安,黄巢力战不胜,于是连夜撤离长安。中和四年六月,陷入末路的黄巢在泰山野狼谷被杀。

年逾六旬的高骈更是沉浸在虚幻的神仙世界中,而将军政要务放手交给佞人吕用之。高骈昏聩，但他身边有不糊涂的人，侄子高澂就多次私下向高骈密告吕用之种种不端行为，并说："不除之，高氏且无种。"早已被吕用之蛊惑得七荤八素的高骈非但不纳忠言，反而将高澂检举之事告诉了吕用之。在吕用之的构陷之下，高骈先是疏远这个侄子，再后来将其任命为舒州刺史，不久之后，高澂被兵变的部下驱逐，逃回扬州又被高骈杀死。

光启二年（886）四月，朱玫、李昌符趁乱拥襄王李煴监国，另立朝廷，并寻求地方反智支持。因为对僖宗心怀怨望，高骈"甘于伪署，称藩纳贿，不绝于途"，派人远赴长安，进呈表笺，劝襄王称帝。襄王称帝后，即任命高骈兼中书令，充江淮盐铁转运使、诸道行营兵马都统。

接受伪职之后，高骈更是"晏安自得，日以神仙为事"，整日沉醉于修仙得道，只与吕用之、诸葛殷、张守一三人"授道家法箓，谈论于其间"，麾下将领、臣僚罕见其面。

光启三年四月，为了防备秦宗权可能对淮南的侵扰，高骈"遣左厢都知兵使毕师铎将百骑屯高邮"。吕用之当权时，有丰富经验的老将大多被他诛杀。毕师铎因为旧时是黄巢的将领，常常为自己的安危担忧。毕师铎有个漂亮的小妾，吕用之想一睹芳容，毕师铎不准许。后来吕用之趁毕师铎外出，趁机强夺了那个美妾。毕师铎羞愧恼怒，从此和吕用之结仇，一直等待报复的机会。

统军驻于高邮的毕师铎决定趁机发动兵变。四月初二日，毕师铎被众将推举为行营使，而后即向淮南境内传送檄文，声言要诛杀吕用之、张守一、诸葛殷等人。

初七日，毕师铎派出骑兵前往广陵，将出兵理由报告给高骈，但消息被吕用之隐匿。等到毕师铎兵临城下，吕用之率军出城迎战，高骈登上延和阁，"闻嚣甚"，方知毕师铎兵变。高骈不想与毕师铎兵刃相击，打算遣使与毕师铎和谈。吕用之恐此事对他不利，派自己亲信的旧将许勘前去，并将毕师铎射入城中的书信焚烧掉。

初九日，吕用之派百余名士兵进入高骈所居的延和阁，意图劫持。高骈大惊，"匿于寝室，久而后出"，命手下驱逐吕用之，怒斥道："节度使所居，无故以兵入，欲反邪！"高骈与吕用之正式翻脸，当天夜里，高骈召集自己的侄子前左金吾卫将军高杰密议军事，任命其为都牢城使，但扬州的主要军政权力早已被吕用之掌控。

为了抵御毕师铎的进攻，吕用之在扬州城内大搜壮丁，"无问朝士、书生，悉以白刃驱缚登城，令分立城上，自旦至暮，不得休息"，引起了全城百姓的痛恨。为了缓和与毕师铎的关系，高骈派大将石锷带着毕师铎的老母、幼子和自己的亲笔书信去见毕师铎，以示诚意。毕师铎所为更显高姿态，竟然命自己的幼子返回扬州做人质，说自己只要高骈诛杀吕用之等人，而自己"不敢负恩，愿以妻子为质"。

宣歙观察使秦彦又派出大将秦稠率三千兵马援助毕师铎，未过几天，扬州城便被攻破。毕师铎入城之后，竟然"纵兵大掠"。高骈不得已，任命毕师铎为节度副使、行军司马，掌握军政大权。高骈虽然被软禁，但毕师铎当时兵力还不是很多。高骈老部下左莫邪都虞候申及劝高骈带领亲信旧部三十人，乘夜从教场门逃出城去，"然后发诸镇兵，还取府城，此转祸为福也"。但是，高骈"犹豫不听"，终为囚徒。

后来，高骈辞去所任职务，以毕师铎兼任判府事，高骈举家搬迁至南第。毕师铎"以甲士百人为卫，其实囚之也"，不久又将高骈及其家人移于东第。九月，毕师铎又将高骈囚禁于他自己所建的延和阁中。被囚禁于此的高骈甚至得不到基本的饮食供应，"供亿窘狭"。高骈身边的奴仆甚至拆掉延和阁的阑楯为薪柴，"煮革带以食"，怎一个惨字了得！

当初毕师铎起兵的时候，高骈曾经向庐州刺史杨行密求救，并表奏朝廷，任命杨行密为淮南行军司马。杨行密兵发庐州，不久就攻陷扬州。毕师铎在败退扬州之前就命人将高骈杀死，"并其子弟甥侄无少长皆死"。杨行密大军攻破扬州后，"帅士卒缟素向城大哭三日"。秦彦及毕师铎逃奔到东塘，投奔秦宗权的部将孙儒，结果二人皆为孙儒所杀。

此天以淮南授明公也

毕师铎之乱，改变了淮南道的权力格局。高骈死于兵变，但毕师铎并未能全面控制淮南道的军政权力，打着救援高骈旗号的庐州刺史杨行密成为这场兵乱的最后赢家，杀进扬州城。

杨行密出身于庐州农家，20岁的时候"亡入盗中"，后为庐州刺史郑棨招抚为州兵。秦宗权袭扰庐州之时，杨行密"以功补队长"。杨行密不是一个安分之人，很快他就带着心腹兄弟斩杀了自己的上司都将，"自为八营都知兵马使"。

局面大坏，庐州刺史郎幼复弃城逃走，杨行密"遂据庐州"。中和三年（883），淮南节度使高骈表奏朝廷，以杨行密为庐州刺史。庐州即今日的安徽合肥，当时属于淮南道辖区。

盛唐时期，庐州为南北交通要冲，"开元中，江淮间人走崤、函，合肥、寿春为中道"。安史之乱后，唐廷对东南地区的财赋形成很大依赖，庐州"郡米数万石输扬州"，再由运河输送到东西两京。

杨行密占据庐州，对其事业发展有很大意义。唐末的州刺史与藩镇节度使关系很微妙，一方面受到藩镇节制，另一方面又拥有很大独立事权，譬如兵权。唐宪宗元和十四年（819）夏四月，唐朝廷为了制衡藩镇势力，特下诏规定了州刺史的独立军事权力。杨行密被唐廷正式任命为庐州刺史，也就获得了独立于淮南道之外的合法军事权力。

中和四年，原黄巢部将吴迥、李本进攻舒州，舒州刺史高澞弃城逃走，杨行密乘机派遣部将陶雅、张训攻取舒州，由陶雅出任舒州刺史，扩大了自己的地盘。

高骈身边的宠臣吕用之担心杨行密势力膨胀而难以控制，遂"遣俞公楚以兵五千屯合淝，名讨黄巢而阴图之"，但是俞公楚被杨行密杀死。秦宗权遣其弟渡过淮河进攻舒州，同样也被杨行密击退。光启二年（886）十二月，寿州刺史张翱派兵进攻庐州，杨行密集中兵力在楮城大败寿州军队，巩固了在庐州的地盘。

在出任淮南节度使之后，高骈一再错失战略机遇，遂局促于扬州一城，后又醉心于神仙方术，宠用方士吕用之等人，导致部下离心离德，激起毕师铎之乱。

光启三年，高骈麾下的左厢都知兵马使毕师铎联络淮南的张神剑、淮宁军使郑汉章，以除吕用之为名，进攻广陵。这年四月，毕师铎兵临扬州城下，久攻不下，于是乞师于割据宣州的宣歙观察使秦彦，许诺拥戴秦彦为淮南节度使。

秦彦于是派其子秦稠率兵三千以助毕师铎。五月，扬州城陷，吕用之逃走，毕师铎进入广陵。高骈被迫任命毕师铎为淮南节度副使，自己则成为阶下之囚。淮南局势失控，群雄角逐。在毕师铎起兵攻扬州之时，吕用之以高骈的名义任命庐州刺史杨行密为行军司马，企图引为援手。

对于角逐扬州，杨行密其实还有犹豫。但是，属下谋士袁袭对他说："高骈倦于政事，听惑妖妄。彦等虽以诛吕用之为名，观其事，乃以暴易乱耳"，高骈求助于庐州，"此天以淮南授明公也"。

于是，杨行密决定发兵，参与争夺扬州。六月，秦彦亲率三万兵力进入广陵，自称淮南留后，以毕师铎为行军司马。

杨行密的军队在此前的五月就已经抵达扬州城下，设立八处营寨围城，时间长达半年。困于扬州的秦彦、毕师铎屡次派兵出城作战，皆被击退。城中久围，粮食困乏，"富商大贾，动逾百数"，"号为天下繁侈"的扬州城已经到了"城中无食""饿死者大半"的境地。

毕师铎原本就是黄巢贼匪，秦彦也是徐淮盗贼，当扬州城中山穷水尽之时，"斗直钱五十缗，草根木实皆尽，以堇泥为饼食之，饿死者太半"，"宣州军始食人"，"宣军掠人诣肆卖之，驱缚屠割如羊豕，讫无一声，积骸流血，满于坊市"。

九月，秦彦、毕师铎并部将刘匡时杀死高骈，"并其子弟甥侄无少长皆死"。十一月，秦彦、毕师铎夺门突围而逃，杨行密率军入城。杨行密捧出了高骈的孙子高愈为淮南节度判官，让他主持高骈及其家族的丧事。但是，未及出殡，高愈就暴卒了，事情来得如此诡异，高骈算是灭族了。

扬州地处运河和长江的交汇处，是长江下游地区经济最发达的工商业都市。唐朝前期，这里便"多富商大贾，珠翠珍怪之产"；中唐后扬州成为"百货所积""商贾如织"的"雄富冠天下"之地，成为全国最发达的经济都会，史称"扬州富庶甲天下，时人称扬一益二"。

安史之乱以后，占据"水陆漕挽之利"的扬州地位更加重要，"通彼漕运，京师赖之"。故而，尽管"兵兴十年，九州残弊"，扬州依然繁华，"舞榭黄金梯，歌楼白云面"。

光启三年（887）十一月，杨行密大军夺取扬州城。地处运河和长江交汇之处的扬州，当南北交通之要冲，兼有淮南之盐利，曾几何时中外商贾云集，繁盛一时。但是，经历了毕师铎兵变之后，昔日繁华荡然无存，这座淮左名都"城中遗民才数百家，饥羸非复人状"。

光启三年，秦宗权孤注一掷，集中兵力猛攻汴梁。朱温得兖州、郓州二镇援兵，一举击败虎狼一般的秦宗权大军。秦宗权遭受重创，遂放弃陕、洛、怀、许、汝诸州，向南撤退。秦宗权部南移，势必与淮南道割据势力发生冲突。是年十月，秦宗权派其弟秦宗衡和部将孙儒率兵万人渡淮。

刚刚占据扬州的杨行密就要面临秦宗权的南侵，杨行密于十一月刚刚进入扬州城，甚至连辎重物资都未来得及转移进城，就被秦宗权军掠走。刚刚被杨行密击败的毕师铎、秦彦与汹汹而来的秦宗权军合兵，杨行密腹背受敌。

面对强敌，杨行密得稳住阵脚。首先杀掉了反复无常的张神剑等人，以绝后患；又将淮南之乱的始作俑者吕用之族诛，争取到高骈昔日旧部的支持。另外，杨行密还派人联络朱温，企图引为外援。

毕竟蔡州军是虎狼之师，刚刚有点儿气候的杨行密集团难以抗衡。于是，文德元年（888）四月，在孙儒猛攻扬州城的时候，杨行密主动放弃，"归合肥，缮甲兵，再议攻取"。孙儒虽是秦宗权部将，但当时已萌生自立野心。文德元年（888）正月，孙儒杀掉秦宗衡、秦彦和毕师铎，收拢秦宗衡及秦彦的余部。四月杨行密放弃扬州之后，孙儒入城便自称淮南节度使，企图割据江淮。

面对咄咄逼人的孙儒，退守庐州的杨行密在谋臣袁袭的建议下，乘着池州刺史赵锽调守宣州之际，渡江南下，夺取了池州。龙纪元年（889），在池州得手的杨行密又出兵拿下宣州。杨行密攻城略地的行动得到了唐廷的承认，是年十月，唐昭宗以杨行密为宣歙观察使，又置宁国军，以杨行密为节度使。

杨行密南进之时，庐州老巢自然兵力空虚，而此时的孙儒也正在攻掠淮南各地。杨行密的庐州守将蔡俦在孙儒猛攻之下，未能守住孤城，兵败投降。如此，杨行密便没有了退路，只得向南发展，十一月，拿下常州。

孙儒穷追不舍，与杨行密在江南又展开激烈争夺。十二月，孙儒自广陵渡江，夺取了常州，且又夺取了钱镠的润州。大顺元年（890）正月，杨行密大将马敬言乘虚袭击了润州。杨行密部将安仁义又从孙儒手中夺回常州。八月，杨行密大将李友又夺取了苏州。

闰九月，孙儒部将刘建锋攻陷了常州。十二月，又进拔苏州，润州守将安仁义得知苏州失守，连夜弃城逃走。须臾之间，苏、润、常三州又被孙儒夺去。大顺元年（891）正月，孙儒又举兵过江，自润州转战而南，杨行密屡战屡败，在淮南战场，仅得和、滁二州。

此时，朱温势力的介入，改变了淮南战局。是年七月，在消灭秦宗权之后，朱温打着救援杨行密的旗号，出兵淮南。朱温部将庞师古夺取了天长、高邮，但在泰州附近败于孙儒，旋即退兵。

面对朱、杨的联合，孙儒决定先攻杨行密，然后再对付朱温，甚至口出狂言"俟平宣、汴，当引兵入朝"。为了集中兵力对付朱、杨二人，孙儒"悉焚扬州庐舍，尽驱丁壮及妇女渡江，杀老弱以充食"，焚掠苏、常，引兵直逼宣州。孙儒的南进，不仅对杨行密构成致命威胁，也影响到南方藩镇的利益。在孙儒的威胁下，钱镠与杨行密联手。

景福元年（892），孙儒军逼近宣州。杨行密在大将刘威的建议下，"屯据险要，坚壁清野，以劳其师，时出轻骑抄其馈饷，夺其俘掠"。杨行密坚守不战，双方竟然得以相持四个多月。

孙儒大军在宣州城下，久攻不下，士气低落，加上天气炎热，孙儒本人也身染重病。这一年四月，杨行密大军攻破孙儒在广德的大营。杨行密部将张训驻屯安吉，断了孙儒的粮道。孙儒军中缺粮，人心不稳。六月，杨行密乘机发动进攻，孙儒兵败被杀。

至此，杨行密一大劲敌被除掉。在这期间，杨行密的军队还夺取了常州、润州，又击退了时溥的南侵，夺取了楚州。七月，杨行密留下田顺守宣州，安仁义守润州，自率军队回到扬州。杨行密经过数年鏖战，算是基本继承了当年高骈在淮南的势力范围。

杨行密的地位得到了唐朝的认可，景福元年八月，唐廷正式任命杨行密为淮南节度使。至此，杨行密完全占有淮南地区，并南下取得宣歙及江东部分地区，成为雄踞东南的强藩。

杨渥"非保家之主"

唐末天祐二年（905）十一月二十六日，已经被唐廷册封为吴王的杨行密病逝，唐朝追谥其为吴武忠王。晚唐五代的割据藩镇，父死子继的继承模式已然成为一种惯例。庐州草莽出身的杨行密一生拼杀，当然也想着将吴国基业传给自己的子嗣。

杨行密最初属意的是长子杨渥，很注意对他的历练培养。天祐元年八月，"宣州观察使台濛卒，杨行密以其子牙内诸军使渥为宣州观察使"。对于这一安排，很多史书都记载了杨行密重臣右衙指挥使徐温曾私下对杨渥说："今王有疾而出嫡嗣，必有奸臣之谋，若他日召子，非温使者慎无应命。"

宣州是宣歙道观察使的驻地，当初杨行密占据此地，击败实力雄厚的孙儒，最终入主淮南，成就一代霸业。杨行密安排杨渥出镇宣州，更多的用意还是培养历练。不过，徐温也确实是支持杨渥接班的，除他之外，左牙指挥使张颢也站在杨渥一边。

徐温、张颢之所以挺杨渥，并非因为杨渥多么能干，只是因为徐、张二人更为迎合杨行密的想法。当然，也有犯颜直谏的。据《资治通鉴》记载：

杨行密长子宣州观察使渥，素无令誉，军府轻之。行密寝疾，命节度判官周隐召渥。隐性戆直，对曰："宣州司徒轻易信谗，喜击球饮酒，非保家之主；余子皆幼，未能驾驭诸将。庐州刺史刘威，从王起细微，必不负王，不若使之权领军府，俟诸子长以授之。"行密不应。左、右牙指挥使徐温、张颢言于行密曰："王平生出万死，冒矢石，为子孙立基业，安可使他人有之！"行密曰："吾死瞑目矣！"

性情耿直的周隐认为杨渥"非保家之主"，但他向杨行密提供的选择建议又不是杨氏子孙，而是一个外姓人刘威。尽管周隐的出发点是为了杨吴集团的发展，但是这种建议着实不符合杨行密的心思。相形之下，善于揣摩上意的徐温等人一眼就能读透杨行密"为子孙立基业"的渴望，故而力挺并不能堪大任的杨渥。

在徐温和张颢的支持下，最终杨渥在杨行密病卒之后顺利继位，此时杨渥年仅20岁。天祐二年十一月二十六日，在唐廷宣谕使李俨的主持下，承制授杨渥淮南节度使、东南诸道行营都统，兼侍中、弘农郡王。

虽然杨渥得以继承父亲的一切头衔，但是并未能接盘父亲留下的权力。与很多割据藩镇一样，杨行密的淮南道也有着实力雄厚的牙军。藩帅实际权力距离过长，牙军也慢慢脱离了节度使的实际掌控，淮南的牙军就掌握在张颢、徐温之手。

杨渥能够继位，离不开张颢、徐温的支持，这也就形成了主弱臣强的尴尬局面。秉政之初，杨渥就有意援引宣州势力，巩固自身地位。杨渥进入扬州之后，"多辇宣州库物以归广陵"，就是打算把宣州的府库财物运到扬州。但是，这件事遭到了新任的宣歙道观察使王茂章的反对，"茂章惜而不与"。

王茂章的态度惹怒了杨渥，他竟然"命李简以兵五千围之"，派兵去进攻宣州。王茂章是早年追随杨行密打天下的庐州老兄弟，曾经把朱温打得叹服："使吾得此人为将，天下不足平也！"

王茂章并未抵抗，而是干脆投奔了吴越王钱镠，最后又辗转加入了朱梁阵营，改名王景仁，成为名扬天下的猛将。杨渥一上台的这一动作着实令杨吴集团的旧人失望，逼走了功臣宿将。

为了扭转局面，杨渥决定主动对外开疆拓土，建立属于自己的功业。天祐三年四月，江西观察使钟传病卒，其子钟匡时继位。但是，钟传的养子钟延规"怨不得立，以兵攻匡时"。江西内讧给了杨渥可乘之机，他派出宿将秦裴率军进攻江西。九月，杨吴军队"克洪州，执匡时及司马陈象以归，斩象于市，赦匡时"，秦裴被任命为江西制置使。

秦裴出征之时，杨渥在宣州时期的心腹将领朱思勍、范思从、陈璠随同出征。杨渥命自己的亲信将领随宿将秦裴一起出征，历练培养的用意不难看出，当然也有对前线军情掌控的意思。

杨渥不会坐视大权旁落，对于威胁到或曾经威胁到自己地位的人是不会手软的。对于当初那个反对自己继位的判官周隐，杨渥直接质问："君尝以孤为不可嗣，何也？"周隐无言以对，杨渥"遂杀之"。

从杨渥一系列动作看，他的意图是建立真正属于自己的强权，摆脱父亲那些老臣子的束缚。事实上，真正能威胁到杨渥地位的恰恰是捧他上位的张颢、徐温，因为他们手上有凶悍桀骜的牙军。杨渥"愤大臣擅权，政非己出"，为了抵消左、右牙军的势力，他"乃置东院马军，置立亲信，以为心腹"。

杨渥巩固"君权"的思路和操作其实都没什么问题，或许正是因为自己手上有"东院马军"，故而敢放飞自我、恣行无忌，"居父丧中，掘地为室，以作音乐，夜燃烛击球，烛大者十围，一烛之费数万，或单马出游，从者不知所诣，奔走道路"。

《资治通鉴》等史书都记载了徐温、张颢等人如何赤诚地"泣谏"，事实上张、徐等人是忌惮杨渥自行组建亲军。"泣谏"并未收到效果，杨渥对张、徐两位说："汝谓我不才，何不杀我自为之？"而张颢、徐温二人已经开始"潜谋作乱"。

如果操作得当，杨渥就有可能在南方复制一遍朱温屠尽魏博牙军的故事。但是，杨渥犯了一个致命错误。杨行密在世期间，"有亲军数千营于牙城之内"，似乎这就是为了制约牙军。但是，杨渥继位之后，竟然将这些亲军"迁出于外，以其地为射场"。这无异于自毁干城，"颢、温由是无所惮"。

天祐四年正月，张颢、徐温开始对杨渥"清君侧"。秦裴攻陷豫章的时候，杨渥的心腹"宋思勍、范师从、陈璠"也在军中。张颢、徐温竟然派人去前线军中，将宋思勍、范师从、陈璠杀掉。

既然已经剪除，就没有理由不把事情做绝。最后，张颢率百余人，"持长刀直进"。杨渥惊呼道："尔等果杀我耶？"张颢说："非敢杀王，杀王之左右不忠良者。"接着，张颢就开始了屠戮，"杀数十人而止"。这样一来，杨渥的亲信就被清理光了。

天祐四年六月，杨吴军队在浏阳口败于马楚，张颢和徐温以此为理由又杀掉了杨渥的另一亲信许玄膺。主要亲信已经基本被诛杀完毕，那么杨渥自己的大限也就到了。天祐五年五月八日，张颢派其部下纪详等人"弑王于寝室，诈云暴薨"。杨行密集团在其去世不久，就发生如此激烈严重的内部权斗，杨氏政权又将如何发展呢？

徐温之远略已见于此矣

张颢并非杨行密集团的"元从"旧臣，而是源出秦宗权集团淮蔡军人系统。据《资治通鉴》记载，唐昭宗景福二年（893）四月，"初，蔡人张颢以骁勇事秦宗权，后从孙儒，儒败，归行密，行密厚待之，使将兵戍庐州。蔡俦叛，颢更为之用"。

张颢原属蔡州秦宗权集团，后来秦宗权败亡，又跟了孙儒，孙儒为杨行密击败之后，投靠了杨氏集团，而且颇受重用。除了反复无常之类的道德评价之外，从中不难看出蔡州军人在晚唐五代军政格局中的作用。秦宗权集团曾经是与黄巢并列的势力，有能力窥视神器的力量。秦宗权败亡之后，蔡州军人四散各地，势力甚至影响到华南地区，极大地影响了当地的政治与军事结构。

归顺杨行密之后，张颢被置于"亲军"，足见杨行密用人的大度，当然也说明他有点儿过于自信。张颢为人反复，其背后的决定因素是对自身利益最大化的考量。当他掌握淮南左牙兵权之后，窥视节钺大权，也就不难理解。

杨渥为人乖张或许只是史书的一种污名化描述，从他汲汲于权力巩固看，此人也绝非昏聩之人。可能正是因为杨渥的集权政策导致了张颢的恐慌，于是联手徐温，杀掉了自己的少主杨渥。

在杨行密犹豫是否立杨渥为接班人的时候，张颢和徐温是积极的支持者，这也为他们赢得了杨渥初期的好感。当杨渥从宣州到扬州就任之后，准备建立东院马军制衡左、右牙军的时候，他与张、徐二位权臣的矛盾就渐趋尖锐了。据《新五代史·吴世家》记载：

> 初，渥之入广陵也，留帐下兵三千于宣州，以其腹心陈璠、范遇将之。既入立，恶徐温典牙兵，召璠等为东院马军以自卫。而温与左衙都指挥使张颢皆行密时旧将，又有立渥之功，共恶璠等侵其权。四年正月，渥视事，璠等侍侧，温、颢拥牙兵入，拽璠等下，斩之，渥不能止，由是失政，而心愤未能发，温等益不自安。

张颢和徐温杀掉杨渥之后，原本的计划是"分其地以臣于梁"。但是，在弑主之后，张颢却打算"背约自立"。徐温对此颇为焦虑，问计于门客严可求。严可求却认为张颢不足为虑。第二天，张颢"列剑戟府中，召诸将议事"，明显带着威胁语气问诸将："谁当立者？"

慑于张颢威胁，诸将皆不敢回应，只有严可求上前密启道："今四境多虞，非公主之不可，然恐为之太速。……不若辅立幼主，渐以岁时，待其归心，然后可也。"

严可求的意思仍然是要立杨氏子嗣为主，警告张颢不要窥视大位。正当张颢不知如何应对之际，严可求又拿出一份文书，说是杨渥之母史氏所写，"言杨氏创业艰难，而嗣主不幸，隆演以次当立，告诸将以无负杨氏，而善事之"。

不论这份文书是否是史氏所写，内容却是"辞旨激切"，感动了在场诸将，张颢自立的图谋被暂时挫败了。杨行密次子杨隆演得以继任淮南节度使之位，但是权斗并未结束。

严可求是徐温的门客，他的慷慨陈词并非真是为了杨氏，而是为了徐温夺权。张颢自立的障碍不仅来自杨氏旧势力，更多的是来自同样握有牙军兵权的徐温。为了排挤徐温，张颢假借杨隆演的名义，命徐温出镇润州（镇江），此事同样为严可求极力反对，他对徐温说："今舍衙兵而出外郡，祸行至矣。"

经过一番推诿，徐温最终并未离开扬州。张颢与徐温的矛盾已经十分尖锐，谁先动手谁就能赢得全局。天祐五年（908）五月十七日，徐温果断杀掉张颢，独掌淮南左、右牙军兵权，成为这个割据藩镇事实上的统治者。

与杨行密集团大多数骁勇武夫不同，徐温并不以"武勇"闻名。在杨行密早年创业团队"三十六英雄"中，"独温未尝有战功"。没有战功的徐温却一路升迁，原因在于他长于谋略。

龙纪元年（889），杨行密攻破宣州，"诸将争取金帛"，只有徐温占据粮仓，"为粥以食饿者"。胡三省在注《通鉴》中说，"徐温之远略已见于此矣"。

在杨行密集团的很多军事行动中，徐温的谋略往往起到关键作用。譬如，天复二年（902），杨行密发兵攻朱温，手下军吏"欲以巨舰运粮"。徐温反对说："运路久不行，葭苇堙塞，请用小艇，庶几易通。"大军抵达宿州之时，赶上连绵不绝的大雨，"重载不能进，士有饥色，而小艇先至"。这件事令杨行密非常赏识徐温，"始与议军事"。

天复三年八月，安仁义据润州叛杨行密，杨行密先派王茂章进攻润州，未能取胜，后又派徐温增援。徐温军"尽易新制衣服旗帜，悉用旧者"，换成王茂章军的军服、旗帜。安仁义不知对方援兵已至，出城作战，被击败。这几次出奇制胜以后，徐温引起杨行密重视。

正因为出色的军政谋略，徐温渐为杨行密重用，成为身边心腹重臣。杨行密病重之时，徐温已经是淮南道的右衙都指挥使。在杨行密立储犹疑之际，徐温与张颢又出面力挺杨渥。尤其是徐温，在天祐二年，杨行密病重期间，杨渥奉命出镇宣州。临行之前，徐温对杨渥说：

"公有病，而令嫡嗣出外，必奸臣为之，不可不防。他日有征召，非王令某手书，非某之使，幸勿应命也！"

杨渥奉命出镇宣州，并非是杨行密不打算让他接班，更多的可能是杨行密希望杨渥掌控宣州这个战略要地，稳定局势。然而，杨渥可能并不理解父亲的用意。徐温在此时以"必奸臣为之"为说辞，意在拉拢杨渥，赢得信任。

在弑杀杨渥这件事上，徐温的表现又很精明。当徐温与张颢谋弑杨渥的时候，徐温说："参用左、右牙兵，心必不一；不若独用吾兵。"张颢哪里会把此事全交给徐温办呢，自然不同意。于是徐温就说："然则独用公兵。"

徐温的右衙军没有参与弑杀杨渥，把自己摘得干干净净。后来，张颢图谋自立失败，吴国王位由杨隆演继承。徐温又借机杀掉张颢，将当初弑君之罪全部归之于他，世人都以为徐温真是清清白白的。

杀掉张颢之后，徐温独掌左、右衙军权，看上去大权独揽。但是，徐温的地位并不巩固，与杨行密共同创业的元老勋旧大多握有重兵，镇守一方，如刘威、陶雅、李遇、李简等人分别部署在庐州、歙州、宣州、常州等地，威胁着徐温的地位。

在元老诸将中，庐州老兄弟李遇是对徐温最不买账的一个。李遇从杨行密起兵，累功授常州刺史，后迁宣州观察使，他对徐温掌权尤为不满，常说："徐温何人，吾所未识。"徐温要想立威，首先就要动李遇。

徐温以吴王杨隆演的名义，召李遇入朝觐见。如果李遇不来，徐温就以叛逆之罪治之。果然，李遇就是抗命不从。徐温于是调动昇州、润州、池州、歙州四州大军，派都指挥柴再用为帅，徐知诰为副，进攻宣州，李遇兵败投降，被斩首且夷其族。

杀掉了李遇之后，徐温的威严才真正建立起来，"于是诸将始畏温，莫敢违其命"。刘威、陶雅这些元勋旧臣，从此放弃与徐温争权的念头，满足于做一方节帅。徐温对他们也采用拉拢的办法，礼遇诸将，结以恩信，优加官爵，使他们心悦诚服。

从此，徐温完全控制了政权，朝中无人再敢对他异议，吴王杨隆演更是安心做傀儡，徐温成为杨吴政权实际上的统治者。右衙军的兵权皆归其手，"军府事咸取决焉"。

天祐五年（后梁开平二年，908），徐温杀掉张颢之后，身兼左、右牙都指挥使，"军府事咸取决焉"。但是，对于杨行密时代的老班底，那些坐镇一方的军头，徐温不得不重视。

杨行密的创业团队"三十六英雄"是其建立霸业的资本，然而也会成为危害吴国中央权力的隐患。在杨行密晚年，就发生了类似宣州节度使田頵、润州刺史安仁义、寿州刺史朱延寿等人的叛乱。徐温控制杨吴中央政权之后，同样需要考虑到这种藩镇之乱的隐患。

诛灭心怀异志的宣州观察史李遇之后，徐温建立了震慑各地藩镇的威望。在拥戴杨隆演的旗号下，徐温的权势也随之慢慢强大起来。天祐五年六月三日，"淮南将吏请于李俨，承制授杨隆演淮南节度使、东面诸道行营都统、同平章事、弘农王"。

徐知诰人望已归

天祐六年（909）三月，徐温以淮南行军副使升州刺史，留广陵。天祐九年九月，徐温率吴国将吏劝进杨隆演进位太师、中书令、吴王。徐温为行军司马、镇海军节度使、同中书门下平章事。天祐十二年四月，徐温任命其子徐知训为淮南行军副使、内外马步诸军副使。

从上述权力安排步骤看,徐温的目的是完全控制杨吴政权。起初,徐温自领升州刺史,但仍留广陵辅政,可见重心是在扬州的中央政权。第二步,杨隆演称吴王之后,徐温也升任为镇海军节度使,把势力从润州扩大到浙西道,虽然当时杨吴政权只控制了浙西道的润、升、常三州,但这是一个信号。当然,徐温主要的经营还是以淮南行军司马身份掌控杨吴政权。天祐十二年,徐温将监视控制杨吴政权的责任交给儿子徐知训,也说明他在培养儿子接班。

在安排好儿子监控杨吴王室之后,徐温决定就藩金陵。天祐十二年八月二十二日,徐温就藩金陵,加浙西招讨使,封齐国公,以金陵、京口、毗陵、宣城、新安、池阳六郡为大都督府,形成霸府政治格局,成为吴国第二个政治中心。天祐十四年(917)五月,徐温正式徙治金陵,以徐知训为淮南行军副使,留广陵以辅政。

徐温以六州的势力,而且受封齐国公,无论是在名义上还是在军事实力上,都凌驾于其他诸将之上。镇海节度使原先驻节润州,徐温将其迁至升州,也就是金陵,建号大都督府,也是以示有别于一般地方的节度使府。

杨氏吴国为徐氏齐国所取代已经是早晚的事情了。事实上,自徐温执政以来,杨氏王族完全被徐温控制,徐温亲信翟虔任阁门、宫城、武备等使,"使察王起居,虔防制王甚急"。对于杨吴王室内部稍有才能之人,徐温都极力打压防范。杨行密第三子杨濛素有才能,徐温秉政,杨濛心尤不平,常叹说:"我国家而为他人所有,可乎?"徐温听说后,将其贬为楚州团练使,排斥于政治权力中心之外。

虽然本质上也是篡位,但是徐温执政之后,对于吴国的治理善得其法。秉政之后,徐温与其谋臣严可求曾说过,"大事已定,吾与公辈当力行善政,使人解衣而寝耳"。采取有效措施,"立法度,禁强暴,军民安之"。

如果一切顺利,徐齐取代杨吴就会顺理成章地完成。但是,天祐十五年六月,平卢节度使、同平章事、诸道副都统朱瑾杀掉了徐温精心培养的接班人徐知训,打乱了徐温的传子部署。

杨吴天祐十五年六月,吴国大将朱瑾刺杀了权臣徐温之子徐知训,而后被迫自杀。这一事件导致了吴国政局剧变,徐知训是徐温精心培养的接班人,坐镇广陵监控杨吴王室。徐知训一死,广陵城一片混乱,镇守润州(镇江)的徐温养子徐知诰崛起的机会来了。

在润州的徐知诰采纳谋士宋齐丘的计策，立即率军渡江，安抚扬州城内军民。徐温诸亲子当时尚且年幼，面对徐知诰控制扬州的现实，徐温只好默认，以其驻扬州知吴政，填补徐知训留下的真空。

徐知诰是徐温养子，据说本姓李，也就是日后的南唐烈祖李昪。徐知诰原籍徐州，生于唐末文德元年（889），父母死于兵燹。乾宁二年（895）杨行密攻占濠州，军士俘虏生口，获年仅7岁的孤儿徐知诰。杨行密对这个7岁小儿很是喜欢，准备收为养子，但是不为长子杨渥所容，故而送与部下徐温抚养。

徐温给这个孤儿起名徐知诰，与自己的亲子一起教养。出身寒微不幸，但又有机会成为枭雄养子，徐知诰自幼就表现出与年龄不太相符的成熟世故。

《资治通鉴》对徐知诰早年的处世智慧有过一段很精彩的记述：

知诰事温，勤孝过于诸子。尝得罪于温，温笞而逐之；及归，知诰迎拜于门。温问："何故犹在此？"知诰泣对曰："人子舍父母将何之！父怒而归母，人情之常也。"温以是益爱之，使掌家事，家人无违言。及长，喜书善射，识度英伟。行密常谓温曰："知诰俊杰，诸将子皆不及也。"

徐知诰深知自己的身份，故而对徐家人非常恭谨，渐渐得到徐温的重视信任，也深得徐温夫人钟爱，与亲生儿子"抚养无异"。徐知诰十余岁的时候，"温知其必能干事"，让他主持处理家里的杂务。徐温性格暴躁、家务烦琐、人际关系复杂磨炼了徐知诰，使他性格柔顺、坚韧、精明，善理繁杂，做事谨慎、细密，使"家人之属且无间言"，从而巩固了他在徐温家中的地位，为以后的发迹打下了基础。

天祐九年（912），徐知诰24岁的时候，协助徐温镇压了大将李遇的叛乱，故而"以功迁昇州刺史"。当时，杨吴政权治理下的江淮地区秩序初定，镇守地方的多为武夫军人，"务赋敛，为战守"，徐知诰却能懂得文治的意义，"接礼儒者，能自励为勤俭，以宽仁为政，远近向风，郡政大治"。

徐温"闻知诰理昇州有善政，往视之，见其府库充实，城壁修整，乃徙治之；而迁知诰润州刺史"。出镇润州，在徐知诰身边谋臣看来是一个天赐良机。谋士宋齐丘对徐知诰说："三郎骄纵，败在旦夕。润州去广陵一水耳，此天授也。"

徐温诸亲子与徐知诰关系大多不睦,"而知训尤甚"。徐知训对这个毫无血缘关系的兄弟满含嫉恨,甚至多次企图谋杀徐知诰。朱瑾刺杀徐知训虽然与徐知诰无关,但这件事的最大受益者是徐知诰。镇守润州的徐知诰果断出兵,安定广陵秩序,从而抢占先机。在昇州(金陵)的徐温只好承认现实,任命徐知诰为"淮南节度行军副使、内外马步都军副使、通判府事、兼江州团练使",自己只能"还镇金陵,总吴朝大纲",而"自余庶政,皆决于知诰"。

杨吴政权的军政实权虽然主要仍为徐温掌握,但徐知诰坐镇广陵,取代徐知训监控杨吴王室,其实已经分割了相当多的权力,父子二人隐然对峙。

徐知诰与徐温的关系愈发微妙,吴国政治进入一种双中心并立状态,"以故温虽遥秉大政,而吴人颇已归昇"。徐温多年苦心经营,很显然就要成为他人嫁衣裳了。

徐知诰在扬州,一改徐知训跋扈嚣张的做派,"悉反知训所为,事吴王尽恭,接士大夫以谦,御众以宽,约身以俭。以吴王之命,悉蠲天佑十三年以前逋税,余俟丰年乃输之。求贤才,纳规谏,除奸猾,杜请托。于是士民翕然归心,虽宿将悍夫无不悦服"。

徐知诰的这些做法其实没有什么新鲜的,无外乎是收买人心的标准操作,并不能说明他的政治道德比徐知训等人好多少。当时的杨吴王室孱弱无比,被徐氏取代是迟早之事,问题在于徐氏的代表是徐温及其亲子,还是徐知诰这个养子。

徐知诰对徐温的感情恐怕是很复杂的,一方面,如果没有徐温,他不会有今天的权势;另一方面,徐温势力的存在,对徐知诰权力的扩张是一个障碍,在篡夺杨吴政权问题上,二者是竞争关系。

徐知诰执掌吴国政治之后,对徐温的态度更加恭谨,目的还是保住养父子名分。在晚唐五代,义子的地位与亲子等同,甚至在很多军政集团有同等继承权,最为典型的就是后周柴荣以养子身份继承了郭威的帝位。徐知诰对徐温表现得唯命是从,一切以徐温好恶为行事标准。徐知诰身边的亲信宋齐丘很能干,但是徐温"恶其为人",结果徐知诰就不敢擢拔,宋齐丘只能"浮沉下僚十余年"。

徐温身边的近臣严可求对徐知诰的潜在威胁洞若观火,多次劝徐温以另一亲子徐知询取代徐知诰掌控吴国朝政。徐知诰得知后,想将严可求外放为楚州刺史。但是,徐温出面力保严可求,仍让他"参总庶政"。徐知诰"知可求不可去，乃以女妻其子续"，与严可求结成了儿女亲家，但是双方关系始终紧张。

杨吴顺义三年（923），徐温的亲信寿州团练使钟泰章被人告发"侵市官马"。徐知诰想借着惩治钟泰章立威，"欲以法绳诸将，请收泰章治罪"。徐温在这个时候也出面为钟泰章说话："吾非泰章，已死于张颢之手，今日富贵，安可负之！"不仅如此，徐温还命徐知诰为其子娶钟泰之女为妻。徐知诰遵父命照办，这位钟家小姐就是日后南唐元宗李璟的光穆皇后，后主李煜的生母。

徐知诰想要篡夺杨吴政权，面临的障碍除了拥有表面合法性的杨吴王室之外，还有就是徐温家族的霸府势力了。之所以对徐温表现出恭谨孝顺，不外乎是为了减少阻力，在国人面前树立一个良好的形象，为禅代扫清舆论障碍。

杨吴顺义七年，徐温为了自己篡位称帝，故而"帅诸藩镇入朝，劝吴王称帝"。没想到，即将出发的时候，徐温就病倒了。所以，只好派儿子徐知询"奉表劝进"，还想让徐知询留在广陵，取代徐知诰执掌吴国朝政。

徐知诰对徐温的这一举动也是表现出顺从，准备让位给弟弟徐知询，自己"草表欲求洪州节度使，俟旦上之"。没想到，当天晚上，金陵就传来徐温的死讯，这位野心勃勃的权臣居然病死了。失去了父亲权势光环的徐知询没有勇气去取代兄长，只好"亟归金陵"。

吴王杨溥赠徐温为齐王，谥曰忠武。徐知诰接过了徐温劝进的活儿，杨溥在顺义七年十一月初三日，即皇帝位，追尊父亲杨行密为武皇帝，哥哥杨渥为景皇帝、杨隆演为宣皇帝。十一月十七日，大赦境内，改年号为乾贞。

当然，杨氏皇帝如同之前当吴国王一样，只是徐氏的傀儡而已。徐知诰继续把持朝政，被封为太尉兼侍中；徐温亲子徐知询为辅国大将军、金陵尹，治理徐温旧镇。杨吴政权在表面上依然还是呈现广陵和金陵双中心格局，然而强弱已然明朗。

徐知诰对徐知询始终不放心，必欲夺其权而后快。杨吴乾贞三年（929）十一月，徐知诰设计骗徐知询入朝，然后构陷其谋反，将其扣留在扬州，任为左统军，杀其客将周廷望，以徐温另一子徐知谔为金陵尹。

夺去徐知询兵权之后，徐知诰"自是始专吴政"，完全掌控了这个南方大国。徐知询在较量失败之后，"遂绝愿望"，完全放弃了角逐。徐温诸子也都自愿认输，承认了徐知诰对徐温权位的承嗣权。

在完全控制住杨吴政权之后，徐知诰做出了与义父徐温一样的选择——出镇金陵。杨吴大和三年（931）十一月，徐知诰移镇金陵，命自己的儿子徐景通留在扬州监控杨吴王室。

徐知诰出镇金陵之后，不时向亲信暗示自己意欲称帝的想法，据《新五代史》记载，徐知诰曾在照镜子的时候对其亲信周宗说："功业已就，而吾老矣，奈何？"周宗明白徐知诰的意思，于是立即赶赴扬州，与宋齐丘谋划代吴称帝之事。

没想到，宋齐丘却认为不可操之过急，甚至还建议徐知诰将周宗斩首，向杨吴显示自己没有不臣之心。徐知诰当然没有杀周宗，不过将其外放为池州刺史。顺便说一句，这个周宗就是后来南唐后主李煜的大小周后的父亲。

对于徐知诰而言，当时篡位的时机也确实不成熟。杨吴王室内部还有临川王杨濛这样颇有才能且有一定政治抱负的人。另外，还有周本这样忠于杨吴的宿将存在。

要谋"禅代"，就必须先扫除障碍。大和六年六月，"吴徐知诰将受禅，忌昭武节度使兼中书令临川王，遣人告藏匿亡命，擅造兵器；丙子，降封历阳公，幽于和州，命控鹤军使王宏将兵二百卫之"。

徐知诰将杨濛监禁于和州，但是不久之后，杨濛杀死王宏逃走。王宏子王勒率军追击，又被杨濛射杀。不久庐州德胜节度使周本之子周弘祚用计杀杨濛于采石，并废为悖逆庶人。

宿将周本虽然忠心于杨吴，但是其子周弘祚完全倒向徐知诰，这就不能不影响到周本的态度，也参与了以镇南节度使、太尉兼中书令李德诚为首的劝进班子。虽然周本"由是愧恨数月而卒"，但最终没有成为徐知诰称帝的障碍。

天祚元年（935），徐知诰被册封为尚父、太师、大丞相、大元帅、齐王，并将升州、润州等十州之地划为齐国。南吴势力在南方诸国中算比较强大的，徐知诰本人也很有威望，所以当时周边诸国也有劝进的。地居上游的南平王高季昌遣使奉书，劝徐知诰即帝位："已而，闽、越诸国皆遣使劝进。"内外条件具备，徐知诰认为"人望已归"，可以代吴称帝了。

第八章 雄踞江淮终如东流水的南唐帝国

李昪有古贤主之风

杨吴天祚三年（937）十月，徐知诰"受吴禅"，国号大齐，改元昇元，定都金陵。徐齐取代杨吴是一次非常平静的改朝换代，几乎没有引发任何风波。为了巩固皇权，也为了撇清与徐氏的关系，昇元二年（938），徐知诰恢复其本姓李氏，以应"东海鲤鱼飞上天"的谶语，改名为李昪，自称是唐宪宗之子建王李恪的四世孙，改国号为唐，史称"南唐"。《南唐书》作者马令对李昪评价甚高，认为他"深沉宽裕，本于天性"。陆游则更称赞其"仁厚恭俭，务在养民，有古贤主之风也"。

杨吴天祐十五年（918），李昪初掌吴政的时候，就下令蠲免吴国百姓天祐十三年以前全部欠税，对天祐十四年的欠税也暂停征收，待丰收之年百姓宽裕之后再征。除了这种临时性的减税政策，还有税收制度的改革。杨吴原本沿袭杨炎两税法制度，变唐初实物税性质的租庸调法为货币税性质的两税，在"货轻钱重"的形势下，这种税制对百姓而言是加重了负担。在宋齐丘的建议下，李昪对吴国税法进行改革，"请蠲丁口钱，自余税悉输谷帛，绸绢匹直千钱者当税三千"。

在税法改革政策的作用下，江淮地区的农业生产得到恢复，"由是江淮间旷土尽辟，桑柘满野，国以富强"。李昪还下令以值千钱之物，当税额之三千，这是在纳税上，以高于时估三倍的虚估为折纳标准，进一步纾解民困。李昪称帝建国之后，南唐进一步改革厘清税制，减轻百姓负担，"自登位之后，遣官大定检校民田，高下肥硗皆获允当。人绝怨咨，输赋不稽"。

除了税制改革之外，李昪在位期间非常注重爱惜民力。昇元四年二月，李昪下诏，"罢营造力役，毋妨农时"。地方贡献皇帝观赏的珍禽奇兽和品尝的时鲜水果，极为扰民耗财，是严重的弊政，各级官吏并借以敲诈勒索百姓。李昪深知其弊，下令"放诸州所献珍禽奇兽于钟山"，又诏"罢宣州岁贡木瓜杂果"。

在割据政治环境中，人力资源的争夺是政治实体之间的一项重要竞争，经济税收政策是争夺劳动力资源的一项重要手段。昇元三年正月，李昪下诏，优恤境外来附之民，皆"授之土田，仍给复三岁"。四月又下诏进一步鼓励农桑：

民三年艺桑及三千本者，赐帛五十匹；每丁垦田及八十亩者，赐钱二万；皆五年勿收租税。

李昪的经济社会政策收到了很大成效，南唐经济得以恢复发展。昇元七年，李昪去世时，南唐政府已经积累了非常可观的物资财富，"德昌宫凡积兵器缯帛七百余万"。

非常可贵的是，李昪虽然是军旅出身，但是对于战争有着很清醒的认识，绝不会迷恋以将士枯骨铸就的帝王伟业。即位之初，江淮地区经济实力较为充裕，臣下就有人建议："陛下中兴，今北方多难，宜出兵恢复旧疆。"李昪对这种黩武主义的冒进取向非常反对，对臣子说："吾少长军旅，见兵之为民害深矣，不忍复言。使彼民安，则吾民亦安矣，又何求焉！"

"使彼民安，则吾民亦安矣"的情怀在那个武夫掌国的五代乱世是难能可贵的！当然，李昪对北方王朝的军事威胁一直有着清醒的警惕，甚至通过越海与契丹辽朝交聘的手段来牵制后晋。杨吴天祚三年（937），还是吴国权臣的徐知诰采纳宋齐丘的建议，"欲结契丹以取中国，遣使以美女、珍玩泛海修好"，"契丹主亦遣使报之"。

对于南方诸国，李昪的政策就非常友好了。譬如，昇元五年，立国于浙江的吴越国遭遇火灾，"其宫室府库甲兵殆尽"。南唐群臣建议李昪趁机进攻吴越，"诸将奋勇者颇庶"。但是，李昪予以拒绝，反而"遣使唁之，厚馈币粟以周其乏"，对吴越释放了真诚的善意。这一年五月，吴越国又遭遇了严重水灾，南唐允许吴越灾民"就食境内"，并且遣使赈灾。

在五代十国那个武夫当国、率兽食人的乱世，李昪这样的皇帝虽然称不上什么圣明天子，但是起码他对时局有着很清醒的认识，对民众没有竭泽而渔，没有不惜民力地穷兵黩武。

吏治的败坏是晚唐秩序崩溃的一个重要原因，对民间疾苦有深刻认识的李昪一直注重吏治整肃。《资治通鉴》卷第二百六十八记载："知诰在昇州，独选用廉吏，修明政教。"在执掌吴国大权之后，李昪更是"渐复朝廷纪纲，修典礼，举法律,以抑强暴"。

晚唐五代,隋唐律令制度废弛,李昪执政之后在其控制区域逐步恢复律令制度,"唐主自为吴相,兴利除害,变更旧法甚多。及即位,命法官及尚书删定为《昪元条》三十卷"。律令制度的恢复,有赖于文治的恢复,所以选官用人也应转向以文人儒士为主。昪元六年九月,李昪颁布诏书:

前朝失御,四方崛起者众,武人用事,德化壅而不宣,朕甚悼焉。三事大夫,其为朕举用儒者。罢去苛政,与吾民更始。

当然,这道诏书颁布不久,李昪就去世了,所以"举用儒者,以补不逮"的政策并未来得及实施。但是,重视文教是李昪在位期间的一贯性政策。在称帝第二年,李昪就在金陵设立太学,后又在庐山建立"国庠"。据宋人王应麟《玉海》记载,"五代南唐升元中,就遗址建学馆,置田产,供给各方来学诸生。以李善道为洞主,掌教授。时称庐山国学,又谓白鹿国庠"。

在李昪及其继承者的大力扶持下,南唐文教昌明,相较于中原王朝,更显华夏正统。马令《南唐书》对南唐兴学校、集图书极为赞赏,"南唐跨有江淮,鸠集典坟,特置学官,滨秦淮,开国子监,复有庐山国学,其徒各不下数百,所统州县往往有学"。

出身金陵世家的马令固然会对南唐旧主有着天然好感,但是他阐述的是基本事实,南唐对于延续发展中华文明的贡献不可低估!南唐文教之昌明,与李昪所确立的文治国策有着必然关系。入宋之后的南唐遗民史温在其《钓矶立谈》中对李昪的评价是:"于时,中外寝兵,耕织岁滋,文物彬焕,渐有中朝之丰采。"

李璟慨然有定中原复旧都之意

李昪在做了七年皇帝之后,于昪元七年(943)病死了,死因是服食丹药而导致背生毒疮。李昪死后,继任的皇帝是他的长子李璟,史称南唐中主。

虽然出身军旅,但李昪并不穷兵黩武,在位期间一直注意与周边诸国维持友好关系，生前曾告诫李璟："汝守成业，宜善交邻国，以保社稷。"

李璟在继位初期，确实按照父亲生前既定方针办，偃武修文，勤于政事，南唐发展也很不错，"三四年间，皆以为守文之良主"。如果继续这样低调谨慎，南唐国力就会继续稳步增强。

但是，做了一段时间皇帝，李璟就有点儿飘飘然了，觉得自己真能中兴大唐，"自以唐子孙，慨然有定中原复旧都之意"，做起了不切实际的"大唐梦"，"由是构怨连祸"，频繁发动对外战争，"蹙国之势，遂如削肌"。

南唐保大二年（944），立国福建的闽国发生内乱，大将朱文进和连重遇发动兵变，杀掉闽景宗王延羲。朱文进篡弑称王之后，为了获取外部支持，遣使至金陵，向南唐李璟称臣求援。

李璟继承了其父李昪开创的南唐基业，"江淮连年丰乐，兵食盈溢"，久而久之也就忘记了父亲的嘱托。昔日在东宫伴随李璟的那帮文士，如冯延巳冯延鲁兄弟、查文徽等人走到权力核心。东宫旧文臣根基尚浅，又对战争有着不切实际的想象，只知金戈铁马的豪情，而不知白骨露于野的悲惨。中主李璟本人也是文艺幻想多过政治才能，不知战争意味着什么。

朱文进弑君称王事件对李璟和南唐而言，是一次南进闽地的机会。原本李璟并不打算接受朱文进的输诚，准备以"弑君"为罪名，出兵讨伐占据福州的朱文进。但是，臣僚都建议应先伐早已割据建州的王延政，因建州在北，地近南唐，而且王延政割据自立在前，出兵建州也有理由。

最主张用兵建州的是南唐枢密副使查文徽。查氏是歙州休宁人，其同乡翰林待诏臧循少年时曾经"为贾入闽"，即是在福建做生意，故而"习知其山川险易"，向查文徽"陈进兵之策"。查文徽昔在东宫之时就是一个好言兵的主战派，尽管并无多少军事才能。

李璟在臣僚鼓动之下，任命查文徽为江西安抚使，前往边境考察出兵可能性。但是，查文徽一心求战，并未对双方形势认真考察，"至上饶复命，盛言必克"。基于查文徽的判断，李璟命洪州营屯诸军都虞候边镐为行营招讨，调动洪州屯兵，从查文徽攻建州。

闽国自王审知去世之后，王氏宗室就陷入无休止的内战之中，建州人厌弃王氏之乱，遂伐木开道迎接南唐军队。但是，当南唐军队抵达盖竹（今福建建阳东盖竹)之时,闽国形势又发生了大变。是年十二月,闽国泉州散员指挥使留从效杀掉了朱文进任命的泉州刺史黄绍颇,举泉州宣布归顺王延政。在这种情况下,原本取观望态度的漳、汀二州也表示臣服于王延政。

查文徽的南唐大军在盖竹遭遇王延政的建州兵,"又闻泉漳汀州皆归延政",故而退守建阳。同时,那个为查文徽献策的臧循也屯兵于邵武,但是被王延政打得大败,自己还被俘虏,"斩于建州"。南唐初战大败,"军声大挫"。但是,坐镇金陵的李璟并不肯就此收手,派出步军都指挥使何敬洙为福建道行营招讨,救援查文徽。

何敬洙本不愿意出兵福建,认为"闽地僻陋,不足劳大兵",无奈因李璟君臣之意而不得已发兵。何敬洙与边镐率军占据闽西险要地区,与王延政的建州兵成相持态势,使得查文徽有机会从后方得手。查文徽在建州降将孟坚的配合下,派兵偷袭王延政后方,"建州兵大败溃去"。

查文徽拿下建州之后,却不能很好地处理占领问题,没有善政安抚人心,反而纵容"诸军无纪律,杀掠不禁","焚宫室庐舍俱尽。是夕,寒雨,冻死者相枕"。建州百姓苦于王氏久矣,但是南唐军依然昏暴,"民始失望,有叛志矣"。但是,元宗李璟并不追究查文徽的罪责,反而为之记功,"迁抚州观察使,又拜建州留后",查文徽更是因此更加自大。

南唐攻取建州之后,福州又发生政变。南唐保大三年(945)五月,闽国将军李仁达发动政变,自称威武留后,宣布奉南唐正朔,"奉表称藩于唐"。李璟任命李仁达为"威武节度使、同平章事,赐名弘义,编之属籍"。

李仁达称臣南唐,不过是为了寻求割据的支持力量,与此同时,他也向后晋称臣,并与钱氏吴越结盟。李璟却执意要真正吞并福州政权,派人招李仁达入朝。事情未成,南唐又发汀、建、抚、信四州兵力,攻打福州。在吴越援军的帮助下,南唐军竟被打得大败,战死者两万余人。

伐闽战争收效甚微,付出巨大代价,仅仅获得建州、汀州等地,与周边邻国关系又急剧恶化。

在南唐深陷伐闽战争的同时,割据于湖南,而一直与杨吴南唐政权为敌的马氏楚国也发生了内乱。后唐长兴元年(930),马楚的开国之君马殷病逝,留下了兄终弟及的继承制度。马殷虽然是一世英雄,但是他"多内宠,嫡庶无别。诸子骄奢",其子马希声、马希范相继继位,皆奢侈无能,楚国内政混乱。

后晋天福十二年(947),马希范去世,诸将拥立其同母弟马希广继位。诸弟之中年龄最长的马希萼反而出局,心怀怨恨是肯定的。后汉乾祐二年(949),马希萼向南唐称臣,并联合朗州洞蛮武装,向潭州(今湖南长沙)进攻。经过一年左右的战争,乾祐三年,马希广战败,被马希萼杀死。

马希萼夺位没有得到中原后汉的支持,故而向南唐称臣,被李璟册封为楚王,任武安、武平、静江、宁远四镇节度使。马希萼夺位成功,但治国无能,上位之后,只知"多思旧怨,杀戮无度,昼夜纵酒荒淫",楚国军政都交给马希崇。可是这马希崇同样是整日酗酒享乐,楚国"政刑紊乱",日坏一日。

南唐对楚国的政局变化一直保持高度关注,等待介入的时机。南唐保大九年(后周广顺元年,951),马希萼遣其掌书记刘光辅入贡金陵,李璟对这位楚国使臣"待之厚",用重金拉拢收买。刘光辅被李璟成功收买,献策"湖南民疲主骄,可取也"。于是,李璟命营屯都虞候边镐为信州刺史,率军屯于唐、楚边境的袁州(今江西宜春袁州区),"潜图进取"。

这一年三月,跟着马希萼一起打到潭州的朗州军人周行逢、王进逵、潘叔嗣、张文表等十人率军脱离马氏政权,号称"十指挥使",拥立辰州刺史刘言为帅,割据朗州,"负江湖之险,带甲数万",与长沙马希萼抗衡。九月间,长沙又发生政变,马希崇将其兄马希萼囚禁于衡山县,自称武安留后。马希萼抵衡山后又被当地军人拥立为衡山王。马氏兄弟乱成一团,南唐出兵的时机成熟了。

不久,李璟命边镐出兵湖南。南唐兵力明显胜过马楚,所以马希崇根本不做抵抗,"遣天策府学士拓跋恒奉笺诣镐请降",边镐大军兵临长沙城下的时候,马希崇亲自率领马氏族人迎接,"望尘而拜"。边镐率军进城之后,马楚各级官员都来参拜,"镐皆厚赐之"。当时,恰逢湖南大饥荒,边镐"大发马氏仓粟赈之",赢得了马楚人心。边镐几乎不战而定长沙,南唐另一员大将武昌节度使刘仁赡"帅州师克巴陵,抚纳降附,甚得人心",同样近乎兵不血刃。

湖南既平,李璟任命边镐为武安节度使,镇守马楚故地。马氏族人则被迁往金陵,马希萼被任命为江南西道观察使,仍封楚王,但留滞于金陵;马希崇被封为永泰军节度使,居于扬州。南唐表面上取得了伐楚战争的全胜,但是潜在的危机日甚一日。

马氏政权虽然垮台,但是割据于朗州的刘言集团依然拥有很强的实力,并伺机进取潭州。边镐为人宽厚仁慈,但并非将帅之才,早有人预料其"必丧湖南"。南唐保大十年(952),刘言遣王逵、周行逢等人进攻潭州,先下沅江,再克益阳,兵临潭州城下。边镐一面"婴城自守",一面向金陵告急。南唐援军未及赶到,潭州城中兵力又少,边镐料难坚守,于夜间弃城而走。长沙失守之后,南唐在湖南境内镇守诸将"相继遁去",刘言集团得以"尽复马氏岭北故地",南唐伐楚战争的战果化为乌有。

李璟对闽、楚的战争,都是先胜后败,而南唐国力也因此遭受巨大损失,"未及十年,国用耗半",国运也由强盛转而衰弱。现实的挫败令李璟从大国之梦中略微清醒过来,有人劝其数十年不要再用兵,以图休养生息,李璟感慨道:"将终身不用,何数十年之有!"

李煜一旦归为臣虏

尽管李璟想偃武止戈、休养生息,但战争还是不能避免。北方新兴的后周王朝野心勃勃,尤其是世宗柴荣即位之后,先是与北汉大战高平,再夺后蜀四州之地,俨然有混一天下之志。后周的战略规划将江淮大国南唐视为第一个要征服的国家。后周显德二年(南唐保大十三年,955)十一月,后周发动南侵战争,与南唐鏖战近三年,最终将其击败,夺得南唐江北十四州,势力延伸到淮南地区。

战败的李璟于后周显德五年五月,自削帝号,改称国主,奉后周正朔。从慨然有定中原之志的少年天子,到风雨飘摇的唐国主,"多少泪珠何限恨"的凄凉只有他自己知道。

在后周南唐的淮南之战中,南唐东都扬州一度被后周军队占领,虽然最终收复,但是地处江北的扬州并不适宜做陪都。长江之南的金陵,"去周境才隔一水",这在李璟看来也很危险。"险固居上游"的洪州(今江西南昌)被李璟看中,成为南唐陪都。显德六年(959)十一月,李璟下诏改洪州为南昌府,建南都，准备迁都南昌。

李璟迁都的战略考虑是"据上流而制根本"，但是更多的可能是为了忘却丧师失地之辱，寄情于庐山胜景。显德六年六月十九日，曾经承诺与南唐"向时则为仇敌，今日则为一家"的周世宗柴荣病逝了。显德七年正月，后周殿前都点检赵匡胤"陈桥兵变"，大周变成了大宋。北方改朝换代，而南唐臣属于北朝的藩属国地位没有改变。

宋建隆二年（961）二月，李璟"始迁于南都"，立吴王从嘉（李煜）为太子，留在金陵监国。迁都南昌，事出仓促，其"城邑迫隘"，以致"群臣日夜思归"，李璟本人也颇觉"悔怒"，甚至"欲诛始谋者"。始终处于焦躁之中的李璟于这一年的六月病逝于南都洪州，终年46岁，庙号元宗。

李璟死后，其子李从嘉继承了唐国主的王位，改名李煜，即史上有名的南唐后主。南唐大位原本与李煜是无缘的，只不过南宫权斗风云将这个原本孱弱之人推到了权力中心。李璟当初继位之时，其弟李景遂、李景达皆是强有力的竞争对手。为了稳定诸弟之心，李璟在父亲灵前发誓，约定世代兄终弟及，并以齐王李景遂为诸道兵马元帅，居东宫。保大五年（947），李璟正式立李景遂为"太弟"。

十余年之后，李璟诸子长大成人，兄终弟及的传位构想就面临挑战。李璟的长子李弘冀是一个有雄心但又残忍嗜杀之人。尽管李景遂一直不愿接受"太弟"的身份，并于交泰元年（958）坚辞储位，但是已经被立为太子的弘冀始终将这个叔叔视为仇敌，最终将其毒杀。诡异的是，不久之后，弘冀竟然也染病身亡了。

李从嘉是李璟第六子，但其上诸兄早就夭亡，弘冀又死，从嘉便以次子身份受封吴王，任尚书令，居东宫。李璟迁都洪州，便立从嘉为太子，令其监国金陵。李璟死后，从嘉继位，更名为李煜。

李煜擅作词，在中国文学史上的地位自不待言，"以国君而擅词手，秀压江东"，更被誉为"词中之帝"。然而，作为帝王的李煜，无疑是失败的，南唐国祚也是在他手中终结的，其中原因固然有所谓大势变迁，但与其个人执政之昏聩有莫大关系。

于史实不察之人，往往视李煜为充满温情的"文青"，赋予其一厢情愿的浪漫主义想象。事实上，李煜是一个残忍刻戾的专制君主，也是一个自负愚蠢的昏君。

建隆二年（961），李煜刚刚继位之时，北方宋朝尚无暇顾及吞并南唐，仅是继承后周建立的宗藩关系而已。然而，李煜治下南唐的内部危机日甚一日。

如同许多专制君主一样，初登大位的李煜深知自己根基尚浅，对朝臣们并不信任。出于集权需要，李煜也玩起了强化内朝小班子制衡外朝的手段，将原先近侍文臣侍奉的澄心堂升格为内廷中枢，并重用自己位居东宫时结识的潘佑、张洎等人，使之主政。

东宫旧臣上位，又与朝中原有朋党派系复杂纠缠，使得政局更加混乱。潘佑本为北方幽州人，后徙居金陵，"善于论议，尤喜老、庄家言"，被韩熙载、徐铉推荐给中主李璟，入值崇文馆。李煜继位之后，潘佑被擢为中书舍人，负责重要诏令起草，深得信任，李煜"时呼以潘卿"。

滁州人张洎是南唐进士出身，初官上元尉，因筹议太子李弘冀谥号而得中主李璟赏识，与徐知诲之子徐游同为清晖殿学士，参预机密。李煜"于清晖殿后建澄心堂"，张洎"亦预机密于其中"，任"澄心堂承旨"，号称"恩宠第一"。

东宫旧臣上位，又与朝中原有朋党派系复杂纠缠，使得政局更加混乱。张洎与朝中原有势力徐铉等人日渐结党，而恃才傲物的潘佑则渐显孤立。虽然被李煜呼为"潘卿"，但始终未能真正进入权力核心圈子，其"复井田，依周礼置牛籍"等政治主张也不过是迂阔而刻薄之论。政治失意的潘佑转而成为李煜朝廷的反对派，连续八次公开上疏批评朝政，甚至在最后一道奏疏中说出了"臣终不能与奸臣杂处，事亡国之主"的狠话。

李煜确实昏庸，南唐朝廷也充斥着奸佞之徒，但潘佑自己真的是直臣吗？开宝二年（968），李煜迎娶司徒周宗次女，即历史上有名的小周后。朝廷命中书舍人徐铉与知制诰潘佑共议婚礼仪制。徐铉依古制，认为鼓乐应当从简，但是潘佑投李煜性喜浮华之所好，主张铺张。如此，难道不是一个佞臣吗？

潘佑上疏激怒了李煜，首先被处置的却是户部侍郎李平。少为道士，常讲方术符、仙人神鬼的李平正是得到潘佑的推荐，才获得高位。李平既掌司农，潘佑那些"复井田之制，造民籍，造牛籍"迂阔且充满统制经济色彩的措施便付诸实施，但遭到强烈反对。

开宝六年，李平被收付刑狱。潘佑闻讯后，自尽于家中，李平也被缢死于狱中。后世多以为潘、李二人为忠直之臣，其实不过是党争失败者而已，也绝非治国之才。

南唐政界很多人都有一种末世的无奈感，曾经有"江南果相我，长驱以定中原"之志的韩熙载经历李昪、李璟时代的冷落之后，曾经一度对新君李煜抱有期待。但是，朝中党争、国势日颓，令他更加心灰意冷，转而狂放自污，不愿为相，不想做"千古笑端"。

李煜的不少词作有一种富贵气象，是南唐宫廷奢华糜烂的写照。据《五国故事》记载，李煜"尝于宫中以销金罗幕其壁，以白银钉瑇瑁而押之。又以绿钢刷隔眼，糊以红罗，种梅花于其外"。宋人陶谷《清异录》也记载："李后主每春盛时，梁栋窗壁柱拱阶砌，并作隔筒，密插杂花，榜曰锦洞天。"南唐宫中之奢华可见一斑，而这背后则是江南百姓之血泪。文人对李煜与大小周后的婚姻颇为津津乐道，仿佛帝王是情种。但是，历史中的李煜是一个"性骄侈，好声色"之人，唐宫之荒淫闻名天下。

性刚愎而残忍的李煜又是一个崇佛之人，被称为"酷好浮屠"。南唐崇佛自李昪始，李璟继之，李煜最烈。李煜之佞佛除了是一种政治文化传统，也是对国运衰微现实的逃避。然而，李煜的过度崇佛给南唐带来了严重的负面影响。南唐宫苑内有寺院十余所，"旧供千僧，所费皆二宫玩用"。金陵城内佛寺数不胜数，每建造佛寺，朝廷要拨给土地。僧人达万余，均由朝廷"给廪米络帛以供之"。如此，南唐百姓如何承担？

帝王既好佛法，王公大臣也皆投其所好，一时成为风尚。北宋更是利用李煜之佞佛，派出僧人"小长老"为间谍，以重金珍宝贿赂权贵，接近李煜，而后怂恿南唐多造佛塔佛像，以消耗其财力。在清醒之人看来，李煜日后的命运"他日犹不得如梁武也"，可能比饿死台城的梁武帝更惨！

南唐在李煜的统治下，"国势日削"，亡国是早晚的事情。内史舍人徐锴在开宝七年忧愤得疾，临终之际对家人说："吾今乃免为俘虏矣！"

李煜对于北方的宋朝始终卑辞厚币地贡奉着，远胜昔日对于后周，"每闻朝廷出师克捷及嘉庆之事，必遣使犒师修贡。其大庆，即更以买宴为名，别奉珍玩为献。吉凶大礼，皆别修贡助"。赵宋立国之初，尚需巩固北方局势，对于南方诸国并不急图。

但是，乾德元年（963），宋廷以助占据马楚故地的武平军节度使周保权平定衡州刺史张文表反叛为契机，出兵南下。在南进途中，宋军以借道为名，兵不血刃而定荆南高氏政权，宋军得荆南。周保权也奉表归顺宋廷，举族迁往汴京。

宋军既得荆、楚，即可训练水军，溯流而上可攻后蜀，沿江东下则可灭南唐。乾德二年，宋军水陆并进，进攻后蜀，蜀军战败，后主孟昶降宋。开宝二年（969），宋朝潭州防御使潘美出兵征南汉，连克韶、桂、连、贺四州。次年，宋军长驱直入，直抵广州城下，南汉后主刘鋹素衣白马出降。这个存在五十余年的岭南王国灭亡了。

赵宋接连征服荆、楚、蜀、岭南诸地，南唐已经在北、西、南三面与宋朝接壤，其东面的吴越恰恰一直是杨吴南唐政权的宿敌，而且一直臣服中原大国，南唐已经事实陷入宋朝的包围之中，形势岌岌可危。

李煜和南唐虽然一直对赵宋保持藩属国的谦卑姿态，但又不想真正丧失独立政权的地位，故而在卑事大国的同时，又在暗做军事备战。赵匡胤原本曾想政治解决南唐问题，努力未成之后，才决定南征。

开宝七年五月，赵匡胤下令在荆湖建造大舰和黄黑龙战船数千艘，以备架设长江浮桥之用。九月，赵匡胤又以李煜拒命入朝为由，发兵十余万，三路并进，进攻南唐：东路以吴越王钱俶为昇州东南面行营招抚制置使，率数万兵自杭州北上策应，并遣宋将丁德裕为监军；中路由宣徽南院使曹彬与山南东道节度使潘美率水陆大军由江陵沿长江东下；西路则以黄州刺史王明为池州至岳州江路巡检、战棹都部署，负责牵制湖口的南唐兵力，保证南征主力东进。

是年十月十八日，宋军中路曹彬部沿长江东下。南唐水军竟然以为是宋军例行巡江，未加阻截，致使曹彬大军顺利通过湖口。二十五日，曹彬率军突袭峡口寨（今安徽贵池西）。闰十月初五，兵临池州，守将不战而逃。

战争的爆发意味着南唐谨慎维持的对中原王朝的臣属关系已经破裂，李煜不得不战。为了减轻外部压力，李煜致书吴越王钱俶，企图以"今日无我，明日岂有君"的唇亡齿寒道理说服吴越联合抗宋。铁心归宋的钱俶却将此信呈给了赵匡胤，果断加入了对南唐的征讨。

不久之后，曹彬大军又在铜陵击败南唐军水军，虏获战舰二百余艘。而后，又连克芜湖、当涂，逼近采石矶。经过数日激战，曹彬大军大破南唐采石守军，生擒南唐马步军副部署杨收、兵马都监孙震。

十一月初九日，宋军做了一件令江南人觉得根本没有可能的事情，花了三天时间系缆绳，在长江上架起了浮桥，大军得以顺利过江。宋军过江令李煜恐惧，于是南唐遣镇海节度使郑彦华与天德都虞候杜真分率水、步兵各一万出金陵，水陆并进反击，但很快就被宋军击败。

在中路大军势如破竹的同时，宋军东、西两路也密切配合，进展顺利。十一月十五日，西路军攻鄂州（今湖北武昌），击败南唐三千余人；东路的吴越军队也围攻常州，攻占利城寨（今江苏江阴）。

历时两个多月，开宝八年（975）正月初八，宋军进逼金陵西南郊，攻克溧水，全歼唐军都统李雄部万余人。正月十七日，曹彬大军向金陵发起进攻。宋军行营骑军兼战棹左厢都指挥使李汉琼率部以大舰载芦苇，对南唐水寨实施火攻，歼灭南唐军数千人，进逼金陵城下。

南唐在金陵府有十余万重兵防守，企图依托秦淮水背城一战，挽回危局。为不失战机，潘美不待渡河船只到达，率部强涉秦淮河，大军随进，斩俘南唐军万余人。宋军乘胜进逼城下，于城郊三面扎营，对金陵形成包围。困守金陵的南唐军队组织反击，企图溯江而上夺取采石浮桥，又被潘美率军击破，南唐神卫都军头郑宾等被俘。

占据荆、楚，又使前线宋军得以获得充足的粮食补给。正月二十日，赵匡胤命京西转运使李符益调运荆湖军粮补给前线宋军，而城中南唐军则面临供给危机。二月初十，曹彬大军又在金陵城外白鹭洲大败南唐军。三月，宋军攻下金陵城阙，南唐军退入金陵城内固守。

至五月，东路的吴越军队也攻陷常州、江阴，进围润州，西路的王明所部在江州击败南唐万余人，夺取战舰五百艘。金陵已成重围之下的孤城，而靠着家世骤得高位的统军大将神卫统军都指挥使皇甫继勋却"保惜富贵，无效死之意"，一心谋求降宋，甚至听闻诸军败绩，"幸灾见于词色"。金陵内外形势也因皇甫继勋这样的人蒙蔽，而不为李煜所知。一日，李煜登城，见宋军"旌旗垒栅，弥遍四郊"，盛怒之下，将皇甫继勋诛杀。

李煜将希望寄托在上游兵力援救，急调神卫军都虞候朱令赟率湖口兵十万赴援。朱令赟恐王明军从背后切断粮道，迟迟不敢东进。六月初二，曹彬军于江宁城下打败南唐军两万余人，缴获战舰数千艘。八月，丁德裕在润州击败南唐军五千人，并于九月初九与吴越军合势攻占润州城。

直到六月二十一日，朱令赟才乘大舰先行至皖口（安徽安庆西南部的皖水入江口），遭遇宋军刘遇截击。此战之初，南唐军先占上风，朱令赟以火油进攻宋军战船，宋军几乎难以招架。但是，天象突变，风向急转，大火反而烧到了朱令赟的战船上，南唐军不战自溃，朱令赟被烧死，战棹都虞候王晖等将领被俘。此战大败，意味着李煜企图以上游之兵解金陵之围的幻想彻底破灭。

困于金陵城中的南唐君臣彻底断绝了一切外援，宋军昼夜攻城，城中境况极惨，"城中米斗万钱，人病足弱，死者相枕藉"。即便如此，金陵城依然撑了数月，江南人的反抗或许并非为李氏政权尽忠，只是不愿屈服于来自北方的武力征服。十一月十二日，曹彬大军从三面攻城，二十七日，宋军破城，李煜奉表投降，南唐遂亡。

亡国之君李煜在中国人的文本记忆中是一个备受同情的人，千余年来，人们对之赋予太多的凄凉哀婉之情。但是，作为帝王的李煜并不值得同情。宋灭南唐历时一年有余，是赵宋征服南方诸国之战中耗时最长的，在此期间，李煜并非毫无作为，战事布置、杀伐决断不乏可圈可点之处。但是，李煜抗宋并非为了江南黎庶，只是为了保全偏安一隅之富贵、一姓一家之荣宠。

南唐亡国之际，李煜曾作《破阵子》词一首，其中有对"三十余年家国，数千里地山河"丧失的痛惜，最终却将情感落在"教坊犹奏别离歌，挥泪对宫娥"上，足见他对宫廷靡烂生活的眷恋。宋人苏轼曾对这首词有过评价："后主既为樊若水所卖，举国与人，故当恸哭于九庙之外，谢其民而后行，顾乃挥泪宫娥，听教坊离曲哉？"如此一个李煜，"一旦归为臣虏"哪里值得同情呢？

第九章 傲视中原的前蜀帝国

屠牛盗驴、贩私盐出身的王建

唐末五代是一个大乱世,同时也是一个底层阶级有机会逆袭的时代。当然,这种逆袭是建立在对原有社会秩序结构的破坏之上,其代价是战争和杀戮。五代帝业的开创者后梁太祖朱温就是出身于乡野底层,类似于朱温这种出身的帝王在五代十国其实非常多,譬如前蜀开国皇帝王建。

欧阳修的《新五代史·前蜀世家》中对于王建的介绍是"少无赖,以屠牛盗驴、贩私盐为事,里人谓之贼王八。"欧阳修的《新五代史》注重文辞和道德评价,但是真实性和客观性是不足的,对于王建的早年经历评价就有很多失实之处,"贼王八"之称更是毫无根据。

薛居正的《旧五代史》对王建少年时代并无记载,只是介绍了王建的籍贯和从军始末:"王建,陈州项城人。唐末,隶名于忠武军。秦宗权据蔡州,悬重赏以募之,建始自行间得补军候。"

王建生于唐宣宗大中元年(846),据宋人所著的《五国故事》中的"前蜀王先主建传"记载:"伪蜀先主建,许州舞阳人也,世为饼师。"如此看来,王建家族是世代的餐饮手艺人。世代饼师的职业,极有可能是经常迁徙的。

后唐魏王李继岌在讨伐前蜀的时候,曾经颁布过一篇《檄蜀文》,里面说"蜀主先父,出身陈、许",即生于陈州,后迁居许州。所以,《旧五代史》中说王建是陈州项城人并没有错,原籍许州舞阳,后来迁至陈州项城。

世代饼师的家庭背景,估计不会是什么有钱人家,但按常理也算是寻常百姓家。唐五代笔记小说集《鉴诫录》称,王建"长而贫乏",家境贫寒,父亲早丧,有姊一人。《五国故事》载王建"尝葬其父,乃发地数尺而瘗",可见家境确实不好。《资治通鉴》还说王建本"目不知书",因家境贫寒而未受教育,甚至是目不识丁。

至于欧阳修说"屠牛盗驴、贩私盐",这倒是实情。但是,在唐末政治败坏、战乱频仍，中原天灾人祸不绝、民不聊生，贫苦者或啸聚山林劫富济贫，或违禁走险贩卖私盐比比皆是的背景下，"屠牛盗驴、贩私盐"亦算不得是个人品行不端的"无赖"行为。

按照唐朝律法，私宰耕牛确实犯法，贩卖私盐更是重罪。但是，在那种乱世背景下，这些只不过是底层百姓的求生之道。尤其需要说的是"贩卖私盐"的问题，这根本就是唐朝恶法之下的产物。

王建早年的私盐贩子经历并非什么恶行，更不是什么"贼王八"称谓的由来。至于"王八"之称谓，根本不是骂人的话。"王八"更大可能是王建的排行，《全蜀艺文志》收录后梁太祖朱温在前蜀武成三年（910）致书大蜀皇帝王建修好的聘书中尚尊称王建为"皇帝八兄"。薛居正《五代史》载田令孜曾对陈敬瑄说："王八，吾子也。"

"王八"并非骂名，而是王建的排行称谓。但是，王建家世贫寒，人丁不旺，只有一个姐姐，为何又说排行第八呢？原来王建投军之后，隶属于许州忠武军中，后来跟着监军杨复光与黄巢作战，任忠武军八都头之一，这个排行应该与"八都头"有关。故而，欧阳修的"贼王八"之称纯粹是一种阶级偏见的臆测。

底层出身，干过私盐贩子的王建，如何实现逆袭呢？乱世之中，投身军旅，要么造反，要么当官军打反贼，反正需要拿命去搏！王建的机会来了！

王建人生真正的崛起始于投军，在家乡许州加入忠武军。许州即是汉魏之际的许都，曾为曹魏"五都"之一。许州在唐代也是望州，贞观十三年至十六年（639—642）一度改置都督府，管许、唐、陈、颍四州，许州领有长社、长葛、许昌、鄢陵、扶沟、临颍、襄城、阳翟、叶九县。

天宝十四载（755）安史之乱爆发。为了抵抗叛军，此前设置在边疆地区的藩镇体制被推广到全国各地。《旧唐书》卷三十八《地理志二》言："至德之后，中原用兵，刺史皆治军戎，遂省防御、团练、制置之名，要冲大郡皆有节度之额；寇盗稍息，则易以观察之号。"

在争夺惨烈的河南战场，唐朝廷设置了豫许、郑陈、宣武、东畿等镇。忠武军设置于乾元二年（759），初名为郑陈节度使，上元二年（761）废。贞元二年（786）复设陈许节度使，贞元十年更名为忠武军。

黄巢起事之后，天下板荡，枭雄竞相割据。广明元年（880），许州牙将秦宗权趁军乱占据蔡州，"悬重赏以募之"，大肆招兵买马扩充势力。在这个时候，原本隶属于忠武军的士兵王建"始自行间得补军候"。

广明元年十二月，黄巢攻陷长安，唐僖宗逃往蜀地。当时朱温还在黄巢手下当大将，正带着大军进攻襄州、邓州。秦宗权此时还站在唐军一边，于是派出小校鹿晏宏率军随监军杨复光一起去打黄巢军，王建也在军中。

杨复光"以忠武军八千人立为八都"，任命牙将鹿晏弘、晋晖、王建、韩建、张造、李师泰、庞从等八人为都头。杨复光也确实能打仗，率领八都头击败朱温，收复了邓州。中和三年四月，唐军收复长安。

杨复光在镇压黄巢的战争中起到了极为重要的作用，曾经被唐僖宗任命为天下兵马都监，负责督责天下诸军剿灭黄巢。收复长安后，唐僖宗下诏进封杨复光为开府仪同三司、同华制置使，封弘农郡公，赐号"资忠辉武匡国平难功臣"。然而，未来得及享受荣耀，中和三年六月，杨复光就病逝于河中军营之中。

杨复光死后，鹿晏弘率八都前往巴蜀"迎扈行在"。鹿晏弘也是很有野心的人，在迎驾路上，他一直在扩充实力。到达山南西道地界的时候，鹿晏弘"乃攻剽金、商诸郡县，得兵数万，进逼兴元"。山南西道节度使牛丛弃城而去，鹿晏弘自任为留后，同时任命王建等八都将领为镇内属州刺史，但其实并不到任。

鹿晏弘这种抢地盘的事情在唐末屡见不鲜，朝廷大多是承认既成事实，站在胜利者一边。唐僖宗朝廷很快承认兵变，正式任命鹿晏弘为山南西道节度使。鹿晏弘这个人猜疑心很重，"恐部下谋己，多行忍虐"，担心部下谋害自己，于是就很残忍地虐待部下，妄图以淫威慑服部下。但这样一来，"部众离心"，队伍更不好带了。

王建与别将韩建友善，鹿晏弘对这"二建"尤为猜疑，假装很重视厚待，暗中却想着除掉二人。王建和韩建非常恐惧，谋划与鹿晏弘分道扬镳。王建对韩建说："祸难无日矣，早宜择利而行。"韩建也同意这个判断。

于是乎，王建与韩建、晋晖、张造、李师泰四人入蜀"趋行在"。唐僖宗非常高兴，"赐与巨万"。王建等五人被唐僖宗编为五都，隶宦官田令孜麾下，并被田氏收为养子，号称"随驾五都"，王建官拜卫将军。

尽得三川之地

光启元年（885），唐僖宗返回长安，命王建等人统领神策军，宿卫宫中。不久，田令孜欲夺河中盐池之利，与河中节度使王重荣发生冲突。王重荣联手河东节度使李克用，以清君侧为名义，向唐廷发动战事。光启二年，"僖宗再幸兴元"，再次逃亡蜀地。

在这次逃亡途中，王建被唐僖宗任命为清道使，并负责保护玉玺。不可否认，王建对于僖宗是忠诚的，或许因为僖宗改变了他的命运。在入川途中，山中栈道被烧毁，王建不顾危险，拉着僖宗的马，冒着烟火突围而出。銮驾抵达兴元之后，僖宗命王建遥领壁州（今四川通江）刺史，此为禁军将帅遥领地方州镇之先河。

僖宗这次播迁，田令孜难辞其咎，事情平息之后担心获罪，故而"求为西川监军"，推荐"杨复恭代为观军容使"。杨复恭虽为田令孜推荐，但毕竟还是需要排斥旧势力，而且王建等人"素为令孜所厚"，担心无法驾驭。所以，杨复恭将当初的"随驾八都"八名禁军将领外调为地方郡守，将遥领变成实授，王建出为壁州刺史。

光启三年（887），唐僖宗返回长安。杨复恭的养子山南西道节度使杨守亮镇守兴元，对王建十分忌惮，"尤畏建侵己"，屡次召他前往兴元，王建都没有听从。王建很有野心，"不安其郡"，不甘心仅有一郡之地。后来，他在龙州司仓周庠的建议下，"因招合溪洞豪猾，有众八千"，顺嘉陵江袭击阆州（今四川阆中），并驱逐阆州刺史杨茂实，自称阆州防御使。拿下阆州之后，王建"复攻利州，刺史王珙弃城而去"。王建"播剽二郡，所至杀掠"，一方藩镇山南西道节度使杨守亮却毫无反制能力。

当时的东川节度使顾彦朗，与王建曾同在神策军中，关系很好，而且他经常派人去王建那里犒军，"分货币军食以给之"，故而与王建相安无事。西川节度使陈敬瑄对此非常忌惮，"忧其胶固"，害怕他们二人图谋西川，于是"谋于监军田令孜"。

田令孜与王建等人当初有"父子"名分，故而对招抚非常有信心，遂对陈敬瑄说："王八，吾子也，彼无他肠，作贼山南，实进退无归故也。吾驰咫尺之书，可以坐置麾下。"这里的"王八"即当年王建在忠武军"八都头"里的排行，而并非骂人的话。

田令孜当即写信给王建，而王建得信之后也很高兴，派人对东川节度使顾彦朗说："监军阿父遣信见招，仆欲诣成都省阿父，因依陈太师得一大郡，是所愿也。"王建亲自将家小送往东川地盘梓州，交由顾彦朗照料，自己"选精甲三千"前往成都。

如果王建到了成都，陈敬瑄与田令孜或许能顺利招抚，危机也会化解。但是，当王建率军抵达鹿头（今四川德阳）的时候，竟有幕僚对陈敬瑄说，（王建）乃是"今之剧贼，鸱视狼顾"，专门夺人地盘，倘若让他到成都，"公以何等处之"？王建颇有雄心，"终不居人之下"，如果安排职位不高，"是养虎自贻其患也"。

陈敬瑄一听这话，又开始惧怕王建进成都了，于是"乃遣人止建，遽修城守"，就是派人阻止王建前行，而且加强了成都的城防。王建大怒，遂出兵攻破鹿头关，大败汉州刺史张顼于绵竹，夺取汉州（今四川广汉），继而，王建率手下精骑至成都附近。

陈敬瑄在城墙之上对王建说："若何为者，而犯吾疆理？"意思是说，你为什么要来侵犯我的地盘呢？王建反问，明明是你们召我前来，"今复拒绝，何也？"我现在已经来了，如果再回去，人家东川节度使顾彦朗还会疑心。

当时，东川节度使顾彦朗或许是出于以邻为壑的考虑，居然还派弟弟顾彦晖为汉州刺史，出兵帮助王建围攻成都。王建"尽取东川之众，设梯冲攻成都"，因为城防坚固，王建连攻三日无果，只好退守汉州。

虽然未能拿下成都，但王建兵锋日盛，四处攻城略地，"大剽蜀土"，蜀中"十一州皆罹其毒，民不聊生"。王建风头正盛，再次率军进攻成都，陈敬瑄十分恐惧，而与王建关系一直不错的顾彦朗"亦惧侵己"。

不久，文德元年（888），唐昭宗即位。顾彦朗为了安抚王建，上表为其鸣冤，并请求朝廷派大臣出任西川节度使，将陈敬瑄调往他镇。唐昭宗同意所请，"乃诏宰臣韦昭度镇蜀，以代敬瑄"为西川节度使，同时将西川的邛州（今四川邛崃）、蜀州（今四川崇州）、黎州（今四川汉源北）、雅州（今四川雅安）划为永平军，治邛州，任命王建为永平军节度使。陈敬瑄不愿离开蜀地，竟然抗旨不遵。"天子怒，命顾彦朗、杨守亮讨之"，又任命王建为招讨牙内都指挥使。

在朝廷讨伐陈敬瑄的旗号下，王建大肆抢夺地盘，攻城略地。但是，成都依然难以攻下。韦昭度率兵围攻成都三年，且聚兵十余万，难以破城，朝廷有意休兵。大顺二年（891），唐昭宗下诏恢复陈敬瑄官爵，令顾彦朗、王建返回藩镇。

夺取成都是王建的雄心，他又怎能轻易放弃？王建上表朝廷，请求继续讨伐，同时对韦昭度说："相公兴数万之众，讨贼未效，饷运交不相属。……相公盍归朝觐，与主上画之。"

言下之意就是请韦昭度返回朝廷，而将西川军政完全交给他王建。韦昭度犹豫不决，不敢得罪王建，也不甘心放手。为了逼走韦昭度，一天，王建命军士"于行府门外擒昭度亲吏"，把人家节度使的部下抓了，竟然"脔而食之"，就是切成小块吃了。

如此变态的操作，令韦昭度极为恐惧。王建又对韦昭度说："盖军士乏食，以至于是耶！"意思是说，士兵们缺军粮缺到这个份上了。韦昭度吓得赶紧交出兵权，将符节留给王建，任命其为知三使留后兼行营招讨使，自己当天就返回京师。韦昭度刚刚离川，王建便派重兵扼守剑门，"不纳东师"，切断了中原与两川地区的联系，割据之图自明。

一个月之后，王建攻下西川所辖之下八州，"遂急攻成都"。田令孜登上成都城墙对王建说："老夫与八哥相厚，太师久以知闻，有何嫌恨，如是困我之甚耶！"困守孤城，也不敢以干爹自居了，不叫人"王八"，改叫"八哥"了。

王建倒还显得姿态高，仍然说："军容父子之恩，心何敢忘，但天子付以兵柄，太师孤绝朝廷故也。"意思是说，我王建与您父子之情没有问题，但我现在是代表朝廷讨伐叛逆的陈敬瑄，没有私情可以讲了。

兵临城下，田令孜和陈敬瑄只得投降。当天夜里，田令孜带上西川节度使符印出城，进入王建军营，算是交出地盘了。第二天，陈敬瑄打开城门，迎王建大军进城，"以蜀帅让之"。王建入城，自称留后，时为大顺二年八月二十六日。十月初六日，唐昭宗正式任命王建为检校司徒、成都尹、剑南西川节度副大使知节度事、管内观察处置云南八国招抚等使。

至于田令孜和陈敬瑄，最终还是未能保全性命。田令孜资历很老，朝廷也是出于制衡王建的考虑，仍然任命他为西川监军，而陈敬瑄则被王建安置在雅州，其子还被王建任命为刺史，但是在赴任途中，被王建"杀之于路"。

王建一心想要除掉田令孜和陈敬瑄，以绝后患，屡次请求朝廷杀此二人，但未得允许。田令孜名为监军，其实已经毫无权力，被王建软禁于成都碧鸡坊。陈敬瑄在雅州，同样形同囚徒。景福二年（893），王建"阴令左右告敬瑄、令孜养死士，约杨晟等反"，遂将田令孜、陈敬瑄二人杀死，算是除掉了心头所忌。

大顺二年（891）八月，王建夺取成都。十月，唐昭宗朝廷承认既成事实，王建如愿以偿地成为西川节度使。唐朝西南地区的军政地理设置，最初只有剑南道与山南西道，安史之乱以后剑南道被分为东、西两个节度使辖区。唐人习惯将东、西两川与山南西道合称为"剑南三川"，或简称"三川"。

三川之中，西川拥有富庶的川西平原，又因防御吐蕃、南诏的需要，一直保持着强大的军事力量，实力最为雄厚。王建既为西川节度使，也就拥有了最强的优势，一统蜀中志在必得。枭雄的欲望是难以止步的，王建"既有蜀土，复欲窥伺东川"。然而，东川节度使顾彦朗与王建关系不错，而且有姻亲关系，王建始终没有借口动手。

不过，就在王建拿下成都不久，顾彦朗病故，其弟顾彦晖继任，两藩关系"交情稍息"。大顺二年十二月，唐昭宗命宦官宗道弼为钦使节，前往东川，赐顾彦晖旌节，履行正式任命程序。

但是，山南西道节度使杨守亮趁机指使绵州刺史杨守厚发兵劫持了宗道弼，并发兵攻东川首府梓州，意在夺取东川。顾彦晖只好求救于王建，王建遣其将华洪、李简、王宗侃、王宗弼救东川，王宗侃破杨守厚七寨，与王建养子左威猛都知兵马使王宗瑶等打败杨守厚，杨守厚逃归绵州。

王建早有吞并东川之心，此番援救原本计划趁顾彦晖出面犒军之时，将其劫持，一举兼并东川。不知何故，王建的养子王宗弼却将计划泄露给顾彦晖，图谋遂告失败。景福元年，王建与顾彦晖正式翻脸，出兵进攻东川。

藩镇混战，同样是没有什么永恒的敌友关系。顾彦晖向山南西道节度使杨守亮求救，两藩联手对抗王建。结果，王建此番进攻失利，先前那个通风报信的大将王宗弼被擒。顾彦晖认出王宗弼，对其说："王公何以见讨？君为大将，不谏云何？"

王宗弼谢罪请降，又被顾彦晖认为养子，改名顾琛。第二年，王建又派遣大将华洪攻破绵州，刺史杨守厚逃走。此时顾彦晖已进位为检校司空、东川节度使，其合法性正式获得朝廷认可。

乾宁二年（895），邠宁节度使王行瑜、镇国节度使韩建、凤翔节度使李茂贞因索权未果，联合进逼京师，诛杀宰相韦昭度、李溪，并谋废昭宗。李克用在河东起兵勤王，王建也派简州刺史王宗瑶带兵救驾。顾彦晖与李茂贞有旧，早已暗中结盟。王建趁机上奏朝廷说："东川节度使顾彦晖不发兵赴难，而掠夺辎重，遣泸州刺史马敬儒断峡路，请兴兵讨之。"

王建当即派大军进攻东川，麾下大将华洪大破东川兵于楸林，俘斩数万，拔楸林寨，进而兵临东川首府梓州。乾宁三年，王建接受朝廷劝和诏令，从梓州撤军。乾宁三年六月，凤翔节度使李茂贞引兵逼京师，与覃王所率安圣、保宁等新建禁军交战，朝廷战败。七月，昭宗逃离长安，至华州，为镇国节度使韩建控制。李茂贞遂攻入长安，焚烧宫室市坊。

天子流离，枭雄皆欲奇货可居。王建上表请皇帝迁都成都，割据江淮的杨行密也上表请皇帝去江都，雄踞中原的朱温则请皇帝去洛阳。唐昭宗受制于韩建，哪里都去不了，不过他下诏任命王建为凤翔西面行营招讨使，讨伐李茂贞。

李茂贞兴兵犯阙危机到了是年十月就得到解决，与唐廷算是讲和了。王建吞并东川的计划没有放弃，乾宁四年，王建再次大举进攻东川，是年十月，梓州城破，顾彦晖自杀，王建任命王宗涤为东川留后。

"三川"之地，王建已经兼有东、西两川，就剩下一个山南西道了。天复元年（901），宦官韩全诲与李茂贞将昭宗劫至凤翔，汴军朱温围攻凤翔，意图争夺皇帝。岐、汴争锋，王建坐收渔利。不久，王建派王宗涤攻取兴元。天复二年，武定节度使拓跋思敬归降王建，王建终于得以兼并山南西道，尽得三川之地。

天复三年八月，王建被唐廷封为守司徒，晋爵蜀王，成为名副其实的蜀中霸主。对于中原藩镇，王建主动与割据关中的李茂贞修好，而且结为姻亲，于天复四年将女儿嫁给李茂贞的侄子李继崇。

不久之后，天复四年八月二十八日，朱温心腹蒋玄晖派牙将史太夜入宫弑昭宗，立哀帝为傀儡，改元天祐。对于中央政府的这一变化，王建是不承认的，蜀地依然用昭宗天复年号，并在成都设立行台，自行任命官员。天复六年，王建取归州（今湖北秭归），占有三峡之地。

蜀人请建行刘备故事

唐哀帝天祐四年（天复九年，907）三月，朱温篡位，建立后梁。一直沿用天复年号的王建自然不会承认朱温的梁朝，摆出大唐王朝忠臣孝子的架势，传檄天下，号召各藩镇讨伐朱温。朱温势力强大，各藩也都不愿损耗实力，而且"四方知其非诚实，皆不应"。

王建的真实意图是割据称帝，既然唐祚已终，朱温能，我王建为什么不能？而且当时"蜀人请建行刘备故事"，蜀地地方势力也希望王建效仿刘备割据称帝。于是，按照历史传承下来的政治操作，三川大地很快频现祥瑞，"是岁正月，巨人见青城山。六月，凤凰见万岁县，黄龙见嘉阳江，而诸州皆言甘露、白鹿、白雀、龟、龙之瑞"。

天复九年九月二十五日，王建即皇帝位于成都，国号大蜀，改元永平，封其诸子为王。翌年正月，王建在成都南郊祭天，然后大赦境内，改元武成。同年六月，王建加尊号为英武睿圣皇帝，并立次子王宗懿为皇太子。王建于成都称帝，距离当年刘备建立蜀汉已经过去六百余年了。

事实上，王建在称帝问题上还有过犹豫。朱温篡位，唐祚已终成为事实。割据蜀地的王建当然也想自帝一方，但是毕竟还顾忌声名，担心背上僭越罪名。王建麾下将佐们大多数的意见是立即称帝建国，他们的理由是："大王虽忠于唐，唐已亡矣，此所谓'天与不取者也'！"

众臣之中，唯独一直桀骜的冯涓不赞成称帝，他主张王建以蜀王的身份称制，尽量做到"义存故主"，若是日后唐朝复兴，也不至有乖臣节。最后，王建采纳安抚副使、掌书记韦庄之谋，带着成都官民哭了三天，然后"即皇帝位，国号大蜀"。

韦庄出身名门,从北周到隋唐都是高门大族,他是文昌右相韦待价的七世孙、苏州刺史韦应物的四世孙。韦庄力主王建称帝,也足见当时士大夫阶层对唐朝的厌弃。对于王建而言,称帝还是以蜀王身份称制,没有什么实质区别。

冯涓的意见关键在于道义,他只不过想在君臣的纲常名教上留下一丝余地而已。韦庄的意见是在折中,用率吏民为唐朝的丧亡举三日之哀,以表示尽君臣之义。君臣之义用三日大哭买断了,王建称帝也就没有什么心理障碍,堵住了一些人的嘴巴。

作为统治者的王建,其执政能力还是不错的。尤其是在那样一个乱世,蜀国相较于中原堪称乐土。虽然出身底层军士,但是王建自封蜀王后,便"留心政事","亲决庶狱,人无枉滥"。称帝建国之后,王建更是针对唐末社会种种弊端,整肃吏治,倡导廉政,励精图治。王建开国仅三月余,便于武成元年(908)正月的《大赦诏》中提出了施政基本精神:

革弊从新,去华务实。有利于民者,不得不用,有害于民者,不得不除。公平必致民安,富庶自成于国霸。恩虽不吝,法且无私。赦有者各仰自新,厘革者皆宜共守。俾从涤荡,永致清平。

当然,执政者会说漂亮话并不奇怪,但是从日后前蜀国情来考察,王建说这番话也并非绝对是空头支票。更为可贵的是,王建虽然是目不识丁的文盲,却是一个非常重视士人的统治者,史书称他"虽目不知书,好与书生谈论,粗晓其理"。

唐末中原战乱,很多才学之士避难蜀中,得到王建很好的礼遇重用。著名文人韦庄、许寂,唐名臣后裔张格、冯涓,著名道教学者杜光庭,高僧贯休等皆受到了王建的礼遇。《资治通鉴》称:"是时,唐衣冠之族多避难在蜀,蜀主礼而用之,使修举故事,故其典章文物有唐之遗风。"欧阳修的《新五代史》同样称王建"善待士,故其僭号所用,皆唐名臣世族"。

至于王建为何礼遇士人,很多史料将其解释为受到唐僖宗影响。《新五代史》中记载王建曾对其左右近臣说:"吾为神策军将时,宿卫禁中,见天子夜召学士,出入无间,恩礼亲厚如寮友,非将相可比也。"陶岳《五代史补》载:"王建之僭号也,惟翰林学士最承恩顾,侍臣或谏其礼过,建曰:'盖汝辈未之见也。吾昔在神策军时,主内门鱼钥,见唐朝诸帝待翰林学士,虽交友不若也。今我恩顾,比当时才百分之一尔,何谓之过当耶。'论者多之。"

王建之所以会礼遇士人,将其解释为受到唐帝影响,其实是过于简单的。在唐末五代的乱世之中,武力的确是获得政治竞争胜利的最重要因素。但是,武力并不能实现治理的成功,礼遇士人的根本目的是为了王建蜀国的治理正常化和优质化,以图在割据政权的竞争中胜出。另外,士人的背后是衣冠大族,这种家族的社会资源和政治影响力很大,有时候胜过强大武力。王建礼遇代表士族高门的士人,其目的是为了争取更多的支持力量,提高政权合法性。

在具体政策上,王建治蜀,的确也是劝课农桑,发展生产,轻省赋徭。在武成元年(908)的《大赦诏》中便要求地方官员"不得加一升一合,致百姓积累逋悬,如有故违,必行朝典"。武成二年,王建又下诏蠲免逋欠,并规定畿内诸州及各州府当年应征夏税减免百分之二十。武成三年再下《劝农桑诏》,鼓励农桑:"……朕以猥眇托于人上,爰念蒸民久罹干戈之苦,而不暇力于农桑之业。今国家渐宁,民用休息,其郡守、县令,务在惠绥,无侵无扰,使我赤子乐于南亩,而有《豳风·七月》之咏焉。"

王建的治理成效也确实不错,经过一段时间的重农宽松政策,前蜀"仓廪充溢",蜀国以"地富民饶"而享誉天下。避难蜀中的高僧贯休在《大蜀皇帝潜龙日述圣德诗》中描述王建治下的蜀中"家家锦绣香醪熟,处处笙歌乳燕飞"。都城成都更是繁华空前,韦庄在其《怨王孙》一词中赞美成都"锦里蚕市,满街珠翠,千万红妆"。

不仅是传统农业和城市商业发达,前蜀的对外贸易也很兴盛。蜀国商贸通于四方,不仅与中原、江南、岭南各政权保持贸易往来,与东南亚、南亚、中西亚地区亦保持着直接和间接贸易往来。

由于经济高度繁荣,商贸发达,市场对钱币的需求量自是相当大。而由当时前蜀年均铸钱量的巨大,亦可反映当年前蜀的繁盛。据统计,前蜀年均铸钱量达三十三万余缗,超过唐代鼎盛时期天宝年间全国铸钱量最高纪录三十二万缗,更是五代十国时期其他各国所不能比拟的。

军事强大、经济富足,使得王建有了割据一方、自为帝王的资本和底气。王建的蜀国与中原政权并非藩属关系,而是对等平行国家。王建称帝之后,梁帝朱温遣使者通聘书于蜀,并送上厚礼。朱温在致王建聘书中尊其为"皇帝八兄",书函中说:"……两国愿通于情好,征曹、刘之往制,各有君臣;追汉、楚之前踪,常分疆宇。……永言梁蜀之欢,合认弟兄之国。"可见,后梁将其视为对等国家,这也可以看出王建及其蜀国的实力。

父子相残之后的灭国悲剧

王建称帝之时已经是晚年,他有十一个儿子,其中长子王宗仁"幼以疾废",因为身体残疾而失去继承机会,后被父亲封为普王。王建后来择立为太子的是次子王元膺。王元膺原名叫王宗懿,先是受封为遂王。按照史书记载,王元膺这个人是很有才能的,尤其是箭法精湛,"能射钱中孔,尝自抱画球掷马上,驰而射之,无不中"。王元膺深得父亲王建赏识,年仅17岁,即被册立为蜀国太子,不久更名为王元坦。

王元膺被册立为太子之后,即被授予相对独立的军政权力,"判六军,创天武神机营,开永和府,置官属"。从王建的角度考虑,这样的设计可能是为了太子有机会获得军政庶务能力的训练。但是,对于太子而言,这毕竟是"年少任重",更何况太子开府并获得部分军事权力,这又极易构成对现有皇权的冲击。

前蜀永平年间(911—915),蜀人于什邡得到一枚铜牌,王建以为这是天命象征,故而将太子之名改为王元膺,以示承接天命之意。然而少年得志的王元膺多少有点轻狂,与朝中勋旧新贵皆有结怨,最终导致自己身死人手的可悲结局。

《蜀梼杌》和《资治通鉴》都记载了王元膺所谓谋反的一件事情,具体事情经过梳理如下:永平三年(913)一日,太子王元膺召诸王大臣宴饮,大部分王公大臣都去了,只有王建的假子集王王宗翰、内枢密使潘峭和翰林学士承旨毛文锡没去。

王宗翰是王建的假子,也就是义子,受封为集王,与太子元膺也算是兄弟。太子便认为集王的缺席是潘峭和毛文锡离间的结果,于是进宫向王建告状,说

"潘峭、毛文锡离间兄弟"。王建对这个太子很重视，十分相信他的话，雷霆震怒一番，下旨贬逐潘峭和毛文锡。

原本事情到此就可以结束了，但是一个人的介入改变了一切。王建的近侍枢密使唐道袭也参加了太子的宴会，正当太子愤恨王宗翰未出席之时，太子的亲信大昌军使徐瑶、常谦却一直看着唐道袭。唐道袭与太子原本就有嫌隙，看到这场面，自然害怕逃走。

当太子进宫向王建痛陈潘峭、毛文锡等人的罪过后，唐道袭却向王建构陷太子，说："太子谋作乱，欲召诸将、诸王，以兵锢之，然后举事耳。"王建原本就是猜疑心很重的人，听了这番话，半信半疑，躲在深宫，闭门不出。

唐道袭借机请求召屯营兵入宿卫，得到王建的同意，宫中遂内外戒严。事实上，太子并无造反计划，自然没有军事准备，得知宫中动作，才仓促应对。太子手中有天武神机营为基本武力，于是以天武甲士自卫，又抓捕潘峭、毛文锡，经过一番严刑拷打，然后囚禁于东宫。

既然已经动手，就绝无收手可能。太子又出兵抓捕了成都尹潘峤，囚于得贤门。连首都行政首长都抓了，太子这明显已经是造反了。太子手下的将领徐瑶、常谦等各帅所部军事力量进攻唐道袭所统屯营兵军，目标就是皇宫了。

唐道袭率军抵抗太子部队，中流矢而伤，太子率军逐至城西，将其擒获斩杀，而且屠戮众多屯营兵。事发突然，举国惊扰，躲在宫中的王建一筹莫展，不知如何解决这场危机。那位被太子囚禁的潘峭之兄潘炕对王建说："太子与唐道袭争权耳，无他志也。陛下宜面谕大臣以安社稷。"

潘炕的意思是既然唐道袭已经死了，就不必再和太子决裂了，毕竟是亲父子。不过，这场兵变也必须有个责任人。于是，王建下旨发兵讨伐所谓的作乱者徐瑶、常谦等人。徐瑶战败身死，常谦与太子逃奔皇宫外面的龙跃池，藏于船中。第二天早晨，太子出来向舟人乞食，这龙跃池是皇家池苑，舟人也是宫中人，于是向王建报告此事。王建想息事宁人，于是派了那位没有出席太子宴会的集王王宗翰前往抚慰太子。没想到，等王宗翰到的时候，太子已经被卫士杀死。王宗翰与太子原本就有矛盾，这场风波与他多少有关，因此王建便怀疑太子是王宗翰所害，而王宗翰本人"竟无以自辩"。

在这场父子相残的权斗悲剧中，太子元膺确实负有很大责任。太子王元膺

"年少任重"，性格狂放，与王建的很多重臣关系不睦。《资治通鉴》上说王元膺"骄暴，好陵暴旧臣"，与入蜀文臣关系尤其不好，潘峭、毛文锡皆是此类。为了教化太子，王建曾经命唐末入蜀的高道光挑选品德高洁的学者"使侍东宫"，杜光庭推荐了名儒许寂、徐简夫。这些天下闻名的鸿儒颇受王建重视，但是太子王元膺放浪，"未尝与之交言"，且没有礼数。

王建意识到太子的狂浪性格不适合做接班人，如果不收敛，肯定会危害国家。鉴于此，王建特地写了一篇《诫子元膺文》以示警鉴，希望太子能"惟谦惟和，内睦九族，外安百姓，赤心待群臣，恩信爱士卒。刑罚人之命也，无殉爱憎；奸邪国之贼也，无信谗构。绝畋游之娱，察声色之祸"。然而，父亲的劝告并未奏效，冲突最终没有避免。

除了太子本人之外，枢密使唐道袭也是事件关键人物。唐道袭与蜀国皇帝王建的关系很亲密，就像韩嫣之于汉武帝、董贤之于汉哀帝那种亲密，就是皇帝的嬖宠。《鉴诫录》记载唐道袭"美眉目，足机智，自童年即亲事太祖"，乃"建之嬖也"。王建平定蜀中之后，唐道袭更是得到信任重用，前蜀建国之后，唐道袭成为执掌军政大权的枢密使。

对于父亲近臣唐道袭，太子王元膺并不以为然，而且还"屡谮于朝"。在儿子与男宠之间的矛盾中，王建还是偏向亲情的，"高祖惧其不相能"，曾经在武成三年"乃出道袭为兴元节度使"。王元膺与唐道袭之间不甚和睦，唐道袭于宴会上的惊走即为佐证。王建在元膺和唐道袭之间，已倾向元膺，令唐道袭做出了让步，但是永平二年（912）"道袭罢归，复典机要"，太子对此甚为不满，屡屡向王建"廷疏其过失"，这也就得罪了父亲，"高祖殊不悦"。

太子王元膺拥有"判六军诸卫事"的权力，然而枢密使的存在又是皇帝对于军权约束控制的体现，唐道袭固然是嬖宠，然而其角色却是皇权对于储君的控制阀。太子王元膺这场仓促而发的兵变，表面看是太子与唐道袭之间矛盾的爆发，其实仍然还是皇权内部的争夺，倘若太子的军事冒险成功，皇帝王建的下场肯定不会好！

发生于前蜀永平三年七月的前蜀太子王元膺兵变事件，最终以宠臣唐道袭被杀，而太子自己也身死人手的结局告终。对于蜀帝王建而言，虽然挫败了太子兵变，但是也使得王国再次陷入继承人危机之中。

在前蜀政权的权力格局中，除了太子与唐道袭等宠臣血淋淋的明争，还有太子王元膺与王建众多假子之间的暗斗。收养假子是晚唐五代很多权臣、军阀巩固和扩张自身势力的重要手段，王建自己就做过大宦官田令孜的假子。

清人所撰的《十国春秋》上说王建"假子凡百二十人，皆功臣"，众多假子随王建南征北战，功勋卓著，是王建建立前蜀政权的有力支撑。王建与假子之间的关系是纯粹的利益同盟，正如欧阳修所言："世道衰，人伦坏，而亲疏之理反其常，干戈起于骨肉，异类合为父子，开平、显德五十年间，天下五代而实八姓，其三出于丐养。盖其大者取天下，其次立功名、位将相，岂非因时之隙，以利合而相资者耶！"

"利合而相资"是晚唐五代时期养父子之间关系的实质，但是王建在考虑自己身后王国权力格局安排的时候，那些手握兵权的假子自然是不得不认真对待的力量。当太子向王建进言说潘峭、毛文锡离间兄弟，兄弟所指乃是王建的亲子王元膺与假子王宗翰。

对于太子所诉，王建直接贬逐了潘峭和毛文锡，而未对事件进行调查。从中可以看出，此时的王建是比较在意亲生儿子与其假子之间的关系，因为他知道自己死后，亲儿子也需要这些干兄弟的帮衬，要不然江山是坐不稳的。

当宠臣唐道袭与太子兵戎相见时，王建父子的冲突已经不可避免。当唐道袭为太子所杀后，王建也试图息事宁人，毕竟儿子还是亲的。然而，就在王建派出养子王宗翰前往抚慰已经兵败的太子时，没想到太子已被卫士杀死。

很自然，王建怀疑太子死在了王宗翰手里。根据史书记载，王宗翰这个人"性残虐"，若说王建怀疑他也是情理之中，而且他本人也是"竟无以自辩"。王建固然希望假子们日后可以成为他亲儿子的辅弼之臣，但是对于这些人也是十分防范的。

从整个五代十国历史看，很多政权不乏假子夺位的，王建的担忧也不无道理。在前蜀建立之初，王建的养长子王宗佶就因觊觎储君之位而被杀。《蜀梼杌》记载，王宗佶"本姓甘氏，建未有子，录为养子。以战功累迁中书令。恃位隆功高，所为不法，连上表求为太子。建勉谕令出，而不肯去，言辞甚悖，因叱卫士扑杀之"。

作为一代枭雄，王建对于假子们的心理是非常复杂和微妙的。一方面，王建需要假子们为他卖命；另一方面，他对于这些没有血缘关系的"儿子"又本能地猜忌和防范。在蜀地割据地位刚刚稳定的时候，王建就开始剪除假子势力，最具代表性的就是诛杀王宗涤。

王宗涤本名华洪，是王建假子中最具雄才大略的人物，善于用兵，多次出奇制胜。在王建拔东川、夺山南的战争中，王宗涤都立下不小功勋，后被擢为山南西道节度使。王宗涤在军中威望很高，"有勇略，得将士心"。正因如此，王宗涤也受到王建的猜忌，最后被唐道袭奉命杀死。王宗涤被杀，在蜀中引起很大震动，"成都为之罢市，连营涕泣，如丧亲戚"，对王建政权的震动很大。

太子王元膺的兵变导致处于权力核心圈中的唐道袭、王元膺两人之死，为了稳定局势，王建在太子死后不得不发布诏令，废太子为庶人和追赠唐道袭为太师，谥忠壮，并仍以潘峭为枢密使。即便是怀疑王宗翰害死了王元膺，但是对于手握重兵的假子们，王建也是不敢轻动。

太子已死，蜀国不能没有储君！王元膺兵变风波平息之后，蜀国枢密使潘炕"屡请立东宫为国本计"，也就是劝王建重立太子以稳定人心。王建诸子中，谁又能堪当大任呢？在无法遵行嫡长子继承的宗法制度情况下，所谓的立储以贤，不过是背后力量角逐和利益勾兑的遮羞布而已。

王建的宠妃徐贤妃与宦官内飞龙使唐文扆勾结，重金贿赂宰相张格，以求将自己的儿子郑王王衍立为太子。王衍是王建的第十一子，是诸子中最幼者，为人平庸且奢靡，不堪大任。但是，王衍得到重臣张格的支持，最终还是被册立为太子。

王衍得立为太子之后，年仅13岁，虽然也被授予判六军诸卫事的权力，但实际权力则操之于内飞龙使唐文扆的手中。据《十国春秋》所言："后主之得立为太子也，文扆实挟顺圣太后之宠，讽（张）格赞成其事，由是顺圣太后内德之，而格亦附会为奸。"

在王衍得立这件事上，唐文扆起到了很关键的作用，故而也得到了很大的权力回报。当时王建已经年老昏聩，唐文扆"久典禁兵，参预机密"，权势很大，"事无大小，皆取决于手"。原本，王建鉴于唐末宦官专权的教训，起初的政制设计对于宦官是比较防范的，但是唐文扆的上位则是王建前蜀政权执掌重权的开始。

前蜀光天元年（918）五月，王建病重，因为对于日后接班人王衍权力地位的担忧，他再次对军政权力格局做出了调整。或许是为了制衡唐文扆的权力，王建将正在主持对李茂贞岐秦政权作战的养子、北面行营招讨使兼中书令王宗弼召回成都，出任马步都指挥使，典掌京城禁军诸军。

王宗弼入都之后，很快与唐文扆产生激烈冲突。王建病重之际，唐文扆"久典禁兵，参与机密"，意图发动政变，除掉诸大臣，派兵守住宫门，"王宗弼等三十余人日至朝堂，不得入见"。唐文扆等人在等待王建崩殂，"即作难"。但是，唐文扆的密谋终究败露，王宗弼等人得以入觐，"言文扆之罪"。最后，唐文扆被贬为眉州刺史，不久，削官流放雅州。依附于唐文扆的翰林学士承旨王保晦也被削夺官爵，流放泸州。

王建在临终之际，贬逐了唐文扆，又安排了四个假子王宗弼、王宗瑶、王宗绾、王宗夔作为日后王衍执政的辅政大臣。表面上看来，王建希望诸假子能成为自己亲子的辅弼之臣，似乎也给予了极大的权力，但是在此同时，王建还安排了宦官宋光嗣为内枢密使，作为牵制诸假子的力量。实际上，王建给儿子留下了一个可以左右平衡的权力格局，当然前提是自己是个好玩家。

王衍年少荒淫，其继位后，依然没有人君之相，且"委其政于宦者"，前蜀政权再度陷入宦官专权的恶性怪圈中。极为有趣的是，后来后唐郭崇韬率军灭前蜀的时候，也正是王宗弼力主投降，并将王衍及前蜀皇室全部献给后唐。当然，王宗弼本人最终也是兔死狗烹，被郭崇韬杀死。

后唐同光三年（前蜀咸康元年，925），后唐庄宗李存勖派枢密使郭崇韬和魏王李继岌率大军攻前蜀，前蜀后主王衍投降，前蜀遂亡。后来，王衍被送赴洛阳，中途被杀。

第十章 福泽蜀地数十年的孟氏后蜀

趁乱割据的孟知祥

前蜀政权灭亡之后，后唐朝廷对蜀地行政做出了初步安排：任命参与伐蜀战争的将领董璋为东川节度使，北都留守孟知祥为西川节度使。然而，此时后唐政局中枢却发生了激烈的斗争动荡。

在庄宗的纵容下，宦官、伶官势力联手谋杀了平蜀功臣郭崇韬，引发后唐伐蜀军队的动荡；紧接着，在庄宗剪除勋臣政策的刺激下，多地发生叛乱。最终，甚至在洛阳都城也发生了禁军叛乱，庄宗身死而国灭，大将李嗣源在变乱中夺得皇权，成为后唐明宗。

明宗甫一即位，中原局势不稳，后唐中央威权大为削弱。在此情况之下，镇守川蜀的董璋、孟知祥自然都萌生了割据川蜀进而自立的野心。魏王李继岌班师之后，孟知祥擅自截留了二百万缗犒军钱。

孟知祥是荆州龙冈（今河北邢台西南）人，生于唐僖宗乾符元年（874）。孟氏家族世代皆为邢州军人，其伯父孟方立为邢洺节度使。叔父孟迁，在唐末曾割据邢、洺、磁三州。从家世而言，孟氏虽不是强藩，但也是不容小觑的一方势力。

在弱肉强食的乱世，孟氏集团为沙陀李克用河东集团所兼并。后来，孟知祥的叔父孟迁被李克用派去防守泽潞一带，结果孟迁以泽潞地盘投降了朱温，而朱温却"恶其反覆，杀之"。孟知祥的父亲孟道则留在晋王集团，但也一直没有得到重用。

孟知祥是在晋王帐下长大的，很小的时候就得晋王李克用赏识，后来还将自己的长女福庆长公主嫁给他，并提升为亲卫军使，累迁教练使、中门使、马步军都虞候。

李存勖成为河东沙陀李氏集团领袖之后，孟知祥因与李存勖的郎舅关系，进一步得到重用，当然他本人的才干是最关键的。在李存勖集团与朱梁政权夹河相争中，"知祥参谋应变，事无留滞"，颇得晋王的器重。

明宗天成元年（926）六月，孟知祥加拜侍中。宰相任圜遂以太仆卿赵季良为三川制置使，企图直接控制川蜀地区的赋税征收，还催促孟知祥上缴当初截留的二百万缗犒军钱。对朝廷的这一诏令，孟知祥非但不理会，甚至还将朝廷派出的三川制置使赵季良扣留在成都。

对于孟知祥割据自立的图谋，后唐枢密使安重诲洞若观火，遂"稍裁抑之"，任命客省使李严为西川兵马都监。李严与孟知祥还算故交，孟知祥在庄宗朝廷为中门使的时候，还曾进言救过李严一命，然而此时二人的关系陷入敌对。

天成二年正月，李严抵达成都，孟知祥设宴招待。席间，孟知祥问李严："朝廷以公来邪？公意自欲来邪？"李严从容对答："君命也。"李严是带着西川兵马都监的任命而来，这个操作其实与当时明宗"罢诸道监军使"的收缩政策不符，是安重诲对孟知祥防患于未然。

于是乎，孟知祥勃然大怒道："天下藩镇皆无监军，安得尔独来此？此乃孺子荧惑朝廷尔！"孟知祥当然知道这个任命背后是安重诲，也是明宗本人的意思，但他当时只能将责任归咎于李严，当场将李严拿下斩杀。

明宗得知李严被杀，亦是无可奈何，"不能诘也"，因为当时根本没有精力制裁川蜀。非但如此，明宗还派客省使李仁矩将孟知祥被扣留在凤翔的家属送到成都，以示怀柔。是年四月，孟知祥奏请朝廷，任命与自己有旧的赵季良为西川节度副使，让他参与决断政务。

孟知祥对于赵季良职务的任命，是对朝廷人事权力的无视，也是企图拉拢赵季良助己割据自立。天成三年，后唐明宗改任赵季良为果州团练使，并以何瓒接任西川节度副使。

孟知祥却隐匿制书，上表要求让赵季良留任西川副使。在被洛阳朝廷拒绝之后，孟知祥甚至派出部将雷廷鲁前往洛阳再三论请，最终迫使明宗妥协。不久之后，明宗出兵讨伐反复无常"深谙于纵横之术"的荆南节度使、南平王高季兴。为了攻取荆南，李嗣源命孟知祥出兵三峡，配合朝廷大军。

孟知祥并不愿意让四川兵马虚耗实力，所以只命部将毛重威率三千兵马屯戍夔州（今重庆奉节）。不久，高季兴病逝，其子高从诲向后唐称臣。孟知祥便要求撤回夔州守军，李嗣源不准。但是，毛重威竟然在孟知祥的指使下，鼓动士兵哗变，自行溃散而回，西川才是孟知祥的根本。

后唐灭前蜀之后，以董璋为东川节度使，孟知祥为西川节度使。后唐朝局经历郭崇韬被杀，兵变四起，进而庄宗被弑，明宗即位之后，川蜀之地已经动荡不安，拥兵藩帅皆欲割据自立，董、孟二人即是此种人。

后唐权臣安重诲鉴于董璋、孟知祥在川蜀皆据险要，拥强兵，担心日久难制，于是逐步采取措施以监督、削弱之。先是以客省使、泗州防御使李严为西川都监，以文思使朱弘昭为东川副使，对东、西川二藩帅进行监督。但结果是李严一到任就被孟知祥斩杀，朱弘昭吓得不敢上任，畏惧逃回洛阳。

后唐朝廷面对桀骜的两川，只得妥协让步。但是，天成四年，朝廷再次动手削藩：逐步从东、西川中划出区域，任命忠于朝廷或与董、孟二帅有矛盾的将领率兵镇守，先后任命李仁矩镇阆州（今四川阆中），为保宁军节度使；武虔裕镇绵州（今四川绵阳东），为绵州刺史；夏鲁奇镇遂州（今四川遂宁），为武信军节度使。

在上述人事安排中，武虔裕是安重诲的表兄，而李仁矩素与东川节度使董璋不睦。朝廷这样的安排有两个用意：其一是为了削减董、孟二藩地盘，从而削弱其势力；其二是为了日后将董、孟二帅置于中央军队的监控之下，对其造成威胁，令其收敛割据野心，倘若日后还要反叛，也好调兵对付。这些新任命的节帅"皆领兵数千人赴镇，复授以密旨，令制御两川"，显然就是冲着孟知祥、董璋而来的。

对于朝廷这样的钳制，"由是璋与知祥皆惧，以为唐将致讨"，担心朝廷下手。权衡利弊之后，孟知祥在赵季良的建议下，与董璋联姻缔盟，一同对抗朝廷。一方面，二人同时表奏朝廷，要求朝廷撤回夏鲁奇、李仁矩等人；另一方面，两川积极准备应对战争。

唐明宗下诏抚慰孟知祥、董璋二人。长兴元年（930）二月，明宗在南郊祭天，加拜孟知祥为中书令。然而，朝廷的这种虚职笼络并没有起到作用，董璋"由是谋反乃决"。二人之中，董璋反意尤决，在他看来"朝廷割吾支郡为节制，屯兵三千，是杀我必矣"。

为了先发制人，后唐明宗长兴元年（930）六月，董璋遣兵进攻遂州、阆州的朝廷军队，率先反叛。九月，孟知祥也举兵响应。

面对董、孟的反叛，后唐朝廷当然要兴师讨伐，先是下诏削夺孟知祥的官爵，然后又以天雄节度使石敬瑭为东川行营都招讨使，以夏鲁奇为副使；以右武卫上将军王思同为西都留守兼行营马步都虞候，为伐蜀前锋。

朝廷大军讨伐虽然明面是冲着东川，在动兵之前，董璋之子宫苑使董光业及其全族被后唐朝廷拘押，"并斩于洛阳"。但是，孟知祥担心朝廷大军骤至，与遂州、阆州合兵，"则势不可支吾"。于是，孟知祥与董璋协谋，先让董璋"以本部军先取阆州"，而孟氏西川则"遣大将军李仁罕、赵廷隐率军围遂州"，并令大将侯弘实助守东川，而后又命张武出兵三峡，攻打渝州（今重庆）。

朝廷军队在东川那边却迅速得手，唐军入散关，因为董璋已派兵把守剑门关，难以正而攻取，故绕道剑门之南，自白卫岭人头山后过，迂回袭击剑门关。唐军得手，攻克剑门关，杀东川兵三千人，得而据守。

剑门失守，董璋赶紧遣使向西川求救。孟知祥忙派赵廷隐分兵援救。后唐军又迅速攻破剑州（今四川剑阁），但因后续支援军队未及时赶到，于是唐军前锋便焚毁剑州庐舍，抢掠财货粮食，又退回至剑门关固守。

后唐与两川叛军陷入胶着状态，要攻取战胜万分艰难。长兴二年二月，后唐军队鉴于粮草传输困难，阆州、遂州又为两川叛军攻取，无法形成内外呼应之势，不能复制当年郭崇韬平蜀的成功。

已被叛军攻克，失去了内应，平叛战争取胜的希望不大，明宗遂下诏班师，结束了对蜀战争。动武失利，这场战争的策划者安重诲因此被明宗问责，不久更是因离间孟知祥、董璋等人的罪名被杀。

为了安抚两川，明宗转而采取怀柔政策，"乃放西川进奏官苏愿、东川军将刘澄各归本道"，很显然是想息事宁人。孟知祥知道自己在洛阳的家人"俱无恙焉"，于是派人联系董璋，准备联名上表朝廷谢罪。

孟知祥可能忘了，董璋儿子全家早已被安重诲杀于洛阳。董璋对此大怒，怒骂来使："西川存得弟侄，遂欲再通朝廷，璋之儿孙已入黄泉，何谢之有！"从此之后，这二位因利益而结成的盟友便生了嫌隙，董璋由此"疑知祥背己，始构隙矣"。

长兴三年四月，董璋"率所部兵万余人以袭知祥"。孟知祥率军与之大战于汉州弥牟镇，董璋军大败，仅剩数十骑，"复奔于东川"，被前陵州刺史王晖所杀，"传其首于西川"。

既灭董璋，孟知祥"乃自领东、西两川节度使"。洛阳朝廷的李嗣源对蜀中的政局变化并非不想干预，更不愿坐视后唐伐蜀的成果付诸东流。但是，鞭长莫及和力量不足使他只能选择妥协。在孟氏兼并全川，事实割据之后，长兴四年二月，明宗李嗣源任命孟知祥为检校太尉兼中书令，行成都尹、剑南东西两川节度使、管内观察处置、统押近界诸蛮，兼西山八国云南安抚制置等使，并以工部尚书卢文纪为使，册拜孟知祥为蜀王。

同年十一月，唐明宗驾崩，末帝李从珂重演了当年李嗣源即位之前的血雨腥风，后唐皇位再次易主，虽然都号称李氏，但已是三家人。中原动荡，自然无暇顾及川蜀，应顺元年（934）正月，孟知祥在成都即皇帝位，国号蜀，史称后蜀，并以赵季良为宰相。是年四月，孟知祥改元明德，这一年即后蜀的明德元年。

然而，在位仅仅半年，明德元年七月，孟知祥就病逝了。太子孟昶继位，追谥孟知祥为文武圣德英烈明孝皇帝，庙号高祖，葬于和陵。

并不昏聩的亡国后主孟昶

孟昶继位之时，尚在冲龄。为了确保后蜀政权稳定，父亲孟知祥在临终之际，为儿子安排了一个顾命辅政班子，"召司空、同平章事赵季良，武信节度使李仁罕，保宁节度使赵廷隐，枢密使王处回，捧圣控鹤都指挥使张公铎，奉銮肃卫指挥副使侯弘实受遗诏辅政"。

孟知祥安排的这六人顾命班子，其实用意深远。位居相位的赵季良早年也是由后唐入川，与前蜀韦庄颇为类似，做过孟知祥的西川节度副使，为孟氏霸业运筹帷幄，功劳卓著。孟知祥由蜀王而称帝，赵季良也是带头劝进者，因佐命功高而备位宰相。赵季良智识宏远，又忠于孟氏，是难得的辅弼之才。

武信军节度使李仁罕是孟知祥创业"五节度使"之一，与其外甥宁江军节度使张业皆以勇战闻名。孟知祥起兵反后唐之后，李仁罕陷遂州，拔忠州，破万州，陷云安监，克夔州，战功赫赫，尤其是"峡江之捷，仁罕功居多焉"。孟知祥称帝后，以李仁罕为卫圣诸军马步军指挥使，兼领武信军。

保宁节度使赵廷隐是孟氏麾下第一猛将，"拳勇有智略"无人可及。无论是抗击后唐，还是兼并董璋，赵廷隐都立下大功。长兴元年（930）底，赵廷隐率军扼守剑州（今四川剑阁），两次击败后唐石敬瑭军，"初唐师之入剑门也，内有坚壁，外有劲敌，远近骇震。及廷隐之捷，人心乃安"。正因为剑州大捷，才使后唐撤军，两川的威胁得以解除。在与董璋之战中，赵廷隐有勇有谋，将董璋军队击溃，"斩首千余级"。及至班师成都，孟知祥"亲劳于郊外"，孟知祥称帝后，赵廷隐任左匡圣步军都指挥使，领保宁节度使。

另外三位辅政大臣，枢密使王处回是个"性宽厚爱士，颇有机略"之人，深得孟知祥的信任。太原人张公铎虽是武将，但"倜傥有节义，好文史之学"。孟知祥在后唐做北都留守的时候，将其"录为亲从"，出镇成都之后，又"补为牙校"。在孟氏与董璋的弥牟镇之战中，张公铎"率众大呼杀敌，所部士卒无不以一当百"，"董璋之败，实以公铎一战决胜焉"。张公铎早年就是孟知祥的亲信旧臣，当时担任捧圣控鹤都指挥使，执掌皇帝亲军兵权，对于孟蜀宫廷安全有关键意义。侯弘实原为后唐叛将李绍琛部下，西川节度使孟知祥击败李绍琛之后，收为己用。在击败董璋的战争中，侯弘实"颇与有功"，而且为人"循谨而沉毅"。

在上述六人之中，唯一可能会有异志的就是李仁罕。早在后唐长兴元年，唐明宗李嗣源准备征讨两川之时，李仁罕及其外甥张业就曾企图谋害孟知祥，向后唐投诚。不过，出于稳定形势的考虑，孟知祥隐忍不发。在后来的战争中，李仁罕也确实立了很多功。后蜀建国之后，孟知祥未及处理隐患，就过早病故了。

任命李仁罕为顾命大臣，很可能是为了稳住他。李仁罕与赵廷隐有历史仇怨，两人因为抢功，甚至险些刀兵相见。孟知祥将此二人同时安排进了辅政班子，目的就是令其互相制衡。孟知祥刚死之际，后蜀政权就面临最高权力交接的风险考验。

最先知道孟知祥驾崩消息的是值于禁中的枢密使王处回，他连夜将消息告知赵季良，而后又去见李仁罕，发现李仁罕正严整军备以待，显有所图。于是，王处回并未告知孟知祥已死的消息。待到孟昶继位，一切尘埃落定，孟知祥死讯才正式发布。如此操作，就是因为当时"强将握兵，专伺时变"，所谓"强将"就是李仁罕。

李仁罕并不甘心失败,在他看来,幼主孟昶不过是个毫无能力的稚子,根本没有放在眼里。广政元年（938）,李仁罕"自恃宿将有功,复受顾托,求判六军"。所谓的"判六军",更为完备的说法是"判六军诸卫事",原本是唐朝旧制,以判六军诸卫事为禁军六军与诸卫的最高统帅。按照惯例,这个职位一般是太子、宗室或者皇帝的亲信方能担任。李仁罕当时的地位并不足以出任此职,如此跋扈狂妄,是在暗示孟昶交出兵权。

立足未稳的孟昶虽然对此十分恼怒,但是为了稳住李仁罕,也还是"加仁罕兼中书令,判六军事"。表面看皇帝在示弱,但与此同时,孟昶"以左匡圣都指挥使、保宁节度使赵廷隐兼侍中,为之副",让和李仁罕怨隙极大的赵廷隐为副职来牵制他。由此可见,孟昶虽然年轻,但绝不昏庸,颇有几分手腕。

另外,年轻的皇帝孟昶着手在皇宫建立自己的亲军武力,"自置殿直四番,取将家及死事孤子为之,始命李仁罕子继宏、赵季良子元振、业子继昭、侯弘实子令钦及崇韬,分为都知领之"。值得注意的是,李仁罕之子李继宏、张业之子张继昭也被选入殿直四番,其中之目的恐怕是监视控制。

布置妥当之后,孟昶决定先发制人,以非常手段一举解决李仁罕及其党羽。孟昶与捧圣控鹤都指挥使张公铎、医官使韩继勋、丰德库使韩保贞、茶酒库使安思谦等"素怨李仁罕"的藩邸旧人一起密谋,"因仁罕入朝,命武士执而杀之",而后又立即"下诏暴其罪",并诛杀其子李继勋和党羽宋从会等人。

李仁罕被杀对后蜀宿将老臣们震动很大,他们都算领教了孟昶的狠辣果断。昭武节度使兼侍中李肇原先也是倨傲狂妄,至成都觐见孟昶之时,以足疾为辞,"扶杖入朝见,见蜀主不拜"。李仁罕被杀当天,李肇便"释杖而拜",明显畏服,但依然被孟昶剥夺兵权,"改太子少傅,徙邛州",最终老死于邛州。

初登帝位的孟昶,就以雷霆手段除掉了跋扈的权臣,控制了军政大权。在赵季良等元勋老臣的辅佐下,孟昶执政之后的几年,后蜀"边陲无忧,百姓丰肥"。但是,辅政老臣巨大的政治能量也足以令年轻的孟昶感到不安,忠诚的品质始终不如权力的制衡可靠。明德二年（935）,御史中丞毋昭裔被擢升为宰相,改变了赵季良独相的局面。此后不久,孟昶又提拔自己的亲信丰德库使韩保贞为枢密副使,很显然是为了制约枢密使王处回的权力。

位高权重的赵季良为人谨慎低调，深知孟昶用意在于集权。为了摆脱功高震主的嫌疑，广政三年赵季良主动请求与宰相毋昭裔、张业分判三司，后主命季良判户部，昭裔判盐铁，张业判度支，分掌财政大权。赵季良病卒于广政九年，被史书评价为"良性宽厚，居常无喜愠之色"。另一老臣侯弘实同样也是善于保身，对于军政事务几乎不发一言，"晚年兴造禅院，开转藏经，广建第宅，竟得善终"。

参与诛杀李仁罕的张公铎算得上是孟昶心腹，但也于广政四年被剥夺军职，卒于广政八年，孟昶对其的评价是"严而不猛，清而不隘，惟张公已"。广政十一年七月，枢密使保宁节度使兼侍中王处回也因"专权贪纵，卖官鬻狱，四方馈献皆先输处回，次及内府，家赀巨万"，而被罢黜为武德军节度使兼中书令。八月，即以太子太傅致仕。广政十四年夏四月，王处回病卒，还算是得了善终。

在王处回被罢黜之前，司空兼中书侍郎、同平章事张业却因"强市人田宅，藏匿亡命于私第"而被孟昶杀死在朝堂之上，手法与当年除掉李仁罕如出一辙，"业入朝，蜀主命壮士就都堂击杀之，下诏暴其罪恶，籍没其家"。

张业和王处回皆因放纵无度、逾法贪暴而得罪，但是一杀一黜，可见孟昶对张业始终心怀戒备，十余年来不过是隐忍等待而已。另一老臣赵廷隐很快也被这场政斗波及，孟昶亲信安思谦在皇帝的授意下诬告卫圣都指挥使兼中书令赵廷隐谋反，并"发兵围其第"，"会山南西道节度使李廷入朝，极言廷隐无罪，乃得免"。诛赦之间，其实都是孟昶的帝王心术。赵廷隐也很识相，立即称病交出兵权，不久病逝，谥号"忠武"。

从冲龄即位，到广政十一年，历经十五年，孟昶终于将辅政老臣的政治影响全部清除，"始亲临庶政事"。

在肃清旧臣势力之后，孟昶接着进行人事大调整，建立自己信任的政治班底。备位宰相的毋昭裔、李昊、徐光溥是孟昶一手提拔起来的；枢密使高延昭、王昭远虽然"名位素轻"，却是孟昶自小一起长大的玩伴；掌握兵权的左匡圣马步都指挥使安思谦等人也是孟昶即位之后一手提拔起来的将领。至此，孟昶真正做到了乾纲独断、大权在握。

孟昶虽以冲龄即位，未经创业之艰辛，但也很有危机意识。前蜀两世而亡，给孟氏父子留下了深刻的记忆，孟昶即位后，"戒王衍荒淫骄侈之失，孜孜求治"。虽然剪除李仁罕等旧臣是为了巩固皇权,但吏治之整饬亦是题中之意。

后蜀广政四年,尚未全盘控制权力的孟昶亲拟《戒谕辞》,颁刻蜀国郡县衙署:

朕念赤子,旰食宵衣,托之令长,抚养惠绥。政存三异,道在七丝。驱鸡为理,留犊为规。宽猛得所,风俗可移,无令侵削,无使疮痍。下民易虐,上天难欺,赋舆是切,军国是资。朕之爵赏,固不逾时,尔俸尔禄,民膏民脂。为人父母,罔不仁慈,勉尔为戒,体朕深思。

宋灭后蜀之后,宋太祖赵匡胤将孟昶这篇《戒谕辞》截取四句"尔俸尔禄,民脂民膏,下民易虐,上天难欺",作为《戒石铭》,颁行天下,令郡县刻石置公堂座前。从宋至清,历朝州县衙门多刻这四句"官箴",以为地方官主政之戒。

孟知祥出身河朔武人,又效力于沙陀李氏集团,却并不崇尚武人政治,"孟氏踵有蜀汉,以文为事"。孟知祥初据蜀中时,处于"群盗犹未息"的局面,仍然能"下宽大之令,与民更始"。孟昶本人则是"能文章,好博览,知兴亡,有诗才",开创了后蜀"文治"的好局面。

宋人吕陶《经史阁记》曾言:"蜀学之盛冠天下而垂无穷者,其具有三:一曰文翁之石室,二曰高公之礼殿,三曰石壁之《九经》。"孟昶治蜀期间的弘文善政,实功不可没。虽是崇尚文治,但孟昶对所谓"浮薄"之文风有着高度的警惕,不但品位高雅,不喜浮薄之作,更是有意识地强调后蜀文治的儒家价值立场。前蜀后主王衍"尤酷好靡丽之辞",而孟昶"凡为文皆本于理"。

在孟昶这种有着儒家价值立场的文治政策主导下,后蜀呈现了晚唐以来罕有的文化繁盛局面,在五代乱世之中堪称异数。宋灭南方诸国后,收天下书籍,"建隆初,三馆所藏书仅一万二千余卷,及平诸国,尽收其图籍,惟蜀、江南最多,凡得蜀书一万三千卷,江南书二万余卷"。倘使没有蜀国、南唐这样文教昌明的国家保存华夏文脉,赵宋那种武夫帝国又怎能开创三百余年的文治呢?

作为帝王的孟昶,同样注重发展经济、劝课农桑。明德元年(934)十二月,孟昶就下诏劝农,"刺史县令,其务出入阡陌,劳来三农,望杏敦耕,瞻蒲劝稼"。诸如此类的劝农诏令,孟昶执政期间颁行多次,足见对农业的重视。与当时许多南方政权一样,孟氏后蜀对于商业的态度是宽松的,广政七年,孟昶诛杀宰臣张业,其中一条罪名就是"以其制度支虐征商税"。"轻关易道,通商宽农"的政策为后蜀带来的是经济的繁荣，"蜀中久安，斗米三钱，国都子弟不识菽麦之苗，金币充实，弦管歌诵盈于闾巷，合筵社会昼夜相接"，"蜀中百姓富庶，夹江皆创亭榭游赏之处。都人士女，倾城游玩，珠翠绮罗，名花异香馥郁森列"。

蜀中的盛世，最终也因北方王朝的武力介入而终结。后唐末年，后蜀建国，一直与中原相安无事。后晋立国之后，天福二年（后蜀明德四年，937），晋高祖石敬瑭"遣使诣蜀告即位，且叙姻好；蜀主复书，用敌国礼"，两国对等交往。

天福十二年（947），契丹南下灭后晋，河东节度使刘知远"乘乱而取神器"，中原局势大乱。后晋雄武军节度使何建以秦、成、阶三州归附后蜀，而孟昶也派大将孙汉韶攻下凤州，占据四州之地，事实上恢复了前蜀最大时期的疆域。后蜀地近关中，颇有雄心的孟昶"志欲窥关中甚锐"，但数次与后汉交手皆未占上风。

后周的兴起打破了战略对峙的平衡。后周显德二年（后蜀广政十八年，955），刚刚取得高平大战胜利的周世宗柴荣出兵伐蜀。战争持续一年多，最终后蜀战败，"秦、成、阶、凤复入于周"。后周咄咄逼人的战略攻势，迫使孟昶"分遣使者聘于南唐、东汉，以张形势"。

在后周的一统天下方略中，后蜀并非首要兼并的目标，故而终周世宗之世，周、蜀之间并无战事。及至赵宋代周之后，定下"先南后北"统一方略，赵匡胤认为"中国自五代以来，兵连祸结，帑藏空虚，必先取巴蜀，次及广南、江南，即国用富饶矣"，蜀中财富成为赵氏政权觊觎的目标。

宋朝在不战而定荆、楚之后，下一步就是后蜀。孟昶原本打算向宋廷臣服，但是被素来以孔明自居的枢密使王昭远"固止之"，并献计派使者送书联合北汉共同出兵中原，对宋形成夹攻之势。不料，秘密结盟的蜡丸书却被赵彦韬献与赵匡胤。这无疑给宋廷送上了动武的理由，赵匡胤笑曰："西讨有名矣。"

北宋乾德二年（后蜀广政二十七年，964）十一月，赵匡胤下诏伐蜀，五万宋军，兵分两路攻蜀：王全斌、崔彦进为北路统帅，自凤州沿嘉陵江南下；刘光义、曹彬为东路，自归州溯江而上。战争的过程并不复杂，蜀军几乎没有招架之力。

在整个战争中，蜀军战败后，或走或降，仅有夔州守将高彦俦战败之后"闭牙城拒守"，不走不降，最后"自焚死"。宋军迫近成都时，老将石𫖮劝孟昶

"聚兵坚守以敝之"。孟昶对蜀中军人并不乐观，感慨道："吾与先君以温衣美食养士四十年，一旦临敌，不能为吾东向放一箭，虽欲坚壁，谁与吾守者邪！"

乾德三年（后蜀广政二十八年，965）正月，孟昶命宰臣李昊草拟降表，因李昊当年仕于前蜀王衍为翰林学士，前蜀降于后唐，降表亦是李昊所拟，故有人讥之为"世修降表李家"，势所使然，李昊又何罪之有？宋军灭蜀，前后不过六十六日。

孟昶降宋之后，"挈族归朝，由峡江而下"，被带往汴京，入朝后即授予开府仪同三司、检校太师兼中书令、秦国公等勋衔，并赐第京师，厚加赏赍。然而，七日之后，孟昶却意外暴卒，年仅47岁。宋人史书中对孟昶死因皆未交代，但是清人吴任臣《十国春秋》中以注释的形式附了孟昶的遗表，其中有"不谓偶萦疾疹，遽觉沉微，乃蒙陛下轸睿，念以殊深，降国医而荐至，比冀稍闻瘳损，何期渐见弥留"。这意味着孟昶归宋授官之后，偶染疾病，在赵匡胤派国医治疗之后，反而暴卒。如此，孟昶之死便与宋廷脱不了关系，极大可能是被赵匡胤鸩杀！

赵宋为何要杀孟昶呢？按理说，当时宋朝仅仅征服了荆、楚、后蜀，杀掉一个归顺的降主，就会丧失赵氏"示信怀柔"的形象，并不有利于一统战略。但是，具体到后蜀，情况有所不同。孟昶作为蜀地"四十年偏霸之主"，深得蜀地百姓人心。孟昶离蜀归宋之时，蜀地"万民拥道，哭声动地，昶以袂掩面而哭。自二江至眉州，沿路百姓恸绝者数百人"，原因就在于孟昶"治蜀有恩"，"劝农恤刑，肇兴文教，孜孜求治，与民休息"。

反观宋军在征服蜀国的过程中，却尽显暴虐野蛮。王全斌等宋将率军入蜀之后，军纪败坏，暴行不断，进入成都之后，在一天之内"杀蜀降兵二万七千人"，竟然还有"有大校割民妻乳而杀之"这种惨绝人寰的暴行。王全斌等宋军将领入蜀之后，"昼夜宴饮，不恤军事"，"部下渔夺货财，蜀人苦之"，这一点就连赵匡胤都斥其"专杀降兵，擅开公帑，豪夺妇女，广纳货财"。宋军的暴行激起了蜀人的愤怒，"蜀军愤怨，人人思乱"。这样一来，活着的孟昶就极有可能成为蜀中抗宋运动的旗帜。宋太宗淳化四年（993）的王小波、李顺起义，就打着孟氏旗号，"故蜀人惑而从之"。足见孟昶深得蜀中百姓之心，影响极其深远。

然而，在后世史书中，孟昶又是一个沉溺于酒色荒淫的昏君形象，这又是为何呢？原因很简单，就是宋人有意的污蔑丑化。宋人著述中，经常提及孟昶的所谓"七宝溺器",譬如欧阳修的《新五代史·后蜀世家》说后蜀"君臣务为奢侈以自娱,至于溺器,皆以七宝装之"。《新五代史》虽然并非官修史书,但一直为宋廷官方褒奖,可以代表官方立场。非常奇怪的是,早于欧史的薛居正《旧五代史》却对此事一字未提,可见"七宝溺器"是宋人制造出来的虚假历史。

宋代蜀籍士人张唐英的《蜀梼杌·后蜀后主》称赞孟昶"幼聪悟才辨,自袭位,颇勤于政,边境不耸,国内阜安"。《五国故事》称赞孟昶"颇务慈俭,寝处惟紫罗帐、碧绫帷,褥无锦绣,诸饰居常在内,惟铜装朱漆小辇而已",这哪里有骄奢淫逸的样子呢?

宋人为了消除孟昶的影响,不仅将其鸩杀,更在历史叙事中将其丑化成荒淫无耻的昏君,历史真相因此被遮蔽。

第十一章 雄踞岭南五十余年的南汉帝国

刘谦、刘隐父子的岭南创业

唐咸通三年（862），朝廷任命岭南节度使韦宙为岭南东道节度使。这位韦宙出身京兆大族，曾任支郎中、太原节度副使等官职，而且兼通医术，在史书上以循吏闻名。京兆韦氏是声望和势力都极大的望族，"城南韦杜，去天尺五"，有唐一代韦氏家族成员拜相者共计二十位，势冠全唐。

韦氏家族的联姻对象也都是高门大族，其中不乏皇室贵胄。韦宙在广州担任岭南东道节度使的时候，却对手下一员小小牙将发生了极大的兴趣，最后竟将自己的侄女许配给此人。

说起这位小军官名叫刘谦，《旧五代史》中对这件事有一番记载：

唐咸通中，宰相韦宙出镇南海，（刘）谦时为牙校，职级甚卑，然气貌殊常，宙以犹女妻之。妻以非其类，坚止之，宙曰："此人非常流也，他日吾子孙或可依之。"谦后果以军功拜封州刺史兼贺水镇使，甚有称誉。

上述材料中的"犹女"即侄女的意思，韦宙发觉刘谦"气貌殊常"，故而打算将侄女嫁给此人。但是，韦宙的妻子对此事非常反对，理由是"以非其类"，传统的理解就是刘谦出身低微，不是士族身份。

但是，韦宙的理由更为现实。唐末兵强则逐帅，门阀制度逐渐衰落，四方战火纷争的事实让韦宙这样有政治智慧的士族贵族等警醒，在这个即将到来的乱世之中，门第观念并不能保全子孙，"兵强马壮者为之尔"，寻找一个自认为适当的依托，是其最终选择刘谦的重要原因，"此人非常流也，他日吾子孙或可依之"。

韦宙将侄女许配给刘谦，其着眼点是日后的乱世，看中了刘谦的军事才能，为韦氏家族日后找一个可以托庇的靠山。这桩婚事在韦宙的坚持下，最终得以成为事实。对于刘谦而言，娶韦宙侄女，与韦氏攀上亲戚，对自己影响更大。刘谦本是广州小校，又无家世，攀上岭南最高长官，成为韦宙的侄女婿，为其后的发迹奠定了重要的基石。

有了与韦氏家族的这层姻亲关系，韦宙对刘谦大加扶持与提拔，使其迅速发迹，打开了刘氏的仕途。唐乾符五年（878），黄巢攻陷广州，然"士卒罹瘴疫死者什三四，其徒劝之北还以图大事，巢从之"。黄巢从广州撤军之后，去略湖、湘间，"自桂州编大筏灵数千，乘暴水，沿湘江而下"。

黄巢入寇岭南，造成局势动荡，"其间群盗蚁结，动乱不堪"。刘谦奉命率军进击群盗，屡战有功。唐中和三年（883），屡立战功的刘谦被表为"封州刺史、贺江镇遏使，以御梧、桂以西"。

刘谦是个很有政治野心的人，在封州之地就开始招兵买马，"抚纳流亡，爱啬用度，养士卒"，很快"得精兵万人，多具战舰，境内肃然"。在乱世之中，枭雄割据自立是一个普遍现象，刘谦的野望不足为奇。

刘谦大志未及实现，就于乾宁元年（894）病逝。在临终之前，刘谦对诸子说："今五岭盗贼方兴，吾有精甲犀械，尔勉建功，时哉不可失也！"

刘谦有三个儿子：刘隐、刘台、刘岩，其中刘台早死，只剩下长子刘隐和三子刘岩。有关于刘谦这三个儿子名字的来由，还有一段故事，据《十国春秋》记载，刘谦"葬侧室段氏得石版，有文曰'隐台岩'，因名其子"。

按照晚唐军人权力的传承惯例，刘谦死后，其权力和地位的继承者是他的长子刘隐。但是父亲死时，刘隐方才21岁。在刘隐为父服丧期间，贺江军中将校中有不满刘隐继承父职者，于是相与谋乱，发动兵变。年轻的刘隐果断处置，用计将反叛之人彻底消灭。由此，刘隐初露锋芒，奠定了他在军将中的地位，于是军中诸将共推其继承父职。

岭南节度使刘崇龟也颇赏识刘隐的才能，召补刘隐为右都押牙兼贺江镇遏使。不久，刘崇龟又上表朝廷，任命刘隐为封州刺史，使其完全继承了刘谦的衣钵。乾宁二年，时任清海军节度使的刘崇龟病逝。唐昭宗任命薛王李知柔为清海节度使、同平章事，仍权知京兆尹、判度支，充盐铁转运使。

唐昭宗任用亲王宗室出镇地方，有意重振皇权。但是，当时唐王朝号令难行，典刑不振，诏令如同具文。任命薛王为清海军节度使的诏令刚下，就发生了广府"牙将卢琚、谭玘谋不禀朝命"，阴谋叛乱的事情。果然，薛王李知柔刚抵湖南，二人便发动兵变，据境作乱。卢琚、谭玘二人试图得到刘隐的支持，刘隐身在封州，麾下精兵万余人，父子两代经营十余年，实力不容小觑。

对于卢琚、谭弘二人，刘隐虚与委蛇，表面上应承，托言率军配合叛乱，实际上率封州精兵顺江而下，"伏甲舟中，夜入端州"，先斩杀了谭弘，而后"遂袭广州，斩琚"。刘隐出兵，一举平定了广州卢琚之乱，随后"具军容迎知柔入视事"，将薛王李知柔等朝廷钦命军政人员迎入广州。

在军人跋扈，肆意凌虐主帅的唐末乱世，刘隐敛己自重，顺从唐廷，以薛王为尊，实属罕有。当时刘隐手握精兵万人，在军中威信极高。薛王李知柔远道而来，名义上是岭南东道的最高军政长官，却没有任何可实际操控的权力和基础。刘隐进驻广州，平定叛将作乱，很自然广州的军备便已牢牢掌控在其手中。于是，薛王便顺水推舟，擢升刘隐为行军司马，军旅财赋，一以委之。

在这场仓促而发的叛乱中，刘隐堪称最大赢家，借助平叛，他将刘氏军事集团的势力从根据地封州推进到岭南统治核心地广州。拥戴朝廷任命的节度使李知柔，又使其获得唐廷授予的合法性，真可谓一举数得！

乾宁二年，刘隐支持薛王李知柔，平定卢琚、谭弘之乱，入据广州。然而，刘隐在广州的地位并不稳固。岭南地区指的是南中国南岭以南广大地区，是长江流域和珠江流域的分界线，自秦朝设岭南三郡以降，其与中原王朝时有分合，凡遇乱世，岭南割据自立似成定势。

唐初贞观元年（627）形成的"天下十道"格局中，岭南道成为正式建置。高宗时期，隶属于岭南道的广州、桂州、邕州、容州、安南五府体制，称为岭南五府经略使，由广州刺史充任广州都督与五府经略使，"岭南五府"或"岭南五管"的格局正式形成。

肃宗至德元载（756），朝廷改岭南五府经略使为岭南节度使，治所在广州，领二十二州。自此之后，岭南节度使成为广府最高军事行政长官，并辖制岭南道其余诸府。但是，到了唐末唐懿宗咸通三年（862），朝廷对于岭南道军政格局进行再次调整，将岭南道的广州经略使升为岭南东道节度使，乾宁初岭南东道又赐号清海军；邕州经略使升为岭南西道节度使，并将桂州管内龚州、象州和容州管内藤州、岩州划归岭南西道管辖。

除此之外，咸通七年（866），安南都护府改为静海军节度使。光化三年（900）九月，桂管经略使又改为静江军节度使。岭南所设五管之地皆设节度使之职，这就意味着互不统属，群龙无首，各自为政。

如此一来，整个岭南地区形成一盘散沙，动荡不安。

当时，刘隐集团的势力仅仅局限于原先的广管之地，也就是岭南东道的辖境。岭南境内群雄割据，"交州曲颢、桂州刘士政、邕州叶广略、容州庞巨昭、分据诸管"。高州刺史刘昌鲁、新州刺史刘潜及江东七十余寨，刘隐也都无法控制。

除岭南之外，占据岭北虔州的卢光稠也试图南下"以攻岭上"，其弟卢光睦据潮州，其子卢延昌据韶州，构成了对岭南广管之地的极大威胁。割据湖南的武安军节度使马殷当时势头正盛，进而虎视眈眈，觊觎岭南之地。

对于刚刚开始在岭南东道经营实力的刘隐集团而言，扫除岭南是其首要目标，然而他的军事行动并不顺利。刘隐首先试图从卢光稠手中夺取韶、潮二州。唐昭宗天复二年（902年），割据虔州的卢光稠势力越岭，占领广管韶、潮二州。虔州就是今天的江西赣州，卢光稠号称是汉末卢植的后人，其基本势力是虔州的客家人。

是年，刘隐发兵击败卢光睦，夺回潮州。拿下潮州之后，刘隐随即率都指挥使苏章围攻韶州，即今天的韶关。当时，刘隐之弟刘岩认为韶州很难攻取，遂劝谏其兄说："韶州所赖者光稠，击之，虔人必应，应则首尾受敌，此不宜直攻而可以计取。"

刘岩所言有理，虔州距离韶州不过百余里，一旦韶州被攻，虔州救援很快，而岭南军并无兵力优势。但是，刘隐并未听弟弟的劝阻，率舟师直捣韶州。然而，刘隐水师攻城之时，"会天大雾，昏暝如夜"，韶州卢延昌军"以铁缆系巨钩投隐舟中"，严阵以待，刘隐军初战不利。刘隐麾下都指挥使苏章奋力作战，"以巨斧击钩，钩皆断折，缆不能施"，刘隐军才取得小胜。

但是，当时北江水暴涨，刘隐军从广州溯江而上至韶州前线的粮食补给线中断，"馈运不继"，战斗力大为降低。卢光稠大军又从虔州火速赶至韶州救援，虔州军大将谭全播富谋略，"伏精兵万人于山谷，以羸弱挑战"，很明显是诱敌深入之计。

两军甫一交战，虔州军便佯败而逃。刘隐却不辨真假，率军急追，自然陷入包围圈中，虔州军"伏兵卒起"！这一战，刘隐败得很惨，自己都差点儿丢了性命，若不是苏章拼死护主，就可能交代在韶州城了。

致力于割据岭南的刘隐在与虔州卢光稠争夺韶州失败后，又与占据湖南的马殷展开了对粤西地区的争夺。后梁太祖开平二年（908），马殷在打败荆南高季昌的挑衅之后，乘胜南下，遣步军都指挥使吕师周率军进攻岭南。

唐末天祐元年（904），刘隐已经授任为清海军节度使。在马殷南进之中，刘隐与之发生十余回大小战斗，皆不能胜，"昭、贺、梧、蒙、龚、富六州"尽被马殷所据。通过拓疆战争，马殷"土宇既广"，于是"乃养士息民，湖南遂安"。然而，刘隐势力的发展则被抑制。

除了这些，刘隐还试图控制安南。唐代宗时期，唐廷设安南都护府。咸通元年（861）安南都护府府治被南诏攻陷，后失而复得，咸通四年再次沦陷。至于咸通七年，朝廷恢复安南都护府，并设静海军节度使。

在晚唐藩镇割据的背景下，静海军亦莫能外，而地处偏远的交趾故地，其割据表现出很强的地方性和独立性。天祐三年（906），出身于安南世族的曲承裕在地方势力的支持下成为静海军节度使，其地位也获得中原王朝的默认。曲承裕割据静海军，事实上是安南脱离中原王朝而成为独立政权的源头，越南史家曾言：

曲先主世为巨族，雄睿智略，因唐之亡，群心爱戴，共推为主，都于罗城，民安国治，功德永垂。

后梁开平元年（907），朱梁王朝刚刚建立之时，静海节度使曲承裕病故，其静海军子行营司马权知留后曲颢继位。清海军节度使刘隐对于中原的改朝换代并不在意，他并不忠于大唐，朱梁取代李唐，他依旧表示尊戴，他需要的是中原王朝赋予的割据合法性。

朱温是一个很善于玩势力平衡的政治家，后梁开平二年，朱温为嘉赏刘隐，八月，"辛酉，以刘隐为清海、静海节度使"。如此一来，刘隐获得了节制安南的授权，昔日交州之地名义上也纳入了刘氏藩镇的管辖范围。当然，刘隐当时无力改变安南为曲氏家族控制的事实。

不管如何，朱温的这一任命是个一箭三雕的策略。其一，笼络了清海节度使刘隐，换取了刘隐对后梁的支持和臣属；其二，曲氏家族为了巩固割据安南的局面，势必会更积极地效忠后梁，定期进贡；其三，在后梁王朝无法顾及南疆之际，让安南曲氏与广州刘氏彼此牵制，有利于后梁的大局稳定。

多处出手却无所得，刘隐又将目光投向容州和高州。后梁太祖开平四年二月，刘隐令其弟刘岩率军攻高州，但是为高州防御使刘昌鲁击败。刘隐又转而进攻容州，同样被容州经略使庞巨昭所败。刘隐两战皆败，但对于高州、容州的并吞之心并未打消。

割据高州多年的刘昌鲁"自度终非隐敌，是岁，致书请自归于楚"，这里的"楚"即是马殷的楚国政权。楚王马殷大喜，遣横州刺史姚彦章将兵迎之，高州从此纳入马楚政权的势力范围。占据容州的庞巨昭亦有归降之意，然其裨将莫彦昭不甘入楚，劝其突袭楚军，借机壮大。但是，庞巨昭并不赞成，最后将莫彦昭杀死，举州迎降。

马殷兵不血刃，拿下了高州和容州，刘隐又是劳师无功。岭南刘氏藩镇真正的壮大发展，还有待于刘隐之弟刘岩日后的经营。

飞龙在天的刘䶮

岭南刘氏藩镇在刘隐时代实现了从封州到广州的跃进，然其与各方势力的争霸战争都未获得胜利。后梁乾化元年（911），刘隐被朱梁朝廷册封为海南王，同年即病逝，年仅38岁。刘隐死后，刘氏藩镇的军政大权全部由其弟刘岩继承。

刘岩与刘隐其实是同父异母的兄弟，其母亲段氏是刘谦的侧室，在家庭中一直被那位高门出身的正室夫人韦氏所压制欺凌。或许因为畏惧韦氏，段氏生刘岩的时候，躲在了娘家，以免遭到正室夫人的迫害。但是，韦夫人还是知道段氏产子事情，恐威胁自己的正室地位，怒不可制，派人将这个尚在襁褓之中的婴孩掳回，准备亲手杀死。

没想到，事情突然反转。韦氏见到这个婴孩之后非常喜欢，手中的利刃也不自觉地坠在地上，竟然抱着孩子说："此我家之宝。"于是，"取为己子"，后来为了稳妥，又将其生母段氏杀死，以掩盖强夺人子的证据。

这个被韦夫人强夺来的孩子就是刘谦第三子刘岩，日后刘氏王国的建立者。刘岩被韦氏收养之后，与其异母兄刘隐朝夕相处，兄弟俩感情还是非常不错的。刘岩长大后，善骑射，身长七尺，垂手过膝，是一员骁勇战将，在统一岭南道辖境的征讨战中，辅佐刘隐，为刘氏藩镇立下汗马功劳。

刘岩在继承兄长权力之时，年仅23岁。后来，刘岩正式受后梁王朝册封，成为清海军节度使，继续巩固和扩大刘氏在岭南的势力范围。当时，南方几大割据势力已经基本形成：王潮、王审知据福建，钱镠据两浙，杨行密拥两淮，王建占西川，高季兴坐拥荆南，马殷盘踞湖南与刘氏划粤西而治。

为了拓展疆域，刘岩首先对虔州卢氏集团开战，夺占潮州、韶州地区。后梁开平四年（910），已经获得朱梁政权认可的镇南军节度使卢光稠病逝，卢氏集团内部便陷入权力真空的激烈动荡之中。卢光稠临终之前，曾打算将大权交给大将谭全播，然谭全播并不接受。

卢光稠之子卢延昌被拥立为镇南军留后、防御使。这位卢延昌却是一个性好游猎不理政务的公子哥，而且对属下甚为吝啬。如此，本来就心怀不满的众将自然会萌生取代之心。乾化元年（911）十二月，百胜军指挥使黎球发动兵变，将卢延昌杀死，自为虔州防御使。不久之后，黎球竟也病死了，其牙将李彦图代治州事。

在虔州卢氏集团中声望颇高的谭全播却置身事外，冷眼旁观这一切纷争。刘岩抓住了这次卢氏政权内乱的机会，发兵攻打韶州，卢氏集团的韶州刺史廖爽投奔马楚，楚王马殷任命其为永州刺史。不久，刘岩又发兵攻取潮州。自是，韶、潮二州归属刘氏藩镇所有。

紧接着，刘岩又展开了与马楚政权对容州、高州的争夺。后梁开平四年，刘隐拓疆战争失败，是年十二月，容州、高州之地入马殷领辖范围。乾化元年十二月，后梁朝廷授权楚王马殷，以静江行军司马姚彦章为宁远节度副使，权知容州。这意味着后梁王朝承认了马殷对容州的占有权。

容、高二州地处刘氏地盘至安南的必经之路，马殷占容、高，就等于切断了刘氏与安南的联系，刘岩自然不会坐视不管，必定会全力从马氏手中抢占这二州之地。是年，刘岩派军攻打容州，马殷派都指挥使许德勤从桂州发兵救援容州。

但是，容州的姚彦章未能守到援军前来就主动弃城，"乃迁容州士民及其府藏奔长沙"。刘岩大军一举拿下容州,并迅速占领高州。经此一役,刘岩在粤西边界遏制了楚王马殷在岭南西道的扩张势头,进一步稳固了刘氏在岭南的霸主地位。

乾化二年(912),刘岩和马殷的中原共主梁太祖朱温得知"岭南与楚相攻",特派使者南下调节双方争端,马氏与刘氏在粤西的争斗遂告一段落。自此,两大集团两在邕、容、桂连疆接畛,互为对峙,在粤北则以南岭为界,这条边境线保持了长期的稳定。

经过几年东征西讨,岭南境内的中小割据势力基本被刘岩铲除殆尽,唯有湖南楚王马殷和交州土豪曲承美,尚能与刘氏集团一较高低。

岭南刘氏藩镇父子两代三人苦心经营,成为雄踞一方的势力。然而,与许多骄悍藩帅不同,刘氏父子对于中原王朝一直比较恭顺。无论是李唐,还是篡唐成功的朱梁王朝,岭南刘氏都宣誓效忠,而且规规矩矩地定期朝贡。

后梁乾化元年十二月,已经是清海军节度使的刘岩向朱梁朝廷进贡金银、犀角、象牙等各种奇珍异宝。次年四月,岭南再献金银、犀牙、杂宝货及名香等,合估数千万。在五代十国的混乱政局中,即便是名义上的中央政府,其实质也不过是唐末藩镇的扩张而已,其财政汲取能力远远不如大一统的唐朝。如此一来,割据政权的效忠进贡就不仅仅是政治姿态问题了,更可以起到财政补充作用。

岭南刘氏的恭顺姿态获得了朱梁王朝对其割据岭南的认可,乾化三年(913),后梁末帝朱友贞兵变夺位之后,对于边远地区藩镇采取姑息之策,将原先刘隐的一切官职爵位尽皆授予刘岩。至此,刘岩成为中原王朝册封在岭南境内势力最强大的藩帅。当时岭南西道桂管地区仍有被马殷占据的区域,安南交州也在土豪曲氏家族控制之中,但整体而言,刘氏集团势力在岭南地区仍然最为强大。

刘岩是一个善于妥协的政治家,对于北方中原朝廷,刘氏集团表现了臣属应有的恭顺。甚至对于屡屡与己交锋争战的马楚政权,刘岩也能化干戈为玉帛。在臣僚的建议下,刘岩在乾化三年(913)主动求婚于马殷,娶了马殷的女儿。原本是仇敌,如此成了翁婿,岭南刘氏与马楚政权从此保持了长期的和平。

刘岩对于后梁的效忠恭顺是以中原朝廷对其合法性认可为条件的,是有官爵名义的诉求。后梁贞明元年(915),刘岩上表梁末帝朱友贞,请求朝廷参照太祖朱温册封钱镠为吴越王的前例，加封自己为南越国王及加都统。梁末帝考虑到吴越国在牵制杨吴政权上的重要地位及其经济实力，才对钱镠姑息优容。岭南刘氏藩镇地位比不上吴越，后梁朝廷更有令岭南刘氏、马楚、交州曲氏相互制衡的考量，故而没有应允刘岩所请。

既然没有满足刘岩封王的要求，那么岭南刘氏藩镇对于后梁朝廷的恭顺就要大打折扣了，毕竟都是交换。当时，朱梁王朝内部面临严重的政治危机，朱友贞虽然夺取帝位，但并不能消弭内部不满势力。更为致命的是，一直与朱梁为敌的沙陀李氏集团依然强大，新进晋王李存勖骁勇多谋，矢志不忘灭梁大业。

虽然身处南粤，刘氏集团也密切关注中原局势，深知此时的朱梁王朝已经自顾不暇，遑论南下对付岭南。于是，刘岩决定断绝对朱梁政权的贡献，他对手下僚属说："今中国纷纷，孰为天子！安能梯航万里，远事伪庭乎！"

在刘岩看来，李唐国祚既终，中原纷乱，早已没有什么真命天子，朱梁政权不过是一"伪庭"而已。不仅是刘氏，南方诸国对于朱梁多是阳奉阴违。岭南刘氏历经父子三人经营，早已颇有根基，而且刘岩注重与周边政权维持友好关系，外部环境也较为稳定。

既然天下纷纷，雄踞岭南的刘氏为何不能效法秦末汉初的赵佗呢？后梁贞明三年（917）十一月一日，刘岩将广州改为兴王府，建国号为大越，改元乾亨，追尊其祖父刘安仁为太祖，父刘谦为代祖，兄刘隐为烈宗。乾亨二年（918）十一月，刘岩宣称自己这个刘氏源于汉朝皇室，故而改国号为"大汉"，史称"南汉"。

刘岩标榜自己家族源于汉朝皇室，甚至"每对北人自言家本咸秦，耻为蛮夷之主。又呼中国帝王为洛州刺史"，俨然比中原王朝更具正统地位。说起刘岩家族的来源，其实很有一些值得考究的地方。大多数传统正史中都记载南汉王族刘氏起源于河南上蔡，而后迁至福建，再迁至广州。宋人所撰的《五国故事》记载，南汉王族刘氏"其先上蔡人，徙闽之仙游，复迁番禺，因家焉"。

传统史书中认为岭南刘氏起源于上蔡，是北方南迁汉人的说法在现代遭遇了挑战。1916年，日本学者藤田丰八提出一种观点，认为岭南刘氏祖先是来泉州经商的大食或波斯商人，久居中国，后冒姓刘。陈寅恪先生也持这种看法，他认为岭南刘氏是"外国人之改华姓者"。1948年，日本学者河原正博又提出南汉刘氏属唐代岭南封州以军功起家的"蛮酋"。

不论刘氏家族是出身于外来大食、波斯，还是岭南蛮族，他们在唐末乱世，都是依赖军功武力成为割据一方的霸主，这与中原地区沙陀、粟特人纷纷建国称帝并无二致。

除了刘氏族属之外，南汉开国之君刘岩的名字也很有一番说头。父亲刘谦给三个儿子起名"刘隐、刘台、刘岩"，刘岩称帝之后，乾亨八年（924），改名为刘陟。乾亨九年，南汉出现祥瑞，"白龙见南宫三清殿，改元曰白龙，又更名龚，以应龙见之祥"，这回又改名为"刘龚"了。再后来，刘龚又听信胡僧说"灭刘氏者龚也"，于是又取《周易》中"飞龙在天"之意，造了一个字"龑"，作为自己的名字，遂改名为"刘龑"。在中国历史上，另一位自造汉字起名字的就是武则天了，"武曌"突显了女皇的霸气，刘龑同样是飞龙在天、傲视苍生的姿态。

自是不复通中国

刘龑承父兄之基业，优遇重用流亡岭南的中原士人，在中原后梁王朝陷入严重内部危机之时，建国称帝，使刘氏政权从藩镇体制成功转变为王国体制。

刘龑即位之后，依据中原正统王朝的惯例，建立了刘氏家族的宗庙制度，"追尊祖安仁曰太祖文皇帝，父谦曰代祖圣武皇帝，兄隐曰烈宗襄皇帝"。除建立庙号之外，还承古制，行祭祀之礼。刘龑即位的第二年，即南汉乾亨二年（918）十一月，"祀南郊、大赦"。

刘氏南汉政权的政治制度基本上依据唐例设置而略加变动，"国业初创，诸多简陋，……一依唐制，百度粗有条理"。立国之初，刘龑及其臣僚励精图治，内外政策得当，使南汉步入"府库充实，政事清明，辑睦四邻，边境无虞"的良好发展期。

刘龑在位期间，有一个非常值得称道的施政举措。五代十国时期，武人出任地方行政官员是一个普遍现象。武人掌民政，危害甚大。刘氏藩镇从刘隐时代就已经开始接受幕僚提出的以文官治理州县的建议。刘䶮称帝之后，在地方官员的选任上打破了以武人出任州刺史的五代怪圈，"多延中国人士于幕府，出为刺史，由是刺史无武人"。

刘氏南汉政权的这一做法，创造了五代岭南"刺史无武人"的文治局面。南汉政权在刘䶮死后，虽然数十年间统治集团内部争斗不断，但是地方上基本能保持安定，主要得益于文吏治州县。文士为官，手无兵柄，失去了叛乱作乱的根基。

南汉乾亨四年（920），刘䶮在杨洞潜的建议下，兴学校，倡教育，置选部，行贡举，实行常备文官的选拔。是年，南汉举行了科举考试，录取进士、明经十余人。以后，科举取士"岁以为常"。

除了内修文治外，刘䶮的南汉政权还注重对外推行睦邻友好的外交策略，"与岭北诸藩岁时交聘"，与杨吴、马楚等割据政权维持总体和平，维持岭南地区的安定。另外，中原王朝形势的发展，与南汉的兴衰存亡有紧密的联系，刘䶮对中原王朝始终保持着精明的关注。

后梁末年，刘氏藩镇断绝了对后梁的朝贡，自帝于岭南。然而，后唐灭朱梁对南汉刘氏造成很大的震动。刘䶮急遣宫苑使何词前往洛阳聘问，"觇中国强弱"，以观察后唐政权虚实。在致后唐庄宗李存勖的国书中，刘䶮用了"大汉国王致书上大唐皇帝"，还声称岭南刘氏已经派贡使携带奇珍异宝赶往洛阳，"期今秋即至"。

志得意满的李存勖被刘䶮的恭顺态度所迷惑，以为岭外来贺，正统王朝的地位更为凸显。当然，岭南珍奇宝物更令沙陀李氏垂涎。然而，何词回到岭南后，却向南汉皇帝刘䶮带来了对后唐政权的负面评价，"言帝骄淫无政，不足畏也"，言下之意后唐定然无力南下染指岭南。故而，刘䶮大悦，"自是不复通中国"，自帝南越，不以中原为惧。

刘䶮在位初期，励精图治、锐意经营，南汉政权得以巩固发展。然而，如同大多数传统帝王一样，刘䶮同样未能脱离盛衰周期律，进入晚年的刘䶮陷入奢侈暴虐。

立国于岭南的刘氏南汉政权，依靠海运转口和广州蕃舶之利，获取巨额经济财富，因而刘氏帝王也有奢靡的资本。晚年的刘䶮之奢靡，主要体现在大兴土木，建造奢华宫殿。据宋人所撰《五国故事》记载：

> （刘䶮）惟以治宫殿为务，故作昭阳诸殿、秀华诸宫，皆极瑰丽。昭阳殿以金为仰阳，银为地面，檐楹榱桷亦饰之以银。殿下设水渠，浸以珍珠，又琢以水晶、琥珀为日月，列于东西二楼之上，岩（典）亲书其榜。其余宫室殿宇，悉同之。

刘䶮割据岭南，与周边政权维持大体和平，又占据广州蕃舶贸易之利，对于进取中原、争衡天下自然没有雄心和奢望。在完成早期创业之后，刘䶮也安于做个偏安之君了，"纵不及尧、舜、禹、汤，亦不失作风流天子"。

刘氏政权中的很多士人对于刘䶮晚年极尽奢华之能事颇为担忧。譬如尚书右仆射黄损对于刘䶮不计成本、极尽奢华地营建南薰宫一事就上疏劝谏：

> 今庶穷落而工役繁兴，……乃纵耳目之好，尽生民之膏，兴土木之劳，伤朴素之化，快一己之逸欲而失天下之心，臣窃为陛下不取也。

掌握绝对权力的专制帝王在权力根基尚未稳定之前，可能会表现出对于士人礼遇重用的姿态，借以招徕人心；但是当专制权力巩固稳定之后，礼贤下士的伪装便不再需要了。刘䶮对于黄损之类南来的中原士人，现在也不会有什么纳谏的兴趣了，这种劝谏也就没有什么意义。黄损的逆鳞直谏，忤逆了刘䶮。后来，赶上宰相位置空缺，朝臣多推举黄损，刘䶮却说："我殊不喜此老狂！"

中国式专制权力的维系，最根本的依凭并不是汉儒以来宣扬的"五德终始"之类的神秘主义政治玄学，而是赤裸裸的暴力。刘氏南汉在史籍中素以酷刑政治闻名，刘䶮设立了"汤镬铁诸具"，制定了"灌鼻、割舌、支解、跨剔、炮炙、烹蒸"等酷刑。

暴虐的酷刑政治能够制造出稳定的幻象，也自然听不到真实的声音了。清人梁廷枏的《南汉书》中记载了一件颇为有趣的事情，刘䶮称帝之后，任命中原南来士人周杰为司天监，命其占卜国祚，"杰为筮《周易》，遇《复》之《丰》"。

刘䶮问他国祚几何，周杰回答说："凡二卦皆土为应，土之数五，二五，十也。上下各五，卦象如此，以数断之，将五百五十五乎！"刘䶮大喜过望，厚厚赏赐了周杰。

然而日后南汉的国祚仅仅五十五年，史书中便言当时周杰已经知道"运祚修短有定,惧高祖猜疑,不敢明告,谬加五百之数安之也"。卜筮国祚,原本就是不经之谈,在暴虐高压统治之下,臣僚不敢说真话,上下相蒙却是实情。

刘晟残同气而渎天伦

南汉的开国之君刘龑于大有十五年(后晋天福七年,942)四月病逝,其子刘玢即位。刘龑一生共有十九个儿子,刘玢原名刘弘度,是其第三子,封秦王,赵昭仪所生。刘龑的长子邕王刘耀枢和次子康王刘龟图早逝,九子万王刘弘操又在南汉大有十一年与安南吴氏的白藤江战役中战死。

因为两位兄长早逝,刘玢得以成为事实上的长子,在继承问题上占有优势。但是,刘龑对于刘玢并不满意,认为其"不足任吾事"。刘龑看中的是五子越王刘弘昌,认为"惟弘昌类我,吾欲立之"。

正当刘龑谋划命刘玢出镇邕州,四子晋王刘弘熙出镇容州,"然后立弘昌为太子"时,崇文使萧益入宫问疾,得知此事之后,向刘龑劝谏:"少者得立,长者争之,祸始此矣!"废长立幼,确实容易引发皇权攘夺,刘龑权衡再三,最终还是选择了三子刘弘度为接班人。刘玢得立,"果不能任事",而且荒淫佚乐远胜其父,甚至在刘龑丧期,刘玢还"召伶人作乐,饮酒宫中,裸男女以为乐"。

政治的腐败自然会引发社会控制的松动,"由是山海间盗贼竞起",刘玢在位期间发生的张遇贤举事是此间的一次规模较大的社会动乱。南汉光天元年(941)七月,循州(今广东龙川)县吏张遇贤聚众起事,自称"中天八国王",设置百官,建元永乐。宋人龙衮的《江南野史》卷二记载:"虔州妖贼张遇贤作乱,皆绛其衣,时谓之赤军子。"

张遇贤军很快攻陷循州,斩杀循州刺史刘传,刘玢派遣"以胆勇称"的越王刘弘昌、循王刘弘杲领兵镇压。南汉官军驻扎于钱帛馆,"军士方食",张遇贤就率兵突袭而至,将南汉军队重重包围,屡突不得出。循王刘弘杲率亲兵数百人与张遇贤军力战,"矢下如雨,军人多死。弘杲矢尽,挺剑力战,流血满袖"。

最后，幸得元帅府步军都指挥使万景忻、陈道庠拼死苦战，两位王爷才能突围逃命。

南汉朝廷派出镇压张遇贤的军队几乎全军覆没，潮州、正州等沿海地带成为张遇贤的囊中之物，形势相当危急。南汉朝廷未能有效控制此次社会动乱，"岭东皆乱"，番禺（今广州）以东的许多州县皆被反叛势力控制。

刘玢皇位本来就得来侥幸，国政治理又极为糟糕，南汉皇室内部自然就会有人觊觎皇权。事实上，刘玢自己也有深深的不安全感，他深知诸弟之中既有才能远胜己者，更有意欲取而代之者。因为恐惧皇位被夺，刘玢对诸弟防甚严。据《资治通鉴》记载，（刘玢）"常猜忌诸弟，每宴集，令宦者守门，群臣、宗室，皆露索，然后入"。

尽管百般戒备，刘玢最终未能躲过宫廷政变。夺位之人即是当初父皇刘䶮为刘玢安排的辅政之臣晋王刘弘熙，背后又得到了颇有军事才能的越王刘弘昌和循王刘弘杲的支持。《旧五代史》中言，"玢之立也，多行淫虐，人皆患之"，掌握朝中大权的晋王刘弘熙便与其弟越王刘弘昌谋划弑君自立。

《资治通鉴》中有对这次宫廷政变更为细节化的记述，南汉光天二年（943）七月，"晋王弘熙欲图之，乃盛饰声伎，娱悦其意，以成其恶"。明知皇帝好酒色，晋王还向其进献声色犬马，目的就是"以成其恶"，坐实其昏君的名号。

刘玢喜爱手搏，即是徒手搏击之类的竞技类运动。为了投其所好，刘弘熙"令指挥使陈道庠引力士刘思潮、谭令、林少强、林少良、何昌廷等五人习手搏于晋府"，刘玢听说后很是高兴。七月初八日，刘玢"与诸王宴于长春宫，观手搏"，直到夜晚宴会才结束。这场宫宴就是刘玢最后的晚餐，烂醉如泥的他被陈道庠、刘思潮等人杀死于寝殿门口，时年24岁，其左右卫士也全部被戮。

第二天早晨，"百官诸王莫敢入宫"，越王刘弘昌"帅诸弟临于寝殿，迎弘熙即皇帝位"。刘弘熙即位之后，更名为刘晟，改光天二年为应乾元年。是年十一月丁亥，改元乾和。

刘晟成为南汉皇帝之后，为了酬谢两位弟弟越王刘弘昌和循王刘弘杲对其政变的支持，晋封越王刘弘昌为太尉兼中书令、诸道兵马都元帅，知政事；循王刘弘杲为副元帅，参预政事。但是，坐稳皇位之后的刘晟对这两位较为能干的弟弟愈发忌惮，因为他害怕弑兄夺位的剧目重演一次。

在南汉高祖刘䶮诸子之中，越王刘弘昌是能力最为突出的一个，刘䶮临终之前，亦曾属意于他。在刘晟弑杀殇帝刘玢的政变中，越王刘弘昌起到了重要作用。刘晟即位后，越王刘弘昌加封为诸道兵马都元帅，他实际上就掌握了南汉国的军权，再加上其在先前的镇压张遇贤起义中建有军功，可以想见他在军中的地位。循王刘弘杲同样参与了弑杀殇帝的政变，亦有军功，自然也颇受刘晟防范。

刘晟即位之初，朝廷内外，群议纷纷。因此，循王刘弘杲便向皇帝进谏，请求皇帝诛杀直接杀死殇帝刘玢的刘思潮等人，以顺人情，堵住悠悠之口。但是，非但这个建议没有得到皇帝刘晟的采纳，反而被刘思潮等人得知，而皇帝刘晟对循王刘弘杲已动杀念。南汉乾和元年（943）一日深夜，刘晟遣使者召见循王弘杲。

刘弘杲似有预感定遭不测，"乃留使者，入具沐浴"，在佛像前说道："弘杲误念，来生王宫，今见杀矣！后世当生民家，以免屠害。"既生在帝王家，就应该知道皇权争夺历来都是血淋淋的，更何况刘弘杲自己也不是什么善男信女。"涕泣与家人诀别"之后，刘弘杲应召进宫，然后就是被杀，时年21岁。

循王既诛，接下来，当然就是越王刘弘昌。南汉乾和二年（944）夏，刘晟派越王刘弘昌至海曲祭祀襄帝刘隐之陵。当越王刘弘昌到达昌华宫时，刘晟竟然派出盗贼将其杀死。刘弘昌死时，终年不足25岁。假借盗贼之手，刘晟达到了铲除刘弘昌的目的。

越王刘弘昌和循王刘弘杲是支持刘晟弑兄夺位的主要力量，对于此二人，刘晟都能毫不犹豫地杀掉。那么，南汉皇室之中其他人自然更难逃被屠戮的命运了。

刘晟首先铲除的是与自己年龄相近的几个弟弟。刘晟是南汉高祖刘䶮的第四子，诸弟之中五子越王刘弘昌、六子齐王刘弘弼、七子韶王刘弘雅、八子镇王刘弘泽及九子万王刘弘操，他们之间的年龄差距都在三岁之内，与刘晟年龄都很相近。

齐王刘弘弼，在应乾元年（943）惊闻循王刘弘杲被杀，为求保命，主动向刘晟示弱，上表自请入朝，解除武装。乾和二年，皇帝刘晟将齐王刘弘弼幽禁于京城私宅。虽然没有马上被杀，但齐王刘弘弼丧失了人身自由，犹如板上鱼肉，任人宰割，引颈就戮是迟早的事情。

镇王刘弘泽，在诸王中较有能力，为雄武节度使，镇守邕州，政声颇好。如此一个能干的弟弟在刘晟看来不是执政帮手，而是潜在竞争对手。乾和二年冬十月，竟然有人称凤凰出现在邕州。凤凰是祥瑞，预示着邕州可能出现王者。刘晟怒妒交加，派人赐毒杀死刘弘泽，对外宣称刘弘泽暴卒。韶王刘弘雅早在循王刘弘杲被杀之时，就为刘晟怀疑心怀异图，令其辞官致仕。在乾和三年八月，韶王刘弘雅为刘晟所杀，其理由都不明确。

至此，与中宗年龄相近的越王刘弘昌、韶王刘弘雅、镇王刘弘泽、循王刘弘杲等四王皆遭屠戮，齐王刘弘弼虽暂时留下一命，但已然是京城囚徒，被杀是迟早的事情。

四王被诛杀后，刘晟仍不放心，因为他担心年幼的诸弟会在他死后与他儿子争夺皇权，于是又下狠手，连杀八王。乾和五年，刘晟将高祖刘䶮第六子齐王刘弘弼、第十一子恩王刘弘暐、第十三子同王刘弘简、第十四子益王刘弘建、第十五子辨王刘弘济、第十六子贵王刘弘道、第十七子宣王刘弘昭、第十九子定王刘弘益一起杀害。刘晟之狠毒，史上罕有，为了斩草除根，尽杀诸王之子，更无人伦的是，他还将诸王妻女纳入后宫供其淫乐。

至此，刘䶮诸子仅余下第十二子高王刘弘邈、第十八子通王刘弘政，杀了他们也只是时间问题。乾和中，刘晟令高王刘弘邈为建武军节度使，出镇邕州。刘弘邈为人素来胆小懦弱，更无一丝政治野心，他目睹诸王无辜被杀，知道自己可能就是下一个。为求苟活，高王刘弘邈上表"固辞，求宿卫"，表示自己愿意进宫廷宿卫，而不就藩邕州。

然而，刘晟不同意高王所请，刘弘邈只好就藩邕州。到镇之后，刘弘邈不惜自污保命，委政于僚属，终日饮酒必至酣醉，酒醒之后也只是求神拜佛，只求苟全性命。如此认怂，刘晟依然没有放过他。乾和十二年，有人上书诬告刘弘邈欲谋作乱。刘晟完全不查事实如何，是年四月，即派人前去邕州赐毒杀死刘弘邈。乾和十三年，高祖诸子中仅剩下当时担任祯州刺史的通王刘弘政，他也没有躲过皇帝的屠刀。是年夏天，刘弘政也被杀死。

黄台之瓜，至此摘尽！

南汉高祖刘䶮共生十九子，除了邕王刘耀枢、康王刘龟图早年病逝，万王刘弘操在高祖大有十年率军攻打交州吴权时在白藤江一役中兵败被杀外，其余诸子包括殇帝刘玢皆死于刘晟之手。清人梁廷楠在其《南汉书》中评论："建国若树木然，枝弱者干必坏；若观水然，流塞者源必壅，自然之理。"然而，刘龑诸子皆被刘晟"罢之、囚之、鸩之、杀之，并其子而尽歼之，求一茅之留于后而不可得耶"！

历史上，尤其是在秩序崩坏的五代乱世，为夺皇位而弑父杀兄屠弟之事比比皆是，但如南汉刘晟这般将兄弟诸王尽数屠戮、赶尽杀绝的现象还是罕有。元人胡三省在注解《资治通鉴》时对之评论："刘晟残同气而渎天伦，桀、纣之虐，不如是之甚也。"

亡国之君只愿延旦夕之命

在刘晟晚年，中原政局发生了很大变化。后周取代后汉之后，历经郭威、柴荣两代君主励精图治、锐意改革，国力显著增强，南进统一的姿态更为强烈。中原局势的这一变化，使一向自傲于岭南的南汉皇帝刘晟深感焦虑。

为了试探后周朝廷对于南方政权的态度，刘晟仓皇遣使入贡于周，以探虚实。后周世宗显德五年（南汉乾和十六年，958），刘晟病逝，葬于昭陵，谥曰文武光圣明孝皇，庙号中宗。刘晟死后，其长子刘继兴继承南汉皇位，改名刘鋹，改元大宝。南汉大宝三年（960），后周大将赵匡胤发动"陈桥兵变"，赵宋代周。

然而，此时的南汉朝廷则陷于混乱之中。刘鋹相信自己得以继位，是"由先帝尽杀群弟故也"，故而效法其父，屠戮兄弟。南汉大宝三年三月，刘鋹杀其二弟桂王刘璇兴。三弟荆王刘庆兴不知其终，极有可能同被害于刘鋹之手。

刘鋹与其祖父、父亲一样，喜奢侈的生活，自称"萧闲大夫"，足见其志不在经营天下。即位之初，刘鋹就大兴土木，耗费巨资。"立万政殿，饰一柱，凡用银三千两。又以银为殿衣，间以云母，无名之费，日有万千"，所居宫殿"以珠、玳瑁饰之，益置鱼英托，镂椰子立壶，诸宝器于其中"，"与宫婢波斯女日淫戏后宫"，并给此女赐号为"媚猪"。

后世史书中对于刘鋹颇有恶评，其中之一便是大肆任用宦官，形成南汉王国的所谓"宦祸"。事实上，南汉重用宦官始于高祖刘䶮。刘䶮继承其父兄基业，锐意经营岭南、扩张势力，最终建立南汉王国。起初，刘䶮励精图治，重用中原流亡士人，南汉政权得以稳固。

但是，随着岭南割据政权的稳固，刘䶮逐渐骄奢放纵，猜忌士人，倚重内侍。史称，高祖末年，"尤猜忌，以士人多为子孙计，故专任宦官，由是国中宦者大盛"。不过，刘䶮"虽宠任中官，其数裁三百余，位不过掖廷诸局令丞"，也就是说，刘䶮时代宦官的人数和级别都还是有限的。

殇帝刘玢在位时间很短，对于高祖时代的宦官制度也没有什么损益变革。但是，殇帝也同样对宦官很信任依赖。殇帝被弑，中宗刘晟上台后，南汉宦官发展到千余人，"稍增内常侍、诸谒者之称"，宦官权势进一步膨胀。

然而，到了刘鋹时代，南汉的宦官规模和权力都达到巅峰，甚至超越了中国历史上任何一个朝代，无论是大一统王朝，还是割据偏安政权。《资治通鉴》中说，刘鋹在位期间，"宦者二万人，贵显用事之人，大抵皆宦官者也，谓士人为门外人，不得预事，卒以此亡国"。

偏安岭南的刘鋹昏聩暗弱，而天下大局早已天翻地覆。江淮大国李氏南唐早已先后屈服于后周和赵宋，"事大国不敢有二"；钱氏吴越更是成为北朝南侵之马前卒，时常出兵助战。赵宋南下略定荆南高氏、湖南周氏之后，又西进灭后蜀，悄然而至南汉疆界之边缘，从西、北两面直逼南汉。

然而，刘氏南汉以为偏居岭南，可以"独恃远以偷安"，并不认为赵宋有并吞之心。对于宋朝崛起，南汉刘氏缺乏足够的判断，"未尝遣一介之使，驰咫尺之书"，甚至还趁宋军南下荆、楚之际，出兵占领马楚昔日一些州县，与宋军发生冲突。

南汉大宝十一年（宋开宝元年，968），赵匡胤命南唐后主李煜劝降南汉刘鋹奉宋正朔，归湖南旧地。屈事强宋的李煜尽管内心复杂痛苦，但是仍然从利弊得失各个角度，极力劝说南汉归顺赵宋。李煜苦口婆心，三次致书刘鋹，痛陈"大朝之力难测也，万里之境难保"，劝其"割地以通好，玉帛以事人"。

李煜的劝降被刘鋹拒绝，赵匡胤遂以"吾当救此一方之民"为由，于开宝三年（南汉大宝十三年，970）九月，出兵灭南汉，以大将潘美为帅。宋军从湖南入岭，以贺州为突破口，占领贺州后，潘美督造战舰，"声言顺流趋广州"。

刘鋹计无所出，于是命被解职多年的宿将潘崇彻为马步军都统，"领众三万屯贺江"。但是，宋军并未"顺流趋广州"，而是虚晃一枪、声东击西。是年十月，待潘崇彻领军赶赴贺江，宋军已攻下富州，转战至昭州城下。昭州刺史田行稠弃城逃跑，桂州刺史李承进也逃回广州。

昭州、桂州接连失守，潘崇彻只好拥兵自保，并不积极应战。十一月，宋军又攻克连州，南汉招讨使卢收率其众退保清远。至此，南汉趁乱而据的马楚故地皆为宋军所克，刘鋹竟然昏聩到认为宋军南征目的仅限于此，以为"昭、桂、连、贺本属湖南，今北师取之足矣，其不复南也"。

开宝三年（南汉大宝十三年，970）十二月，宋军直逼广州北部咽喉要地韶州（今韶关）。南汉都统李承渥"领兵十余万，阵于莲华峰山下"，与宋军对峙。南汉军队用出了华南地区独有的"象阵"，"每象载十数人，皆执兵仗，凡战必置阵前，以壮军威"。宋军则"集劲弩射之"，大象中箭回奔，"反践承渥军，军遂大败"，仅李承渥得以逃命。

很快，韶州就失守了，"由连指韶，潘美之师，实夺刘鋹之魄"。韶州失守之后，刘鋹命人在兴王府城东挖壕以为防守，并任命郭崇岳为招讨使，与大将植廷晓统率六万兵力屯驻于马迳（今广州北马鞍山），列栅阻击宋军，"距番禺才百余里"，此地成为南汉都城兴王府的最后一道防线。

开宝四年（南汉大宝十四年，971）春正月，宋师克英、雄二州。南汉都统潘崇彻降宋军。此时，宋军已经占领了南汉西北、北部诸州县，对广州形成了半包围之势。

十七日，宋军进抵泷头（今英德南），逼近兴王府。刘鋹"遣使请和，且求缓师"。但是，"泷头山水险恶"，潘美等"恐有伏兵"，于是挟持了南汉使者，率军倍道疾进，快速通过天险之地，二十八日抵马迳。南汉统帅郭崇岳所领部众多为从韶州、英州败退下来的"亡虏之众"，"瑟缩无斗志"，故而只能坚壁自守，惟日祈鬼神却敌。

走投无路的刘鋹甚至"取船十余艘，载金宝、妃嫔欲入海"，准备渡海逃亡，可惜未及出发，"宦官乐范与卫兵千余盗其船以走"。事已至此，刘鋹无路可退，决计向宋军投降，"乃遣右仆射萧漼、中书舍人卓惟休奉表诣军门乞降"。南汉请降的使者却被潘美派人送往汴京了。未能等来使者复命，刘鋹又生恐惧，遂命郭崇岳备战，"又遣其弟祯王保兴率国内兵来拒"。

二月初四，植廷晓"领前锋据水而阵"，郭崇岳殿后"御其奔冲"。宋军渡水进击，植廷晓"力战不胜，遂死之"，郭崇岳退保营栅。当夜，潘美分遣丁夫数千各持两炬，自间道进抵南汉军营栅，纵火焚之，"会暮夜，万炬俱发"。火攻之下，南汉军大败，郭崇岳"死于乱兵"，刘保兴逃归兴王府。

郭崇岳战败的消息传至南汉宫廷，内廷佞臣们想出一招更加愚蠢的退敌之计，竟然认为"北军之来，利吾国中珍宝尔。今尽焚之，使得空城，必不能久驻，当自还也"。于是乎，刘鋹真的将南汉宫中府库所藏及宫殿悉数焚毁。

如此这般，也阻挡不了宋军的步伐。

开宝四年（南汉大宝十四年，971）二月初五日，宋军兵临城下，刘鋹素服白马出降，南汉遂亡。宋开宝四年五月，刘鋹及其宗党、官属一行被送至汴京。相较于孟昶、李煜等亡国之君，刘鋹在宋廷还算颇受优待。宋太祖时，"赐袭衣、冠带、器币、鞍勒马，授金紫光禄大夫、检校太保、右千牛卫大将军、员外置同正员，封恩赦侯，朝会班上将军之下"；宋太宗即帝位，再改封其为卫国公。

身在汴京，虽然形同囚徒，但是刘鋹颇懂自污求存，甚至"自结真珠鞍勒，为戏龙之状，献太祖"。赵匡胤惊叹工艺之精妙，"以示尚方工，皆骇伏"。一个亡国之君能在软禁的生活中怡安自得，甚而愿意献艺于宋帝，看似愚蠢，其实不过是自保之计。相较于李煜那种郁郁寡欢，成日追悔，刘鋹看得明白。

太平兴国四年（979），宋太宗将要征讨北汉。刘鋹又在朝堂之上说，待到北汉平定，刘继元来降，他自己"愿得执梃，为诸国降王长"。太宗大笑，"赏赐甚厚"。

刘鋹真的就如此全无心肝吗？其实不然。《太平治迹统类》记载了一件事，说一日赵匡胤"乘肩舆，从十数骑幸讲武池"，"从官未集"而刘鋹先至，赵匡胤就随手"诏赐卮酒"。没想到，刘鋹捧着酒杯痛哭流涕，以为是毒酒，说"今见太平，为大梁布衣足矣，愿延旦夕之命，以全陛下生成之恩，臣未敢饮此酒"。赵匡胤听罢大笑，自己拿过来喝掉。从此事可见，刘鋹在汴京其实处于高度紧张之中，种种"乐不思粤"之情状只是一种表演。

太平兴国五年三月，刘鋹病卒于汴京，年三十九，宋太宗追赠太师，进封南越王，辍朝三日。

第十二章 外来政权马楚王国的湖南霸业

从"蔡贼"到楚王

唐末广明元年（880），黄巢大军攻至淮南道境内。唐朝许州节度使薛能遣牙将秦宗权"募兵淮西"，然不久许州兵变，节度使薛能为乱兵所杀。许州牙将秦宗权趁机占据蔡州，驱逐刺史，以其为首的所谓"蔡贼"军阀集团逐渐形成壮大。

中和四年（884），黄巢兵败身死之后，雄踞中原的秦宗权"啸通逋残，有吞噬四海意"，甚至在蔡州称帝，"置百官"。横行一时的秦宗权在中国历史上留下了极其残忍的印记，其军队"残暴又甚于巢"，行军不备军粮，"车载盐尸以从"，就是腌制战场尸体充作军粮。秦军所过之处，"北至卫、滑，西及关辅，东尽青、齐，南出江、淮，州镇存者仅保一城，极目千里，无复烟火"。

光启三年（887）九月，秦宗权遣其弟秦宗衡为主将，孙儒、刘建锋为副将，领兵万人渡淮水攻扬州。在孙儒麾下，有一个来自许州鄢陵的裨将，名叫马殷，早年曾做过木匠，秦宗权据蔡州时，应募入其军，因勇猛善战而擢至裨将。

这一年，秦宗权攻汴梁而败于朱温，损兵两万余人，放弃陕、洛、怀、许、汝诸州，向南撤退，缩回蔡州。文德元年（888），唐廷任命朱温为蔡州四面行营都统，节制诸镇，讨伐秦宗权。蔡州危急，秦宗权急命秦宗衡回兵救援蔡州。"蔡贼"集团此时已是穷途末路，孙儒等人"知宗权势不能久"，于是拒命回师，杀掉秦宗衡，与刘建锋等人结盟，拥兵数万，自立旗号"土团白条军"，马殷也在其中。

孙儒攻下扬州之后，与杨行密集团厮杀于江淮一带，马殷在军中地位也逐渐上升。景福元年（892），孙儒倾全部兵力进攻杨行密当时的基地宣州，结果全军溃败，孙儒本人被俘杀。大部溃散，主帅被杀，这支"土团白条军"并未就此消失。刘建锋、马殷等人收拢残部七千余人，推举刘建锋为帅，马殷为先锋，张佶为行军司马，南走江南西道，最后蛰伏于虔州。

昔日横行天下的"蔡贼",居然悄无声息地在虔州蛰伏了两年。乾宁元年(894)六月,刘建锋、马殷举兵西进,进入湖南境内,首先攻克了澧陵。湖南地区在唐代中期分属江南西道、黔中道和岭南道,广德二年(764),始置湖南都团练守捉观察处置使,治所在衡州。大历四年(769),湖南观察使徙治所于潭州(今长沙),潭州即成为湖南的军政中心。中和三年(883),升湖南观察使为钦化军节度使。光启元年(885),改钦化军节度为武安军节度使。

刘建锋和马殷介入之前,唐廷在湖南的统治事实上已经崩溃。唐廷的武安军节度使邓处讷名为湖南之主,但实际所控只有潭、邵两州,且本身军将不多;朗州割据者雷满是"洞蛮"出身,但实力不容小觑;静江军节度使刘士政占据桂州;地方贼帅也各自据郡为帅。

拿下澧陵之后,刘建锋、马殷又招降龙回关守将蒋勋。接着,这支外来的骁勇之师迅速攻占潭州,突袭帅府,杀节度使邓处讷。占据潭州之后,刘建锋自称武安军留后,上表朝廷,以求获得册封。乾宁二年(895),唐昭宗以刘建锋为检校尚书左仆射、武安军节度使,马殷为内外马步军都指挥使。

这支"蔡贼"残余武装纵横多年,挣扎图存,才算真正洗白了。蛰伏虔州两年多,他们为何又会选择湖南呢?如果分析一下当时虔州四周的形势,就不难理解了。

江西境内的政治中心洪州(南昌)早已为钟传所据,"兵强食足,未易图也";江淮地区的杨行密集团更是兵强马壮,孙儒这支"土团白条军"就是被其打垮的,刘建锋等人难以与之较量;东南的福建地区先后为观察使陈岩和外来的王潮兄弟所据,根基已深,无机可乘;岭南地区为节度使刘崇龟所控制,形势稳定,也是难以涉足。唯有湖南为各方势力所割据,未有独大军政集团,有夺而据之的可能。夺潭州和杀邓处讷的成功,印证了刘建锋等人抉择的正确性。

起初,马殷在招降扼守龙回关的邵州指挥使蒋勋时,曾说刘建锋"智勇兼人,术家言当兴翼、轸间"。后来的事实证明马殷真的是在忽悠人,刘建锋非但不是什么"智勇兼人",反而还是一个胸无大志、沉溺酒色的匹夫。当上了节度使,刘建锋便自以为得志,"即嗜酒不事事",居然还与自己的"司机"(御者)陈赡的妻子私通,陈赡得知后怒不可遏,"袖铁挝击建锋死,断其喉"。这样一个百战之余的猛将,就因为床笫之欢而丧了性命,着实可惜。

当时马殷正率军镇压邵州蒋勋的叛乱，于是将吏们推行军司马张佶为帅。但是，张佶推辞不就，对众将吏治说："佶才能不如马公，况朝廷重藩，非其人不可。"张佶果真是才能不如马殷吗？张佶原本是长安人，曾为宣州观察使秦彦的幕僚，但因厌恶秦彦之为人，遂弃官离去。经过蔡州之时，被秦宗权留下，出任行军司马。秦宗权肆虐横行之时，张佶又看到了危机，对刘建锋等人说："秦公刚鸷而猜忌，亡无日矣，吾属何以自免！"

张佶是一个很有政治眼光的人，其军政能力定不在马殷之下。但是，作为一个长安人，身处"蔡贼"武力集团，又怎么可能长久驾驭麾下那些骄兵悍将呢？故而，推举马殷为首领不失为一个明智选择。

乾宁三年（896）五月，马殷至长沙，就任武安军留后。九月，唐廷任命马殷为潭州刺史判湖南军府事。木匠马殷就这样获得"重藩"职位，开始了他非凡的霸业之途。

马殷接手武安军之后，派遣李琼、秦彦晖、张图英、李唐等蔡州军将东征西讨，消灭湖南境内地方贼帅，两年内，衡、永、道、郴、连等五州悉数入马殷之手。

马殷在岭北接连得手，势必震慑岭南。光化三年（900），割据桂州数年的刘士政在抵抗战败的情况下，以桂、宜、岩、柳、象五州降于马殷。天祐二年（905），岳州刺史邓进忠归附马殷，举族迁长沙。

割据朗州的雷满出身武陵"洞蛮"，"本渔师，有勇力"，纠集同乡区景思、周岳等，"聚诸蛮数千"，在大泽之中抢掠过往商旅。经过一番厮杀博弈，雷满占据朗州州城，城陷之后，杀掉刺史崔翥。最终又以实力迫使唐廷承认其合法性，光化元年（898）七月，朝廷将荆南镇所辖澧、朗、溆三州分出，别设武贞军，驻节澧州，以雷满为武贞军节度使，并加同平章事。

盗匪出身的雷满竟然能够位居藩镇节帅，这种异数恐怕也只有五代乱世才能出现。天复元年（903）十二月，雷满病逝，其子雷彦威自称留后。雷彦威这个人"狡狯残忍，有父风，常泛舟焚掠邻境，荆、鄂之间，殆至无人"。

后梁建立之后，开平元年（907），雷彦威被其弟雷彦恭所逐，雷彦恭袭任武贞节度使，依旧工于焚掠，为祸荆、湖。开平二年五月，朱温命湖南节度使马殷、荆南节度使高季昌合兵征雷彦恭，攻陷朗州，"彦恭单棹遁去"，投奔了淮南杨吴政权。

马殷擒获雷彦恭的弟弟雷彦雄及其党羽七人,械送至汴京,"皆斩于汴桥下"。马殷成为这场兼并战争的最大受益者,将朗州、澧州收入自己地盘,并奏请后梁朝廷,将武贞军改为永顺军。

开平四年,占据容州、高州一带的宁远军节度使庞巨昭和高州防御使刘昌鲁迫于岭南刘隐势力吞并的压力,归附了马殷,二人亲族和士卒千余人迁往长沙,马殷遂得容州和高州等地。但是,乾化元年(911)十二月,容州、高州又为刘岩所夺。

割据辰州的宋邺和占据溆州的潘金盛都是所谓的"蛮酋",二人"恃其所居深险",多次袭扰马殷的地盘。故而,乾化元年,马殷派大将吕师周前往征讨,斩潘金盛于武冈。翌年,辰州、溆州亦归附马殷。

从乾宁元年(894)占据潭州为始,十余年间,马殷"土宇既广","遂尔据湘潭,跨桂岭,南抵柳、连,北震江、汉",俨然成为南方一大割据势力。在马氏军政集团的经营中,马殷尤其注意对中原王朝表现忠诚,不论中朝是李唐还是朱梁。光化四年(901),被唐廷任命为武安军节度使,次年又加"同平章事"衔,并获得对境内官员"承制迁转,然后表闻"的独立用人权,这意味着马殷的割据已被唐廷承认。

唐天祐四年(907),朱温篡唐建梁,因马殷曾上表劝进,故而被朱梁册封为楚王。仅仅一个"楚王"之头衔并不能使马殷满足,开平四年,马殷上表朱温,请求允许他依照秦王李世民之先例,于长沙开天策府,置官属。李世民开"天策府",而后又政变夺位,这样的要求多少有些僭越的嫌疑。但是,毕竟鞭长莫及,朱温"为时姑息,所求皆允"。马殷开天策府,"以弟賨为左相,存为右相"。

马楚政权一直奉行"上奉天子,下抚士民"的策略,不论中原天子如何变换,马楚始终保持"乃心王室""修职贡于朝"的恭顺姿态,从而换取安全保证。然而,从本质上讲,马殷虽然没有称帝建元,但是雄踞湖湘的马楚政权是一个独立的割据政权。

后唐天成二年(927),唐明宗李嗣源册封马殷为楚国王。在这一年,马楚政权开始了国家化,"楚王殷始建国,立宫殿,置百官,皆如天子,或微更其名",除了未称帝,楚王马殷的一切几乎与天子无异,楚国制度体系也超越了晚唐以来一般性的割据藩镇,俨然一国。

唐末蔡州军人集团横行天下、残忍暴虐,可以说声名狼藉。出身于"蔡贼"集团的马殷,在占据湖南之后,却能很好地实现治理转型,与民休息,"息民礼士,湖南遂安"。后唐长兴元年(930),枭雄马殷病逝,终年79岁,在那个乱世当属高寿。马殷身后的楚国,又将向何处去呢?

从兄弟相继到兄弟相戏

后唐长兴元年(930)十一月,马殷立下了一个继承人制度的遗嘱,规定马楚王位的传承遵循兄终弟及的原则,"遗命诸子,兄弟相继",并"置剑于祠堂"说:"违吾命者戮之!"

马殷为何没有选择父子相传的王位继承办法,而要诸子搞兄弟间的横向传承呢?可能主要的原因是他担心楚国日后出现幼主主政而强臣夺位的局面吧。马殷在诸子之中,并未选择长子马希振,而是立次子马希声为储。马希声得立,并非能力,而是因其母袁德妃是马殷宠妃,子因母而贵。

然而,马希声并非合适的继承者。在尚未接班的前一年,马殷以马希声判内外诸军事,实际主掌楚国军政大权。割据荆南的高季昌对马楚的能臣高郁很是忌惮,便想出一招反间计,派出间谍进入长沙,散播谣言说"季昌闻楚用高郁,大喜,以为亡马氏者必郁也"。马希声似乎很轻易地相信了这个低级谣言,遽夺高郁兵权,假传马殷的命令将高郁杀死。当时的马殷已经处于老病不能视事的状态,故而对儿子的行为无可奈何,只是哀叹一句:"吾荒耄如此,而杀吾勋旧!"

马希声诛杀高郁并非真的是中了荆南的反间计,五代乱世强臣凌主比比皆是,他也不过是剪除父亲时代的实力派大臣而已。马殷薨逝之后,马希声嗣。非常有意思的是,马希声只继承了父亲武安、静江等军节度使的职位,而没有就楚王位，如此收缩低调，足见此人并非没有见识。《新五代史》中说马希声"尝闻梁太祖好食鸡"，心生羡慕，"乃日烹五十鸡以供膳"，这种超乎常理逻辑的传闻，没有任何采信的价值。

长兴三年（932），马希声卒，被后唐朝廷追封为衡阳王，其弟马希范继位。马希范继承了马殷先前所有官爵，后唐清泰元年（934）受封为楚王，依旧谨事中原大朝。后晋天福四年（939），后晋高祖石敬瑭依后唐故事，加封马希范为天策上将军，"开府承制如殷故事"。马希范似乎完全越过了马希声，而直接继承了马殷。

天福七年十月，马希范在长沙城西北德润门外修建天策府，"作天策、光政等十六楼，天策、勤政等五堂"。马希范是一个极其喜欢帝王排场的人，天策府修得十分华丽，"极栋宇之盛；户牖栏槛皆饰以金玉，涂壁用丹砂数十万斤；地衣，春夏用角簟，秋冬用木绵"。

马氏"天策府"的名号来自唐初李世民旧例，故而马希范也效仿李世民天策府设文学馆、立学士员的办法，以文士廖光图、徐仲雅、李皋、拓拔常等十八人为天策府学士，构建了一个兼有幕僚和文学侍从双重性质的班子。马希范本人"好学，善诗"，在他和天策府学士群体的推动下，马楚王国出现了文学的短暂繁荣。

如果在承平时代，马希范做一个"文治"诸侯可能还算不错，但是处在乱世之中，"本无远略"的马希范开启了马楚之衰。吴任臣的《十国春秋》评价马希范"以颖敏之姿，读书礼士，天策群英，几于梁苑邺下之选焉"，天策府文学之盛几能与西汉梁苑、汉末建安文学相埒。同时马希范又有致命弱点，"然性刚愎，且奢靡而喜淫"。

后汉天福十二年（947）五月初八，执政十余年的楚王马希范病逝，终年49岁，谥号文昭王。马希范死后，马楚政权"兄终弟及"王位传承制度的稳定性遭遇挑战，直接导致了王国的覆灭。

如果按照兄弟长幼相继的原则，马希范死后应该由马希萼继位。但是，马希范偏袒其同母弟马希广，很早就将其安排在潭州担任武安军节度副使天策府都尉、领镇南节度使，作为接班人培养。长于马希广的马希萼本应继位，却被外放为武平军节度使，驻于朗州。临终之际，马希范嘱托诸将拥立马希广。

如果马希萼像当年马殷长子马希振一样，甘心被剥夺继承权，最后甚至出家当道士躲避争斗，那么马楚也不会发生大规模内乱。但是，马希萼不是一个淡定的人。天福十二年七月，后汉高祖刘知远下诏任命马希广为武安节度使，封楚王。八月，马希萼从朗州率军至潭州城下，托名奔丧，实欲夺城。马希广派侍从都指挥使周廷诲率水师将马希萼堵在城外，在占据优势的情况下，又不忍心杀死兄长，甚至说"分国而治可也"。

返回朗州的马希萼并不领情，反而加紧备战。乾祐二年（949），"悉调朗州丁壮为乡兵，造号静江军，作战舰七百艘，将攻潭州"，但战败而归。失败之后的马希萼甚至与群蛮结盟，"乃以书诱辰、溆州及梅山蛮，欲与共击湖南"。诸蛮"素闻长沙帑藏之富"，贪图财货，"争出兵赴之"。在群蛮武力的加持下，马希萼实力大增。为了增加胜算，马希萼还向南唐元宗李璟称臣，请南唐发兵助攻潭州。

乾祐三年十一月，马希萼自称顺天王，发朗州之兵与群蛮武装进攻潭州。十二月，马希萼攻陷潭州，"自称天策上将军，武安、武平、静江、宁远等军节度使，楚王"，并诛杀马希广。马希萼在夺位战争中并未得到后汉朝廷的支持，甚至割据朗州而求册封也被刘承祐所拒，故而转向称臣于李璟，奉南唐为正朔，其楚王之封号也是来自南唐的册封。

马希萼当上楚王之后，马楚并没有从此太平无事，反而一步步走向崩溃。"刚狠无礼"的马希萼依靠朗州军人才夺得楚王大位，但是上位之后并未好好犒赏这些军人。南唐保大九年（951），对马希萼心怀怨恨的朗州军人王逵、周行逢等人率兵从潭州逃回朗州，将留守于朗州的马希萼之子马光赞黜免，立马殷长子马希振的儿子马光惠知朗州事。不久之后，这帮朗州武夫又拥戴辰州刺史刘言为武平军节度使，割据朗州，再次形成与潭州马楚政权的对峙局面。

是年九月，潭州军将徐威等人又发动兵变，拥立马希萼之弟马希崇为武安军留后，"幽希萼于衡山县"。没有想到的是，马希萼抵衡山后，又被廖偃、廖匡凝、彭师暠等将领拥立为衡山王。这样一来，马楚政权陷入了潭州、朗州、衡山多方势力并立纷争之中。

马楚内乱，素有大国之梦的南唐李璟觉得"湖南民疲主骄，可取也"，遂于保大九年（后周广顺元年，951）十月，派边镐、刘仁赡率兵攻楚。马希崇无法抵挡南唐的强势进攻，不得不主动请降。十一月，潭州的马希崇和衡山的马希萼先后率族入朝南唐，存世四十四年的马楚政权终告覆亡。

然而，南唐始终没有降服割据朗州的武平军政权。南唐的武安军节度使边镐镇守潭州，但是"抚御无方，士民不附"，第二年就被割据朗州的刘言击溃，南唐伐楚而据之土很快丧失殆尽，刘言的朗州政权"尽复马氏岭北之地"。马楚虽亡，然湖南地区的割据独立状态又得以恢复，一直维持到北宋南下。

第十二章 奄有两浙十三州的吴越王国

起于盐枭而成一方之王

唐末大乱,"百姓流殍,无所控诉,相聚为盗,所在蜂起"。黄巢之乱席卷天下,即便是原本相对安宁的两浙地区也未能得免。乾符二年(875)夏四月,浙西镇遏使王郢叛乱,唐廷命本道募兵镇压,地方土豪出身的石镜镇将董昌"亦募乡里之众"。在董昌所招募的乡里武装中,有一支来自临安的小股武装,其首领是临安临水里人钱镠。与那个时代大多数草莽枭雄相似,钱镠出身于寒微农家,粗通文墨,好拳勇,喜任侠。唐朝严苛的榷盐制度将很多人逼上了走私食盐的道路,黄巢如此,钱镠也是如此。16岁的钱镠成为私盐贩子,行走江湖,习得一身武艺,彪悍异常。

唐懿宗咸通十三年(872),21岁的钱镠"散家财而养士,训父子以为军",以贩私所积之财富,纠集组建了一支乡团武装。据钱镠在后来发迹时追述往事,"江南多事,溪洞猖獗,训练义师,助州县平溪洞"。钱镠投董昌,并非孤身一人,而是将其小股武装并入董昌麾下,多少有点儿入股的意思。

钱镠"遂委质于董氏,始为偏将",开始了他的军事生涯。乾符五年(878),钱镠率军平定了所谓"杭州山贼"朱直、安吉"流寇"孙端之乱,"靖千里之山川,救两郡之涂炭"。尤其值得一提的是,广明元年(880),黄巢别将陷睦州、婺州,兵锋将过石境镇。钱镠引兵二十余人,以疑兵之计,击溃黄巢军先锋,因此声名鹊起。

为了为应付日益严峻的混乱局势,广明元年,杭州始建八都,各都聚数千人以卫乡里。其中,临安一都以董昌为首,钱镠为副。董昌势力渐大,萌生割据杭州的心思。中和三年(883),朝廷任命的杭州刺史路审中想去赴任,却被董昌挡在城外。占据杭州,董昌自称都押司,处理州中事务。镇海节度使周宝无力干预,只好表请朝廷任命董昌为杭州刺史。

董昌既为刺史,于是乃整合八都兵马,以钱镠为帅,改变了过去杭州八都各自为战、力量分散薄弱的情况。董昌仅据杭州一州之地，浙东管内共有越、明、台、温、处、婺、衢七州，首先要面对的就是据于越州（绍兴）的义胜军节度使刘汉宏。"必恐以吴与越，终当有越无吴"，双方必然你死我活。中和二年（882）七月，董昌与刘汉宏之间的战争爆发，双方打了四年多，直至光启二年（886）十月才结束，刘汉宏被擒斩，董昌兼有两浙之地，进义胜军节度使、检校尚书右仆射。

光启二年，消灭刘汉宏后，董昌奏以钱镠知杭州事。不久，浙西节度使周宝承制以钱镠权知杭州军州事，兼杭州管内都指挥使。光启三年，钱镠又受封为杭、越管内都指挥使，左武卫大将军，杭州刺史；董昌则"徙杭镇越"，以越州为主要基地。钱、董二人分镇两地，钱镠获得独立发展的机会。

光启三年，淮南大乱，六合镇将徐约攻取苏州，润州牙将刘浩叛变，浙西节度使周宝仓促逃奔常州。润州发生兵变，钱镠挥戈攻苏州、常州、润州。唐廷任命钱镠为杭州防御使，这场战争进一步巩固了钱镠在浙西的势力。大顺二年（891），蔡州军阀余部孙儒与割据宣州的杨行密决战，孙儒军"旌旗亘百余里，号兵五十万"。钱镠出兵相助杨行密，击溃孙儒集团，将其擒斩。蔡州军人骁勇善战，"初，孙儒死，其士卒多奔浙西，钱镠爱其骁悍，以为中军，号武勇都"，收编孙儒余部而组建的"武勇都"后来成为钱镠手中利器。

董昌原本是个"为治廉平"之人，在"天下贡输不入"的背景下，董昌还能给长安朝廷"赋外献常参倍"。故而，"朝廷赖其入，故累拜检校太尉、同中书门下平章事，爵陇西郡王"。然而，董昌所要的是"越王"封号，而不是一个虚爵性质的"陇西郡王"，既然"朝廷负我"，吝惜一个"越王"爵位，那不如造反了。

乾宁二年（895）正月，董昌在越州称帝，国号大越罗平，建元顺天。董昌当时并不具备割据称帝的条件，姑且不说义胜军并非强藩，虽领有浙东七州，但董昌并不能有效控制，"彼不从，徒守空城为天下笑"。董昌称帝，其实是给了钱镠兼并浙东的机会，"钱镠本有并董昌之心，因其僭号，仗大顺而请讨之"。

在讨伐僭越叛逆的名义下，乾宁二年六月，钱镠发起了对董昌的战争，历时十一个月，至次年五月，钱镠军攻占越州，擒杀董昌。击败董昌之后，钱镠令两浙官员百姓上书朝廷，请以钱镠兼领浙东。迫于钱镠事实据有两浙，唐廷不得已任命钱镠为镇海、威胜两军节度使。

钱镠固然独霸两浙,但是在与董昌近一年的交战中,又不得不屡屡与襄助董昌的淮南霸主杨行密交手,遂致苏州失陷,嘉兴被围。此后数年,钱镠与杨行密争雄,解嘉兴之围,略湖州、复苏州,再夺婺、衢二州,形成了巩固的疆域。乾宁五年,唐授钱镠为检校太师,赐号"定乱安国功臣",钱镠成为事实上的吴越之主。天复二年(902),唐朝册封钱镠为越王。天祐元年(904),钱镠奏请改封为吴越王,被唐廷拒绝后,在朱温的斡旋下,改封为吴王。

割据两浙的钱镠对于中原王朝始终表现出恭顺忠诚的态度,这是群雄割据背景下,弱小藩镇应有的"尊王事大"品质,唯有如此才能抵抗住周边强大藩镇的兼并图谋。对于吴越而言,江淮大国杨吴政权始终是最大最现实的威胁,"吴越东滨海,西南一面当福州王氏,地小力微,不敢为害,独西、北二面皆淮南之地,兼之悍臣,两相构煽,遂无宁岁"。钱镠臣服中原,目的就是远交近攻,借力对抗淮南。

不论中原是何朝,钱镠的态度都是始终如一的忠诚,"勤修职贡,航深梯险,道路相望"。"子孙善事中国,勿以易姓废事大之礼",钱镠给钱氏子孙立下的这个规矩足见一种精明的政治智慧。朱温篡唐之后,钱镠身边的谋臣罗隐劝谏其举兵讨伐:"纵无成功,犹可退保杭、越,自为东帝;奈何交臂事贼,为终古之羞乎!"对于这种慕虚名而招实祸的迂腐建议,钱镠当然不能采纳。

一直以唐廷忠臣面目视人的钱镠果断向朱梁称臣,受其册封为吴越王。后梁贞明三年(917),梁末帝朱友贞加封吴越王钱镠为天下兵马元帅。次年三月,钱镠"初立元帅府,置官属"。沙陀李氏后唐取代朱梁之后,钱镠又遣使进贡,受封为吴越国王,改所居曰宫殿,府署曰朝廷,教令曰制敕,"将吏皆称臣","表疏称吴越国"。

如果说钱镠一丝称帝野心也没有,那恐怕是低估他了。北宋以后,钱氏子孙在宋朝依旧显贵,都标榜钱镠"鼎奉正朔,而修贡赋"。《资治通鉴》亦称,钱镠"仪卫名称多如天子之制","惟不改元"。但是,自后梁开平二年(908),钱镠曾在境内私行"天宝"年号,后又曾改元宝大、宝正。私行年号与奉中原正朔是冲突的,如此"内帝外王",似可看出钱镠内心有不甘的称帝野望。

后唐长兴三年（吴越宝正七年，932）三月，钱镠病逝，被谥为"武肃"王。钱镠在位三十年，后世对之评价颇高，称赞其善政惠及两浙百姓。史书中屡有提及钱镠修筑海塘，治理钱塘江水患，"浙江通大海，日受两潮。梁开平中，钱武肃王始筑捍海塘，在候潮门外。……既而潮避钱塘，东击西陵"，民间有"钱王射潮"之传说。

另外，钱镠疏浚西湖、太湖等水系，兴修水利等也被史书誉为善政。吴越在王国中央设有"都水营田使"，负责组织和指挥全国的治水治田工作，并建立了一支专门从事太湖治水治田、维修养护工作的撩浅军，"常为田事，治河筑堤……，居民旱则运水种田，涝则引水出田"。

不可否认，雄踞两浙的钱镠在治理藩国上颇有建树，吴越国的经济发展也确实不错，"钱塘富庶由是盛于东南"。钱镠修建杭州等城市，同样也是福泽后世，"广郡郭周三十里，邑屋之繁会，江山之雕丽，实江南之胜概也"。吴越都城杭州，在唐时繁荣亚于苏州和越州，钱镠建都杭州后，杭州得到很大发展，"邑屋华丽，盖十余万家，环以湖山，左右映带，而闽商海贾，风帆浪舶，出入于江涛浩渺，烟云杳霭之间"，成为东南地区的政治、经济和对外交往中心。

然而，如果细思其中本相，便会发现钱氏治下之吴越并非百姓乐土。虽然钱镠自我标榜"吴越境内，绫绢绸绵，皆余教人广种桑麻；斗米十文，亦余教人开辟荒亩。凡此一丝一粒。皆民人汗积辛勤，才得岁岁丰盈"，但是，吴越毕竟国土狭小，既要以丰厚贡献侍奉中原大朝，对内又要维持相当军政力量以确保统治。如此，厚敛百姓恐怕是避免不了的，"钱氏据两浙逾八十年，外厚贡献，内事奢僭，地狭民众，赋敛苛暴，鸡鱼卵菜，纤悉收取，斗升之逋，罪至鞭背，少者数十，多者至五百余"恐非诬辞，吴越"民免于兵革之殃，而不免于赋敛之毒"。

历经三世而终纳土归宗

钱镠之霸业主要依靠的武力是早年的八都军将和后来收编的"武勇都"悍军。但是，在后来的军政格局变换中，屡屡发生军将兵变之事，早在天复二年（902），武勇都兵变，乱军围杭州，吴越危如累卵；天祐元年（904），衢州陈璋兵变，叛军占据睦、衢、婺、处、温五州。虽然这些叛乱最终都被钱镠平定，但造成的冲击不可低估。

出于权力安全性的考虑，钱镠开始有意识地注重将兵权付诸钱氏子孙。在与淮南杨行密等势力的战争中，钱镠从弟钱铧、钱镒、钱锯、弟钱镖，钱镠子钱元璙、钱元瓘、钱元瑛、钱元球等皆掌兵权。吴越建国之后，钱镠更是以钱氏宗室镇守各州，以杭、越为中心，其周边诸州皆由宗室镇治。

唐末以来，很多割据一方的枭雄都遭遇过父子兄弟相残互戮的悲剧，朱温死后的朱氏兄弟、刘仁恭刘守光父子、闽国王氏皆是此类，钱镠深感家族内部如果"自相鱼肉"，就会"子孙遂皆绝种"。故而，钱镠在世期间非常重视培养宗室兄弟之间的友善关系，令其"兄弟相同，上下和睦"，并于《遗训》中说"倘子孙不忠不孝，不仁不义，便是坏我家风，须当鸣鼓而攻"。

《十国春秋》记载，钱镠共有三十八子，但见诸史册的只有三十五人，继承其基业的是第七子钱元瓘。早在后唐同光二年（924），钱元瓘就被任命为两浙观察留后，成为事实上的王位接班人。两年后，钱镠染疾，命钱元瓘监国。长兴三年（932），钱镠弥留之际，曾召诸将议立嗣王，诸将皆曰："元瓘从王征伐最有功，诸子莫及，请立之。"钱元瓘嗣位不仅得到军中诸将拥戴，钱氏宗室也都赞同，就连战功更为卓著的六子钱元璙也称钱元瓘"功德高茂"，是王位不二人选。

如果仅从表象看，钱元瓘继位风平浪静，诸子也确实兄友弟恭。但是，钱镠死后，这些镇守要镇的钱氏诸子便绕开杭州政权，直接向中原朝廷纳贡。《册府元龟·帝王部·纳贡献》清泰二年条记载："静海军节度使钱元璙、中吴军钱元璙，各贡银、绫罗器物等。"是年九月，镇守明州的钱元珦也贡"银、绫、绢各五千两、匹，锦绮五百，连金花食器二千两，金棱秘色瓷器二百事"。分别朝贡，隐然有与杭州分立的意思，可见兄友弟恭的表象背后也是暗潮涌动。

后晋天福二年（937）三月，土客马步都指挥使钱元球被指控在内牙军中扩充势力，"恃恩骄横，增置兵仗"，还说钱元球"遣亲信祷神，求主吴越"，还以蜡丸书与钱元珦密谋造反。这些指控，其实并无真凭实据，皆为"铜官庙吏""诸将吏""左右"等人检举，可谓风闻定罪。钱元球手握内牙军兵权，对国都杭州至关重要，钱元瓘"使人讽元球请输兵仗，出判温州，元球不从"，妨碍了钱氏王权对军权的控制。明州刺史钱元珦则是因其"虐政"而声名狼藉，且"骄纵不法，每请事于王府不获，辄上书悖慢"，藐视杭州王权。

对于这二人，钱元瓘下手果断。后唐长兴三年（932），即将钱元珦从明州召至杭州，"幽于别第"。四年之后，即天福二年，就以钱元球进宫之时"有刃怀袖"，且与钱元珦共谋造反为罪名，将二人处死。

对于另一位兄长钱元璙，坐稳王位的钱元瓘表现出"弟恭"的应有之礼。长兴四年，钱元璙"自苏州入见，元瓘以家人礼事之"，而元璙当然不敢受，于是跪拜说："先王择贤而王，是君臣位定，元璙知忠顺而已！"如此，钱元瓘对这位兄长才真正放心了。

钱镠确定了对中原王朝的"事大"政策，在遗训中也嘱咐钱元瓘"凡中国之君，虽易异姓，宜善事之"。在继位之初，钱元瓘曾经取消了吴越国的王国体制，降格至一般藩镇，并革除吴越年号。后唐长兴四年七月，后唐赐封钱元瓘为吴王。清泰元年（934），后唐封钱元瓘为吴越王。后晋天福二年四月，钱元瓘恢复吴越王国体制，复设文武百官。十一月十九日，后晋高祖石敬瑭下诏，加任钱元瓘为天下兵马副元帅，晋封为吴越国王。对于中原王朝，钱元瓘始终恭敬有加，"每陈贡输，常逾万亿"。钱元瓘的"事大"甚至扩展至宿敌邻国，在中原唐晋交替之时，钱元瓘一面向后晋称臣，另一面竟然遣使劝进杨吴权臣李昇，"谓人望以归"，劝进称帝。李昇称帝时，钱元瓘即遣左卫上将军沈韬文"如唐贺南郊"。如此这般，不过是为了吴越有一个安全稳定的国际环境。

然而，钱元瓘同样有很多专制帝王的缺陷，这位"临戎十五年，决事神速，为军民所附"的君王，同样是一个"性尤奢僭，好治宫室"之人，这一点又"甚于其父"。后晋天福六年八月，钱元瓘病逝，时年55岁，谥号文穆王。

钱元瓘死后，王位由其年仅13岁的儿子钱弘佐继承。当时吴越国"帑藏因回禄之初，将校竞陆梁之志"，府库空虚，将校桀骜不驯，王位并不稳固。据《吴越备史》记载，在天福二年时，钱元瓘就曾立其年方11岁的第五子钱弘僔为世子。但是，钱弘僔很快早夭，钱元瓘又于天福五年封钱弘佐为镇海、镇东两镇节度副使、内衙诸军都指挥使，成为吴越国王继承人。

钱元瓘临终之际，将幼主钱弘佐托付给了内都监章德安。钱元瓘尚有主少国疑的担忧，对章德安说："弘佐尚少，当择宗人长者立之。"章德安却说："弘佐虽少，群下伏其英敏，愿王勿以为念。"然而，钱弘佐刚刚继位不久，就发生了钱氏宗室内部冲突事件。

钱元瓘刚死不久，就有所谓有人密告内牙指挥使戴恽谋立钱元瓘三子钱弘侑为王的事情。掌握辅政大权的章德安秘不发丧，待到戴恽入府之时，迅速将其擒杀，而后拥钱弘佐即位，并贬钱弘侑为庶人，幽禁于明州。这起所谓的谋反案件，充满了疑点，没有任何实锤，仅凭密告就诛杀重臣，幽禁宗王。

如果了解钱弘侑的身份及其与戴恽的关系，似乎就不难理解了。钱弘侑并非钱家骨肉，而是钱元瓘的养子，本姓孙。戴恽早年即为钱元瓘所亲信，"悉以军事委之"，其妻子又是钱弘侑的乳母。两人关系既亲近，又都掌握兵权，即便没有谋反之意，也会是钱弘佐王权的潜在威胁。

所以，章德安出手对付钱弘侑、戴恽二人，纯粹是一种捍卫钱氏王权的先发制人打击。年轻的钱弘佐即位之初，并不能真正控制权力，虽然大赐诸军，"军中言赐与不均，举仗不受，诸将不能制"。最后还是由八都旧将出身的丞相曹弘达出面晓谕，才将心怀不满的内牙诸军安抚下去。

即位第二年，钱弘佐对内牙军的领导机构进行了调整，以内衙指挥使章德安、李文庆为内衙左右都监使，以都指挥使阚璠、胡进思为内衙左右统军使。但是，年轻的君主未能驾驭这些悍将，阚璠一人独揽大权，将章德安贬往处州，李文庆贬往睦州，"与右统军使胡进思益专横"，钱弘佐几成傀儡。

原本可以拱卫王权的钱氏诸王当时多已凋谢，譬如声望高著、手握重兵的中吴节度使钱元璙于天福七年三月病逝。钱镠时代的丞相曹弘达、皮光业、沈崧也相继去世，杭州兵权完全掌握在内牙悍将手中，钱弘佐确实无可奈何。

钱弘佐到底还是有几分手腕的。开运二年（945）十二月，钱弘佐拉拢阚璠同党内牙右统军使胡进思、内都监使程昭悦诛杀了左统军使阚璠和内都监使杜昭达。诛杀二人的理由是他们企图谋立钱仁俊为王，钱仁俊是钱元瓘的侄子，后来过继为子，算是钱弘佐的兄长。钱仁俊的母亲是杜昭达的姑姑，而他本人也是名义上内牙军的最高统帅内外马步都统军使，与阚璠等人算是一条线上的人。不过，钱仁俊并无谋反之心，无端卷入只是因为钱弘佐要剪除权臣。事后，钱仁俊被幽禁于东府越州。

钱弘佐此时方显帝王杀伐手段，杀阚璠、杜昭达，幽钱仁俊，诛放百余人，同时被杀的还有四年前被放逐在外的钱弘侑。大诛杀之后，"国中皆畏恐"，此时的钱弘佐不过18岁。阚璠之狱后，钱弘佐才开始真正掌握大权，成为真正的吴越国王。

钱弘佐继承了父祖定下的"尊奉中原"的对外立场，甚至超越了"华夷之辨"。在契丹南下灭后晋，一度可能君临中原时，远在浙江的吴越王国竟然奉辽朝正朔，改用辽太宗"会同"年号。当刘知远的后汉政权稳定之后，钱弘佐又毫不迟疑地遣使朝贡，奉为正朔。

后汉天福十二年，年轻的钱弘佐意外病故，谥为忠献王。因其子年幼，诸将拥立其弟钱弘倧继位。钱弘倧与其兄长一样，也遭遇了悍将擅权凌主的问题。那位曾经帮助钱弘佐除掉阚璠的内统军使胡进思"恃迎立功干预政事"，与"性既严急"的新晋少主钱弘倧的矛盾越来越激化。

钱弘倧也想效法兄长，"欲夺其兵权而远之"，铲除跋扈的军头，但过早地暴露了意图，致使"进思大惧"，"知倧将杀己"。胡进思决定先下手为强，"拥卫兵废倧，囚于义和院，迎俶立之，迁倧于东府"。

胡进思所拥立钱弘俶当时是台州刺史，此人是一个"性谦和"之人，他同意即吴越王位的条件就是保全兄长钱弘倧的人身安全。钱弘俶治理吴越的方略，基本沿袭父兄既定路线，没有多少变化，权臣胡进思在天福十五年，也因年老体衰而交出了权柄。

钱弘俶是历史上有名的"崇佛"君王，与南梁武帝萧衍相去不远。如今杭州的净慈寺和雷峰塔便是钱弘俶"崇佛"的历史印记。钱弘俶是一个虔诚的佛教徒，不仅重视高僧、广建寺院，还效仿古印度阿育王的传奇事迹，制造了"八万四千"座金属小塔。这些小塔象征着吴越国佛教的辉煌，还有一部分被送给日本和高丽，成为吴越这个东亚佛国海上文化外交的媒介。

钱弘俶继承了吴越国尊奉中原大朝的政治传统，不以中原王朝更替为意。后周取代后汉之后，钱弘俶对新朝也是称臣顺服，"常贡奉中国不绝"，他也被后周王朝册封为吴越国王、天下兵马都元帅。吴越的称臣不仅是停留在贡赋的献纳，而且用实际行动配合中原王朝的南进战略。后周世宗柴荣发动征讨南唐的淮南之役时，曾经"以诏谕弘俶，使出兵击唐"。钱弘俶则"乃尽括国中丁民益兵"，派军进攻南唐。

赵匡胤兵变夺位建宋，在改元之后就立即遣使宣谕吴越。钱弘俶自然称臣纳贡，还为避赵匡胤之父赵弘殷之讳而改名钱俶。在赵匡胤即位的一年时间里，赵宋多次遣使至吴越，且频繁赏赐，"自太祖革命，王有贡奉，即加常数，太祖礼之，亦异于常"。

赵宋异常之礼，只因为吴越在其兼并天下战略中占据重要地位。赵宋若要南进，首先是要兼并当时虽已臣服但仍然事实独立的南唐政权。如果南唐不愿"纳土"归顺，便只能以战争解决，而与南唐有复杂矛盾的吴越便是天然盟友。

开宝七年（974）五月，赵宋准备征伐南唐，以吴越王钱俶为昇州东南面行营招抚制置使，令其发吴越兵助攻。如果南唐灭亡，吴越事实独立的地位势必不保。吴越国丞相沈虎子反对出兵助宋灭南唐，他认为："江南，国之藩蔽。今大王自撤其藩蔽，将何以卫社稷乎？"

钱俶并未采纳沈虎子的建议，反而将其罢黜，"命通儒学士崔仁冀代之，总其兵要"。钱俶并非不懂唇亡齿寒之理，但是如果拒不出兵，宋朝大军灭掉吴越也只是朝夕之间，事大主义可能还会有保全社稷的一线生机。

赵匡胤的算盘是"江南若下，俶敢不归乎"。开宝九年正月，钱俶入开封朝觐。二月，到达汴京。吴越卑微的"事大"姿态，目的是为了保全事实独立的割据政权地位。但是，赵宋要的是兼并天下、郡县诸国。昔日李煜早已对宋朝"以小事大，如子事父"，"极尽君臣之礼"，但是终究逃不过灭国之命运。赵匡胤要的是"天下一家"，卧榻之侧又岂能容他人酣睡呢？

为了求得偏安两浙，在南唐灭国之后，钱俶更为殷勤地向赵宋贡献求饶。贡物的次数由一年两贡增至一年六贡，贡物数量由银数千两增至银数万两，开宝九年一年之内的贡银就高达36万两。为了向赵宋表示忠诚，钱俶甚至在太平兴国二年（977）五月，下令全境解除防御，"凡御敌之制悉命除之，境内诸城有白露屋及防城物亦令撤去"。

开宝九年的第一次入朝，宋廷群臣就有建议赵匡胤扣留钱俶，"而使之献地"，赵匡胤认为时机未到。在钱俶返回吴越之前，赵匡胤却赐予密封有群臣要求扣留他的奏章，如此恩威并用，钱俶"益感惧"万分。

两年之后，就是宋太宗的太平兴国三年，钱俶再次奉旨入朝。为了谋求离开汴京，钱俶"厚其贡奉以悦朝廷"，甚至乞求以"罢所封吴越国及解天下兵马大元帅之职"为条件，而"求归本道"，也未得到赵光义的应允。是年五月，吴越国献所据两浙十三州之地归宋。

至此，前后共历三世、五王，国祚八十四年的吴越王国终告落幕。相较于南唐亡国金陵城"死者相枕籍"之惨烈，钱氏吴越"纳土归宋"虽然有万般无奈，但"不至血刃"，也是"有德于斯民甚厚"了。

第十四章

十世纪中国南方的海洋王国

王审知宁可做开门节度使，不做闭门天子

唐末黄巢之乱，王朝秩序崩坏，群盗蜂起。中和元年（881）秋，寿州屠户王绪啸聚五百人造反，攻占寿州，一时响应者万余人，自称将军，攻陷光州（今河南潢川），声势颇壮。固始人王潮、王审邽、王审知兄弟三人加入其中。

王审知三兄弟在当地拥有一定的资源和人脉，王潮是固始县佐史，也就是基层县吏，处于权力末梢，在体制崩溃之际，最具造反能力的往往是这样一群人。史书称王潮"志尚谦恭，誉蔼乡曲，善于和众，士多归之"，恐怕也只是日后的溢美之词。

王氏三兄弟邑人号曰"三龙"，王潮"沉勇有智略"，王审邽"喜儒术，善吏治"，日后成大事的王审知据说相貌雄伟，方口隆准，喜读书，好骑射，常乘白马，号称"白马三郎"。

当时，中原一带秦宗权风头正劲，于光启元年（885）二月在蔡州僭称帝号，"恃势侵陵四境"。王绪当然不是秦宗权的对手，只好退出固始，率众南奔。王绪兵马至赣境，略浔阳、赣水，入闽地，取汀州、陷漳浦，但皆未能据之。

此时，王绪集团又发生了内讧。王潮兄弟发动兵变，囚禁了王绪，后又迫其自杀，进而控制了这支军队的主导权。史书中对于王绪的评价很低，说他"猜刻不仁"，凡才貌过己者，必暗除之，军中人人自危，"不保朝夕"，所以才激起兵变，王潮兄弟动手是不得已而为之。当然，这样的描述多半是胜利者的视角，不可采信。

当时的福建尚是边疆蛮夷之地，"地方割据，盗贼四起"。王潮兄弟原本并不打算以此为基业，准备率军离开福建。但是，泉州刺史贪暴不仁，残害百姓。相比之下，王潮军队军纪相对严明、军容整肃，"故州人奉牛酒迎潮"，泉州耆老张延鲁等众奉牛酒赶到沙县请求王潮军回师泉州，解救泉州百姓于水火之

中。王审知劝兄长取泉州，"春秋所以伐罪吊民，今阖府之来，其可违乎？宜徇而抚"。于是，王潮集团顺应民心，回师围攻泉州，"岁余克之，杀彦若，遂有其地"。

光启二年，王潮已据有泉州，福建观察使陈岩见王潮已成气候，遂上表朝廷，正式任命王潮为泉州刺史。王潮占据泉州之后，先是平定狼山流寇薛蕴，并"悉心治郡"。唐昭宗大顺二年（891），福建观察使陈岩兵卒，其内弟范晖"讽将士推己为留后"。

福州权力交替，据有泉州的王潮觉得机会来了。王潮命堂弟王彦复任都统，三弟王审知任都监，发兵攻打福州。福州城防严密，王潮军久攻不克。直至景福二年（893），福州城中粮尽，才被攻陷，范晖被擒斩，王潮军进入福州。

王潮很会做人，为了收买人心，为已经病逝的前任观察使陈岩素服举丧，还将自己的女儿嫁给陈岩之子陈延晦，最大限度地继承了陈岩的政治资产。王潮集团占领福州后，声威大振，"建州人徐归范以州应潮"，"汀州刺史钟全慕举籍听命"，"岭海间群盗二十余辈皆降溃，潮乃尽有五州地"。景福二年十月初四，唐王朝正式任命王潮为福建观察使，王审知为副使。乾宁元年（894），黄连洞二万蛮众围汀州，王潮派兵将其击败，闽地遂定。

乾宁四年冬十一月，在福建初建基业的王潮病重，接班人问题迫在眉睫。王潮并没有将权力传给儿子，他认为诸子皆不能堪当大任；他也越过了二弟王审邽，而是将王氏集团全部托付给了三弟王审知，"命审知知军府事"。

王潮病逝之后，王审知先是表示让位于二哥泉州刺史王审邽，但是"审邽以审知有功，不受"，于是王审知乃称福建留后，请表朝廷正式任命。唐廷遂以福州为威武军，拜王审知为节度使，累迁同中书门下平章事，封琅琊王。唐亡之后，王审知选择臣服于胜利者，称臣于朱温，后梁朝廷于开平元年（907）加拜王审知中书令，封闽王，升福州为大都督府。

王审知统治福建的时候，正值群雄纷争、武力割据的五代十国初期，但是王闽政权从未对外邦用兵，也未受外邦侵扰，境内一片升平。

与北方政权不同，王审知在福建统治稳定下来之后，就开始执行重商主义政策，发挥海洋优势，发展对外贸易，"招来蛮裔商贾"，"尽去繁苛，纵其交易"。在王审知宽松政策的鼓励下，福建的对外贸易发展很好，"利涉益远"，北至新罗，南达南洋诸岛，以及印度、三佛齐和阿拉伯等国家，都经常有使者和商旅往来其间。南洋珍奇通过王闽政权的贸易网络进入中国境内，舶来品如象牙、犀角、珍珠、香药等也应有尽有。王闽政权通过这样的转口贸易，获得了大量的财富。

王审知在福建海外贸易发展上的最大建树就是甘棠港的修建。福州地处沿海内陆，离海口一百多里。很显然，这样的天然条件并不利于福州发展海洋贸易。为了使福州"水陆无滞"，海舶能畅通无阻地出入，王审知对福州水系进行了一番整理改造，"其东画长川以为溆，西连平南盘别浦以为沟，悉通海鳝，朝夕盈缩之波，底泽鳞介，岸泊艓艛"。经过一番疏浚，福州的水路交通日渐发展起来，呈现出"岸泊艓艛"的繁盛场面。交通的发达带来了城市商业的繁荣，唐末天复初年，福州城内就已经是"人烟绣错，舟楫云排，两岸酒市歌楼，箫管从柳荫榕叶中出"这般繁华了。

为了进一步获取海外蕃舶之利，王审知又选择位于江海通津的黄崎港，开凿巨石，重建新港。唐天祐三年（906）的《恩赐琅琊郡王德政碑》记载了这个新港口开凿的历史：

闽越之境，江海通津。帆樯荡漾以随波，篙楫崩腾而激水。途经巨浸，山号黄崎。怪石惊涛，覆舟害物……赐名其水为甘棠港。

原本黄崎港的航运条件是很差的，"先有巨石为舟楫之患"，王审知令工匠开凿，"忽然震碎"，才得以建成新港，唐昭宗赐名为甘棠港。新的甘棠港建成之后，很快成为南北商旅"帆樯云集"的海上都会，"潮通蕃舶，地接榕都。连五寨而接二荾，控东瓯而引南粤"，福州很快成为海外贸易的重要港口城市。

除了福州之外，原本就是天下四大港口之一的泉州港地位得到进一步增强，城市规模也进一步扩大，"泉州城市旧狭窄，至是扩为仁风、通淮等数门，教民间开通衢，构云屋……陶器铜铁，泛于藩国，取金贝而还，民甚称便"。

航海业和商业的繁荣不仅给王审知的割据政权带来了巨额经济财富，也使其有了割据的资本。虽然割据东南一隅，又有得天独厚的蕃舶之利，但是王审知始终头脑清醒，中原王朝无论怎么变换，他都是称臣姿态，并不去冒险僭越，曾言"宁可做开门节度使，不做闭门天子"，这种不膨胀的心态在那个乱世非常难得。

嗜杀而昏聩的王延钧

王审知一直卑事中原王朝，低调谨慎，"节俭自处，选任良吏，省刑惜费，轻徭薄敛，与民休息。三十年间，一境晏然"。但是，后唐同光三年（925），王审知去世之后，闽国就陷入王位争夺的内乱之中。

王审知死后，闽国王位是由其长子王延翰继承。王延翰在未嗣位之前是个低调谨慎的人，父亲病重期间，他"力侍汤药，寝食俱忘"。但是嗣位之后，王延翰与诸弟关系就紧张起来，"蔑弃兄弟，袭位才逾月，出其弟延钧为泉州刺史。延翰多取民女以充后庭，采择不已。延钧上书极谏，延翰怒，由是有隙"。刚接班，就排挤兄弟，把弟弟王延钧赶去泉州当刺史。王延翰自己胡作非为，王延钧上书谏阻，反而得罪了这位狂妄自大的哥哥。

王审知还有一个养子叫王延禀，是建州刺史。王延翰曾致书王延禀，令其采择民女，王延禀回信很不客气，于是两人闹了矛盾。王延钧和王延禀两人联手，共谋除去王延翰。

后唐明宗天成二年（927）十二月，延禀、延钧联合出兵福州，王延禀顺着闽江先抵福州，"福州指挥使陈陶帅众拒之"，但是兵败自杀。攻打福州，顺利得出乎意料。当天夜晚，王延禀"帅壮士百余人趣西门，梯城而入，执守门者，发库取兵仗"。到寝门时，王延翰"惊匿别室"。十二月初八日晨，王延禀抓获王延翰，"暴其罪恶，且称延翰与妻崔氏共弑先王，告谕吏民"，然后将王延翰一家斩杀于紫宸门外，"推延钧为威武留后"。王延钧接管闽国权力后，改名为王鏻。中原的后唐朝廷承认了既成事实，拜其为威武军节度使，累加检校太师、中书令，封闽王。

王延禀在攻打福州的战事中展示了自己的实力，这也令王延钧感到不安。福州秩序稳定后，王延禀即将返回建州。临别之际，王延禀竟然狂妄地丢下一句："善继先志，毋烦老兄复来！"言语中的嚣张，毕露无遗。

回到建州不久，王延禀越过福州，直接上表洛阳后唐朝廷，请求封自己的儿子王继雄为建州刺史。胡三省曾对此事有这样的评论："时王延禀既与王延钧弑其君延翰，兵强权重，建州又居福州上游，势陵延钧，故不复禀命于延钧而专达洛阳。"

后唐长兴二年（931），王延钧"诈疾，以死讣于稟"。这种诈死的把戏其实并不高明，只要多注意情报信息来源就能识破。但是，王延稟急于求成，和长子王继雄一起率军直攻福州。

王延钧派自己的侄子楼船指挥使王仁达率战船迎战，"仁达伏甲舟中，伪立白帜请降，继雄喜，屏左右，登仁达舟慰抚之；仁达斩继雄，枭首于西门"。王继雄和他爹一样，是个有勇无谋之辈，这么简单的诈降都能中计！

当时，王延稟正在纵火攻城，见到儿子的人头忍不住恸哭，军心动摇，王仁达趁机击之，王延稟人马溃败，本人也被生擒。面对阶下囚王延稟，王延钧很得意地说："果烦老兄再下！"然后，将延稟囚于别室，派使者到建州招安延稟的党羽。党羽杀死使者，与延稟的两个儿子继升和继伦逃到吴越。

是年五月，王延钧将王延稟斩杀，并将其从王氏宗亲中除名，复其本名周彦琛。干掉王延稟，王延钧的王位就坐得稳了吗？

王延钧笃信巫道，为了避位修道，让儿子王继鹏主管军府大事。说起来，迷信宗教方术也算是闽国的政治文化传统。王审知出身寒微，在闽地建政也属外来政权。为了增强政权合法性，王审知大力扶持道教，甚至攀附了一个传说中的神仙当祖宗。据《旧五代史·僭伪列传》记载，南朝梁时有个道士叫王霸，"居于福州之怡山时，爱二皂荚树"，在树下筑坛，写下"吾之子孙，当有王于此方者"的谶语，"藏之于地"。王氏兄弟占据闽地称王，"代代封闽疆"，乃是天意。

传说中的王霸被尊为宝皇大帝，为五代闽国君主所供奉。在王审知时代，闽国政权对于神仙方术之类不过是利用而已。但是，王审知之后的闽国君主被神道反噬，方士势力影响到了政治。

王延钧执政之后，道士陈守元以通神方术见用，并获得了宝皇代言人的身份。王延钧有称帝的图谋，陈守元便假托宝皇传言，对王延钧说："宝皇命王少避其位，后当为六十年天子。"听信陈守元之言，王延钧真的"欣然逊位"，命长子王继鹏"权主府事"。

不久之后，王延钧又复位，命陈守元再问宝皇："六十年后将安归？"陈守元再次假托宝皇传言："六十年后，当为大罗仙人。"于是乎，王延钧于长兴四年（933）正式称帝，"受册于宝皇"，"以黄龙见真封宅"，故而改元为龙启，国号为大闽，追谥王审知为昭武孝皇帝，庙号太祖，立五庙，置百官，以福州为长乐府。

如果说迷信方士算是昏聩，那么重用酷吏就是混账了。虽然经过王审知的苦心经营，闽国社会经济得到一定的发展，但毕竟是后发地区，"闽地狭，国用不足"也是现实。

如何解决"国用不足"呢？王延钧"以中军使薛文杰为国计使"，专门负责搜刮钱财。薛文杰经常查访民间隐情，然后专门找有钱人的罪名，"而籍没其赀以佐用"。

薛文杰的敛财搞得闽国百姓怨声载道，后又向皇帝举荐了妖巫徐彦，并说："陛下左右多奸臣，不质诸鬼神，将为乱。"于是乎，妖巫徐彦被王延钧招致宫中，负责看鬼。徐彦把原本就混乱不堪的闽国政治搞得更加糟糕，诬杀宗室大臣，又致将士离心，内乱的危机越来越严重。

闽国国君王延钧重用酷吏薛文杰为国计使，专事搜括钱财，引得闽人怨声载道。薛文杰与闽国内枢密使吴英有过节，有次赶上吴英称病告假，薛文杰私下对吴英说："上以公居近密，而屡以疾告，将罢公。"意思是说，皇帝以你任枢密使，而你屡屡以疾病告假，就打算将你罢职了。吴英也是犯傻，竟然信了，还问薛文杰："奈何？"

薛文杰对吴英说，如果皇帝派人问你的病，你就说"头痛而已，无他苦也"。另一头，薛文杰又撺掇王延钧派妖巫去探视吴英病情。妖巫返回之后，对王延钧说了一番鬼话："入北庙，见英为崇顺王所讯，曰：'汝何敢谋反？'以金槌击其首。"

北庙就是王氏家族的宗庙，崇顺王即是王审知，妖巫说看见王审知讯问吴英，关键的信息是"以金槌击其首"。王延钧将妖巫之言告诉了薛文杰，薛文杰却装模作样地说："未可信也，宜问其疾如何。"王延钧再次遣人问疾，不出所料地得到了"头痛"的答复。

昏聩的王延钧掉进了薛文杰设计好的算计之中，深信吴英的头痛是因王审知显灵槌击，当即将吴英关进大狱，还命薛文杰去审讯，最后吴英冤死在狱中。吴英曾经主掌闽国兵权，深得军心，"军士闻英死，皆怒"。

就在吴英被杀的这一年,杨吴进攻建州。王延钧派其弟王延宗率军援救,但是闽国军士在半道上拒绝进军,扬言"得文杰乃进",就是要王延钧交出薛文杰。王延钧还舍不得牺牲薛文杰,其子王继鹏原本就看不惯薛文杰,劝父亲"与之以纾难"。无奈之下,王延钧只好命人"以槛车送文杰军中"。

"作茧自缚"这个词用在薛文杰身上特别合适,这个酷吏曾为王延钧设计槛车,他认为"古制疏阔",传统的囚车太过于宽松,囚犯在里面太舒服了。于是重新设计,"乃更其制,令上下通,中以铁芒内向,动辄触之",在里面的囚犯之痛苦可想而知了。没想到,囚车设计出来之后,薛文杰"首被其毒",成了第一个体验者。薛文杰多少会点儿妖巫之术,自己占了一卦说:"过三日可无患。"押解薛文杰的人听到这句话,"疾驰二日而至",快马加鞭,两天就把薛文杰送到军中。

仇人就在眼前,"军士踊跃,磔文杰于市,闽人争以瓦石投之,脔食立尽",这个酷吏最后的死状着实是惨!果不其然,第二天,王延钧的钦使就到了,确实是来赦免他的,但是"已不及"。

龙启三年(935),闽国改年号为永和,王延钧在走向毁灭的路上加快了步伐。当年那位在诛杀王延禀战斗中立下奇功的王仁达后来执掌闽国禁军兵权,这又令生性多疑的王延钧心怀忌惮。有一次,王延钧问王仁达:"赵高指鹿为马,以愚二世,果有之邪?"

王仁达的回答也算是稳妥:"秦二世愚,故高指鹿为马,非高能愚二世也。今陛下聪明,朝廷官不满百,起居动静,陛下皆知之,敢有作威福者,族灭之而已。"不知为何,王延钧还是觉得有些不安,表面上赐予金帛慰勉王仁达,但私下对亲信说:"仁达智略,在吾世可用,不可遗后世患。"没过多久,就找了个罪名,将王仁达冤杀了。

父子相残的闽国内斗

王延钧（王鏻）在史书中的恶评，除了有宠信妖巫、任用酷吏、滥杀功臣之外，还有一个就是宫闱秽乱。《新五代史·闽世家》记载了王延钧和他的皇后陈金凤及其宫廷的秽乱故事：

> 鏻妻早卒，继室金氏贤而不见答。审知婢金凤，姓陈氏，鏻嬖之，遂立以为后。初，王鏻有嬖吏归守明者，以色见倖，号归郎，鏻后得风疾，陈氏与归郎奸。又有百工院使李可殷，因归郎以通陈氏。鏻命锦工作九龙帐，国人歌曰："谁谓九龙帐，惟贮一归郎！"

按照《新五代史》的记述，闽国宫廷秽乱不堪。王延钧的妻室早亡，继室金氏可能是不解风情的那种女子，故而他与父亲王审知的婢女陈金凤勾搭成奸，后来竟然立为皇后。王延钧这个人不仅好女色，而且还有断袖之癖，"有嬖吏归守明者，以色见倖，号归郎"，归郎竟与陈皇后秽乱。百工院使李可殷又因归守明的关系，与陈皇后私通。皇帝王延钧本人更为荒唐，闽人遂有"谁谓九龙帐，惟贮一归郎"的讽谣。

《十国春秋》中有一篇《陈金凤传》，但是其内容并非源于信史资料，而是几乎全部照抄福建当地流传的稗史性质的小说《陈金凤外传》。按照这部真实作者及著作年代都难考的稗史说法，陈金凤乃是当年那位福建观察使陈岩之妾与人私通之私生女，冒姓陈。闽地政权易主之后，陈金凤被陈氏族人收养，而后又献为王审知为侍妾。

陈岩死于唐末大顺二年（891），《陈金凤外传》中说陈金凤生于陈岩死后一年，后梁开平三年（909）被王审知纳入后宫，已有19岁。迄至后唐天成二年（927），王延钧杀兄自立之时，陈金凤已经35岁了，这个岁数又如何赢得王延钧的宠爱呢？所以说，《陈金凤传》或《陈金凤外传》所持的"陈岩之女"的说法是杜撰的，陈金凤可能只是王审知的普通侍妾，并无复杂身世。

同为宋人著述的《资治通鉴》在其卷第二七九"清泰二年"条云：

> 闽主立淑妃陈氏为皇后。初，闽王两娶刘氏，皆士族，美而无宠。陈后，本闽太祖侍婢金凤也，陋而淫，闽主嬖之，以其族人守恩、匡胜为殿使。

按照《资治通鉴》的记述，陈金凤不仅秽乱宫闱，还扶持了陈氏外戚势力，有染指权力的嫌疑。《新五代史》里又记述了王延钧之子王继鹏与其父如出一辙的秽闻，"鏻婢春燕有色，其子继鹏烝之，鏻已病，继鹏因陈氏以求春燕，鏻怏怏与之"。

王延钧之子王继鹏看上了父亲的侍婢李春燕，做出了与父亲如出一辙的事情，后来又疏通陈金凤，央求父亲将李春燕赏给自己。王延钧的次子王继韬一直忌恨大哥，"谋杀继鹏"。王继鹏恐为所害，"与皇城使李仿图之"，准备先下手干掉弟弟。

永和元年（935）十月十八日，王延钧"飨军于大酺殿"，就是举行酒宴犒劳将士。不知为何，王延钧在酒宴上"坐中昏然"，朦胧之中，"言见延禀来"，似乎对于当年杀掉王延禀还是心有余悸。皇城使李仿便以为王延钧病入膏肓时日无多，"乃令壮士先杀李可殷于家"。百工院使李可殷既是王延钧的宠臣，也是陈金凤的面首，李仿杀他，很明显是要发动宫廷政变。

但是，第二天早朝，王延钧竟然"无恙"，问起了李仿为何杀了李可殷。李仿看到事情无法回头，于是与王继鹏合谋，"率皇城卫士而入"。王延钧听闻兵乱，"走匿九龙帐中"，最后是'宫人不忍其苦'，将这个昏暴之君杀了。王继韬、归郎、陈皇后等人皆为乱兵所杀，李仿和王继鹏完全掌控了局势。

王延钧死后被谥为惠皇帝，庙号太宗。王继鹏弑父之后，自立为闽国皇帝，更名为王昶，改元通文，以李仿判六军诸卫事。李仿是王继鹏政变的共谋者，故而成为最大的利益分享者，但他毕竟是弑君之罪的最佳背锅者。

虽然位居高位，李仿依然"心常自疑"，所以"多养死士以为备"。王继鹏对李仿暗中豢养死士的事情很是忌惮，害怕第二次宫变会轮到自己头上，索性先下手为强，"伏甲擒仿杀之，枭其首于市"。屠杀功臣又引起兵变，李仿麾下千余人叛乱，"烧启圣门"，夺取李仿的首级，逃往钱氏控制的吴越国。

闽国永和元年（935）十月二十日，弑父夺位的王继鹏宣布即皇帝位，改名为王昶。王继鹏称帝似乎只是关门天子，同时又上表洛阳的后唐朝廷，显然是称臣的姿态。

王继鹏继承了王闽君主迷信方术的传统，与其父亲如出一辙，"赐洞真先生陈守元号天师，信重之，乃至更易将相、刑罚、选举，皆与之议；守元受赂请托,言无不从,其门如市"。陈守元在王延钧时代就非常受宠,王继鹏上位后,他的地位非但没有受到影响,反而能从"洞真先生"上升为"天师"。陈守元对闽国政治的干预,涉及人事、司法很多关键领域,而他本人也因此获得了很大的权力寻租空间。

除了陈守元之外,王继鹏还宠信一个名为林兴的妖人,此人"以巫见幸",而且也获得了"宝皇"传言人的身份。闽国"政无大小,皆林兴传宝皇命决之",林兴以巫术操纵政治。王继鹏更是以妖巫之言,借机滥杀宗室、臣僚。譬如,后晋天福三年(938)夏,"虹见其宫中",林兴假托"宝皇"传言:"此宗室将为乱之兆也。"其实,这只不过是王继鹏自己想铲除宗室中潜在的敌人而已。于是,他命人杀掉叔父王延武和王延望及其子五人。

王继鹏屠戮宗室,引起了广泛的恐惧,当然也有愤怒。王继鹏的叔父左仆射、同平章事王延羲"阳为狂愚以避祸",也就是装疯卖傻,以求自保。王继鹏没有杀这位叔父,但是"赐以道士服,置武夷山中",但是很快又将其召回福州,"幽于私第",到底还是不放心。王继鹏的另外一个弟弟,官至判六军诸卫的王继严是个很能干且深得人心的人,因而也遭受忌惮,被王继鹏罢职,换上了季弟王继镛。

王延钧在位期间,将王审知原先的侍卫亲军整编为拱宸、控鹤二都。王继鹏上台后,对父亲留下的亲军并不信任,自己又另外招募壮士两千人以为心腹武力,号称宸卫都。这支新建亲军的"赐予给赏,独厚于他军",难免不会招致嫉恨。

更有甚者,王继鹏还屡屡羞辱拱宸军使朱文进和控鹤军使连重遇,激化了自己与旧军人集团的矛盾。闽国通文四年(939),闽宫的北宫失火。控鹤军使连重遇奉命"将内外营兵扫除余烬,日役万人,士卒甚苦之"。

如此苦差,干得自然是怨声载道。王继鹏甚至还怀疑连重遇"知纵火之谋",对其动了杀心,内廷学士陈郯私下将此事告诉了连重遇。通文四年闰七月十二日晚上,恰逢连重遇入值皇宫。于是,他趁机与拱宸军使朱文进一起发动兵变,率拱宸、控鹤二都军士,"焚长春宫以攻闽主",并迎立被幽禁的王延羲为主,呼之为万岁。同时,连重遇和朱文俊二人"复召外营兵共攻闽主"。

京城各支军队都造反了,能支持王继鹏的只有他豢养的宸卫都亲军。但是,仅仅一个宸卫都独木难支，最后战败，"余众千余人奉闽主及李后出北关，至梧桐岭，众稍逃散"。已经是福州统治者的王延羲派侄子前汀州刺史王继业带兵追赶王继鹏一伙，"及于村舍"。

王继鹏"素善射，引弓杀数人"，但当时"追兵云集"，王继鹏自知难以逃脱，于是放弃武力抵抗，转而玩起了政治攻势，放下弓箭，对王继业说："卿臣节安在！"如此昏暴之君还能问别人有没有臣节，王继业回怼道："君无君德，臣安有臣节！新君，叔父也，旧君，昆弟也，孰亲孰疏。"

王继鹏对此无话可说，放弃了最后的翻盘希望。王继鹏、皇后李春燕及王继鹏的几个儿子、王继鹏的弟弟王继恭都被杀死，宸卫都亲军余部全部逃往吴越。闽国皇权再次发生非正常更迭，叔夺侄位的王延羲自称威武节度使、闽国王，改名为王曦，改年号为永隆。

王延羲是朱文进、连重遇兵变的最大受益者，成为闽国新的统治者。王延羲虽然不是那场兵变的直接策划者，但是他也确实久怀异志。《资治通鉴》记载了一件事，王延曦在王继鹏还在位的时候，有一次参加皇帝办的宫廷宴会，"会新罗献宝剑"，康宗王继鹏举起宝剑问宰相王倓："此何所施？"王倓回复道："斩为臣不忠者。"当时的王延曦已经有谋反之心，故而"凛然变色"。

在王继鹏那种严苛猜忌迫害之下，很多并无夺位之心的宗室都惨遭杀害，王延曦这种本就想造反的皇叔只能"阳为狂愚避祸"，装疯卖傻保住了性命。拱宸军使朱文进和控鹤军使连重遇发动兵变，表面上看因为一起偶发矛盾导致，更为深刻的原因是闽国内部军人集团之间的矛盾。朱文进和连重遇有实力发动兵变，但是又必须捧出一个王氏子孙作为招牌，王延曦是比较合适的人选。

兄弟互攻而致闽国灭亡

王延曦即闽国王位之后，依然是"骄淫苛虐，猜忌宗族，多寻旧怨"。与王继鹏一样，王延曦最防范的还是王氏宗室，担心这些人炮制自己的成功。王延曦最忌惮的是自己的弟弟、建州刺史王延政,据《资治通鉴》记载,王延政多次致书王延曦,对这位兄长的很多乖张行为进行规劝,不想引起反感,王延曦"复书骂之"。

为了防范王延政,永隆二年(940)正月,王延曦派出自己的亲信业翘出为建州监军,教练使杜汉崇监福州与建州之间的南镇军。这两人争相搜集王延政的黑材料,进一步加剧了兄弟二人的仇恨敌对。据《资治通鉴》记载:

一日,翘与延政议事不叶,翘诃之曰:"公反邪!"延政怒,欲斩翘;翘奔南镇,延政发兵就攻之,败其戍兵。翘、汉崇奔福州,西鄙戍兵皆溃。

坐镇福州的王延曦显然对于来自西面建州的军事威胁防御不足,还是不会吸取当年王延翰失败的教训。眼看防御不足,王延曦干脆冒险出兵越境作战,是年"二月,曦遣统军使潘师逵、吴行真将兵四万击延政。师逵军于建州城西,行真军于城南,皆阻水置营,焚城外庐舍"。

建州的王延政不会坐以待毙,毕竟占据了地理优势,麾下武力又不弱。王延政在据城死守的同时,又派人向吴越求救,竟然将来犯的福州兵击败了,"三月,戊辰,师逵分兵三千,遣都军使蔡弘裔将之出战,延政遣其将林汉彻等败之于茶山,斩首千余级。……丁丑,王延政募敢死士千余人,夜涉水,潜入潘师逵垒,因风纵火,城上鼓噪以应之,战棹都头建安陈海杀师逵,其众皆溃。戊寅,引兵欲攻吴行真寨,建人未涉水,行真及将士弃营走,死者万人。延政乘胜取永平、顺昌二城。"

经过三场大战,王延曦派来的福州军队竟然完败于王延政,"自是建州之兵始盛"。然而,王延政请来的吴越军队却成了麻烦。吴越内部对于是否出手援助王延政是存在分歧的,经过内部一番争论,最终在这一年二月,吴越王钱元瓘才派"宁国节度使、同平章事仰仁诠,内都监使薛万忠将兵四万救之"。

战事结束之后,吴越军队却不想离开了。很显然,钱氏出兵的意图可能就是以建州为跳板,进一步夺取福州。当王延政要求吴越军离开时,吴越军队却拒绝撤军,"营于城之西北"。最后,王延政与吴越军又发生了冲突,加上连日阴雨,吴越军的粮秣已尽,最后只好被迫离境。

兄弟内战没有结果,双方暂时休战了,王延政在建州的独立地位得到承认。永隆三年(941)正月,王延政加固了建州城池,并向福州朝廷请置威武军,求任节度使。但是，福州原本就是威武军，王延曦便以建州为镇安军，任命王延政为节度使，封为富沙王。王延政却把镇安军改称为镇武军。

但这和平也只是暂时的，不久之后王延曦"闻王延政以书招泉州刺史王继业"，因为担心二人结盟，又派人将王继业召回福州，"赐死于郊外，杀其子于泉州"。不久，又将深得士卒之心的王继严赐死。王延曦的滥杀引起了宗室内部的恐慌，宗族勋旧人人自危。

建州的王延政以王延曦残杀族人为由，再次起兵进攻福州。永隆四年（942）六月，王延政围攻汀州，历四十二场恶战，竟未能攻下汀州，便退军返回。兄弟互伐数载而未有胜败，只是八闽大地生灵涂炭，百姓无辜成为炮灰。

永隆五年二月，王延政干脆"称帝于建州，国号大殷，大赦，改元天德。以将乐县为镛州，延平镇为镡州"，闽地同时出现两个政权。王延羲除了与割据建州的王延政交相攻伐之外，其在长乐（福州）的中央政权也面临很多危机。一方面肆意滥杀功臣勋旧引得人人自危，另一方面王延羲与朱文进、连重遇这些控制京畿军权的将领关系又十分复杂微妙。

朱文进和连重遇在通文四年（939）发动兵变，最终杀掉了闽康宗王继鹏，原先处于核心权力层之外的王延羲成为客观受益者。按理说，王延羲与朱文进、连重遇二人是盟友关系，王延羲的王氏皇族身份能够在兵变之后恢复秩序，而朱、连二人手握重兵又能巩固王延羲的地位。

但是，一心要建立真正独断皇权的王延羲必然不会真正信任朱文进和连重遇等人，而朱、连这样的闽籍军人也不会容忍自己手中的兵权被皇权侵夺。因为拥立王延羲有定策之功，连重遇被升为阁门使，原由连重遇掌管的控鹤军由连重遇、朱文进的部将魏从朗统辖，但王延羲并不信任他们。

不久之后，王延羲就找了一个理由将魏从朗处死，目的是夺取对控鹤军的控制权，当然这引起了朱文进和连重遇的严重不安。另外有一次，王延羲请朱、连二人入宫赴宴。席至一半之时，王延羲突然吟了白居易《天可度·恶诈人也》中的两句："唯有人心相对时，咫尺之间不能料。"

言下之意，王延羲是在暗示自己不信任二人。二人听闻此言，非常紧张，赶紧"流涕再拜"说："臣子事君父，安有他志！"没想到，王延羲竟然没有任何回应，"二人大惧"。

如果朱、连二人毫无动作，势必就会被王延羲杀掉。正在危机紧迫之时，闽国宫闱风波又与外朝权斗合流，导致了危机爆发。王延羲的原配皇后李氏有一子王亚澄早已被立为皇储。但是，永隆五年（943），王延曦又纳金吾使尚保殷之女尚氏，封为贤妃。尚贤妃长得特别美貌，王延曦很宠幸她，几乎对其言听计从。

当时贤妃尚氏得到王延羲的宠爱，引起李皇后的嫉恨，更重要的是，李皇后担心其子王亚澄的皇储地位不保，所以就意图杀掉王延羲而立其子王亚澄为闽帝。基于这个原因，李皇后与朱文进、连重遇暗中结盟，准备弑君夺位。

闽国永隆六年三月，李皇后称父亲李真生病，央求王延羲去李家看望。李真设宴款待，王延羲喝得大醉由左右扶着回宫。随行的连重遇、朱文进趁机指使拱宸马步使钱达，以扶王延羲上马为名，一刀将他杀死。

按照原定协议，在李皇后协助杀死王延羲之后，军人势力应该拥立其子王亚澄为帝。但是，当弑君成功之后，朱文进和连重遇已经不想履行承诺了，他们已全无拥立王氏后人为帝的想法了。于是乎，朱、连二人召集百官集于朝堂，对众人说："太祖昭武皇帝，光启闽国，今子孙淫虐，荒坠厥绪。天厌王氏，宜更择有德者立之。"

朱、连二人兵柄在握，众臣自然不敢置喙。于是，连重遇推着朱文进"升殿，被衮冕，帅群臣北面再拜称臣"。朱文进自称闽主，而后就"悉收王氏宗族延喜以下少长五十余人，皆杀之"。朱文进试图废除王氏时代闽国的一些弊政，借以收揽人心，但效果并不大。

不久之后，朱文进又主动取消帝号自称威武留后，向后晋称臣，成为后晋朝廷任命的威武节度使。后晋开运元年（944）十二月十五日，朱文进正式被后晋出帝石重贵册封为闽国王。但是，朱文进在福州的统治并不稳固，他也要面对来自建州王延政的威胁。

朱文进夺位后，王延政立刻派兵攻打福州。

虽然王延政的建州殷国被人讥为"五县天子"，但是其实力与福州闽国相较起来，也不算弱。朱文进篡弑称王之后，其实还有一定的优势，地理位置颇为重要的泉州被朱文进派出的泉州刺史黄绍颇所控制。但是，王延政的王氏宗室身份又使他对福州的征伐有了一定的政治优势。

在朱文进夺位后不久，后晋开运元年十二月，泉州散员指挥使留从效采取措施诛杀了泉州刺史黄绍颇，自称统军兵马使，并派亲信陈洪进带上黄绍颇的首级赴建州向王延政投诚。在留从效的影响下，原本取观望态度的漳、汀二州也表示臣服于王延政。

这些州郡的反水，令困于福州的朱文进、连重遇陷入极度孤立的境地。在这种情势之下，福州城内原建州军官林仁翰发动兵变，将连重遇杀死，接着又杀死朱文进，投降王延政，殷国军队统帅吴成义被迎入福州城。王闽政权的旧臣"共迎殷主延政，请归福州，改国号曰闽"。但是，当时闽地又面临着南唐大军入侵的问题，"未暇徙都"，王延政复国号为闽，以福州长乐府为南都，建州为北都，控制住了闽国全境势力，但是此时离灭国已经不远了。

闽国天德三年（945）二月，南唐元宗李璟发兵攻建州。当时，代表王延政镇守福州的是其侄王继昌，被封为同平章事、门下侍郎，受命都督南都内外诸军事，与王继昌同去的还有镇遏使黄仁讽。然而，这个王继昌是一个"暗弱嗜酒，不恤将士"的纨绔子，故而导致"将士多怨"。

当时在福州还有一个叫李仁达的将领，此人是王审知家族的光州同乡，在元从都指挥使的位子上干了十年之久。王延羲在位时，李仁达曾经叛投建州王延政。朱文进弑君上位后，李仁达又叛投朱文进。反复无常、朝秦暮楚，朱文进没有任用此人。王延政重新夺取福州之后，李仁达又投靠过来。

当南唐大军压境，建州可能不保的时候，李仁达又萌生了叛变反水的念头。于是，李仁达游说镇遏使黄仁讽和著作郎陈继珣，图谋杀掉王继昌，割据自立：

今唐兵乘胜，建州孤危。富沙王不能保建州，安能保福州！昔王潮兄弟，光山布衣耳，取福建如反掌。况吾辈乘此机会，自图富贵，何患不如彼乎！

是月某日深夜，李仁达突然乘夜袭杀王延政留下镇守福州的王继昌及吴成义，控制了福州。但是，李仁达不敢自立，而是派人将福州乡下雪峰寺的方丈高僧卓岩明迎为新君，企图以宗教神秘主义稳定人心。僧人卓岩明被拥立为天子，并以后晋为正朔，向其称臣，李仁达以判六军诸卫事的名义掌握大权。

福州兵变的消息传至北都建州，黄仁讽全家被王延政杀死。王延政更是派张汉真率五千人马顺江而下，讨伐福州叛军。但是，在黄仁讽的迎击之下，建州而来的军队被击溃，统帅张汉真被俘虏并斩首。不久之后黄仁讽又因流露懊丧茫然的情绪而被李仁达杀死，陈继珣连同一起被处死。李仁达成为福州真正的最高统治者，傀儡皇帝卓岩明似乎就失去了存在的价值。

是年五月，李仁达借卓岩明检阅兵士的机会，派部下刺杀了卓岩明，李仁达自称威武留后，宣布奉南唐正朔，但同时"亦遣使入贡于晋"。南唐李璟则以为收服了李仁达，任命其为威武节度使、同平章事，并"赐名弘义，编之属籍"，算作南唐皇室了。

南唐保大三年（945）八月，南唐军队"克建州，执王延政，归于金陵"。然后，"九月，许文稹以汀州，王继勋以泉州，王继成以漳州，皆降于唐。唐置永安军于建州"。这样，南唐通过对建州的决定性胜利，取得了闽地除福州外其他三州的策略性归附，但还要在短时间内拿下福州，才能奠定对全闽的控制。

控制福州的李仁达在各方势力之间周旋，企图实现割据自立的目的。但是，南唐终究是要拿下福州的。在此情况下，李仁达求救于吴越，这便引发了南唐和吴越之间的战争。

为了撇清与南唐的关系，李仁达还改名为李达。凭借吴越势力而暂时保住福州的李仁达依旧反复无常，他冒险亲赴钱塘（杭州）觐见吴越王钱弘佐，被封为侍中，并赐名李孺赟。

如果久留钱塘，李仁达不过是一高级囚徒。为了返回福州根据地，李仁达以重金贿赂了吴越内牙统军使胡进思，求归福州，最终遂愿。然而，返回福州后，李仁达又与吴越驻军统帅鲍修让不和，计划袭杀鲍修让，再以福州投降南唐。但是，阴谋败露，李仁达全家被诛，吴越王弘佐以丞相吴程知为威武节度使。

北都建州那边，南唐在消灭王延政政权后，将其全族迁于金陵，封鄱阳王。但是，原先归附南唐的泉州发生了变故。刺史王继勋在宣布归顺南唐之后，就被泉州都指挥使留从效废黜。泉州在留从效的控制下，名义上臣属南唐，其实是自立的。不久之后，留从效又出兵占领漳州，以部将董思安为刺史。

南唐保大七年（949），留从效的兄长南州副史从愿毒杀董思安，自任刺史，南唐中主李璟只得在泉州设清源军，以留从效为节度使。后来，留从效又被南唐朝廷任命为同平章事兼侍中、中书令，封鄂国公，最后晋封为晋江王。留从效的割据政权一直存在，直到北宋建立之后，才臣服于赵氏。

王闽政权灭亡之后，闽地政权分属三家：北部的建州、西部的汀州归属南唐；东北部的福州先属李仁达，终归吴越；东南的漳州和泉州则在留从效的控制下继续保持独立。

第十五章 卑事诸国而图存的荆南政权

戏中原于股掌之上的高季兴

五代十国时期，割据于江陵且疆域最广时不过荆、归、峡三州的高氏荆南政权着实是个特例。欧阳修的《新五代史》为高氏政权立"南平世家"，将其作小国看待；北宋张唐英作《九国志》，因高氏政权开创者高季兴曾被后唐追封为楚王，故而称其国为北楚；清人吴任臣的《十国春秋》以其地而称其为"荆南"，也以一国视之。

但是，高氏政权不仅没有称帝建元，而且始终没有如同马楚、王闽、吴越那样建立王国体制，一直保持中原王朝的藩镇姿态。故而，薛居正的《旧五代史》只是将其纳入"世袭列传"系列，而未归入"僭伪列传"。司马光的《资治通鉴》也只是将高氏称为"节度使"，而无"国主"之类称呼。

不论高氏政权是王国或仅是藩镇，这个历四世五主的世袭政权也值得关注。

当年朱温出任宣武军节度使经营汴州之时，有一汴州商人名唤李七郎，因献贡家赀而被朱温收为养子，更名为朱友让。朱友让有一家奴是陕州人，名叫高季昌，据说因"耳面稍异"，朱全忠乃令朱友让"养之为子"。

家奴高季昌从此成为朱温麾下牙将，能骑善射，积功至毅勇指挥使。在天复二年（902）的朱温与李茂贞汴岐大战中，高季昌献诈降之计，将坚壁不出的李茂贞击败，赢得了决战之胜利。此战之后，高季昌"由是知名"于天下。

天复三年，朗州"洞蛮"武装出身的武贞军节度使雷彦威出兵占领了荆南节度使驻地江陵（今湖北荆州）。是年十月，山南东道节度使赵匡凝袭破荆南，逐走雷彦恭，以其弟赵匡明为荆南留后。当时天下诸藩镇，大多臣服于朱温，但赵匡凝兄弟在"天子微弱，诸道贡赋多不上供"的形势下仍对唐廷"委输不绝"，更与淮南杨行密、西川王建结盟，图谋对抗朱温。

如此荆南，朱温必除。天祐二年（905），朱温派遣杨师厚攻伐荆襄，一举攻取唐、邓、复、郢、随、均、房七州，继而攻占襄阳、江陵，赵匡凝奔吴，赵匡明投前蜀，荆南被朱温完全掌控，遂以都将贺瑰为荆南留后。但是，第二年十月，朗州军阀雷彦恭再次兴兵进攻荆南，贺瑰闭城自守，朱温甚怒，以当时还是颍州防御使的高季昌代之，并向荆南增兵。

高季昌出任荆南留后，是其从朱温麾下将校转变为一方诸侯开始的。高季昌出镇荆南时，荆南原管诸州已被相邻势力分割殆尽，荆南镇原统八州已失其七，高季昌所据仅"江陵一城而已"。多年战火荼毒，江陵城亦是满目疮痍、凋敝不堪，"荆州自唐乾符之后，兵火互集，井邑不完"，"城邑残毁，户口凋耗"。

面对如此残局，高季昌"招辑离散，流民归复"，荆州的社会经济缓慢恢复，"梁祖嘉之，乃授节钺"。朱温称帝后，高季昌正式获授荆南节度使，其麾下军政班子也初步建立。但是，处于四战之地的江陵始终处于战争威胁之中，为害最大者莫过于朗州雷彦恭势力。贪残而"专以焚掠为事"的雷彦恭又与淮南杨行密勾结，开平元年（907年），朱温命高季昌、马殷讨伐雷彦恭。雷彦恭战败而逃至淮南，朗州雷氏对于江陵的威胁终于解除。

后梁立国之后，出身于朱温牙军的高季昌自然尊奉恭敬，奉梁朝正朔，"称臣奉贡"。朱温在世之时，高季昌谨守臣节，荆南"当道地通吴蜀，是为朝廷屏翰"，是朱梁王朝的忠诚藩镇。朱温晚年，汴京政事败坏，高季昌渐萌割据自立之心。江陵为先秦楚国郢都，汉末三国亦为战略要地，南北朝之萧铣曾建都于此，天下局势纷争，有意割据的高季昌"乃大兴力役，重筑城垒"，以作长久之计。

朱温诸子的互戮，最终以朱友贞胜出告终，是为后梁末帝。远在江陵的高季昌更显其跋扈割据野心，"遂厚敛于民，招聚亡命"，"交通吴、蜀，朝廷浸不能制"，一度还断绝了对朱梁的贡献。鞭长莫及且力又不逮的朱梁王朝只能"优容之"，甚至还于乾化三年（913）八月册封高季昌为渤海王，"赐以衮冕剑佩"。

沙陀后唐取代朱梁之后，出身"梁王将校"的高季昌陷入一种非常尴尬的境地。梁晋世仇，高氏为朱温旧臣，即便改图，也难免被兼并；如果对抗，荆南绝不是沙陀铁骑之对手。善识时务的高季昌决定改换门庭，为博新主欢心，高季昌还改名高季兴，以避李存勖祖父李国昌之讳。

李存勖登基之初，"下诏征诸侯王入觐"，各路枭雄唯恐成为入秦之楚怀王,"不过遣子弟将吏"入朝。高季兴却"奉诏将行",准备亲赴洛阳。高氏谋臣梁震劝其勿行,"无使怀王之患复见于今日也"。然而,高季兴为向后唐表露忠诚,还是决定冒死赴阙。

至洛阳后,李存勖起初对高季兴甚是优待,还向其征询先伐蜀还是先伐吴的问题。杨吴与荆南一水之隔,唇亡齿寒的道理,高季兴不会不懂,所以向李存勖进言:"臣闻蜀国地富民饶,获之可建大利,江南国贫,地狭民少,得之恐无益。臣愿陛下释吴先蜀。"久留洛阳,李存勖渐生扣留高季兴的念头。但是,最终还是在郭崇韬的劝说下,将其放归江陵。

在返回荆南的途中,高季兴唯恐后唐派兵追杀,一路"倍道而去"。回到江陵后,惊魂未定的高季兴对梁震说:"不听君言,几葬虎口!"高季兴亲赴洛阳朝觐,看似冒险,其实未尝不是兵行险招,冒死一搏。天下未定,李存勖如果诛杀一个主动归顺的诸侯,也不利于后唐招降各地。

朝觐之旅虽然充满凶险,但是也让高季兴看到了后唐王朝的腐败和混乱,故而认为"中外之情,其何以堪,吾高枕无忧矣"。为巩固割据地位,高季兴在江陵"增筑西面罗城,备御敌之具。时梁朝旧军多为季兴所诱,由是兵众渐多,跋扈之志坚矣"。

荆南虽然跋扈,但后唐南下又必须对之笼络。后唐同光二年(923),李存勖下诏册封高季兴为南平王,目的是防止荆南与前蜀王氏结盟。次年九月,李存勖命魏王李继岌和枢密使郭崇韬率师伐蜀。高季兴从中窥见了利益点,乘机奏请朝廷,讨要夔、忠、万、归、峡等州。但是,未及多久,后唐剧变,庄宗被弑。明宗李嗣源即位后,高季兴再次奏请,终使上述诸州重新隶属荆南。

江陵地处南北交通要道,高季兴凭此地利优势,对于过往商旅征税,以资国用。除了常规的行商税收,高氏荆南政权甚至直接抢夺南方诸国入贡中朝的贡物,"诸道入贡过其境者,多掠夺其货币"。后唐伐蜀后,"魏王继岌遣押牙韩珙等部送蜀珍货金帛四十万,浮江而下,季兴杀珙于峡口,尽掠取之"。后唐朝廷派人诘问,高季兴竟然说"珙等舟行下峡,涉数千里,欲知覆溺之故,自宜按问水神",如此无赖,确实少见。

不仅如此,高季兴还要求朝廷不要任命隶属于荆南的夔、忠、万三州刺史,而是以高氏子弟任之,并派兵攻打后唐占据的涪州。接二连三的挑衅终于激怒了李嗣源，遂下令出师讨伐高氏荆南。高季兴自然不敌后唐大军，于是"遂以荆、归、峡三州臣于吴，吴册季兴秦王"，为了生存，高季兴向杨吴称臣，受封为秦王，其时为后唐天成二年（927）六月。

天成三年十二月，高季兴病故，终年71岁。长子高从诲继位后，重新回到"事大"立场，上表向后唐请罪。长兴元年（930），李嗣源以高从诲为荆南节度使，并追封高季兴为楚王，赐谥号武信。

高季兴治下之荆南，辖境唯荆州而已，且周围强藩环伺，北边梁、唐皆强，西面是前蜀王建，南面则是朗州军阀雷彦恭和湖南马殷，东面是淮南杨吴。身处如此险恶之地缘政治环境中，高氏荆南又是如何图存呢？除了高季兴善于抚民，休养生息外，精明的骑墙外交策略也是重要原因。正如吴任臣在《十国春秋》中所言："蕞尔荆州，地当四战，成赵相继，亡不旋踵，武信以一方而抗衡诸国间，或和或战，戏中原于股掌之上，其亦深讲于纵横之术也哉！"

不若早以疆土归朝廷

继位的高从诲一直不赞成父亲与后唐对立，"常泣谏之，季兴不从"。对于父亲臣服杨吴的策略，他不以为然，认为"唐近而吴远，非计也"。继位之后，高从诲极力修复与后唐之间的宗藩关系，通过楚王马殷和山南东道节度使安元信两个渠道，向后唐输诚，请求"复修职贡"。

天成四年六月，高从诲以从前后唐所授官职前荆南行军司马、归州刺史的身份，上表朝廷，请求内附，"上章首罪，乞修职贡，仍进银三千两赎罪"。如此卑微的姿态，终于获得李嗣源的宽宥，当年七月，即授高从诲荆南节度使兼侍中。

高从诲嗣位之初，杨吴政权也下诏任命其为荆南节度使兼侍中。但是，既然又臣服后唐，就需要断绝与杨吴的臣属关系。长兴元年（930）三月，在得到后唐允准的前提下，"高从诲遣使奉表诣吴，告以坟墓在中国，恐为唐所讨，吴兵援之不及，谢绝之"。

长兴三年二月，后唐赐高从诲袭爵渤海王。清泰元年（934），后唐朝廷又册封高从诲为南平王。终后唐之世，高从诲都是恪守臣节，谨事朝廷。"事大以保其国"成为高从诲对外的基本政策，"礼邻藩，奉朝廷"是当时弱小藩镇的主流立场。

石敬瑭建立后晋之后，荆南高从诲虽然表面也是继续称臣朝贡，但是暗地里有所图谋。石敬瑭曾派翰林学士陶穀为高从诲生辰国信使，高从诲在江陵望沙楼宴请陶穀，大陈战舰于楼下。如此炫耀武力，明显是向后晋朝廷秀肌肉。高从诲却说："吴、蜀不宾久矣，愿修武备，习水战，以待师期。"似乎是为了配合后晋征伐吴、蜀，其实当时的石晋政权能安定北方就算不错了，哪有解决吴蜀的精力呢？陶穀将此事回报给石敬瑭，石敬瑭表面大喜，"复遣使赐以甲马百匹"，其实不过是稳住对方而已。

高从诲的"事大"政策带有很强的机会主义色彩，一旦中原王朝出现动荡，荆南就会向新主效忠，果断改换门庭。契丹出兵灭后晋之时，险有入主中原的可能，高从诲立即"遣使入贡于契丹，契丹遣使以马赐之"。当太原刘知远有崛起取代石晋之趋势时，荆南高氏"亦遣使诣河东劝进"。

高氏之"事大"乃是尊奉一切强于己之政权，当初为向后唐输诚，高从诲曾断绝与杨吴之往来。杨吴权臣徐知诰（李昪）尚未代吴之前，密切关注其政局的高从诲就"遣使奉笺"劝其即皇帝位。南唐建立之后，高从诲亦遣使称臣。

高从诲称臣同样也是功利主义的，刘知远在太原即帝位后，荆南立即"间道遣使奉贡"。但是，这种奉贡是有条件的，高从诲要刘知远许诺中原稳定之后，将原先后唐不给的郢州划给荆南管辖。未定汴洛的刘知远先是答应了，待到入主汴京之后却又反悔。于是，高从诲怒而与后汉翻脸，"自是朝贡不至。从诲东通于吴，西通于蜀，皆利其供军财货而已"。

《资治通鉴》中论及高从诲向各国称臣，"唐、晋、契丹、汉更据中原，南汉、闽、吴、蜀皆称帝，从诲利其赐与，所向称臣，诸国贱之，谓之'高无赖'"。其实，高氏荆南称臣诸国，并非只是贪图赏赐，而是处于群雄纷争格局中的一种求存之术，处于四战之地的荆南政权得以存在五十余年，与这种策略有着莫大关系。

除了卑事大国，高从诲也是一个善于任用贤能，善治政事的合格执政者，梁震、孙光宪皆是其任用之能臣。吴任臣的《十国春秋》称赞高氏君臣，"南平起家仆隶，而能折节下贤，震以谋略进，光宪以文章显，卒之保有荆土，善始善终，区区一隅，历事五主，夫亦得士力哉"，近人吕思勉先生更是称赞高从诲为"五代时之贤主"。

高从诲与后汉断绝关系，却导致了荆南本身的生存危机，北方商旅不至，境内贫乏。无奈之下，高从诲又于后汉乾祐元年（948）六月，遣使向后汉朝廷请罪，请归朝待罪，复修职贡。后汉根本无力制裁江陵，故而也接受了。是年十一月，高从诲病故，终年58岁，后汉朝廷诏赠尚书令，谥曰文献王。

继承高从诲权力的是其第三子高保融，乾祐元年，他被后汉朝廷"授荆南节度使、检校太尉、同平章事、渤海郡侯"，乾祐二年，加检校太师兼侍中。高保融恰逢中原汉周易代，郭威建立后周之后，高保融的荆南政权依然是称藩纳贡，广顺初年，即被封为渤海郡王；世宗即位，又进封为南平王。

不仅如此，高保融更是以实际行动配合后周南征。显德五年（958），周世宗征南唐，高保融派其"指挥使魏璘率兵三千，出夏口以为应"。不仅如此，高保融还致信南唐李璟，"劝其内附"。后来李璟战败，被迫向后周称臣，柴荣得高保融致李璟的书信，"大喜，赐以绢百匹"。

荆南政权对于后周的朝贡超过了以往四朝，"及世宗时，无岁不贡矣"。更有甚者，高保融还说贡品之类"皆土地常产，不足以效诚节"，于是遣其弟高保绅入朝为质，深得柴荣欢心。

但是，如果说高保融一点儿不想维护割据地位，那就真的低估此人了。除了殷勤纳贡之外，高保融也曾修筑过名为"北海"的军事水利防御工程。显德二年，"自西山分江流，方五七里，筑堤而居，谓之北海"，用意自然是防御后周南下吞并荆南。

赵宋建立之后，高保融更是有兼并之恐惧，"一岁之间三入贡"，企图以此求得宋朝放过荆南。然而，就在北宋开国的建隆元年（960），高保融"以疾卒，年四十一"，谥号为贞懿王。高保融死时，其子尚幼弱，"未堪承嗣"，故而王位传给了其弟高保勖。

高保勖"幼多病，眉目疏秀，羸瘠而口吃"，但又"颇有治事才"。然而，此人继位后淫佚无度，"日召娼妓集府署……又好营造台榭，穷极土木之工"，以致国事荒废，覆亡是早晚之事。建隆三年，高保勖便一病不起，当年十一月病故。病中的高保勖采纳大将梁延嗣的建议，将王位传给了高保融的儿子高继冲。

建隆三年，马楚王国残余势力湖南武平军节度使周行逢病卒。衡州刺史张文表不甘心屈居于周行逢之子周保权之下，于是起兵攻取潭州，直指朗州。周保权一面命大将杨师璠讨伐张文表，一面上表宋廷求援。

周保权乞师，给了赵宋出兵南下的理由。宋军若要南下，则必须经过割据江陵的高氏荆南政权。地处长江中游的荆南地区是非常重要的战略要地，得荆南才有可能西取巴蜀，南略江南。北宋乾德元年（963），宋廷向荆南国主高继冲借道，出兵至湖南，讨伐张文表。

宋人的意图如同历史上假途灭虢的翻版，荆南御史中丞孙光宪一语道破赵匡胤的意图：

中国自周世宗时，已有混一天下之志。圣宋受命，凡所措置，规模益宏远。今伐文表，如以山压卵尔。湖湘既平，岂有复假道而去耶！不若早以疆土归朝廷，去斥堠，封府库以待，则荆楚可免祸，而公亦不失富贵。

在孙光宪的主导下，幼主高继冲主动归顺宋廷。宋军不费一兵一卒占领荆南全境，得三州、十七县，十四万二千三百户。

第十六章 分久必合

局促于河东而卵翼于契丹的北汉

唐末五代,在北方政局中有一个突出的"河东现象",割据太原的河东节度使往往能在北方角逐中占据一席,甚至能由河东进据河洛,成为中原帝王。后唐李克用父子、后晋石敬瑭、后汉刘知远皆先是河东节度使,进而成为一时帝王。

后汉隐帝刘承祐执政时期,"政在权臣",而有倾覆之险。当时,担任河东节度使的是刘知远的弟弟刘崇,河东判官郑珙劝其早做割据打算,他认为:"汉政将乱矣!晋阳兵雄天下,而地形险固,十州征赋足以自给。公为宗室,不以此时为计,后必为人所制!"刘崇采纳其言,"乃罢上供赋,收豪杰,籍丁民以益兵"。

在隐帝尚在位之时,刘崇就已经开始割据,如果说他没有篡位野心是不可能的。乾祐三年(950)十一月,汉隐帝刘承祐动手铲除权臣,结果引发邺都留守郭威起兵造反,最终隐帝也死于郭威之手。郭威入汴京后,为稳定刘氏诸王,假意迎奉刘崇之子武宁节度使刘赟为帝。但是,还未等到刘赟进京,郭威就已经兵变夺位,不久刘赟就被郭威杀死于宋州。

中原王朝从汉鼎革为周,但是河东依然为刘崇所据。郭威称帝之后,刘崇亦称帝于太原,改名为刘旻,仍以汉为国号,《新五代史》因其据有河东而称其为"东汉",多数史书则谓之"北汉"。刘旻之北汉仍以后汉法统继承者自居,"仍用乾祐年号,所有者并、汾、忻、代、岚、宪、隆、蔚、沁、辽、麟、石十二州之地"。

刘旻视后周为寇仇,立国于太原之后,便以灭后周而复中原为志。即位不久,刘旻即命刘承钧、白从晖、李存瑰等人领兵万余步骑分五路入侵晋州,晋州刺史王晏设计使得北汉军攻晋州城不利,甚至北汉军将安元宝竟然投降后周。在晋州未得手,北汉军转而又攻隰州,亦遭惨败。

北汉立国之战遭遇惨败,刘旻意识到以河东一己之力难与后周对抗,故而准备与早已占据幽燕之地的契丹辽国结盟。刘旻派出使臣,数次出使辽国,卑辞厚赂奉于契丹人。当时,辽世宗也企图从中原分裂而得渔人之利,故而答应与北汉结盟,并册封刘旻为大汉神武皇帝。

后周广顺元年(北汉乾祐四年,951)九月,北汉再发兵出团柏入侵后周。此时,辽世宗亦有配合北汉南侵中原之意,但是契丹"诸部皆不欲南寇",辽国内部矛盾激化,以致发生辽军"行至新州之火神淀",契丹贵族弑杀辽帝事件。

契丹内部局势稳定之后,辽穆宗即位,他对南进中原的态度不甚热衷,有"草原本位"取向。辽穆宗并非无意南侵,但更倾向于维持北汉与后周之间的平衡格局,并不支持北汉的"恢复中原"战略。故而,这一时期契丹对于北汉的军事支持是比较有限的。

是年十月,北汉与辽国联兵再次进犯晋州。晋州城险易守,周军严防死守,又时值冬季,辽汉联军攻城五十余日而毫无进展。当时,"会大雪,民相聚保山寨,野无所掠,军乏食",而后周援军又即将赶至,契丹军队竟然连夜烧营北遁。辽军既逃,北汉军也随之溃退,在周军的追击下"北汉兵坠崖谷死者甚多"。

这一次的晋州之战再败,辽与北汉均损失惨重,"契丹比至晋阳,士马什丧三四",而北汉南进的野心也暂时停息,"北汉主始息意于进取"。后周虽然取胜,但以当时的实力,也难以攻取河东,故而终周太祖郭威之世,三方之间仅有零星冲突,而无较大战事。

后周显德元年(954)正月,郭威崩殂,"北汉主闻太祖晏驾,甚喜,谋大举入寇,遣使请兵于契丹"。二月,契丹派其武定节度使杨衮率一万铁骑驰援太原。北汉帝刘旻则亲率大军三万,"以义成节度使白从晖为行军都部署,武宁节度使张元徽为前锋都指挥使,与契丹自团柏南趣潞州"。

汉辽联军来势汹汹,后周潞州守军应对不力,几乎全部阵亡,主将昭义节度使李筠则逃至上党,婴城待援。北汉这一次进犯,就是要趁着后周皇权交接之际,"幸我大丧,闻我新立,自谓良便,必发狂谋,谓天下可取,谓神器可图,此际必来,断无疑耳"!

后周新君柴荣赌上国运,几乎是倾全国之力,与北汉军大战于高平。这一场大仗,后周取得全胜,北汉军"僵尸弃甲,填满山谷。初夜,官兵至高平,降贼军数千人，所获辎重、兵器、驼马、伪乘舆、器服等不可胜纪"。

刘旻只身逃回太原，"收散卒，缮甲兵，完城堑以备周"。后周大军追击至晋阳城下，准备一举而灭北汉。但是，"契丹数千骑屯忻、代之间，为北汉之援"，后周军在忻口之战中惨败于汉辽联军，河东政权得以继续存续。

大战过后，北汉"力已竭，气已丧，不足以为边患"，刘旻本人也忧愤成疾，一病不起。乾祐七年（954）十一月，刘旻病逝，"少颇好学，工书"的次子刘承钧即位。

与其父一意进取中原的雄心不同，刘承钧对于北汉局促于河东国力弱小的现实有着清醒的认识，故而采取收缩政策，休养生息，"勤于为政，爱民礼士，境内粗安"。要想偏安河东，刘承钧深知必须继续依靠辽国，故而他"每上表于契丹主称男；契丹主赐之诏，谓之儿皇帝"。

刘旻之所以一直沿用后汉隐帝的乾祐年号，"不改元，不立宗庙"，用意在于以后汉皇统自居，以恢复中原为志。但是，刘承钧在嗣位三年后，于乾祐十年改元为天会元年（957），并"立七庙于显圣宫"，明显是要长期割据河东而无意再图中原。

刘承钧在位期间，与后周没有大规模战争，仅偶尔派军随辽军与周军作战，且规模很小。虽然刘承钧曾试图"潜结江南、西川为外援"对后周形成牵制，南唐、后蜀也有意结盟，但三方终究难以形成合力。在周世宗北伐幽燕，收复关南之地后，"契丹主遣使者日驰七百里诣晋阳，命北汉主发兵扰周边"，足见北汉对于契丹而言，仍有扞蔽后周北进的作用。

赵宋取代后周之后，继续后周的一统大业，但是略有调整，决定"必先取巴蜀，次及广南、江南"，而对于局促于河东的北汉，则因其"与契丹接境，若取之，则契丹之患，我当之也"，故而暂时搁置，俟南方平定之后，再行攻取。

在北宋取代后周不久，镇守潞州八年的节度使昭义节度使李筠叛降北汉，遣其将刘继冲、判官孙孚奉表向太原称臣，并迅速出兵攻破泽州。北汉刘承钧在李筠输诚之后，准备"谋于契丹"，但是刘继冲向北汉转发李筠不愿契丹介入的意思。

于是，刘承钧亲率大军"出团柏谷"。北汉军与李筠的军队在太平驿会合，李筠被刘承钧册封为陇西郡王。双方的联手非常尴尬，李筠投河东的一个理由是

"受周氏恩，不忍背德"，不愿屈服于篡周的赵宋；而刘承钧的北汉则"与周世仇也"。

当得知李筠反叛后，赵匡胤命宋军分两路攻击，一路由石守信和高怀德领兵北上攻击泽潞两州，另一路由慕容延钊等率东路军出击。石守信军与李筠及北汉援军范守图等战于泽州南，结果李筠被打得溃败，逃回泽州闭门固守。最终，赵匡胤亲征泽州，李筠兵败自焚而亡。

此次进取失败之后，北汉更是收缩于河东，而刘承钧的治理政策则更趋于文治，任用儒臣郭无为为相，保境安民，休养生息。北宋的"先南后北"战略，也决定了暂时不会对北汉动武，故而双方相安无事。

天会十二年（968），刘承钧病逝，谥号孝和皇帝，庙号睿宗，其外甥同时也是养子的刘继恩继位。

天下归宗

赵宋王朝建立之后，先后消灭了后蜀、南平、南汉、南唐等割据政权，似有重建一统之兆。宋朝有混一天下之雄心，"非如前世之君，图众以智，图柄以力，其处心积虑，非一夕一日，在于取天下也"。各方割据政权慑于赵宋强大的武力，惶惶亦有"真主出世，天将混一区宇"的宿命感，故而除了武力兼并之外，亦有如吴越、荆南等纳土归宋者。

割据于河东一隅之地的北汉政权，在刘承钧时代就早已放弃了进取中原的野心，自我认同于割据小国的现实。刘承钧曾派人对赵匡胤传话："河东土地兵甲，不足以当中国之十一；然承钧家世非叛者，区区守此，盖惧汉氏之不血食也"，足见其早已放弃"中国"正统地位。

赵宋在立国之初，也确立"先南后北"的统一战略，不以图河东为急务。但是，这并不意味着北宋毫无作为。在以雷霆之势取荆南、湖南及后蜀之后，赵宋获得了巨大的经济和人力资源，有利于支持其全国性兼并战争。

天会十二年（宋开宝元年，968），北汉孝和帝刘承钧病逝，其养子兼外甥刘继恩嗣位。刘继恩本姓薛氏，其父薛钊本为士卒，娶刘旻之女为妻。薛钊似乎并无才能，刘旻"衣食之而无所用"。婚后两人发生矛盾，薛钊酒醉拔佩刀刺妻，结果"伤而不死"，但薛钊畏惧而自杀。刘旻之女与薛钊生下刘继恩，而后又改嫁黄氏男子，再生一子名刘继元。如此看来，薛钊与黄氏皆是赘婿身份。

后来，刘旻之女与后夫黄氏皆病故。刘承钧又没有子嗣，遂奉刘旻之命，收养刘继恩、刘继元为子。刘承钧即位后，以刘继恩为太原尹，明显是接班人的意思。据说刘承钧在病中，曾经对宰相郭无为说："继恩纯孝，然非济世之才，恐不能了我家事。"但是，郭无为并无任何愿意辅弼刘继恩的表态发言。

刘继恩继位之后，与宰相郭无为关系不谐，"欲逐之而未果"。在位仅仅六十日，就被供奉官侯霸荣弑于勤政阁。刘继恩被杀之后，郭无为第一时间派兵进入勤政阁，"杀霸荣并其党"。很明显，弑君之主谋即宰相也！

郭无为迎立刘继恩之弟刘继元为帝，是为北汉末帝。北汉的内斗让赵匡胤看到了动武的机会，开宝二年（北汉天会十三年，969）二月，宋廷下诏讨伐北汉。大军未发之前，宋朝做了充分准备，一方面囤积粮草军需物资"遣殿中侍御史洛阳李莹等十八人分往诸州，调发军储赴太原"；另一方面又命"棣州防御使何继筠为石岭关部署，屯于阳曲"，防备契丹援救。

开宝二年三月二十一日，宋军抵达太原城下。太原城是李唐龙兴之地，也是五代诸朝帝王兴起之基，城池险要，易守难攻。宋军久攻不下，赵匡胤采纳陈承昭之策筑长堤壅汾水灌城之策。宋军花了近两个月的时间修筑汾河大坝，引水灌城。太原虽然"城中大惊扰"，但并未造成实质性破坏。北汉军队依靠地形优势，严防死守，击退宋军多次攻城。北汉帝刘继元更是果断诛杀了准备投降的宰相郭无为，震慑了军心。

赵匡胤此番征北汉也如当年柴荣一样，劳师而无功。

但是，赵宋并未就此放弃兼并河东的计划。赵匡胤采纳谋臣薛华光之言：

凡伐木，先去枝叶，后取根柢。今河东外有契丹之助，内有人户赋输，窃恐岁月间未能下，宜于太原北石岭山及河北界西山东静阳村、乐平镇、黄泽关、百井社各建城寨，扼契丹援兵；起其部内人户于西京、襄、邓、唐、汝州，给闲田使自耕种，绝其供馈。如此，不数年间，自可平定。

此后数年，宋朝对北汉采取的便是这种断其外援、绝其供馈的釜底抽薪之战略。北汉的人口大量被宋朝稀释，关于这方面的记载很多，北汉到亡国之时，国内只有三万多户。北汉后来由于人口的流失使得国家赋税大减，不仅宰相官员需要再次减免俸禄，甚至要向辽国借粮食；北宋在北汉界上设立军寨，吸纳北汉流民的同时也可以适时出击骚扰北汉。

开宝九年（976）八月，赵匡胤第二次派兵征伐北汉。但是，是年十月，这位马上皇帝就在斧声烛影中离奇死去，宋太宗赵光义即位。赵宋皇权转移，政局不稳，赵光义下令暂停征讨河东，赵宋武力统一的步调重新回到"先南后北"的旧策上。

太平兴国三年（978）四月，割据漳、泉的陈洪进降宋；五月，割据两浙十三州五十余年的钱氏吴越王国也纳土归宋。至此，南方几乎全部平定，赵宋解决北汉问题的后顾之忧完全解除。

太平兴国四年（979）正月，赵宋挥师伐北汉。在动武之前，赵光义也通知辽国，态度非常强硬："河东逆命，所当问罪，若北朝不援，和约如旧，不然则战！"

正月十二日，任命潘美为北路都招讨制置使，命令彰信军节度使崔彦进攻城东，彰德军节度使李汉琼攻城南，桂州观察使曹翰攻城西，彰信军节度刘遇攻城北。宋军来伐，北汉刘继元确实向辽国求援。辽国派出两路援军驰援忻州，但是宋军在此早有部署，宋太原石岭关都部署郭进在此阻击辽军，歼灭契丹军一万多人，迫使其退出河东战局。

失去契丹援救的刘继元，如瓮中之鳖。宋军多处得手，到四月底，北汉只剩下太原、汾州等二三个据点。是年五月六日，陷入绝境的刘继元率领官属穿戴白衣纱帽在太原城北连城台下俯伏请罪，向赵光义投降。降宋之后的刘继元被宋廷册封为检校太师、右卫上将军、彭城郡公，举族归汴京。

至此，北汉十州、四十一县、三万五千二百二十户及三万军队全部归顺宋朝。北汉覆灭不仅是宋朝"先南后北"统一战略的完成，也是持续七十余年五代十国分裂动荡时代的终结。